财政部规划教材
全国高等院校财经类专业规划教材

反洗钱监管概论

储峥 魏玮 主编

中国财经出版传媒集团
中国财政经济出版社

图书在版编目（CIP）数据

反洗钱监管概论／储峥，魏玮主编．－－北京：中国财政经济出版社，2021.7

财政部规划教材　财政部高等院校财经类专业规划教材

ISBN 978－7－5223－0475－5

Ⅰ.①反⋯　Ⅱ.①储⋯ ②魏⋯　Ⅲ.①反洗钱法－中国－高等学校－教材　Ⅳ.①D922.28

中国版本图书馆 CIP 数据核字（2021）第 057635 号

责任编辑：马　真　　　　　责任印制：党　辉
封面设计：育林华夏　　　　责任校对：张　凡

中国财政经济出版社 出版

URL：http：//www.cfeph.cn

E－mail：cfeph@cfeph.cn

（版权所有　翻印必究）

社址：北京市海淀区阜成路甲28号　邮政编码：100142
营销中心电话：010－88191522
天猫网店：中国财政经济出版社旗舰店
网址：https：//zgczjjcbs.tmall.com
北京密兴印刷有限公司印刷　各地新华书店经销
成品尺寸：185mm×260mm　16 开　20.25 印张　391 000 字
2021 年 7 月第 1 版　2021 年 7 月北京第 1 次印刷
定价：75.00 元
ISBN 978－7－5223－0475－5
（图书出现印装问题，本社负责调换，电话：010－88190548）
本社质量投诉电话：010－88190744
打击盗版举报热线：010－88191661　QQ：2242791300

在2016年G20杭州峰会公报中，习近平主席和各国领导人共同承诺要完善制度，提升国际社会打击洗钱、恐怖融资和逃税的能力。2017年9月，经中央全面深化改革领导小组审议、国务院批准，《国务院办公厅关于完善反洗钱、反恐怖融资、反逃税监管体制机制的意见》（以下简称《意见》）正式印发。《意见》指出，反洗钱、反恐怖融资、反逃税监管体制机制是建设中国特色社会主义法治体系和现代金融监管体系的重要内容，是推进国家治理能力现代化、维护经济社会安全稳定的重要保障，是参与全球治理、扩大金融业双向开放的重要手段。

随着国际国内形势的发展，反洗钱已经超出了预防和打击洗钱犯罪的范畴，在完善国家治理、维护金融安全和促进改革开放中发挥着日益重要的作用。自2007年《反洗钱法》实施以来，我国反洗钱制度体系建设取得重要进展，工作成效明显，与国际通行标准基本保持一致。2020年末，我国公布了《中华人民共和国刑法修正案（十一）》（以下简称《刑法修正案（十一）》），将自洗钱纳入洗钱犯罪，进一步加强了对洗钱犯罪行为的打击。洗钱活动无孔不入，反洗钱人人有责。

在《上海金融领域"十三五"紧缺人才开发目录》中，合规与反洗钱人才等被列入了最高级别的极度紧缺等级。因此，加快对合规与反洗钱专业人才的培养，成为当务之急。

上海立信会计金融学院自2013年9月开始在本科阶段金融学专业中开设合规与反洗钱专业方向，每届招收一个班学生。人才培养体现了"金融+法律"的跨学科特色。目前，已经有毕业生在金融机构从事合规管理工作。

根据我国颁布的法律法规，借鉴国内外研究成果和反洗钱实践成功经验，结合自身的教学心得，我们编写了《反洗钱监管概论》这本教材。教材的主要内容是：洗钱、洗钱罪、洗钱上游犯罪的法律规定；洗钱的主要手段和途径；洗钱风险的识别与评估；客户尽职调查、大额和可疑交易以及相关报告制度；我国反洗钱监管体系；反洗钱经验借鉴；反洗钱国际合作等。

本教材由储峥和魏玮担任主编。按照章节内容的编写顺序，教材写作的分工如下：储峥博士（第一、三、四章）、魏玮博士（第二、七、九章）、曹春玉博士（第五、六章）、周叶菁博士（第八、十章）。

在教材编写过程中，得到了金融学院领导和同事的大力支持，在此表示诚挚的谢意！同时，非常感谢出版社领导和编辑老师的指导与支持。这是完成本教材出版不可或缺的。

本教材适用于高校本科合规与反洗钱课程的教学，也适合对此领域感兴趣的人士。编写过程中疏漏之处在所难免，恳请各位读者不吝赐教。

编　者

2021 年 2 月于上海

第一章 洗钱犯罪与反洗钱 (1)

- 第一节 洗钱及其特征 (3)
- 第二节 洗钱刑事定罪的变化过程 (8)
- 第三节 我国法律对洗钱犯罪的规定 (12)
- 第四节 国际社会和我国反洗钱发展历程 (20)
- 本章小结 (31)
- 复习思考题 (31)

第二章 洗钱的上游犯罪 (32)

- 第一节 我国对洗钱罪上游犯罪的规定 (33)
- 第二节 毒品犯罪和走私犯罪 (35)
- 第三节 黑社会性质的组织犯罪和恐怖活动罪 (38)
- 第四节 贪污贿赂罪 (42)
- 第五节 破坏金融管理秩序罪和金融诈骗罪 (51)
- 本章小结 (56)
- 复习思考题 (57)

第三章 洗钱的主要方法与途径 (58)

- 第一节 利用金融机构洗钱 (60)
- 第二节 利用特定非金融机构洗钱 (71)
- 第三节 利用其他途径洗钱 (78)
- 本章小结 (94)
- 复习思考题 (95)

第四章　洗钱风险评估与管理　（96）

第一节　洗钱风险及其管理理念　（98）
第二节　洗钱风险的识别　（102）
第三节　法人金融机构洗钱风险自评估　（113）
第四节　金融机构洗钱风险的评估　（121）
第五节　反洗钱内部控制制度　（127）
本章小结　（134）
复习思考题　（135）

第五章　客户尽职调查和信息保存　（136）

第一节　客户尽职调查概述　（137）
第二节　客户尽职调查工具、程序和策略　（147）
第三节　客户尽职调查过程的难点及业务指引　（153）
第四节　客户尽职调查报告制作和信息保存　（160）
第五节　提高客户尽职调查有效性　（165）
本章小结　（167）
复习思考题　（168）

第六章　大额和可疑交易报告制度　（169）

第一节　大额和可疑交易报告制度概述　（170）
第二节　大额和可疑交易报告制度具体规定　（175）
第三节　大额和可疑交易监测及报告程序　（181）
第四节　我国大额和可疑交易报告制度的改进　（185）
本章小结　（191）
复习思考题　（192）

第七章　我国反洗钱监管框架　（193）

第一节　反洗钱监管概念、机构和国际合作　（194）
第二节　我国反洗钱监管理念　（203）
第三节　我国反洗钱法律制度框架　（211）

本章小结 (220)
复习思考题 (220)

第八章 反洗钱监督管理和反洗钱调查 (221)

第一节 我国反洗钱监管概述 (222)
第二节 反洗钱非现场监管 (226)
第三节 反洗钱现场检查 (231)
第四节 反洗钱调查 (239)
本章小结 (252)
复习思考题 (253)

第九章 反洗钱与反恐融资经验借鉴 (254)

第一节 美国反洗钱与反恐融资经验 (256)
第二节 欧洲反洗钱与反恐融资经验 (262)
第三节 中国香港反洗钱与反恐融资经验 (271)
第四节 新加坡反洗钱与反恐融资经验 (274)
本章小结 (279)
复习思考题 (280)

第十章 反洗钱国际组织与国际合作 (281)

第一节 全球性反洗钱国际组织 (282)
第二节 区域性反洗钱组织 (290)
第三节 反洗钱国际合作 (295)
第四节 反洗钱和反恐融资的国际评估 (300)
本章小结 (309)
复习思考题 (309)

参考文献 (310)

第一章　洗钱犯罪与反洗钱

【学习目标】

1. 掌握洗钱的定义、过程与特征。
2. 根据不同时期的相关规定，掌握并理解洗钱刑事定罪的变化过程。
3. 了解国际社会反洗钱的三个发展阶段。

【重点难点】

1. 理解我国相关法律法规对洗钱犯罪的规定。
2. 掌握我国反洗钱的定义、责任主体、基本制度、主管部门、法律责任等。

【案例导入】

BCCI 洗钱案与黑金卧底

国际商业信贷银行（Bank of Credit and Commerce International，BCCI）洗钱案在20世纪90年代曾被称为"美国历史上最骇人听闻的一桩洗钱案"，也是"世界金融史上最大的诈骗案"。

BCCI 在20世纪60年代由巴基斯坦银行家 Agha Hasan Abedi 创立，注册地是卢森堡和开曼群岛，经营总部在伦敦。在20多年的发展过程中，BCCI 的业务扩张到了全球70多个国家。截至1990年，该银行拥有100万客户，资产约200亿美元。

BCCI 的注册地卢森堡本应该严格监管其商业活动，但因离岸金融中心的特点而无法完成监管使命。这使得 BCCI 的犯罪活动不受任何政府的监管长达15年之久。直到1987年，卢森堡金融协会同另外7国达成一项协议，对 BCCI 实行联合监管，这才使该银行的活动受到了监督。

然而，这个多国联合监管机构也未能成功地跟踪 BCCI 的活动。银行从事国际银行业务，能够轻而易举地将业务从一国转移到另一国时，信息不对称现象非常严重，这使得政府对国际银行业的监管更加困难。监管机构可以仔细检查本国银行的国内业务，却难以密切监视本国银行在其他国家开展的业务活动，比如对于本国银行的国外附属机构，监管机构难以监督其活动。另外，监管组织也很难监控外国银行在本国开设的分支机构。

正因为如此，直到1988年，BCCI的一些欺诈活动才在美国司法部的介入下逐渐被发现。1988年，美国司法部与美国海关、国内收入署、毒品管制局和联邦调查局联合开展了C追踪行动。字母C表示现金cash。秘密特工人员乔装成毒品贩子，声称他们有大量现金要洗白，布下诱饵。BCCI因此落网。

罗伯特·马祖尔（Robert Mazur）是美国前联邦探员，曾为美国国税局刑事调查司、海关总署和毒品管制局工作长达27年。作为美国海关总署的一名秘密特工，马祖尔伪装成一名富有的商人，精心布下重重诱饵，暗中调查麦德林贩毒卡特尔洗钱案，并与参与洗钱的BCCI的银行家们密切往来。他的整个行动共获得了1200多盘秘密录制的谈话录音带和将近400个小时的录像带。通过这些确凿的证据，司法部得以对几名BCCI的银行家和其他数人起诉，并于1990年将其定罪。

1990年11月，英格兰银行董事会收到一份报告，报告是根据从Agha Hasan Abedi的得力助手、国际信贷商业银行的经理斯沃勒·纳克维那里搜出的一份私人档案写出的，详尽提供了通过这家银行进行巨额诈骗的证据。在纳克维档案中列举了其所作所为，包括转移存款、向Abedi的朋友们假贷款，以及通过其他银行把这些完全是子虚乌有的贷款洗净，使其销踪灭迹。1991年7月，英格兰银行董事会下令关闭BCCI。

1992年，宾厄姆勋爵在他给英国议会的报告《对BCCI的监督的调查》中说，"英格兰银行在BCCI的问题上没能履行它的监督责任"。2004年，德勤会计事务所代表英国6000多名债权人向伦敦高等法院起诉英格兰银行。

该事务所律师控诉了英格兰银行的三大罪状：（1）滥发许可证。英格兰银行明明知道BCCI运作混乱，高层领导缺乏诚信，却从所谓的政治上考虑，不愿得罪有钱的中东股东，于1980年发给其营业许可证。（2）监管不力。1989年，英格兰银行已经知道BCCI与洗黑钱和资助恐怖主义有瓜葛。但是，他们置若罔闻，任由洗钱活动持续数年之久。（3）拒不改错。当BCCI犯罪活动逐渐明显后，有人向英格兰银行提出两项建议：一是立即吊销该行的营业许可证；二是行使对该行的主要监管。然而，英格兰银行不愿认错，拒绝了这两项本可以挽救英国6000名储户财富的建议。

这是英国司法史上前所未有的一桩案件。同样创下纪录的则是英国法律史上最长的法庭陈词——英格兰银行首席辩护律师尼古拉斯·斯塔德伦长达119天的首轮陈词。

思考题：为什么洗钱行为难以发现并给其行为定罪？

第一节

洗钱及其特征

一、洗钱的定义

"洗钱"对应的英文是"Money Laundering",意为把犯罪所得的钱财通过"清洗",掩饰其非法来源,变成表面上合法的资金,也就是"洗白"。20世纪20年代,在美国芝加哥等城市出现了组织犯罪集团,其购买自动洗衣机为顾客清洗衣服,并收取现金,然后将犯罪集团的其他收入混入洗衣收入存进银行,同时,向税务机关申报纳税。扣除应缴的税款后,剩下的犯罪收入变为合法收入,从而成为现代意义上最早的"洗钱"。后来,有些洗衣店不提供任何洗衣业务,完全变成洗钱的场所。到今天,美国的洗衣店、洗车行等现金密集型行业仍然是反洗钱部门关注的重点。"洗钱"一词既是形象说明,也直观地表达出此举的真实意图。

洗钱是一种行为,洗钱、洗钱行为、洗钱活动是同义词。"洗钱"作为一个法律概念,最早出现在1988年12月的《联合国反对非法交易麻醉品和精神病药物公约》中。该公约将洗钱定义为:"为隐瞒和掩饰因制造、贩卖、运输任何麻醉药品和精神药物所得之非法财产的来源,而将该财产转换或转移。"反洗钱国际组织——金融行动特别工作组(Financial Action Task Force,FATF)将洗钱定义为:"凡隐匿或掩饰犯罪行为所取得的财物的真实性质、来源、地点、流向及转移,或协助任何与非法活动有关系的人规避法律应负责任,均属洗钱行为。"巴塞尔银行法规及监管实践委员会(简称巴塞尔委员会)从金融交易角度对洗钱进行了描述:犯罪分子及其同伙利用金融系统将资金从一个账户向另一个账户作支付或转移,以掩盖款项的真实来源和受益所有权关系;或者利用金融系统提供的资金保管服务存放款项,即常言所说的"洗钱"。

一般情况下,洗钱是指将特定的犯罪行为的财产所得和财产用途进行掩盖,意图使特定犯罪行为在表面上具有无处罚性或具有轻微处罚性或者意图使犯罪的财产所得和财产用途及其来源难以追查的行为。洗钱的真实目的在于掩饰、隐瞒犯罪收益的真实来源和性质,把通过非法手段获得的犯罪收益借助合法手段和活动,使其表面合法化。

广义的洗钱除了将黑钱洗白外,还包括:把合法资金洗成黑钱用于非法用途,即把白钱洗黑，如把银行贷款通过洗钱而用于走私；把一种合法的资金洗成另一种表面也合法的资金，以达到占用的目的，即把白钱洗白，如把国有资产通过洗钱转移到个人账户；把合法收入通过洗钱逃避监管，如外资企业把合法收入通过洗钱转移到境外。

对洗钱行为，不同的国家将其分类为三种定义的方式：一是将洗钱定义为与特定犯罪活动相关的犯罪收益的隐瞒、掩饰行为，如我国等；二是将洗钱行为与所有犯罪活动的犯罪收益相关联，如瑞士等；三是将与所有犯罪行为和违法行为相关的财产掩饰行为全部纳入洗钱范畴，如美国等。按照美国目前的联邦法律，即便是来源正当的收入，如果有违反相关反洗钱法规定的行为，也会涉嫌犯罪。

二、洗钱的过程

（一）放置阶段

这一阶段也被称作处置阶段，是洗钱行为的第一个阶段，是指将犯罪收益投入清洗系统的过程。该阶段的目的是通过合法手段，将犯罪活动得来的资金改变得易于控制并减少怀疑。这是最危险的阶段，是最容易被发现的阶段。如将资金放置在银行系统、利用证券业务洗钱等。

（二）离析阶段

这一阶段也被称作培植阶段，是通过在不同国家间的错综复杂的交易，或在一个国家内通过反复持续地运用不同金融手段来掩盖和模糊犯罪收益的真实来源、性质以及犯罪收益与犯罪者的联系，使得犯罪收益与合法资金难以分辨。如在全球多个国家之间转账，在离岸金融中心开设空壳公司，利用第三方机构代持公司等。

（三）融合阶段

这一阶段也被称作归并阶段，是洗钱链条中的最后阶段。犯罪收益经过充分的培植后，已经与合法资金混同融入合法的金融和经济体制中，已经和产生犯罪收益的源头相分离，变成表面上合法的收入，重新回到洗钱犯罪分子手中。犯罪收益已经披上了合法的外衣，犯罪者可以自由地使用该犯罪收益了。

三、洗钱的特征

（一）洗钱对象是特定性质的资金和财产

洗钱是帮助、协助上游犯罪的行为，针对特定性质的资金和财产。这种资金和财产往往与犯罪行为相关，如贩毒、走私、诈骗、贪污、逃税、有组织卖淫、恐怖活动等，或系犯罪非法所得，或用于犯罪目的。随着各国加强反洗钱的力度，在有些国家，即便是正当收入，如果违反了反洗钱法的相关规定，也会涉嫌洗钱犯罪。非物质性利益不属于洗钱的对象。

（二）洗钱行为是故意行为

洗钱行为是有意识地隐瞒和掩饰非法资金的来源和性质，为非法资金披上合法外衣，消灭犯罪线索和证据，逃避法律追究和制裁。洗钱行为在主观上都是故意的，过失不构成洗钱行为。洗钱行为在主观上已经不限于"明知"，"可能知道"也构成洗钱行为。《欧盟关于清洗、搜查、扣押和没收犯罪收益的公约》允许缔约国采取其认为必要的措施，并在其国内法中将符合下列情形的行为定义为洗钱犯罪：应当推测出该财产是犯罪收益的；此处的收益是源于刑事犯罪的任何收益，包括任何形式的财产；为牟利目的而行为的；旨在促进进一步犯罪活动的实施而行为的。我国《刑法修正案（十一）》第一百九十一条关于洗钱罪的认定，删除了存在"明知"的主观条件。

（三）洗钱行为呈现出专业化、智能化、多渠道、多架构、国际化的运作方式

联合国2005年的调查报告认为，当前"绝大部分洗钱数额已经不再出现在官方的统计数据之中，全球确切的洗钱规模往往很难估计"。一切可能被利用的方法或者商品几乎都出现在洗钱活动中。洗钱行为可谓无孔不入，渗透到社会和经济生活的方方面面。随着全球金融市场的开放与发展，高科技在经济中的广泛运用，金融创新层出不穷，非面对面交易日益增加，资金在全球流动的速度加快，洗钱犯罪的手段更加隐蔽，向反洗钱监管部门提出了挑战。跨国公司、在多个司法区域设立经营机构的法律实体，特别容易被用于实施一系列犯罪，如洗钱、逃税、欺诈、贿赂等。通过这种结构复杂的企业掩饰、隐匿犯罪所得，通常很难发现真正的幕后受益者。

（四）洗钱行为具有广泛的社会危害性

1. 洗钱活动对一国政治的危害。有的政府官员枉顾法律约束，利用职权，大肆敛财，其非法收入需要借助洗钱活动"洗白"；有的与洗钱者沆瀣一气，为犯罪分子洗钱提供各种便利。这些行为如果没有及时得到法律的严明制裁，会助长贪污腐败、洗钱犯罪等违法行为，对一国的政治形象和声誉产生严重的负面影响。

2. 洗钱活动对一国经济金融的危害。洗钱犯罪可以和绝大多数的犯罪共生，是这些犯罪的下游犯罪。由于洗钱行为具有隐蔽性、智能化和跨境性的特点，导致难以追踪和查处，影响了对犯罪资金的追缴。从司法角度看，洗钱成为一种"犯罪屏障"，妨碍了司法活动，严重妨害社会管理秩序。从金融管理秩序角度来看，洗钱活动往往借助于合法的金融网络清洗大笔黑钱，这不仅侵害了金融管理秩序，而且严重破坏了公平竞争规则，破坏了市场经济主体之间的自由竞争，从而对正常、稳定的经济秩序带来一定的负面影响。洗钱扰乱了整个社会经济的运行秩序，威胁到一国的金融安全。

3. 洗钱活动对社会公平的危害。洗钱者通过非法活动取得犯罪收入，利用各种手段将其清洗为表面上合法的收入，过上富裕生活，造成社会财富占有和分配的不公平，对其他守法、辛勤的劳动者产生恶劣的示范效应。洗钱分子通过和不法官员相勾结，从事犯罪活动，扰乱正常的经济交易活动，容易引发社会动荡，会影响一国的社会稳定。

洗钱行为危害的是社会和经济秩序以及公众利益，但是，对于损害个人财产、信用等级、声誉等利益的程度，难以举证。因此，洗钱案件一般由公诉机构提起诉讼。由于难以证实对个人正当利益造成的损失，不符合我国刑事自诉的要求。在延伸阅读中的四川省高级人民法院驳回申诉通知书〔（2019）川刑申 261 号〕就体现出这一特点。

【延伸阅读】

四川省高级人民法院驳回申诉通知书
（2019）川刑申 261 号

苏某：

你因自诉唐志友、四川威远农村商业银行股份有限公司犯违法发放贷款罪、洗钱罪一案，不服四川省威远县人民法院〔（2018）川 1024 刑初 5 号〕刑事裁定和四川省内江市中级人民法院〔（2019）川 10 刑终 45 号〕刑事裁定，以"四川威远农村商业银行股份有限公司违法发放贷款和洗钱的行为侵犯你的财产权，导致你的财产被法院强制执行，信用等级下降，社会评价降低，构成违法发放贷款罪、洗钱罪；原判拔高自诉人证明标准，将案件挡在实体审理之外，侵犯自诉人的质证权、辩论权，且二审不开庭审理，违反法律规定，应撤销原裁定，指令原审法院立案受理"为由，向本院申诉。

本院经审查认为，根据《中华人民共和国刑事诉讼法》第二百一十条的规定，自诉案件包括三种情形："告诉才处理的案件；被害人有证据证明的轻微刑事案件；被害人有证据证明对被告人侵犯自己人身、财产权利的行为应当依法追究刑事责任，而公安机关或者人民检察院不予追究被告人刑事责任的案件。"最高人民法院《关于适用〈中华人民共和国刑事诉讼法〉的解释》第一条对自诉案件范围进一步明确，对"告诉才处理的案件、被害人有证据证明的轻微刑事案件"涉及的罪名均作了详细规定，本案中你控诉被告人触犯洗钱罪、违法发放贷款罪，明显不包括在规定的自诉案件罪名内。就自诉案件的第三种情形，该司法解释规定了应具备"被害人有证据证明对被告人侵犯自己人身、财产权利的行为应当依法追究刑事责任""而公安机关或者人民检察院不予追究被告人刑事责任"两个条件，而你向原审法院和本院提供的材料均不符合上述受理要求，原一审裁定不予受理，二审裁定驳回上诉，适用法律正确。本案原二审是对一审裁定不予受理是否正确进行审查，与开庭进行实体审理具有明确区别，二审不予开庭符合法律规定，你申诉提出原二审程序违法的意见也不能成立。

综上，本院认为，你对本案的申诉理由不能成立，申诉不符合《中华人民共和国刑事诉讼法》第二百五十三条规定的再审条件，原裁定应予维持。

特此通知。

二〇一九年十二月十六日
——资料来源：中国裁判文书网

四、洗钱与恐怖融资的联系和区别

恐怖融资是指有下列行为：恐怖组织、恐怖分子募集、占有、使用资金或者其他形式财产；以资金或者其他形式财产协助恐怖组织、恐怖分子以及恐怖主义、恐怖活动犯罪；为恐怖主义和实施恐怖活动犯罪占有、使用以及募集资金或者其他形式财产；为恐怖组织、恐怖分子占有、使用以及募集资金或者其他形式财产。

根据《联合国制止向恐怖主义提供资助的国际公约》的规定，恐怖融资是一种犯罪行为，并且是国际法上的犯罪行为，任何国家均有义务对其进行打击。

(一) 两者之间的联系

恐怖活动的实施不仅需要隐瞒、掩饰非法收益的性质和来源，而且需要掩盖、混淆有关资金流向的恐怖主义目的，使之成为貌似合法的资金流动，从而最终为恐怖组织和个人所利用。因此，恐怖主义和洗钱具有天然联系，凡是缺乏有效的反洗钱措施的国家和地区要么是恐怖资金的主要来源国和中转国，要么自身就存在严重的恐怖活动。洗钱在助长有组织犯罪的同时，也滋养着恐怖活动。预防和打击洗钱活动有利于有效遏制恐怖活动。

(二) 两者之间的区别

1. 目的不同。洗钱活动的最终目的是让非法的犯罪所得及其收益获得表面上的合法性，掩饰、隐瞒或消灭犯罪证据及追索的线索，逃避法律追究和制裁，在此基础上实现"黑钱""脏钱"的安全循环使用。对那些职业洗钱者来说，通过洗钱获取高额的收入是其从事洗钱活动最直接的动因。恐怖活动和毒品犯罪等牟利性犯罪活动不一样，通常具有非经济目标，其犯罪的目的锁定在诸如寻求公开化、政治合法性、政治影响力和传播意识形态等非经济目的上。资助恐怖活动只是达到上述目标的一个手段。

2. 资金来源不同。洗钱是企图隐瞒资金的非法来源性质，而恐怖融资的资金来源可能是由非法活动所生成，也可能是正当合法的收入。执法部门在调查上游犯罪活动中发现洗钱行为，例如调查毒品案件、贪污腐败案件、走私案件等；有时恐怖融资是同其他犯罪活动连接在一起的，如诈骗、敲诈勒索等，可能得到受害者的举报或者在调查那些犯罪活动时发现了恐怖活动。但是，恐怖融资的资金也可能来自慈善机构、宗教团体的捐赠或者商业收益。这样的资金来源与犯罪活动无关，不需要进行洗钱处理，不会引起司法机构的怀疑和调查。同时，也不存在可能去举报筹集资金活动的"受害者"。

3. 社会危害不同。洗钱犯罪主要是危害一国的政治声誉、经济金融安全与社会公平。恐怖融资支持的是用不可告人的暴行和暴力去对抗无辜的受害者。恐怖融资使得货币、财富变成威胁无辜者生命安全的子弹、炸弹或者其他大规模杀伤性的武器。

第二节 洗钱刑事定罪的变化过程

洗钱罪是近二三十年来在各国刑法和有关国际公约中逐步规定的一种新的犯罪。随着国际社会有组织犯罪集团的出现，洗钱行为愈演愈烈。这些犯罪集团通过各种犯罪活动聚集了大量的财富，尤其是根植于合法社会的庞大的跨国性的犯罪集团，通过走私、贩毒、恐怖活动等犯罪活动所聚积的财富数以千亿计。但是由于世界各国政府严格的金融和税务制度，使得犯罪集团的收入难以被挥霍、转移和在经济领域中正常流通，这样就出现了有组织犯罪集团千方百计将犯罪收入合法化的一种新的犯罪现象和发展趋势，也就是说，有组织犯罪、毒品犯罪、走私犯罪等集团性犯罪的出现必然导致出现洗钱犯罪。

一、《联合国反对非法交易麻醉药品和治疗精神病药物公约》（维也纳公约）

该公约于1988年12月20日在维也纳通过，它虽然只是一般性地针对毒品交易，但也涉及洗钱问题。就反洗钱而言，公约最具意义的内容是赋予缔约国一项条约义务，即要求它们通过本国立法使洗钱构成犯罪。公约强调了国际合作的重要性，就包括洗钱案件在内的犯罪分子引渡问题和国际联合调查，提出了若干原则。公约特别指出：从国际合作的角度看，各国的银行保密法不应妨碍对犯罪的调查。

二、巴塞尔委员会《关于防止犯罪分子利用银行系统洗钱的原则声明》

巴塞尔银行条例与监管实践委员会，简称巴塞尔委员会，成立于1974年年底，办公机构设在瑞士巴塞尔国际清算银行总部，以十国集团（美、英、法、德、日、意、荷、比、加、瑞典）及卢森堡和瑞士为成员国。巴塞尔委员会的工作目标在于促进银行监管领域的国际协调与合作，本与洗钱问题无直接关系。

20世纪80年代，美国派驻巴塞尔委员会的代表，秉承美国国会的意旨，提请巴塞尔委员会关注洗钱问题。经过深入调查研究，巴塞尔委员会意识到洗钱对于金融机构的危害性，从而提出4项建议：第一，验明客户身份。银行对所有申请其服务的客户，应作合理努力以确定其真实身份，包括制定客户取得身份证明的有效的程序；应有明确的政策，即对于不能提供身份证明的客户，不与之发生重大业务交易。第二，遵守法律。银行管理人员应确保执行业务遵循高尚的道德标准，并遵守有关金融交易的法律与法规；对其有充分理由怀疑与洗钱有关的交易，银行应拒绝提供服务。第三，与执法机关合作。银行应在当地保密法规许可的范围内与本国执法机关全面合作；应注意避免向试图以改动、不全或误导信息欺骗执法机关的客户，提供支持与协助；银行一旦知悉可由其推断存款交易本身即具有犯罪目的的事实，应采取适当措施，如拒绝协助、与客户断绝往来、关闭或冻结账户。第四，职员培训。各银行应将其防范洗钱的政策告知所有有关职员，无论其在何处，应加强有关本原则事项的职员培训。

巴塞尔委员会的原则声明，并非是具有法律约束力的文件，但它包含基本原则，在许多国家，甚至非巴塞尔委员会成员国，以各种形式得到贯彻。有的国家（如意大利、奥地利、瑞士）将其纳入金融行业自律的范畴，即各金融机构之间签署正式协议，承诺遵守巴塞尔委员会的原则；有些国家（如英国、法国）的金融监管当局，向受其管辖的金融机构发布行政指令，要求它们遵守巴塞尔委员会的原则，否则给予行政处罚；另有一些国家（如卢森堡），则基于巴塞尔委员会的原则，制定和颁布了正式的法令。

三、金融行动特别工作组（FATF）《关于洗钱问题的建议》（1990年2月6日）

1989年7月，七国集团首脑于巴黎举行经济峰会，决定成立金融行动特别工作组，专门处理洗钱问题，以加强集团成员的反洗钱多边协作。金融行动小组集中来自15个国家的130位专家，历时半年，提出了它的建议报告。建议报告在深入剖析犯罪洗钱、客观评价此前各国及国际反洗钱法律的基础上，针对集团成员政府及其金融机构，明确提出了多达40条的建议。

FATF呼吁各国全面执行维也纳公约，尽早完成公约的批准程序，进一步增进有关洗钱案件的多边合作与司法协助。建议报告要求各国积极采取包括立法措施，对至少故意的洗钱以犯罪论处，并于可能时追究除雇员以外的法人本身的刑事责任，同时为本国司法机关扣押和没收被清洗犯罪赃款或与之价值相当的其他财产，提供法律依据。

建议报告还就客户身份验证、金融机构业务记录的保存与利用、金融交易报告、金融机构内部反洗钱计划、边境货币贩运控制、监管当局对金融机构的监督与指导、国际资金流动的监测、各国间充分的信息交流、防止犯罪集团对金融机构的控制和收购、简化引渡程序等提出了极有意义的指导意见。总体来说，建议报告内容全面、具体，操作性强，在许多方面具有开拓性。

FATF "40＋9" 建议，明确要求成员对洗钱罪的定义应"涵盖最大范围指定罪行"，应规定洗钱罪的上游犯罪为所有犯罪，或者规定为一定量刑起点以上的所有犯罪（如可判处一年有期徒刑以上的罪行均可为洗钱罪上游犯罪），并建议各国立法应涵盖20类"指定罪行"。这20类"指定罪行"包括：参与有组织的犯罪集团和诈骗行为、恐怖主义，贩卖人口和组织偷渡，性剥削，非法贩运麻醉药品和精神药物，非法军火交易，非法交易赃物和其他货物，贪污受贿，诈骗，假冒和盗版产品，环境犯罪，谋杀和重伤，绑架、非法拘禁和劫持人质，抢劫或盗窃，走私，敲诈，伪造，盗版，内幕交易和市场操纵等。这20类洗钱犯罪基本包括了所有重要犯罪行为。

四、《联合国打击跨国有组织犯罪公约》（巴勒莫公约）

第55届联大2000年11月15日通过了《联合国打击跨国有组织犯罪公约》（U.N. Convention Against Transnational Organized Crime）。该公约是1998年在联合国的主持下开始起草的。包括我国在内的118个国家和地区签署了该公约。

该公约第六条明确规定了洗钱行为的刑事定罪：

（一）各缔约国均应依照其本国法律基本原则采取必要的立法及其他措施，将下列故意行为规定为刑事犯罪

1. 明知财产为犯罪所得，为隐瞒或掩饰该财产的非法来源，或为协助任何参与实施上游犯罪者逃避其行为的法律后果而转换或转让财产；

2. 明知财产为犯罪所得而隐瞒或掩饰该财产的真实性质来源、所在地、处置、转移、所有权或有关的权利；

（二）在符合其本国法律制度基本概念的情况下

1. 在得到财产时，明知其为犯罪所得而仍获取、占有或使用；

2. 参与、合伙或共谋实施，实施未遂，以及协助、教唆、促使和参谋实施本条所确立的任何犯罪。

该公约还具体规定了洗钱罪的定义和类型，并要求成员国将"洗钱罪"适用于"范围最为广泛的上游犯罪"，提出建立金融情报机构，没收和抵押以及没收事宜的国际合作，对推动国际反洗钱立法产生重大影响。

五、《联合国反腐败公约》

2003年10月，为打击跨国跨区域的腐败犯罪，联合国制定了《联合国反腐败公约》，有关洗钱与反洗钱的内容占了大量篇幅。该公约明确将洗钱行为限定为故意实施的行为。

该公约规定了洗钱罪上游犯罪的最大范围与最小范围：最大范围是"范围最为广泛的上游犯罪"，只要国内法规定的能够产生犯罪收益的犯罪都是其上游犯罪，因为该公约只指出了"明知财产为犯罪所得"，但所洗的钱为何种犯罪所得并没有限定。最小范围是该公约所列的各类犯罪，包括第十五条贿赂本国公职人员罪，第十六条贿赂外国公职人员或者国际公共组织官员罪，第十七条公职人员贪污、挪用或者以其他类似方式侵犯财产罪，第十八条影响力交易罪，第十九条滥用职权罪，第二十条资产非法增加罪，第二十一条私营部门内的贿赂罪，第二十二条私营部门内的侵吞财产罪，第二十四条窝赃罪，第二十五条妨害司法罪。此最小范围是该公约要求各缔约国必须在国内法上确立的。

在上游犯罪为该公约规定的最小范围时，不论其发生于缔约国管辖范围之内还是之外，都是洗钱罪的上游犯罪，所以上游犯罪的地域范围包括缔约国管辖范围之内和缔约国管辖范围之外。不过，如果犯罪发生在缔约国管辖范围之外，则应遵循双重犯罪原则，即只有当该行为根据其发生地所在国法律为犯罪，而且根据实施或者适用本条的缔约国的法律该行为若发生在该国也为犯罪时，才构成上游犯罪。而根据该公约第四十三条的规定，犯罪行为发生地所在国与缔约国的法律是否将这种犯罪列入相同的犯罪类别或者是否使用相同的术语规定这种犯罪的名称则在所不问。

公约提出了反洗钱制度的重点是验证客户身份、保存交易记录以及报告可疑交易，并在《打击跨国有组织犯罪公约》的基础上提出对重要公职人员账户强化审查等新的要求。

第三节

我国法律对洗钱犯罪的规定

一、我国刑法关于犯罪的若干规定

根据我国《刑法》的规定："中华人民共和国刑法的任务，是用刑罚同一切犯罪行为作斗争，以保卫国家安全，保卫人民民主专政的政权和社会主义制度，保护国有财产和劳动群众集体所有的财产，保护公民私人所有的财产，保护公民的人身权利、民主权利和其他权利，维护社会秩序、经济秩序，保障社会主义建设事业的顺利进行。"

我国《刑法》规定："一切危害国家主权、领土完整和安全，分裂国家、颠覆人民民主专政的政权和推翻社会主义制度，破坏社会秩序和经济秩序，侵犯国有财产或者劳动群众集体所有的财产，侵犯公民私人所有的财产，侵犯公民的人身权利、民主权利和其他权利，以及其他危害社会的行为，依照法律应当受刑罚处罚的，都是犯罪，但是情节显著轻微危害不大的，不认为是犯罪。"

二、我国刑法对洗钱犯罪的规定

（一）专门的洗钱罪

1. 1997年《刑法》。1979年《刑法》并没有规定洗钱罪。随着打击毒品犯罪、走私犯罪、有组织性质犯罪和贪污腐败等犯罪行为的需要，同时我国也加入了有关反洗钱国际组织、签署了相关的反洗钱国际公约，需要承担反洗钱的国际义务，加强反洗钱立法已经是当务之急。因此，1997年《刑法》规定了洗钱罪。

根据1997年3月全国人大修订的刑法的规定，我国《刑法》第一百九十一条对洗钱罪的规定是："明知是毒品犯罪、黑社会性质的组织犯罪、走私犯罪的违法所得及其产生的收益，为掩饰、隐瞒其来源和性质，有下列行为之一的，没收实施以上犯罪的违法所得及其产生的收益，处五年以下有期徒刑或者拘役，并处或者单处洗钱数额百分之五以上百分之二十以下罚金；情节严重的，处五年以上十年以下有期徒刑，并处洗钱数额百分之五以上百分之二十以下罚金：（一）提供资金账户的；（二）协助将财产转换为现金或者金融票据的；（三）通过转账或者其他结算方式协助资金转移的；（四）协助将资金汇往境外的；（五）以其他方法掩饰、隐瞒犯罪的违法所得及其收益的性质和来源的。

单位犯前款罪的，对单位判处罚金，并对其直接负责的主管人员和其他直接责任人员，处五年以下有期徒刑或者拘役。"

2. 2001年《刑法修正案（三）》。在洗钱的上游犯罪中，增加了恐怖活动犯罪。对单位犯有洗钱罪的，在情节严重的情况下，对其直接负责的主管人员和其他直接责任人员提高了法定刑，处五年以上十年以下有期徒刑。

3. 2006年《刑法修正案（六）》。扩大了洗钱罪上游犯罪的范围，"明知是毒品犯罪、黑社会性质的组织犯罪、恐怖活动犯罪、走私犯罪、贪污贿赂犯罪、破坏金融管理秩序犯罪、金融诈骗犯罪的所得及其产生的收益……"。将原来的"（二）协助将财产转换为现金或者金融票据的"修改为"（二）协助将财产转换为现金、金融票据、有价证券的"。

4. 2020年《刑法修正案（十一）》。2020年12月26日通过、2021年3月1日实施的《刑法修正案（十一）》将《刑法》第一百九十一条修改为："为掩饰、隐瞒毒品犯罪、黑社会性质的组织犯罪、恐怖活动犯罪、走私犯罪、贪污贿赂犯罪、破坏金融管理秩序犯罪、金融诈骗犯罪的所得及其产生的收益的来源和性质，有下列行为之一的，没收实施以上犯罪的所得及其产生的收益，处五年以下有期徒刑或者拘役，并处或者单处罚金；情节严重的，处五年以上十年以下有期徒刑，并处罚金：（一）提供资金账户的；（二）将财产转换为现金、金融票据、有价证券的；（三）通过转账或者其他支付结算方式转移资金的；（四）跨境转移资产的；（五）以其他方法掩饰、隐瞒犯罪所得及其收益的来源和性质的。单位犯前款罪的，对单位判处罚金，并对其直接负责的主管人员和其他直接责任人员，依照前款的规定处罚。"

和以前的规定相比较，本修正案作了重大修改，删除了"明知"、三个"协助"，将自洗钱纳入洗钱罪的范围，修改了洗钱行为（四），取消了罚金的上下限，单位犯罪依照前款规定处罚。新旧规定的区别见表1-1。

表1-1 《刑法修正案（六）》和《刑法修正案（十一）》第一百九十一条的区别

条款内容	修正案（六）第一百九十一条	修正案（十一）第一百九十一条
上游犯罪	毒品犯罪、黑社会性质的组织犯罪、恐怖活动犯罪、走私犯罪、贪污贿赂犯罪、破坏金融管理秩序犯罪、金融诈骗犯罪	未修正
主观要件	在主观上"明知"上游犯罪所得	删除"明知是"
客观要件	（二）协助将财产转换为现金、金融票据、有价证券的 （三）通过转账或者其他结算方式协助资金转移的 （四）协助将资金汇往境外的	删除了三处"协助"，修改了第（四） （二）将财产转换为现金、金融票据、有价证券的 （三）通过转账或者其他支付结算方式转移资金的 （四）跨境转移资产的
犯罪刑罚	洗钱数额百分之五以上百分之二十以下罚金	删除了罚金与洗钱数额的比例，即取消了罚款的上下限
单位犯罪	单位犯前款罪的，对单位判处罚金，并对其直接负责的主管人员和其他直接责任人员，处五年以下有期徒刑或者拘役；情节严重的，处五年以上十年以下有期徒刑	单位犯前款罪的，对单位判处罚金，并对其直接负责的主管人员和其他直接责任人员，依照前款的规定处罚

（二）洗钱性质的犯罪

《刑法修正案（六）》第三百一十二条规定了掩饰、隐瞒犯罪所得、犯罪所得收益罪，"明知是犯罪所得及其产生的收益而予以窝藏、转移、收购、代为销售或者以其他方法掩饰、隐瞒的，处三年以下有期徒刑、拘役或者管制，并处或者单处罚金；情节严重的，处三年以上七年以下有期徒刑，并处罚金"。

《刑法》第三百四十九条规定了包庇毒品犯罪分子罪，窝藏、转移、隐瞒毒品、毒赃罪，"包庇走私、贩卖、运输、制造毒品的犯罪分子的，为犯罪分子窝藏、转移、隐瞒毒品或者犯罪所得的财物的，处三年以下有期徒刑、拘役或者管制；情节严重的，处三年以上十年以下有期徒刑"。

这三个罪之间存在相互竞合的关系，同时触犯这三个罪名的，依照处罚较重的规定定罪处罚。从行为的客观表现看，洗钱罪主要是提供资金账户、协助转移与转化财产，不包括窝藏行为，另外两个罪名则规定了窝藏的行为。

洗钱罪与掩饰、隐瞒犯罪所得、犯罪所得收益罪的区别主要在于：第一，犯罪客体不完全相同。洗钱罪侵犯的客体是国家的金融管理秩序，同时客观上也侵害了司法机关的职能活动；掩饰、隐瞒犯罪所得、犯罪所得收益罪侵犯的客体是司法机关的职能活动，在某些情况下，也可能侵犯国家的金融监管秩序。第二，上游犯罪的范围不同，洗钱罪的上游犯罪只限于《刑法》第一百九十一条规定的犯罪，而掩饰、隐瞒犯罪所得、犯罪所得收益罪的上游犯罪为第一百九十一条规定的犯罪以外有犯罪所得的所有犯罪。第三，洗钱罪的犯罪主体既可以是个人也可以是单位，而掩饰、隐瞒犯罪所得、犯罪所得收益罪的犯罪主体只能是个人。

三、最高人民法院关于洗钱罪的司法解释

《最高人民法院关于审理洗钱等刑事案件具体应用法律若干问题的解释》已于2009年9月21日由最高人民法院审判委员会第1474次会议通过，自2009年11月11日起施行。

第一条　刑法第一百九十一条、第三百一十二条规定的"明知"，应当结合被告人的认知能力，接触他人犯罪所得及其收益的情况，犯罪所得及其收益的种类、数额，犯罪所得及其收益的转换、转移方式以及被告人的供述等主、客观因素进行认定。

具有下列情形之一的，可以认定被告人明知系犯罪所得及其收益，但有证据证明确实不知道的除外：

（一）知道他人从事犯罪活动，协助转换或者转移财物的；

（二）没有正当理由，通过非法途径协助转换或者转移财物的；

（三）没有正当理由，以明显低于市场的价格收购财物的；

（四）没有正当理由，协助转换或者转移财物，收取明显高于市场的"手续费"的；

（五）没有正当理由，协助他人将巨额现金散存于多个银行账户或者在不同银行账户之间频繁划转的；

（六）协助近亲属或者其他关系密切的人转换或者转移与其职业或者财产状况明显不符的财物的；

（七）其他可以认定行为人明知的情形。

被告人将刑法第一百九十一条规定的某一上游犯罪的犯罪所得及其收益误认为刑法第一百九十一条规定的上游犯罪范围内的其他犯罪所得及其收益的，不影响刑法第一百九十一条规定的"明知"的认定。

第二条　具有下列情形之一的，可以认定为刑法第一百九十一条第一款第（五）项规定的"以其他方法掩饰、隐瞒犯罪所得及其收益的来源和性质"：

（一）通过典当、租赁、买卖、投资等方式，协助转移、转换犯罪所得及其收益的；

（二）通过与商场、饭店、娱乐场所等现金密集型场所的经营收入相混合的方式，协助转移、转换犯罪所得及其收益的；

（三）通过虚构交易、虚设债权债务、虚假担保、虚报收入等方式，协助将犯罪所得

及其收益转换为"合法"财物的;

（四）通过买卖彩票、奖券等方式，协助转换犯罪所得及其收益的;

（五）通过赌博方式，协助将犯罪所得及其收益转换为赌博收益的;

（六）协助将犯罪所得及其收益携带、运输或者邮寄出入境的;

（七）通过前述规定以外的方式协助转移、转换犯罪所得及其收益的。

第三条　明知是犯罪所得及其产生的收益而予以掩饰、隐瞒，构成刑法第三百一十二条规定的犯罪，同时又构成刑法第一百九十一条或者第三百四十九条规定的犯罪的，依照处罚较重的规定定罪处罚。

第四条　刑法第一百九十一条、第三百一十二条、第三百四十九条规定的犯罪，应当以上游犯罪事实成立为认定前提。上游犯罪尚未依法裁判，但查证属实的，不影响刑法第一百九十一条、第三百一十二条、第三百四十九条规定的犯罪的审判。

上游犯罪事实可以确认，因行为人死亡等原因依法不予追究刑事责任的，不影响刑法第一百九十一条、第三百一十二条、第三百四十九条规定的犯罪的认定。

上游犯罪事实可以确认，依法以其他罪名定罪处罚的，不影响刑法第一百九十一条、第三百一十二条、第三百四十九条规定的犯罪的认定。

本条所称"上游犯罪"，是指产生刑法第一百九十一条、第三百一十二条、第三百四十九条规定的犯罪所得及其收益的各种犯罪行为。

第五条　刑法第一百二十条之一规定的"资助"，是指为恐怖活动组织或者实施恐怖活动的个人筹集、提供经费、物资或者提供场所以及其他物质便利的行为。

刑法第一百二十条之一规定的"实施恐怖活动的个人"，包括预谋实施、准备实施和实际实施恐怖活动的个人。

根据上述司法解释，最高人民法院认为采用推定的方法，即除非有证据证明被告人确实不知道系他人的犯罪所得及收益，否则，被告人掩饰、隐瞒犯罪所得、犯罪所得收益的行为，如果和一般的生活、生产经验相违背而没有正常的理由，那么就可以推定被告人"应当知道"。

被告人知道为犯罪所得，即对于被告人来说，犯罪所得的性质是显而易见的，但不必知道赃物系通过何种犯罪所得。被告人知道是犯罪所得后作出窝藏、转移、收购、代为销售或者以其他方法掩饰、隐瞒的行为，应当是在本罪的实行行为结束之后作出的，如果和本罪犯罪分子事前通谋，事后由其对犯罪所得的赃物进行掩饰、隐瞒，那么被告人和本罪的犯罪分子构成共同犯罪，应当以本罪进行定罪处罚，而不构成掩饰、隐瞒犯罪所得、犯罪所得收益罪。

四、自洗钱属于洗钱犯罪

所谓自洗钱行为，是指行为人在实施上游犯罪之后，对违法犯罪所得及其收益进行"清洗"以使之合法化的行为。

在2020年《刑法修正案（十一）》出台之前，洗钱犯罪均系针对第三方的协助洗钱行为，即他洗钱行为，不包括为行为人自己洗钱的行为，也就是说，我国刑法未将自洗钱行为规定为独立的犯罪，实践中一般作为上游犯罪的量刑情节予以考虑。

但是，我国签署的联合国《禁毒公约》第一条、《打击跨国有组织犯罪公约》第六条以及《反腐败公约》第二十三条均规定自洗钱行为构成犯罪，并要求各缔约国在不违反本国法律制度基本原则的前提下将自洗钱行为规定为独立的犯罪。也正是基于此，FATF在2019年4月发布的第四轮互评估报告中，对中国履行FATF《四十条建议》中的第三条关于洗钱犯罪的法律制度评估为部分合规，其重要缺陷之一就是缺乏对自洗钱行为独立成罪的规定，不符合国际公约和FATF的建议要求。

在我国司法实践中，由于自洗钱行为被视为上游犯罪的附属行为，查处的重点是上游犯罪而非自洗钱行为，以致大量赃款难以追踪。量刑时，仅作为上游犯罪的量刑情节予以考虑，处罚普遍过于轻缓，这与洗钱行为严重的社会危害性不成正比。

英美法系国家的反洗钱立法并未对自洗钱行为和为第三人洗钱作出严格区分。《美洲国家组织关于洗钱犯罪的模式规则》第二条将洗钱行为主体规定为"任何人"，可见其洗钱行为包含了自洗钱行为。英国1990年《刑事司法（国际合作）法令》和1993年《刑事司法令》均将自洗钱规定为犯罪行为。

2020年《刑法修正案（十一）》删除了"明知""协助"，就是考虑到了自洗钱行为产生的危害。触犯"洗钱罪上游犯罪"的行为，也可能同时会触及"洗钱罪"。该修正案在2021年3月1日正式实施，将加大对洗钱犯罪的打击力度。

五、洗钱犯罪的典型案例

以下两个案例均发生在2020年12月《刑法修正案（十一）》公布之前，旨在说明根据当时法律文件的规定，我国对洗钱犯罪行为定罪量刑的司法实践。

（一）关于嫌疑人是否"明知"

由最高人民检察院发布的检察机关依法惩治和预防毒品犯罪典型案例中，根据当时刑法等法律法规的规定，如何判断嫌疑人是否"明知"是定罪量刑的关键所在。

被告人杨楠（女）与唐俊（已判刑）系男女朋友同居关系，杨楠无工作和经济收入。唐俊纠集陈刚等人在四川省某地制造甲基苯丙胺60余公斤用于贩卖。期间，唐俊将毒品犯罪所得640万元交给杨楠，杨楠通过利用他人账户多次转账、取现等方式隐匿钱款的来源、性质，其中用140万元购买住房一套、用80万元购买轿车一辆、用420万元购买理财产品。

检察机关认为，杨楠明知以上资金为唐俊毒品犯罪所得，还帮助其掩饰、隐瞒，应当以洗钱罪追究其刑事责任。杨楠辩称知道唐俊在做工程，不知钱款是制毒所得，且大部分购买理财产品的钱是他人赠予，并非唐俊所给。

一审法院认为，以杨楠对唐俊的工作及收入的了解，应当明知仅凭唐俊的合法收入，拿不出高额现金来买房买车，故杨楠知道或应当知道唐俊的钱来源不合法，认定杨楠构成掩饰、隐瞒犯罪所得罪，判处有期徒刑四年零六个月，并处罚金人民币5万元。

四川省犍为县人民检察院认为一审判决定性错误，提出抗诉，同时积极引导侦查机关取证，进一步获取了唐俊同案犯陈刚等人的证言，证实杨楠曾参与讨论制造毒品用塑料桶和铁桶哪个容易损坏等问题，证明杨楠明知唐俊从事毒品犯罪；进一步调取了银行转账记录，证实买理财产品及买车买房的资金均来源于唐俊。

乐山市中级人民法院采纳抗诉意见，认定杨楠犯洗钱罪，判处有期徒刑五年，并处罚金人民币60万元。

毒品犯罪是典型的贪利型犯罪，依法追缴毒品犯罪分子的违法所得及其产生的收益，以及供犯罪使用的本人财物，准确适用财产刑，是摧毁其犯罪经济基础的重要手段，对有效打击毒品犯罪具有重要作用。本案在依法追缴唐俊犯罪所得的基础上，加大对洗钱等关联案件的打击力度，为积极推动缉毒反洗钱工作提供了可资借鉴的经验。同时也宣示，谁协助毒品犯罪分子洗钱，谁将受到法律的严惩。

（二）关于洗钱行为与上游犯罪

2008年，法律出版社出版了最高人民法院《刑事审判参考》（总第60集），其中第471号是一个与上游犯罪相关的洗钱案件。

上海市虹口区人民检察院以被告人潘儒民、祝素贞、李大明、龚媛犯洗钱罪，向上海市虹口区人民法院提起公诉，经公开审理查明：被告人潘儒民于2006年7月初，通过"张协兴"（另案处理）的介绍和"阿元"（另案处理）取得联系，商定由潘儒民通过银行卡转账的方式为"阿元"转移从网上银行诈骗的钱款，潘儒民按转移钱款数额10%的比例提成。嗣后，潘儒民纠集了被告人祝素贞、李大明、龚媛，并通过杜福明（另案处理）收集陈涛、董梅华、宋全师等多人的身份证，由杜福明至上海市有关银行办理了大量信用卡交给潘儒民、祝素贞。由"阿元"通过非法手段获取多名网上银行客户的银行卡卡号和密码等资料，然后将资金划入潘儒民67张银行卡内，并通知潘儒民取款，共划入人民币1174264.11元。潘儒民、祝素贞、李大明、龚媛于2006年7月至8月期间，在上海市使用上述67张银行卡和另外27张银行卡，通过ATM机提取现金共计人民币1086085元，通过柜面提取现金共计人民币73615元，扣除事先约定的份额，然后按照"阿元"的指令，将剩余资金汇入相关账户内。案发后，公安机关追缴赃款共计人民币384000元。

上海市虹口区人民法院认为，被告人潘儒民、祝素贞、李大明、龚媛明知转移的钱款是金融诈骗犯罪的所得，为掩饰、隐瞒其来源和性质，仍提供资金账户并通过转账等方式协助资金转移，其行为构成洗钱罪，检察院指控罪名成立。在共同犯罪中，被告人潘儒民起主要作用，系主犯，被告人祝素贞、李大明、龚媛起次要作用，系从犯，对被告人祝素贞、李大明、龚媛应当从轻处罚。

在本案审理中，上游犯罪行为人"阿元"尚未抓获归案，即没有上游犯罪，潘儒民等人的行为是否构成洗钱罪？

上游犯罪在洗钱罪的犯罪构成中，只是作为前提性要素而出现。只要有证据证明确实发生了《刑法》第一百九十一条明文规定的上游犯罪，行为人明知系上游犯罪的所得及其产生的收益，仍然实施为上游犯罪行为人提供资金账户、协助将财产转换为现金等掩饰、隐瞒其来源和性质的帮助行为的，就可以认定洗钱罪成立。

上游犯罪行为与洗钱犯罪行为虽然具有前后相连的事实特征，但实践中两种犯罪案发状态、查处及审判进程往往不会同步，有的上游犯罪事实复杂，有的则可能涉及数个犯罪，查处难度大，所需时间长，审判进程必然比较慢；还可能发生实施洗钱行为的人已经抓获归案，上游犯罪的事实已经查清，而上游犯罪行为人尚在逃的情形。从程序角度而言，如果要求所有的洗钱犯罪都必须等到相应的上游犯罪处理完毕后再处理，会造成对这类犯罪打击不力的后果，如一律要求上游犯罪已经定罪判刑才能认定洗钱罪成立既不符合刑法规定，也不符合打击洗钱犯罪的实际需要。从犯罪构成上看，洗钱罪的上游犯罪和洗钱罪虽有联系，但各有不同的犯罪构成，需要分别进行独立评价。

虽然上游犯罪行为人"阿元"未被抓获，根据被害人的陈述和被告人的供述，以及有关书证材料，可以确定"阿元"盗划他人信用卡内钱款的行为，已经涉嫌信用卡诈骗罪。潘儒民等四被告人明知"阿元"所获得的钱款系金融诈骗犯罪所得，为掩饰、隐瞒其来源和性质，仍按其要求提供资金账户并通过转账等方式协助资金转移，符合《刑法》第一百九十一条所规定的洗钱罪的构成特征，且涉案金额达100余万元，应当以洗钱罪对四被告人定罪处罚。

第四节

国际社会和我国反洗钱发展历程

一、反洗钱的含义

反洗钱是指政府动用立法、司法力量，调动有关的组织和商业机构对可能的洗钱活动予以识别，对有关款项予以处置，对相关机构和人士予以惩罚，从而达到阻止犯罪活动目的的一项系统工程。反洗钱对维护金融体系的稳健运行，维护社会公正和市场竞争，打击腐败等经济犯罪具有重大的意义。

美国《1970 年银行保密法案》是世界上首部反洗钱立法，却没有洗钱罪的内容。这部法律通过后，立即受到挑战，加州银行业协会、一家银行、美国民权联盟，以及部分银行客户向加州北区的美国地区法院提起诉讼，认为该法案的内容违宪，侵犯人权，请求法院发出禁令，阻止法案的实施。这场官司从 1972 年打到 1974 年，初审法院的判决支持了原告的部分请求，之后双方都上诉至最高法院，在多名法官存在异议的情况下，判决支持《银行保密法案》立法。正是这一判决确立了反洗钱的主要议题和基本原则，美国反洗钱制度创新由此发展起来。

二、国际社会反洗钱三个发展阶段

（一）1988 年以前

为了打击和预防洗钱活动，美国政府颁布了一系列法律。1970 年，美国颁布了《1970 年银行保密法》，建立了现金交易报告制度，要求金融机构对超过 1 万美元的现金交易向财政部报告，任何人运送价值超过 1 万美元的金融证券进出美国，都要申报，否则会受到处罚；1986 年，美国颁布了《洗钱控制法》，将隐瞒或掩饰犯罪收益的洗钱行为直接规定为犯罪，并对有关没收及域外管辖权作了明确规定。

1986 年，英国颁布了《毒品贩运犯罪法》，开始打击洗钱活动。该法规定，隐瞒、转移、处置、使用毒品贩运收益的，都构成"协助他人保持毒品贩运收益罪"，将被处以 14 年以下监禁。1989 年，英国政府颁布了《预防恐怖主义法令》，规定任何人促进保持或者控制恐怖犯罪资金的行为构成"协助保持或者控制恐怖犯罪资金罪",从而将恐怖融资纳入打击范围。

1987—1988年,澳大利亚颁布了《1987年犯罪收益法》,这是第一部联邦级的反洗钱法律,对洗钱的上游犯罪进行了明确界定,同时还规定了过失洗钱的刑事责任。《1987年刑事事务相互协助法》规定了澳大利亚与其他国家之间相互进行刑事协助的制度和程序。《1988年金融交易报告法》不仅规定了"现金交易商"要提供其金融交易报告的制度,而且专门为此设立了"交易报告与分析中心",作为报告的接收机构,专门负责对报告的收集、审核与分析工作。

在这个阶段,反洗钱的重点是打击毒品犯罪,以单个国家为主,缺乏国际合作,对于打击跨境洗钱活动,成效较弱。各国政府对洗钱行为的认识不同,打击的力度也有差别。有些国家的银行法律法规重视保护客户隐私,洗钱者将他们的金融机构当成保密天堂,致使打击和预防洗钱活动面临困难。

(二) 1989—2001年

在这个阶段,贩毒、走私、诈骗、绑架等犯罪活动的国际化,金融处理技术提高及国际化,为跨国洗钱提供了很大便利,洗钱活动日益国际化。单个政府没有办法对跨国洗钱实施有效打击,这种状况促成了反洗钱国际合作。从20世纪80年代末,反洗钱国际合作的范围不断扩大,从打击毒品犯罪发展到打击洗钱罪的所有上游犯罪。

1988年12月,国际清算银行发表了防止洗钱的原则宣言,同日,联合国反麻醉药品和精神药物大会通过了《联合国禁毒公约》。该公约是经联合国大会通过的第一个明令惩处洗钱犯罪的国际公约,同时还规定,各缔约国要互相进行法律协助,并提供银行记录,以识别或追查收益、财产等。

1989年7月,西方七国在巴黎召开首脑会议,一致认为需要在国内和国际上采取果断的行动去控制毒品贩运及相关的洗钱活动。于是,会议成立了FATF。1990年2月,FATF在年度报告中就反洗钱问题提出了《关于反洗钱问题的40条建议》(以下简称《40条建议》)。此后,各成员国均在《40条建议》的框架下进行立法或修改法律,联合打击洗钱活动。

美国先后颁布了《1992年阿农奥怀利反洗钱法》《1994年禁止洗钱法》,对金融机构反洗钱工作提出了具体要求。英国颁布了《1990年刑法》,确定了英国与外国司法机关在查询、冻结、扣划和没收毒品犯罪收益方面的国际合作事宜;1993年颁布的《1993年反洗钱条例》则对金融机构履行反洗钱义务及应承担的法律责任进行了具体规定。法国分别于1990年和1993年颁布了两部反洗钱法令:90-614号法令和93-122号法令,规定了金融机构应该履行的法律义务及应承担的法律责任。1990年11月8日,欧洲理事会在斯特拉斯堡签署了《关于对犯罪所得进行清洗、侦查、扣押和没收的公约》（即《欧洲反洗钱公约》）。该公约将洗钱犯罪扩展到一切犯罪所得的财物，把打击与防范洗钱犯罪的重点界定为除了针对某些自然人外的有组织犯罪。

1995年10月，国际刑警组织举行的第64届全体会议一致通过了历史上第一个反洗钱宣言，呼吁110个会员国进行有关法律制度的改革，把洗钱活动和有意参与的人作为打击目标。

（三）2001年以后

为了适应新的反恐形势，人们将反恐问题与反洗钱相联系，反恐融资成为反洗钱工作的一个重要领域。1999年12月，联合国制定了《联合国制止向恐怖主义提供资助的国际公约》，要求各成员国在2001年年底前签订。此外，FATF对《40条建议》进行了补充，于2004年，针对恐怖融资，FATF提出了9条特别建议，即《40+9条建议》。这9条特别建议的基本内容是：认可和落实联合国决议、将恐怖融资及其相关的洗钱活动刑事化、冻结和没收恐怖分子财产、报告和恐怖融资有关的可疑交易、国际合作、替代性汇款机制、严密运转细节、非营利性组织和现金运带。

2001年9月11日，美国发生了令人震惊的"9·11"事件。2001年，美国总统布什签署了《爱国者法案》，以加强对恐怖主义活动的打击力度。该法案为开展以反恐怖活动为中心的金融监管和收缴恐怖组织的资金提供了重要的法律依据，并且反映出美国在反洗钱策略方面的新动向。它从法律上给予美国国内执法机构和国际情报机构广泛的权力和相应的设施以防止、侦破和打击恐怖主义活动，使美国可以在更大的范围内对恐怖主义和洗钱活动采取控制和打击措施，使洗钱标准更加宽泛。该法案还强调了美国有关机构可以对国外的洗钱活动行使司法管辖权，它授权美国财政部长可要求所有美国金融机构或外国金融机构在美的代理人保存和报告具有洗钱牵连的金融机构或交易活动的有关记录、交易总量以及每笔交易的具体情况，详细记录交易参与人尤其是境外汇款人和资金受益人的身份、地址、法律资格等资料。如果外国银行不遵守规定，美国主管机关可以通知其境内的所有金融机构在10日内立即中断与该外国机构的任何代理关系。

三、我国反洗钱法的相关规定

（一）反洗钱的含义

我国《反洗钱法》第二条规定："本法所称反洗钱，是指为了预防通过各种方式掩饰、隐瞒毒品犯罪、黑社会性质的组织犯罪、恐怖活动犯罪、走私犯罪、贪污贿赂犯罪、破坏金融管理秩序犯罪、金融诈骗犯罪等犯罪所得及其收益的来源和性质的洗钱活动，依照本法规定采取相关措施的行为。"

对于洗钱活动，仅仅依靠刑法打击是不够的，关键还要建立、健全金融监管措施。反洗钱就是为了预防洗钱活动，依法采取相关措施的行为。这些行为包括多方面的内容，如客户身份识别、大额交易和可疑交易报告、保存客户身份资料和交易记录，以及依法进行的反洗钱检查、调查等，都属于反洗钱的范畴。

（二）反洗钱的义务主体和基本制度

《反洗钱法》第三条规定了反洗钱义务主体和反洗钱基本制度："在中华人民共和国境内设立的金融机构和按照规定应当履行反洗钱义务的特定非金融机构，应当依法采取预防、监控措施，建立健全客户身份识别制度、客户身份资料和交易记录保存制度、大额交易和可疑交易报告制度，履行反洗钱义务。"

1. 义务主体。反洗钱义务主体既包括在中华人民共和国境内设立的金融机构，也包括按照规定应当履行反洗钱义务的特定非金融机构。应当履行反洗钱义务的特定非金融机构的范围、其履行反洗钱义务和对其监督管理的具体办法，将由反洗钱行政主管部门会同有关部门制定。需要指出的是，金融机构和应当履行反洗钱义务的特定非金融机构不仅包括中国法人，也包括外国法人的分支机构，只要是在中华人民共和国境内设立的，就要履行反洗钱义务。

《反洗钱法》第三十四条所称金融机构，是指依法设立的从事金融业务的政策性银行、商业银行、信用合作社、邮政储汇机构、信托投资公司、证券公司、期货经纪公司、保险公司以及国务院反洗钱行政主管部门确定并公布的从事金融业务的其他机构。随着市场经济改革的不断深入和金融创新的不断发展，会出现越来越多新类型的金融机构，这些金融机构应当如何履行反洗钱义务也需要根据实际的业务范围进行判断。因此，考虑到法律的操作性和稳定性，《反洗钱法》在对金融机构的界定上采取"列举+兜底"的方式。

将反洗钱义务主体定为金融机构和按照规定应当履行反洗钱义务的特定非金融机构，主要是由于金融机构和特定非金融机构是最易于被洗钱者用作洗钱的渠道和洗钱发生的高危领域。这些机构履行好反洗钱义务，反洗钱工作就会事半功倍。因此，实施预防、监控洗钱的行为必须以金融机构为核心主体。金融机构建立反洗钱制度，通过金融机构监测并报告异常资金流动，发现并控制犯罪资金，对于打击洗钱活动将会起到重要作用。

随着金融监管的不断完善和对金融机构加强反洗钱监管，犯罪分子通过金融机构进行洗钱的成本逐步增加，迫使其转移阵地，逐步向非金融领域渗透。为此，各国纷纷修改法律，设定非金融机构反洗钱的法律义务，将其纳入可疑交易报告的义务主体。要求非金融机构承担反洗钱义务，是近年来国际反洗钱制度发展的新趋势。

2. 基本制度。反洗钱义务主体应当依法履行反洗钱义务。这里的依法是指依据广义的法律，包括法律、法规和反洗钱行政主管部门和其他依法负有反洗钱监督管理职责的部门、机构发布的规章及规范性文件，如《反洗钱法》、《个人存款账户实名制规定》、国务院反洗钱行政主管部门发布的反洗钱规章、金融监督管理机构发布的要求金融机构建立健全反洗钱内部控制制度的规范性文件等。

《反洗钱法》主要规定了金融机构应当履行的反洗钱义务，按照规定应当履行反洗钱义务的特定非金融机构的反洗钱义务将由反洗钱行政主管部门会同国务院有关部门制定。

《反洗钱法》要求反洗钱义务主体建立健全反洗钱工作制度。制度是做事的依据，反洗钱制度是反洗钱义务主体正确履行义务的保证。具体来说，金融机构作为反洗钱义务主体主要的义务有以下几项：建立反洗钱内部控制制度，设立反洗钱专门机构或者指定内设机构负责反洗钱工作，建立客户身份识别制度，建立客户身份资料和交易记录保存制度，建立大额交易和可疑交易报告制度，开展反洗钱培训和宣传义务、反洗钱工作保密义务及向反洗钱行政主管部门或公安机关举报洗钱活动的义务等。

客户身份识别、报告大额和可疑交易、保存客户身份资料和交易信息是反洗钱国际标准和各国反洗钱立法确认的洗钱预防措施的3项基本制度。建立这3项反洗钱制度有利于发挥反洗钱义务主体反洗钱"第一道防线"的基础作用，有利于反洗钱义务主体规避洗钱和恐怖融资风险以及相关的法律风险，有利于反洗钱义务主体加强风险管理、开展审慎经营、树立商业诚信、限制不正当竞争行为。

（三）反洗钱监管职责分工与合作

《反洗钱法》第四条规定："国务院反洗钱行政主管部门负责全国的反洗钱监督管理工作。国务院有关部门、机构在各自的职责范围内履行反洗钱监督管理职责。国务院反洗钱行政主管部门、国务院有关部门、机构和司法机关在反洗钱工作中应当相互配合。"

1. 中国人民银行是反洗钱行政主管部门。从文字上看，《反洗钱法》明确国务院反洗钱行政主管部门承担我国的反洗钱监督管理职责，而没有具体写明谁是国务院反洗钱行政主管部门。这种表述是基于立法技术的考虑。法律中不点出部委的名称，而以"某某行政主管部门""某某监督管理机构"指代某一国家行政机关，是我国立法中经常采用的方式。这是因为我国政府部门的职能有时会发生调整，例如反洗钱工作就曾先后由财政部、公安部和中国人民银行作为牵头部门。而法律的权威性要求保持其在一定时期内的稳定性，因此，根据行政职能的性质"命名"政府职能部门是一种常见的解决法律稳定性和行政组织机构变动性之间冲突的有效方法。

但是,"国务院反洗钱行政主管部门"具有明确的指向性,特指中国人民银行。2003年12月,十届全国人大常委会修订的《中国人民银行法》第四条规定:中国人民银行负责指导、部署金融业反洗钱工作,负责反洗钱资金监测。

2. 中国人民银行专门设置反洗钱部门。中国人民银行着眼于我国金融业反洗钱工作的实际需要,制定了一系列的反洗钱规章制度,以金融业为起点推动我国的反洗钱工作。中国人民银行设立了专门的反洗钱部门来承担我国金融业反洗钱的行政管理职能,并设立了负责反洗钱资金监测的中国反洗钱监测分析中心,奠定了我国反洗钱行政管理工作的组织基础。

2004年3月,中国人民银行设立反洗钱局,作为反洗钱的行政主管部门,具体承担组织协调国家反洗钱工作,指导、部署金融业反洗钱工作的职责。2004年4月,中国人民银行成立了中国反洗钱监测分析中心,作为收集、分析、监测和提供反洗钱情报的金融情报机构,具体承担反洗钱资金监测职责。同时,中国人民银行的分支机构也设立了反洗钱工作部门。

中国人民银行反洗钱职能部门的设立还有力推动了我国反洗钱国际合作的进程。按照国务院的统一部署,我国加入FATF的进程取得重大突破,2005年1月,FATF通过电子投票表决方式,33个成员一致同意接纳中国为FATF观察员。2007年6月,FATF全体会议以协商一致方式同意中国成为该组织正式成员。

3. 部门合作。洗钱具有很强的行业选择性,洗钱者会考虑成本和风险,尽量利用监管薄弱、成本较低的行业实施洗钱,一旦某一行业防范和控制洗钱的力度加大,则转移至其他行业。这就要求各个行业特别是易于为洗钱利用的行业,在统一的预防和控制洗钱原则要求下,按照行业自身的特点,有针对性实施反洗钱的策略和措施,才能从总体上遏制洗钱的势头,有效预防和打击洗钱。这就使得反洗钱工作涉及面很广,需要有关各方的协调和配合才能取得法律预期的成效。

基于上述原因,国务院反洗钱行政主管部门负责全国的反洗钱监督管理工作,是反洗钱工作的主要监管者;国务院金融监督管理机构、海关等国务院有关部门从各自履行职责的特点出发做好某一方面的反洗钱监督管理工作。中国人民银行和其他依法负有反洗钱监督管理职责的部门、机构发现涉嫌洗钱犯罪的交易活动,应当及时向侦查机关报告。因此,在反洗钱工作中,中国人民银行、国务院有关部门、机构和司法机关之间也应按法律要求协调配合。

2004年,中国建立和完善了由中国人民银行牵头,有23个部委参加的国务院反洗钱工作部际联席会议制度,在党中央、国务院领导下,指导全国反洗钱工作,制定国家反洗钱的重要方针、政策,制定国家反洗钱国际合作的政策措施,协调各部门、动员全社会开展反洗钱工作。反洗钱工作部际联席会议原则上每年召开一至两次全体会议，如有需要，经成员单位提议，可随时召开全体会议或部分成员会议。联席会议的议题包括：传达、贯彻党中央、国务院领导同志关于反洗钱工作的指示精神；研究反洗钱工作的新情况、新问题；讨论需要沟通的政策规定及有关重点工作；交流通报反洗钱工作情况；就有关工作进行协商，并提出落实意见。对反洗钱工作的重大问题，经联席会议研究后，报国务院审定。

（四）法律责任

为了惩罚有关的违法行为，《反洗钱法》第三十条规定了对反洗钱行政主管部门和其他依法负有反洗钱监督管理职责的部门、机构从事反洗钱的人员违反规定进行检查、调查或者采取临时冻结措施，泄露因反洗钱知悉的国家秘密、商业秘密或者个人隐私，违反规定实施行政处罚，以及其他不依法履行职责的行为应承担的法律责任。

为了惩罚金融机构不履行反洗钱义务的行为，《反洗钱法》第三十一条、第三十二条对金融机构及其直接负责的董事、高级管理人员和其他直接责任人员未依法履行各项反洗钱义务，分别规定了轻重不同的法律责任。为了增强处罚的实际效果，《反洗钱法》规定了"双罚制"，即对金融机构及其直接负责的董事、高级管理人员和其他直接责任人员同时追究法律责任，给予相应的处罚。

此外，通过反洗钱机制发现并切断恐怖主义融资渠道成为各国反洗钱工作的一项重要任务。因此，为了加强对恐怖主义活动的预防和监控，《反洗钱法》第三十六条规定对涉嫌恐怖活动资金的监控适用本法；其他法律另有规定的适用其规定。

（五）构成犯罪、追究刑事责任的规定

我国《反洗钱法》第三十三条规定：违反本法规定，构成犯罪的，依法追究刑事责任。

刑事责任是指违反刑事法律规定的个人或者单位所应当承担的法律责任。刑事处罚的种类包括管制、拘役、有期徒刑、无期徒刑和死刑这5种主刑，还包括剥夺政治权利、罚金和没收财产3种附加刑。附加刑既可以单独适用，也可以与主刑合并适用。包括刑事责任在内的法律责任具有法律上的强制性，需要在法律上作出明确具体的规定，以保证法律授权的机关依法对违法行为人追究法律责任，实施法律制裁，以达到维护正常的社会、经济秩序的目的；同时也保障个人和单位不违背法律规定的行为不受追究。

我国的刑事法律关于刑事责任的规定具有3种表现形式，一是刑法典，是指国家以刑法名称颁布的，系统规定犯罪及其刑事责任的法律。我国1979年颁布的《中华人民共和国刑法》以及1997年经过修订颁布的刑法，可谓刑法典。二是单行刑法，单行刑法指国家以决定、规定、补充规定、条例等名称颁布的，规定某一类犯罪及其刑事责任或者刑法

的某一事项的法律。1997年刑法实施后,全国人大常委会于1998年12月颁布的《全国人民代表大会常务委员会关于惩治骗购外汇、逃汇和非法买卖外汇犯罪的决定》是现行有效的单行刑法。三是附属刑法,即附带规定于民法、经济法、行政法等非刑事法律中的罪刑规范。本条规定就属于附属刑法规范。针对本条需要注意的是,由于我国的附属刑法规范,没有规定具体的法定刑,因此在追究刑事责任时不能够直接运用,必须结合刑法典、单行刑法的有关内容追究刑事责任。例如,根据《反洗钱法》规定,负有保守秘密的义务的行为人,如果故意或者过失泄露在反洗钱工作中知悉的商业秘密、国家秘密等就可以根据刑法关于侵犯商业秘密罪、故意泄露国家秘密罪、过失泄露国家秘密罪等的规定追究刑事责任。

【延伸阅读】

反恐怖融资与反洗钱的主要区别

反恐融资规则从提出之初就沿用了反洗钱的具体措施和制度。联合国早在1999年就通过了《制止向恐怖主义提供资助的国际公约》,我国是该公约的缔约国。2001年美国"9·11"事件发生后,国际反洗钱领域的权威组织金融行动特别工作组(FATF)决定将其工作目标扩大到预防和打击资助恐怖活动,并制定了反恐融资9条特别建议,同意将特别建议与反洗钱40条建议结合使用。

《制止向恐怖主义提供资助的国际公约》和FATF的9条特别建议都要求,各国应将资助恐怖活动确立为刑事犯罪,并将其作为洗钱犯罪的上游犯罪之一;同时,各国应通过立法确立资助恐怖活动的预防措施,其中包括客户身份识别制度、可疑交易报告制度、客户身份资料和交易记录保存制度等。这些要求已经得到多数国家认可,并通过立法加以确认。

我国《刑法》在第一百二十条之一规定了"资助恐怖活动罪",并在第一百九十一条将其规定为洗钱罪的上游犯罪之一。此次立法不仅在第二条规定反洗钱包括预防和监控恐怖活动犯罪,而且在《反洗钱法》明确规定本法规定的反洗钱措施适用于涉嫌恐怖活动资金的监控。

反恐融资与反洗钱是两个相互独立的概念。有效控制洗钱是预防和打击恐怖活动的重要手段,预防和监控洗钱活动的基本措施,如客户身份识别制度、可疑交易报告制度、客户身份资料和交易记录保存制度等,对于发现和打击资助恐怖活动具有积极作用。但是,资助恐怖活动有其自身的特点,反洗钱措施不能完全解决资助恐怖活动问题。

1. 从资金来源看,反洗钱措施只能监控犯罪来源的恐怖融资活动。洗钱活动一定有其相关联的上游犯罪活动存在,没有上游犯罪产生的犯罪收益,就不会有洗钱活动的存在，即洗钱活动中的清洗对象是犯罪收益。相比较而言，资助恐怖活动的资金只有一部分来源于传统的犯罪活动。在世界各国普遍加强对恐怖主义活动的打击力度的形势下，恐怖组织及其成员的生活往往十分谨慎，他们会把来源于传统犯罪活动所得的犯罪收益与合法资金混在一起。恐怖组织既能从自己经营的企业中获取资金，也能得到一些支持其事业的企业家的捐助。进入20世纪90年代以来，捐助已成为恐怖组织的主要资金来源。从已经发现的一些案例看，各类企业都有可能成为恐怖组织的捐助者，包括石油公司、建筑公司、蜂蜜商店、制革厂、银行、农产品种植者、经纪人、贸易公司、饭店、酒店、书店等。

2. 从资金转移来看，反洗钱措施主要监控金融领域的恐怖融资活动。洗钱的主要渠道是通过金融机构，通过强化金融机构的反洗钱职责，特别是实施金融交易报告制度，可以有效地防范洗钱活动。但是，非正规的资金转移体系已经成为恐怖分子资金链的纽带。恐怖分子经常利用的非正规的资金转移方式包括大额现金运输、利用货币服务行业、利用货币兑换点、利用"哈瓦拉"等替代性汇款机制。即使是通过金融机构进行的资助恐怖活动往往也由于单个的金融交易所涉及的金额通常都非常低，又有合法生意、社交活动或者慈善行为作掩护，因此，要把资助恐怖活动从数以亿计的金融交易中识别出来是困难的。

此外，从实践上来看，通过《联合国制止向恐怖主义提供资助的国际公约》与《联合国打击跨国有组织犯罪公约》《联合国反腐败公约》的比较，以及FATF反恐融资9条特别建议与反洗钱40条建议的比较，洗钱和资助恐怖活动的预防、监控措施是存在区别的，例如，资助恐怖活动的预防、监控措施对非营利性组织的管理、跨境电汇业务、涉嫌恐怖活动资金的及时冻结等更为关注。美国、英国等一些国家还制定了专门的《反恐怖法》，对资助恐怖活动的预防、监控措施进行特别规定。

——资料来源：微信公众号，AML理论与实践，2020.4.10

【职业素养与道德】

金融高材生堕落成了洗钱共犯

黄某从某名牌高校金融专业毕业后，顺利进入某国有银行当了信贷员。由于长期从事大额信贷业务办理，接触了不少富人、能人后，渐渐地，黄某的脑筋也活络起来。当他发现前妻的表妹、同在张家港某银行工作的朱云（另案处理）辞职后跟着父亲朱虎（另案处理）炒股、做期货，日子过得越发滋润时，更是羡慕不已。

2017年6月，朱虎、朱云父女与人联手，在辽宁注册开了一家体彩公司，打出"顶尖专业体育竞彩分析师团队，提供下注方案可取得高中奖率，只盈不亏，月收益极高"的诱人广告，吸引了不少人参与。公司通过收取加盟费，不断吸收发展会员参与体育竞彩彩票下注项目，实为以高回报吸引社会不特定公众进行投资的"庞氏骗局"。此时的黄某已经跳槽到一家商业银行，他觉得此项目有利可图，便也出资参与，成了一名靠"保本付息代买体彩投资"的体彩点站长。

然而好景不长，数月后该项目就崩盘了。2017年8月，朱云等人又瞄准经济发达的无锡，"换汤不换药"地在该市滨湖区以"微风100"新项目重起炉灶，迅速在全国付费加盟发展合伙人、"下线"等2800余人，涉案金额达20余亿元。

黄某亦步亦趋，用朋友圈、微信好友推荐等方式宣传"微风100"项目。2018年到2019年，他找来几名好友联手投资，参与开设多家体彩门店，为"微风100"项目进行体彩下注、兑奖。但很快，这个项目最终也崩盘了，朱云察觉不妙想跑路，便找到了黄某，黄某对朱云非法集资涉嫌犯罪心知肚明，仍设法为其洗钱、跑路提供一条龙服务。

2018年12月初的一天晚上，黄某办公室灯火通明，黄某、小李（另案处理）、朱云三人盯着手机屏幕操作，不时传来"叮咚"的短信提醒声。

小李是3年前黄某任银行业务经理时打游戏结识的，在黄某2018年初开体育彩票店时就成了他的司机，名下有两张银行卡由黄某控制。

当晚8点多，小李接到黄某电话说要收几笔款，匆忙赶到黄某办公室后，发现办公桌上放着一排写了户名、银行卡号的纸条。朱云正按纸条上的内容，用手机向这些银行卡逐一转账。黄某叮嘱小李，收到款项到账的手机短信后就告诉他，以便同朱云核实到账情况。

原来，就在几天前，朱虎因其他案件被辽宁警方刑事拘留，朱云担心自己被牵连，银行卡资金会被冻结查扣，便找到黄某。黄某很快通过菲律宾赌场朋友阿杰（目前在逃）找好中转资金的账户，当晚便帮朱云将非法集资款转入这批"黑卡"账户，再倒入自己控制的卡进行提现。通过这种手法，黄某两天内共洗钱700余万元。

2019年1月，朱云因涉嫌其他犯罪被警方问话，便设法再次找到黄某帮助转移卡内资金，黄某如法炮制，又联系阿杰洗钱1500余万元。

2019年12月，朱云在无锡设立的公司项目资金链彻底断裂，无钱兑付，又不断有投资人来公司现场提出返还投资款。到了2020年1月，眼看无以为继，朱云思前想后，与两名主管商量后决定结伴出逃境外。而当时，朱云还在取保候审期间，护照、港澳通行证等出入境证件都不在身边，用正常办法根本无法出境。

此时，她又想到了"路子广"的黄某。同时，因手头没有大笔现金，朱云担心偷渡费用不够，想到公司还有两辆豪车，决定卖掉用作路费。拜托黄某后，黄某答应会"想想办法"。没几天，黄某告诉朱云，已经联系好了曾经带人前往缅甸赌博的老孟（另案处理），可以帮助朱云等人潜逃境外。

2020年1月4日一大早，朱云便来到张家港一家宾馆门口。朱云前脚手持"车辆转让确认书"站在车头合完影，后脚便钻进黄某安排的汽车，由两名司机轮流驾驶，一路狂奔向云南边境驶去。

当天晚上，朱云等人便赶到云南昆明，一行人冒雨来到当地一处位于城中村的夜市，老孟过来与他们接头。第二天朱云等人便换乘车到西双版纳，并由带路人跋涉偷越中缅边境。

本来，朱云等人计划先偷渡到缅甸，再逃往菲律宾落脚，但却因突如其来的疫情一直滞留缅甸，直至被当地警方抓获。2020年4月6日，缅方将朱云等人交无锡警方，朱云等人随后被刑事拘留。

在朱云等人整个偷渡过程中，黄某在拿了30万元活动费用后，不仅帮助联系老孟安排偷渡，而且帮朱云在出逃前签署材料，帮助联系出售公司豪车，且部分款项已到账。

2020年7月，朱云等人集资诈骗一案移送到滨湖区检察院办理。检察官阅卷时，发现朱云交代黄某洗钱、偷渡的线索，遂通过审查犯罪所得、收益去向及将巨额资金散存多个账户情况，仔细梳理证据，发现了黄某洗钱犯罪线索，随即发出《要求说明不立案理由通知书》，警方很快以涉嫌洗钱罪对黄某立案侦查。

2020年8月中旬，黄某经无锡警方电话通知后主动投案。滨湖区检察院派员提前介入后，从财务审计、人员核实等提出补证要求，最终对黄某作出逮捕决定，公安机关于11月16日移送检察院审查起诉。目前，该案正在进一步办理中。

此外，滨湖区检察院结合该案办理情况，专门邀请公安机关、中国人民银行无锡市中心支行反洗钱处联合召开反洗钱工作联席会议，交流反洗钱工作情况、探讨相关案件办理重点难点，并与公安机关、人民银行确立开展全方位合作，建立惩治洗钱犯罪协作机制，共同加强洗钱犯罪打击力度，切实维护国家金融管理秩序。（文中涉案人员均为化名）

——资料来源：检察日报，作者：卢志坚 郭筱琦 章建

本章小结

1. 洗钱的真实目的在于掩饰、隐瞒犯罪收益的真实来源和性质，把通过非法手段获得的犯罪收益借助合法手段和活动，使其表面合法化。包括放置阶段、离析阶段和融合阶段。

2. FATF"40＋9"建议，明确要求成员对洗钱罪的定义应"涵盖最大范围指定罪行"，应规定洗钱罪的上游犯罪为所有犯罪，或者规定为一定量刑起点以上的所有犯罪（如可判处一年有期徒刑以上的罪行均可为洗钱罪上游犯罪）。

3. 2020年12月26日通过、2021年3月1日实施的《刑法修正案（十一）》将《刑法》第一百九十一条修改为："为掩饰、隐瞒毒品犯罪、黑社会性质的组织犯罪、恐怖活动犯罪、走私犯罪、贪污贿赂犯罪、破坏金融管理秩序犯罪、金融诈骗犯罪的所得及其产生的收益的来源和性质，有下列行为之一的，没收实施以上犯罪的所得及其产生的收益，处五年以下有期徒刑或者拘役，并处或者单处罚金；情节严重的，处五年以上十年以下有期徒刑，并处罚金：（一）提供资金账户的；（二）将财产转换为现金、金融票据、有价证券的；（三）通过转账或者其他支付结算方式转移资金的；（四）跨境转移资产的；（五）以其他方法掩饰、隐瞒犯罪所得及其收益的来源和性质的。单位犯前款罪的，对单位判处罚金，并对其直接负责的主管人员和其他直接责任人员，依照前款的规定处罚。"

4. 反洗钱是指政府动用立法、司法力量，调动有关的组织和商业机构对可能的洗钱活动予以识别，对有关款项予以处置，对相关机构和人士予以惩罚，从而达到阻止犯罪活动目的的一项系统工程。

5. 我国反洗钱义务主体既包括在中华人民共和国境内设立的金融机构也包括按照规定应当履行反洗钱义务的特定非金融机构。客户身份识别、报告大额和可疑交易、保存客户身份资料和交易信息是洗钱预防措施的三项基本制度。反洗钱行政主管部门是中国人民银行。

 **复习思考题**

1. 联系实际，如何理解洗钱行为的特征？
2. 如何理解国际社会和我国对洗钱刑事定罪的规定？
3. 如何理解我国反洗钱责任主体和基本制度的相关规定？
4. 国际社会反洗钱的演变历程对我国加强反洗钱有何启示？

第二章　洗钱的上游犯罪

【学习目标】

1. 了解毒品犯罪、走私犯罪、黑社会性质的组织犯罪、恐怖活动罪、贪污贿赂罪、破坏金融管理秩序罪和金融诈骗罪等洗钱的上游犯罪。
2. 了解洗钱的上游犯罪与洗钱的关系。

【重点难点】

1. 掌握洗钱上游犯罪的类型。
2. 掌握洗钱的各种上游犯罪的特征。

【案例导入】

许超凡假投资洗钱案

2001年10月12日，中国银行将全国1040处电脑中心统一成一套系统，发现账目上4.83亿美元亏空，发生地为广东开平。这时，中行开平支行的前后三任行长许超凡、余振东、许国俊突然失踪，是为震惊全国的"中国银行开平案"。经中美执法部门合作，许超凡于2003年被美方羁押。美国拉斯维加斯法庭已裁定许超凡、许国俊和两人的妻子被认定合谋诈骗、合谋洗钱以及合谋转运盗窃钱款等罪名成立，并于2009年在美被判处有期徒刑25年。2018年7月11日，中央纪委国家监委网站发布公告，在中央反腐败协调小组国际追逃追赃工作办公室的统筹协调下，在中美两国执法等部门通力合作下，中国银行开平支行案主犯许超凡被强制遣返回国。

中国银行广东开平支行前行长许超凡与其两位继任者余振东、许国俊等人利用职权，在9年内贪污挪用公款4.8亿美元。所贪污的资金通过洗钱被转入许超凡等人在香港和加拿大的个人账户。许超凡等人的洗钱流程简述如下：将贪污挪用款项以投资的名义投入开平涤纶集团新建厂，再利用公司间资金往来的方式经该厂的银行账户转账至许超凡设立并控制的香港潭江实业有限公司，进而通过香港谭江实业有限公司将资金以公司经营所得的形式转至香港或海外的其他账户。

——资料来源：中央纪委国家监委网站

思考题：是什么导致了许超凡的洗钱罪，这一事件涉及的洗钱的上游犯罪是什么？

第一节 我国对洗钱罪上游犯罪的规定

一、我国法律对洗钱罪上游犯罪的规定

上游犯罪可以理解为原生犯罪，下游犯罪可以理解为派生犯罪，强调的是犯罪发生的时间顺序和因果关系。

1988年《联合国禁毒公约》提出反洗钱概念，得到了世界各国的支持，国际社会围绕公约形成了一套相适应的法律制度。1989年我国加入《联合国禁毒公约》。我国以履行缔约国清洗毒赃的立法义务为起点，1990年2月全国人大常委会颁布《关于禁毒的决定》，其规定为犯罪分子窝藏、转移、隐瞒毒品或者犯罪所得财物的，掩饰、隐瞒出售毒品获得财物的非法性质和来源为犯罪，这是我国打击洗钱犯罪的第一条法律规定。

根据我国《反洗钱法》第二条和《刑法》第一百九十一条规定，毒品犯罪、黑社会性质的组织犯罪、恐怖活动犯罪、走私犯罪、贪污贿赂犯罪、破坏金融管理秩序犯罪和金融诈骗犯罪即为洗钱的上游犯罪。

我国现行反洗钱和反恐怖融资刑事立法主要包括《刑法》《反洗钱法》《反恐怖主义法》和最高人民法院《关于审理洗钱等刑事案件具体应用法律若干问题的解释》（以下简称《司法解释》）。其形成是一个不断演进和完善的过程，同时也是结合世界范围情势变化的过程。

二、洗钱罪上游犯罪规定的变化过程

1997年《刑法修正案（二）》首次规定了洗钱罪，形成了包括"三类犯罪"（三类犯

罪，指当时《刑法》第一百九十一条洗钱罪，第三百一十二条掩饰、隐瞒犯罪所得、犯罪所得收益罪，第三百四十九条窝藏、转移、隐瞒毒品、毒赃罪）在内的洗钱犯罪多罪名体系。

2001年，"9·11"事件后，我国为响应联合国打击恐怖主义犯罪，对洗钱罪进行修订，《刑法修正案（三）》第一百二十条之一规定资助恐怖活动组织或者实施恐怖活动的个人为犯罪，并将恐怖活动犯罪增列为洗钱罪的上游犯罪。

2006年6月，为严厉打击洗钱犯罪和履行《联合国反腐败公约》中的义务，立法机关发布了《刑法修正案（六）》，重新审查洗钱罪，进一步扩大上游犯罪的范围，不仅增设了"贪污贿赂犯罪""破坏金融管理秩序犯罪""金融诈骗犯罪"，还增加了"协助将财产转换为有价证券"的洗钱行为。至此，洗钱罪的上游犯罪包含毒品犯罪、黑社会性质的组织犯罪、恐怖活动犯罪、走私犯罪、贪污贿赂犯罪、破坏金融管理秩序犯罪和金融诈骗犯罪，共7种犯罪类型。

从我国加入《联合国禁毒公约》，颁布《关于禁毒的决定》，到21世纪20年代，打击洗钱犯罪活动的相关国际公约从最初的毒品犯罪是唯一的上游犯罪，扩展至现在的一切严重犯罪都是洗钱犯罪的上游犯罪。英国、法国、美国、瑞士等各国、各地区都已经从原来的毒品犯罪扩大到整个犯罪领域，我国的洗钱罪从诞生以来，上游犯罪也从1种犯罪类型增加到7种犯罪类型。目前，扩大洗钱罪的上游犯罪几乎成了各国、各地区的共识。随着国际社会提高反洗钱打击力度、加强反洗钱监管国际合作，我国也将进一步完善相关立法，全面加强对洗钱行为的打击，预防洗钱犯罪行为。

在国际上，恐怖融资、逃税和洗钱一样，都已经成为全球性公害，国际组织将打击洗钱、恐怖融资和逃税作为完善世界经济金融秩序的重要组成部分。在2016年G20杭州峰会公报中，习近平主席和各国领导人共同承诺要完善制度，提升国际社会打击洗钱、恐怖融资和逃税的能力。为适应新形势下反洗钱、反恐怖融资、反逃税监管（以下简称"三反"）的工作需要，根据中央深化改革领导小组的重点改革任务要求，中国人民银行会同公安部和国家税务总局针对当前工作中制约"三反"工作有效性的关键问题，起草了《关于完善反洗钱、反恐怖融资、反逃税监管体制机制的意见》，提出了完善"三反"体制机制的指导思想、基本原则和目标要求。2017年9月13日，国务院办公厅正式发布《关于完善反洗钱、反恐怖融资、反逃税监管体制机制的意见》（国办函〔2017〕84号）（以下简称《三反意见》），明确指出反洗钱、反恐怖融资、反逃税监管体制机制是建设中国特色社会主义法治体系和现代金融监管体系的重要内容，是推进国家治理能力现代化、维护经济社会安全稳定的重要保障，是参与全球治理、扩大金融业双向开放的重要手段。"《三反意见》提出健全预防措施、有效防控风险，其中最关键的措施就是加强反洗钱监管。反洗钱监管是'三反'工作的重要基础。"①从这个意义上来说，反洗钱的外延也逐渐从单反（反洗钱）扩展到了"三反"。

第二节

毒品犯罪和走私犯罪

一、毒品犯罪

毒品危害着吸毒者的身心健康，祸及家庭，危害社会。联合国毒品与犯罪办公室于2019年6月26日，即第32个国际禁毒日当天，发布《2019年世界毒品问题报告》。报告指出，2017年，因吸毒死亡58.5万人，约有2.71亿人在前一年使用过毒品，占全球15至64岁人口的5.5%。全球2017年非法生产的可卡因数量达1976吨，创历史新高，比前一年增加了25%。同时，2017年全球缉获的可卡因数量增加了13%，达1275吨，是有史以来报告的最大数量。该报告通过更先进的研究和更精确的数据表明，毒品使用对健康造成的不良后果比此前认为的更为严重和广泛。报告指出，2017年，全球有数百万人注射毒品，其中140万人感染艾滋病毒，560万人患有丙型肝炎。毒品犯罪正是毒品泛滥，在全球造成不良后果的重要推手。

根据我国现行《刑法》规定，毒品犯罪不仅包括走私、贩卖、运输、制造、非法持有毒品等犯罪行为，还包括：发布有关制作或者销售毒品信息；包庇毒品犯罪分子；非法生产、买卖、运输制毒物品、走私制毒物品；非法种植毒品原植物；非法买卖、运输携带、持有毒品原植物种子、幼苗；引诱、教唆、欺骗他人吸毒；容留他人吸毒；非法提供麻醉药品、精神药品等。对于这些毒品犯罪内容的具体规定可参照现行《刑法》第二百八十七条、第三百四十七条至三百五十五条。第三百五十六条明确了毒品犯罪的再犯从重处罚。第三百五十七条规定了毒品的范围，即包括"鸦片、海洛因、甲基苯丙胺（冰毒）、吗啡、大麻、可卡因以及国家规定管制的其他能够使人形成瘾癖的麻醉药品和精神药品"。同时，第三百五十七条还规定了"毒品的数量以查证属实的走私、贩卖、运输、制造、非法持有毒品的数量计算，不以纯度折算"。

---

① 国务院办公厅《关于完善反洗钱、反恐怖融资、反逃税监管体制机制的意见》政策解读，国家税务总局办公厅，http://www.chinatax.gov.cn。

毒品犯罪往往伴随着金钱交易，是典型的牟利性犯罪，获取暴利是毒品犯罪动机的出发点，也是其犯罪目的的终结点。洗钱活动既为毒品犯罪提供经济基础，也是犯罪分子再犯罪的必要通道。为从源头打击毒品犯罪，只有追缴贩毒分子的非法所得，有效切断毒品交易的资金渠道，摧毁毒品犯罪的经济基础，才能打掉贩毒分子的再犯罪能力，遏制毒品犯罪发展蔓延。2014年中共中央、国务院《关于加强禁毒工作的意见》明确要求：建立健全跨区域办案协作机制和涉毒反洗钱工作机制，严厉打击毒品洗钱犯罪行为和为毒品犯罪提供资金的活动，坚决摧毁毒品犯罪经济基础。国家禁毒委员会《2018—2020年禁毒工作规划》要求，加大对涉黑毒品犯罪分子的惩治力度，依法追缴涉毒资产，坚决打掉其经济基础。

【案例材料】

两在校大学生贩毒被判刑

长沙晚报2019年9月23日讯，由天心区人民检察院提起公诉的赵某等15名被告贩卖毒品一案在天心区人民法院开庭审理。这15名被告中，张某（女）和吴某（男）因是在校大学生备受关注。天心区人民检察院的起诉书显示，2018年5月，赵某与武某商议，在赵某租住的棚菜基地种植大麻并予以贩卖。之后，两人用赵某保存的大麻种子种植4棚大麻共计180余株。

张某是赵某的前女友。2018年7月，在赵某的邀请下，张某答应做贩卖大麻的中间商，由张某联系购买大麻的下线，并向赵某提供下线的联系方式和邮寄接收地址。做中间商赚取差价尝到甜头后，准备考研的张某越陷越深，先后14次从赵某等人处购买大麻贩卖给他人，其中6次贩卖给另一名在校大学生吴某。

在庭审中，吴某谈起自己步入吸毒、贩毒的不归路时非常后悔。他说自己在校期间表现良好，还多次获奖，没想到一念之差误入歧途。吴某后悔地说，2017年他面临很大的生活学习压力，于是开始吸食大麻。后来，吴某从一个微信群认识了张某，并成为张某贩毒的下线。检察机关查明，吴某从他人处购进大麻后先后19次贩卖给他人。

经过审理，天心区人民法院依法判决赵某犯贩卖毒品罪，判处有期徒刑六年零六个月，并处罚金人民币四万元；张某犯贩卖毒品罪，判处有期徒刑四年零两个月，并处罚金人民币两万五千元；吴某犯贩卖毒品罪，判处有期徒刑四年零两个月，并处罚金人民币两万五千元。其他几名被告也依次被判刑。

——资料来源：长沙晚报

思考题：作为大学生，如何抵制高回报非法行为的诱惑？

二、走私犯罪

根据我国现行《海关法》（2017年11月4日发布，2017年11月5日实施）第八十二条："违反本法及有关法律、行政法规，逃避海关监管，偷逃应纳税款、逃避国家有关进出境的禁止性或者限制性管理，有下列情形之一的，是走私行为：（一）运输、携带、邮寄国家禁止或者限制进出境货物、物品或者依法应当缴纳税款的货物、物品进出境的；（二）未经海关许可并且未缴纳应纳税款、交验有关许可证件，擅自将保税货物、特定减免税货物以及其他海关监管货物、物品、进境的境外运输工具，在境内销售的；（三）有逃避海关监管，构成走私的其他行为的。有前款所列行为之一，尚不构成犯罪的，由海关没收走私货物、物品及违法所得，可以并处罚款；专门或者多次用于掩护走私的货物、物品，专门或者多次用于走私的运输工具，予以没收，藏匿走私货物、物品的特制设备，责令拆毁或者没收。有第一款所列行为之一，构成犯罪的，依法追究刑事责任。"

在现行《刑法》中，对走私犯罪也有全面的规定。按照走私物品类别的不同，走私犯罪包括：走私武器、弹药罪（第一百五十一条）；走私淫秽物品罪（第一百五十二条）；走私废物罪（第一百五十二条）；走私普通货物、物品罪（第一百五十三条）；走私毒品罪（第三百四十七条）；走私制毒物品罪（第三百五十条）。同时，第一百五十四条规定了走私货物、物品罪的特殊形式，即未补缴应缴税额的货物在境内销售的犯罪行为。第一百五十五条规定了以走私罪论处的间接走私行为："（一）直接向走私人非法收购国家禁止进口物品的，或者直接向走私人非法收购走私进口的其他货物、物品，数额较大的；（二）在内海、领海、界河、界湖运输、收购、贩卖国家禁止进出口物品的，或者运输、收购、贩卖国家限制进出口货物、物品，数额较大，没有合法证明的。"第一百五十六条规定了走私共犯的定义。第一百五十七条指出武装掩护走私、抗拒缉私的，从重处罚。

走私犯罪所获得的非法所得，犯罪分子必然会通过洗钱活动来洗白。与毒品犯罪一样，只有有效切断走私犯罪非法所得流动渠道，才能真正打击走私犯罪。值得注意的是，毒品犯罪中一条很重要的犯罪行为就是走私毒品犯罪。因为毒品生产种植地与销售市场不是完全匹配，毒品生产种植往往集中在几个区域，而毒品市场已经成为一个全球市场。大量毒品通过走私运送至全球。全球洗钱金额中也有很大份额是来自走私毒品犯罪，毒品犯罪、走私犯罪和洗钱犯罪的全球共同治理已经达成共识。

第三节

黑社会性质的组织犯罪和恐怖活动罪

一、黑社会性质的组织犯罪

黑社会组织，在国际上被广泛称之为有组织犯罪集团。我国在立法和司法实践中广泛使用的则是"黑社会性质组织"。黑社会性质组织是不成熟的黑社会组织，是黑社会组织发展处于早期阶段的一种表现，但是黑社会所具有的性质，黑社会性质组织也基本具备。

认定黑社会性质组织时主要是从行为特征、经济特征、组织特征、危害性特征4个方面进行论述，根据我国现行《刑法》第二百九十四条规定："黑社会性质的组织应当同时具备以下特征：（一）形成较稳定的犯罪组织，人数较多，有明确的组织者、领导者，骨干成员基本固定；（二）有组织地通过违法犯罪活动或者其他手段获取经济利益，具有一定的经济实力，以支持该组织的活动；（三）以暴力、威胁或者其他手段，有组织地多次进行违法犯罪活动，为非作恶，欺压、残害群众；（四）通过实施违法犯罪活动，或者利用国家工作人员的包庇或者纵容，称霸一方，在一定区域或者行业内，形成非法控制或者重大影响，严重破坏经济、社会生活秩序。"

《刑法》第二百九十四条还规定了在黑社会性质的组织中，不同身份的犯罪分子有不同的刑罚。具体规定为："组织、领导黑社会性质的组织的，处七年以上有期徒刑，并处没收财产；积极参加的，处三年以上七年以下有期徒刑，可以并处罚金或者没收财产；其他参加的，处三年以下有期徒刑、拘役、管制或者剥夺政治权利，可以并处罚金。境外的黑社会组织的人员到中华人民共和国境内发展组织成员的，处三年以上十年以下有期徒刑。国家机关工作人员包庇黑社会性质的组织，或者纵容黑社会性质的组织进行违法犯罪活动的，处五年以下有期徒刑；情节严重的，处五年以上有期徒刑。犯前三款罪又有其他犯罪行为的，依照数罪并罚的规定处罚。"

《刑法》第六十六条规定了黑社会性质的组织犯罪的犯罪分子，在刑罚执行完毕或者赦免以后，在任何时候再犯上述任一类罪的，都以累犯论处。

【案例材料】

称霸一方的黑社会性质组织，终难逃法网

据中国裁判文书网信息，某市 2020 年 1 月终审判决一起黑社会性质组织罪的案件。2016 年 12 月，被告人尹某、屠某注册成立南京 YR 土木工程有限公司（以下简称 YR 公司），被告人尹某系该公司实际负责人，被告人屠某系法定代表人，被告人范某系监事。被告人尹某为获取非法利益和地位，自 2017 年起以 YR 公司为依托，陆续纠集、招揽被告人薛某等若干人，利用被告人尹某父亲在南京市某区长期担任公职形成的影响力，通过暴力、胁迫等手段，组织成员多次实施强迫交易、敲诈勒索等犯罪行为，强抢南京某公司搬迁工程建设业务、南京土方工程、某商贸城土建工程等，并向其他施工单位索要巨额款项，以此攫取非法利益，后将获得的部分经济利益用于为该组织成员发放工资、奖金、报销费用、缴纳社保等。

终审维持原审判决，认为，自 2017 年 5 月、6 月起，在南京市某区逐步形成了以被告人尹某为组织者、领导者，被告人薛某、葛某为骨干成员，被告人曹某等多人为积极参加者，被告人范某为一般参加者的黑社会性质组织。该组织通过实施犯罪行为，不断壮大组织声势，称霸一方，在南京市某区的建设工程领域形成重大影响，严重破坏当地的经济、社会秩序。

（一）关于组织特征

该组织人数较多，具有一定规模，成员基本固定，层级及分工相对明确；其中，被告人尹某系成员公认的组织者、领导者；被告人薛某、葛某直接听命于尹某，负责人员及工地管理，按照尹某指示积极参与犯罪活动且作用突出；被告人曹某等若干人具体实施堵门堵路、纠集社会闲散人员参与造势等行为；被告人屠某系尹某妻子，为该组织管理账户、发放工资、缴纳社保等；被告人范某系尹某岳母，为该组织的部分犯罪行为出谋划策、提供风险防御对策。2017 年 5 月、6 月，在被告人尹某的组织领导下，该组织成员葛某纠集社会闲散人员对江苏省某建筑公司实施敲诈勒索，系首次实施的有组织的犯罪活动，标志着以尹某为首的黑社会性质组织初步形成，后该组织将违法犯罪行为持续向周边重大建设工程项目扩展，形成较为稳定的犯罪组织。

（二）关于经济特征

该组织主要涉及南京市某区的建设工程行业，通过实施指控的各项违法犯罪活动获取巨额经济利益，具有一定的经济实力，并将该利益的部分用于为组织成员发放工资报酬、辛苦费等；被告人尹某还将自有房屋及车辆提供给组织成员使用，用于支持

该组织的活动，符合黑社会性质组织犯罪的经济特征。

（三）关于行为特征

该组织利用暴力、胁迫或其他手段，有组织地多次实施犯罪行为，为非作恶，欺压群众，符合黑社会性质组织犯罪的行为特征。

（四）关于危害性特征

该组织以被告人尹某父亲在南京市某区多年担任领导要职的影响力为基础，通过实施犯罪行为，在多个建设工程中强抢工程项目、敲诈勒索，称霸一方，在当地建设工程行业内形成了重大影响，严重破坏经济、社会秩序，符合黑社会性质组织犯罪的危害性特征。

判决：一、被告人尹某犯组织、领导黑社会性质组织罪，判处有期徒刑八年，并处没收个人财产，剥夺政治权利五年；犯敲诈勒索罪，判处有期徒刑十三年，并处罚金人民币六十万元；犯强迫交易罪，判处有期徒刑五年，并处罚金人民币五十万元；犯寻衅滋事罪，判处有期徒刑五年；犯行贿罪，判处有期徒刑二年，并处罚金人民币二十万元；犯对非国家工作人员行贿罪，判处有期徒刑十个月，并处罚金人民币十万元，决定执行有期徒刑二十年，并处没收个人全部财产，剥夺政治权利五年。被告人薛某犯参加黑社会性质组织罪，判处有期徒刑五年，并处罚金人民币十万元，剥夺政治权利二年；犯敲诈勒索罪，判处有期徒刑十一年，并处罚金人民币二十万元；犯强迫交易罪，判处有期徒刑三年九个月，并处罚金人民币十二万元，决定执行有期徒刑十三年，并处罚金人民币四十二万元，剥夺政治权利二年。……（其他若干被告也被施以相应刑罚）

——资料来源：中国裁判文书网

思考题：黑社会性质组织犯罪如何破坏社会、经济秩序？

二、恐怖活动罪

恐怖主义犯罪是世界性难题，加强和完善反恐怖主义立法是各国解决恐怖主义犯罪的主要手段。为了防范和惩治恐怖活动，加强反恐怖主义工作，维护国家安全、公共安全和人民生命财产安全，根据宪法，我国于2015年颁布并实施《反恐怖主义法》，于2018年修订。该法规定，国家将反恐怖主义纳入国家安全战略，国家设立反恐怖主义工作领导机构，统一领导和指挥全国反恐怖主义工作。国家反恐怖主义工作领导机构建立国家反恐怖主义情报中心，实行跨部门、跨地区情报信息工作机制，统筹反恐怖主义情报信息工作。

该法定义恐怖主义"是指通过暴力、破坏、恐吓等手段,制造社会恐慌、危害公共安全、侵犯人身财产,或者胁迫国家机关、国际组织,以实现其政治、意识形态等目的的主张和行为"。恐怖活动"是指恐怖主义性质的下列行为:(一)组织、策划、准备实施、实施造成或者意图造成人员伤亡、重大财产损失、公共设施损坏、社会秩序混乱等严重社会危害的活动的;(二)宣扬恐怖主义,煽动实施恐怖活动,或者非法持有宣扬恐怖主义的物品,强制他人在公共场所穿戴宣扬恐怖主义的服饰、标志的;(三)组织、领导、参加恐怖活动组织的;(四)为恐怖活动组织、恐怖活动人员、实施恐怖活动或者恐怖活动培训提供信息、资金、物资、劳务、技术、场所等支持、协助、便利的;(五)其他恐怖活动"。恐怖活动组织"是指三人以上为实施恐怖活动而组成的犯罪组织"。恐怖活动人员"是指实施恐怖活动的人和恐怖活动组织的成员"。恐怖事件"是指正在发生或者已经发生的造成或者可能造成重大社会危害的恐怖活动"。同时,该法还提出,国家反对一切形式的以歪曲宗教教义或者其他方法煽动仇恨、煽动歧视、鼓吹暴力等极端主义,消除恐怖主义的思想基础。

恐怖活动犯罪是危害公共安全的犯罪,严重威胁人民的财产和人身利益。随着恐怖活动犯罪日益增多,我国刑法对恐怖活动犯罪的规制范围不断扩大。在现行《刑法》中,第一百二十条规定了组织、领导、参加恐怖组织罪;第一百二十条之一,帮助恐怖活动罪;第一百二十条之二,准备实施恐怖活动罪;第一百二十条之三,宣扬恐怖主义、极端主义、煽动实施恐怖活动罪;第一百二十条之四,利用极端主义破坏法律实施罪;第一百二十条之五,强制穿戴宣扬恐怖主义、极端主义服饰、标志罪;第一百二十条之六,非法持有宣扬恐怖主义、极端主义物品罪。整个第一百二十条对恐怖活动犯罪有了较为全面的规定,是《中华人民共和国反恐怖主义法》的刑罚承接。现行《中华人民共和国刑法》第六十六条,恐怖活动犯罪的犯罪分子,在刑罚执行完毕或者赦免以后,在任何时候再犯的,都以累犯论处。

其中,《刑法》第一百二十条之四提到极端主义,一方面与《反恐怖主义法》相联系,但同时,极端主义本身和恐怖主义也有区别。在范围上,极端主义往往仅针对少数的未定群体,有的极端宗教活动针对的是教徒或认识相近的特定人群,而恐怖主义大多数是针对政府和无辜的平民。在手段上,恐怖主义犯罪手段更加灵活和先进,如一些境外网站为那些蓄意制造恐怖活动的组织及其成员传播恐怖主义理论、信息提供便利条件,大量转发暴恐图像,音、视频资料。极端主义较多延续用传统的制造爆炸、放火等手段进行犯罪。在目的上,恐怖活动犯罪是有组织、有纲领、有目标地进行思想意识形态的传播和渗透,恐怖组织的发展会经历由小到大、由弱到强的过程。个体极端思想可能会发展成恐怖主义，可能经历"思想不满、行为过激、极端主、恐怖主义"[①] 4 个过程，但并不是所有极端者都必然会演变成为恐怖分子。

恐怖活动需要资金，扩展和维持恐怖主义网络更需要大量的资金来支付各种费用。在恐怖组织的运转链条里，资金运作是恐怖组织的生命线，反洗钱就是遏制他们的最佳着力点。掌握恐怖组织的资金运作是识别、侦查和最终遏制恐怖组织最有效的途径。

三、黑社会性质的组织犯罪与恐怖活动罪的比较

黑社会性质的组织犯罪和恐怖活动罪的方式和方法比较相似，都具备明显的组织性和暴力性，都具有稳定的成员，都具有较大的社会危害性。差别主要表现在：第一，政治上恐怖主义犯罪与政治和思想意识形态有着千丝万缕的联系，恐怖分子是有预谋地组织实施恐怖活动，通过极端暴力手段破坏社会稳定，扰乱人们正常的生产、工作和生活秩序，以实现其政治、意识形态等目的。从国际反恐的实践中可以看到，很多恐怖组织背后都有国外政治势力插手，有的甚至得到某些政治势力的暗中帮助，如培训骨干、贩运武器、给予经济援助等，具有明显的政治性。黑社会性质的组织犯罪目的一般与政治联系不大，多数是为了掠夺、霸占和争取更多的经济利益。第二，在犯罪手段上，恐怖活动犯罪一般采用暴力或以暴力相威胁的手段，在社会上制造恐怖；黑社会性质组织犯罪的手段更加多样化，软手段和硬手段兼备，主要沿用勒索、侵害、霸占、碰瓷、耍赖、暴力、欺骗等流氓手段，实现其称霸一方的目的，从中摄取大量的非法的经济利益。第三，在危害性上，恐怖活动犯罪危害不特定多数人的生命财产安全，危害政府的执政基础，扰乱社会秩序；黑社会性质犯罪的主要恶行是公开侵害公民人身、财产、生命安全，扰乱公平、公正的社会公共秩序。

第四节

贪污贿赂罪

我国现行《刑法》第八章是贪污贿赂罪，全章共 15 条，规定了具体罪名及其处罚，包括贪污罪（第三百八十二条、第三百八十三条）、挪用公款罪（第三百八十四条）、受贿罪（第三百八十五条、第三百八十六条）、单位受贿罪（第三百八十七条）、利用影响力受贿罪（第三百八十八条）、行贿罪（第三百八十九条、第三百九十条）、对有影响力

[①] 康树华. 有组织犯罪透视［M］. 北京：北京大学出版社，2001.

的人行贿罪（第三百九十条之一）、对单位行贿罪（第三百九十一条）、介绍贿赂罪（第三百九十二条）、单位行贿罪（第三百九十三条）、贪污罪（第三百九十四条）、巨额财产来源不明罪（第三百九十五条）和私分国有资产罪（第三百九十六条）。

【案例材料】

丈夫受贿，妻子洗钱

据中国裁判文书网信息，某县人民法院刑事判决书判决一起丈夫受贿、妻子洗钱的案件。该案件中公诉机关，即该县人民检察院指控：2000年4月至2016年底，被告人肖某先后利用担任该省发改委某处处长的职务便利，为万某等16人（均已另案处理）在承揽工程或审批项目资金等方面谋取利益，非法收受他人财物共计人民币314万元，其中索贿49万元。截至2017年3月，被告人肖某个人及其家庭名下共有财产价值2433万元，其中，被告人肖某对1418万元的财产不能说明合法来源。2012年至2016年期间，被告人胡某在明知其丈夫肖某转交给她的资金系犯罪所得的情况下，仍然予以收受、窝藏、转移，涉案金额合计52万元。被告人肖某家庭财产和支出明显超过合法收入，差额巨大，且对其1418万元的财产不能说明合法来源，其行为已分别触犯《刑法》第三百八十五条第一款、第三百八十六条、第三百八十三条第一款第（三）项、第三百九十五条第一款之规定，犯罪事实清楚、证据确实、充分，应当以受贿罪和巨额财产来源不明犯罪追究被告人肖某的刑事责任。被告人胡某明知肖某交给其的资金、物品系肖犯罪所得，仍然予以收受、持有、窝藏、使用，情节严重，其行为已触犯《中华人民共和国刑法》第三百一十二条第一款之规定，犯罪事实清楚、证据确实、充分，应当以掩饰、隐瞒犯罪所得犯罪追究其刑事责任。肖某犯数罪，适用《刑法》第六十九条，应当数罪并罚。根据《中华人民共和国刑事诉讼法》第一百七十二条的规定，提起公诉，请依法判处。

经过审查，法院判决被告人肖某犯受贿罪，判处有期徒刑六年，并处没收财产人民币三百万元；犯巨额财产来源不明罪，判处有期徒刑二年。二罪并罚，决定执行有期徒刑六年六个月，并处没收财产人民币三百万元。被告人胡某犯洗钱罪，免予刑事处罚（胡某有自首情节，且考虑妥善处置家庭人伦、社会情理免予刑事处罚）。依法追缴被告人肖某违法所得人民币九百零九万元，上缴国库；随案移送的赃物SONY牌相机一台依法予以没收，上缴国库。

——资料来源：中国裁判文书网

思考题：按照《刑法修正案（十一）》，肖某是否犯有洗钱罪？

一、贪污罪

我国现行《刑法》第三百八十二条明确规定,"国家工作人员利用职务上的便利,侵吞、窃取、骗取或者以其他手段非法占有公共财物的,是贪污罪。受国家机关、国有公司、企业、事业单位、人民团体委托管理、经营国有财产的人员,利用职务上的便利,侵吞、窃取、骗取或者以其他手段非法占有国有财物的,以贪污论。与前两款所列人员勾结,伙同贪污的,以共犯论处"。

贪污罪的犯罪主体包括两种,即国家工作人员和受委托管理、经营国有财产的人员。根据现行《刑法》第九十三条,规定了国家公务人员的范围:"本法所称国家工作人员,是指国家机关中从事公务的人员。国有公司、企业、事业单位、人民团体中从事公务的人员和国家机关、国有公司、企业、事业单位委派到非国有公司、企业、事业单位、社会团体从事公务的人员,以及其他依照法律从事公务的人员,以国家工作人员论。"根据《最高人民法院关于在国有资本控股、参股的股份有限公司中从事管理工作的人员利用职务便利非法占有本公司财物如何定罪问题的批复》规定:"在国有资本控股、参股的股份有限公司中从事管理工作的人员,除受国家机关、国有公司、企业、事业单位委派从事公务的以外,不属于国家工作人员。"因此,国有控股企业的管理人员并非全部是国家工作人员,只有经国有独资企业提名、推荐、任命、批准的人员才能以国家工作人员论。从法律的规定可以看出:贪污罪主体具有两个基本特征:一是贪污罪的犯罪主体必须是国家或国有的,或者是国家机关或国有公司、企业事业单位、人民团体的工作人员,或者由上述国家(或国有)单位委托或派出的人员。二是贪污罪的犯罪主体必须是从事公务的人员,而不包括从事劳务的人员。只有同时具备上述两个条件,才可能成为贪污罪的犯罪主体。

贪污罪的犯罪客体指的是"公共财物"和"国有财产"。现行《刑法》第九十一条规定了公共财产的范围:"(一)国有财产;(二)劳动群众集体所有的财产;(三)用于扶贫和其他公益事业的社会捐助或者专项基金的财产。"本条还规定了在国家机关、国有公司、企业、集体企业和人民团体管理、使用、运输中的私人财产,以公共财产对待,按公共财产予以保护。这部分财产虽然属于私人所有,但是,当交由国家机关、国有公司、企业、集体企业和人民团体管理、使用、运输时,上述单位就有义务保护该部分财产,如果丢失、损毁,就应承担相应赔偿责任。

贪污罪中的"利用职务上的便利[①]",是指利用职务上主管、管理、经手公共财物

---

① 最高人民法院 2012 年 9 月 18 日发布第 11 号指导案例《杨延虎等贪污案》裁判要点。

的权力及方便条件,既包括利用本人职务上主管、管理公共财物的职务便利,也包括利用职务上有隶属关系的其他国家工作人员的职务便利。而隶属关系,是一种纵向制约关系,是指单位内部国家工作人员之间或上下级单位国家工作人员之间的管理与被管理、领导和被领导的关系。上下级的隶属关系,不局限于职责分工,也不区分是否分管或主管。

贪污罪是一种典型的职务犯罪和权力腐败行为。贪污犯罪手段多种多样,法条提到的包括:侵吞、窃取、骗取或者其他手段非法占有公共财物。侵吞财物,是指行为人将自己管理或经手的公共财物非法转归自己或他人所有的行为,一是将自己管理或经手的公共财物加以隐匿、扣留,应上交的不上交,应支付的不支付,应入账的不入账;二是将自己管理、使用或经手的公共财物非法转卖或擅自赠送他人;三是将追缴的赃款赃物或罚没款物私自用掉或非法据为私有。窃取财物,是指行为人利用职务之便,采取秘密窃取的方式,将自己管理的公共财物非法占有的行为,也就是监守自盗。骗取财物,是指行为人利用职务之便,采取虚构事实或隐瞒真相的方法,非法占有公共财物的行为。例如,出差人员用涂改或伪造单据的方法虚报或谎报支出冒领公款,工程负责人多报工时或伪造工资表冒领工资等。

贪污罪与盗窃罪虽然在犯罪主体、犯罪客体和犯罪对象等方面有明显不同,但对于国家工作人员侵犯了公共财产所有权的情形,需要辨析两者不同。区分二者要辨析的是利用了职务便利还是工作便利,利用工作便利占有公共财产的行为,构成盗窃罪,而非贪污罪。利用工作上的便利,是指行为人与非法占有的财物之间并无职责上管理与支配的权限,仅仅是因为在工作中形成的机会或偶然情况接触到他人管理、经手的财物,或因工作关系熟悉周围环境等,对非法占有财物形成了便利条件。

对贪污罪的刑罚,根据贪污数额和犯罪情节严重性来确定,具体见第三百八十三条。第三百九十四条规定了"国家工作人员在国内公务活动或者对外交往中接受礼物,依照国家规定应当交公而不交公,数额较大的",依照贪污罪定罪处罚。

二、挪用公款罪

我国现行《刑法》第三百八十四条规定,"国家工作人员利用职务上的便利,挪用公款归个人使用,进行非法活动的,或者挪用公款数额较大、进行营利活动的,或者挪用公款数额较大、超过三个月未还的,是挪用公款罪"。依据本法条,挪用公款罪的犯罪主体即国家工作人员。挪用公款罪侵犯的直接客体是公款的使用权,有的犯罪者还因此获得收益。而所有权包括占有、使用、收益、处分4种相互联系又具有相对独立性的权能,因此对所有权权能的侵犯也必然是对所有权的侵犯。挪用公款侵犯公款使用权，也就侵犯了公款的所有权。值得注意的是，所有权被侵犯并不意味着所有权转移。根据我国《民法通则》的规定，取得所有权必须依照法律规定，因此，从这一法律意义上讲，任何财产犯罪实际上都不可能真正取得所有权。同时，正因为挪用公款犯罪直接侵犯了公款的使用权，而这是违反国家财经管理制度中的公款使用制度的，因而挪用公款罪又侵犯了国家财经管理制度。

挪用公款罪与贪污罪是具有不同社会危害性的两种犯罪。这两种犯罪对犯罪客体，即公共财产权的侵犯程度不同。贪污罪侵犯的是公共财产所有权中的占有、使用、收益、处分权4种权能，而挪用公款罪侵犯公款的占有、使用和收益权。在一般场合，两者的界限是容易划分的，但在一些特殊的案件中，如行为人挪用公款后产生了非法故意占有的情形下，定性上可能发生混淆。理论上通常认为，贪污罪和挪用公款罪的区别主要表现在：一是两者主观故意的内容不同。贪污罪的主观故意是非法占有公共财物，不准备归还；而挪用公款罪的主观故意是暂时占有并使用公款，打算以后予以归还。二是两者的行为方式不同。贪污罪在客观上表现为使用侵吞、盗窃、骗取等方法将公共财物据为己有，由于行为人往往采取销毁、涂改、伪造单据、账目等手段，故在现实生活中难以发现公共财物已经被非法侵吞；而挪用公款罪的行为表现为擅自决定动用本单位公款，虽然有时也采取一些欺骗手段，但一般不采用侵吞、盗窃、骗取手段。在挪用公款案件中，行为人通常会在账面上留下痕迹，甚至会留下借款凭证，没有平账举动，因而通过查账能够发现公款被挪用的事实。

三、受贿罪和单位受贿罪

现行《刑法》第三百八十五条规定，"国家工作人员利用职务上的便利，索取他人财物的，或者非法收受他人财物，为他人谋取利益的，是受贿罪。国家工作人员在经济往来中，违反国家规定，收受各种名义的回扣、手续费，归个人所有的，以受贿论处"。依据本法条，受贿罪的犯罪主体是国家工作人员。本罪在主观方面体现为故意。直接故意，即行为人明知利用职务上的便利，索取他人财物或者非法收受他人财物为他人谋取利益的行为是违法的，却故意为之。除了直接故意外，也包括间接故意。如在被动受贿的情况下，经多次拒收无效，而听任行贿人留下财物，而不再退回；或是明知应家属要求为他人谋利有可能导致其家属乘机收受他人贿赂，而仍然利用职务之便为他人谋利，结果其家属收受他人财物，上述两种情况行为人的主观方面即为间接故意。在客观方面，则表现为利用职务上的便利，索取他人财物，或者非法收受他人财物，为他人谋取利益的行为。索取他人财物的，不论是否"为他人谋取利益"，均可构成受贿罪；非法收受他人财物，同时具备"为他人谋取利益"的，才构成受贿罪。为他人谋取的利益是否正当，是否实现，不影响受贿罪的成立。

受贿罪侵犯的客体是复杂客体，包括国家机关、国有公司、企事业单位、人民团体的正常管理活动，还包括国家工作人员职务行为的廉洁性。受贿罪的犯罪对象是财物，但不应狭隘地理解为现金、具体物品，而应看其是否含有财产或其他利益成分。这种利益既可以当即实现，也可以在将来实现。因此，作为受贿罪犯罪对象的财物，必须是具有物质性利益的，并以客观形态存在的一切财物，包括货币、有价证券、商品等。另外，对受贿人而言，其所追逐的利益的着眼点，既可以是该财物的价值，也可以是该财物的使用价值。

《刑法》第三百八十八条之一，定义了利用影响力受贿罪，即"国家工作人员的近亲属或者其他与该国家工作人员关系密切的人，通过该国家工作人员职务上的行为，或者利用该国家工作人员职权或者地位形成的便利条件，通过其他国家工作人员职务上的行为，为请托人谋取不正当利益，索取请托人财物或者收受请托人财物，数额较大或者有其他较重情节的，处三年以下有期徒刑或者拘役，并处罚金；数额巨大或者有其他严重情节的，处三年以上七年以下有期徒刑，并处罚金；数额特别巨大或者有其他特别严重情节的，处七年以上有期徒刑，并处罚金或者没收财产。离职的国家工作人员或者其近亲属以及其他与其关系密切的人，利用该离职的国家工作人员原职权或者地位形成的便利条件实施前款行为的，依照前款的规定定罪处罚"。

《刑法》第三百八十七条规定了单位受贿罪，犯罪主体从受贿罪的"国家工作人员"转变为"国家机关、国有公司、企业、事业单位、人民团体"，从单个个体变成了组织。单位受贿罪侵犯的客体，也从国家工作人员职务行为的廉洁性变成了单位的正常工作秩序和国家的廉政建设制度。

受贿罪和单位受贿罪的客观方面有区别。受贿罪中索取他人财物的，不论是否"为他人谋取利益"，均可构成受贿罪；非法收受他人财物的，则必须同时具备"为他人谋取利益"的条件，才能构成受贿罪。而单位受贿罪中索取他人财物或者非法收受他人财物，则必须同时具备为他人谋取利益之条件时，才能构成犯罪，如果某国有单位虽然索贿但没有为他人谋取利益的尚构不成单位受贿罪。

单位受贿罪中要求具有"情节严重"的行为，且该"情节严重"是构成单位受贿罪的必要条件，是区分罪与非罪的标准；而受贿罪的定罪中没有"情节严重"的要求。受贿罪中存在着斡旋受贿行为，即国家工作人员利用本人职权或者地位形成的便利条件，通过其他国家工作人员职务上的行为，为请托人谋取不正当利益，索取请托人财物或者收受请托人财物的以受贿论处。而单位受贿罪中则不存在斡旋受贿行为,即国有单位利用其职权或者地位形成的便利条件,通过其他国有单位为请托人谋取不正当利益,索取请托人财物或者收受请托人财物的,则不构成斡旋受贿犯罪。

四、行贿罪和单位行贿罪

现行《刑法》第三百八十九条定义了行贿罪,"为谋取不正当利益,给予国家工作人员以财物的,是行贿罪。在经济往来中,违反国家规定,给予国家工作人员以财物,数额较大的,或者违反国家规定,给予国家工作人员以各种名义的回扣、手续费的,以行贿论处。因被勒索给予国家工作人员以财物,没有获得不正当利益的,不是行贿"。根据法条,行贿罪的主体是一般主体,即行为人达到刑事责任年龄,具备刑事责任能力的自然人。本罪侵犯的客体是国家机关的正常管理和国家工作人员公务行为的廉洁性。犯罪对象是公务人员个人。

行贿罪在犯罪主观方面表现为故意,即行贿人对于自己行贿行为的目的、性质都十分清楚,但为了谋取私利而仍然为之的故意行为。客观方面表现为行为人给予国家工作人员以财物的行为。与受贿的形式相对应,行贿也分为两种情形:一是行为人主动给予受贿人以财物。在这种情况下,无论行为人意图谋取的正当利益是否实现,均不影响行贿罪的成立。二是行为人因国家工作人员索要而被动给予其财物。在这种情况下,如果行为人是因被国家工作人员勒索而被迫交付财物,只有在行为人获得不正当利益的情况下,才能构成行贿罪。如果没有获得不正当利益的,不是行贿。此外,根据《刑法》第三百八十九条第二款之规定,在经济往来中,违反国家规定,给予国家工作人员以财物,数额较大的,或者违反国家规定,给予国家工作人员以各种名义的回扣、手续费的,也应以行贿论处。这种特殊行贿行为,也称为经济行贿罪。

《刑法》第三百九十一条之一规定了对有影响力的人行贿罪,即"为谋取不正当利益,向国家工作人员的近亲属或者其他与该国家工作人员关系密切的人,或者向离职的国家工作人员或者其近亲属以及其他与其关系密切的人行贿的"。

第三百九十一条还规定了对单位行贿罪,即"为谋取不正当利益,给予国家机关、国有公司、企业、事业单位、人民团体以财物的,或者在经济往来中,违反国家规定,给予各种名义的回扣、手续费的"。

第三百九十二条规定了介绍贿赂罪,即"向国家工作人员介绍贿赂,情节严重的,处三年以下有期徒刑或者拘役,并处罚金。介绍贿赂人在被追诉前主动交代介绍贿赂行为的,可以减轻处罚或者免除处罚"。

第三百九十三条规定了单位行贿罪，"单位为谋取不正当利益而行贿，或者违反国家规定，给予国家工作人员以回扣、手续费，情节严重的，对单位判处罚金，并对其直接负责的主管人员和其他直接责任人员，处五年以下有期徒刑或者拘役，并处罚金。因行贿取得的违法所得归个人所有的，依照行贿罪定罪处罚"。

五、巨额财产来源不明罪和私分国有资产罪

现行《刑法》第八章贪污贿赂罪中第三百九十五条规定了巨额财产来源不明罪，第三百九十六条规定了私分国有资产罪。

巨额财产来源不明罪，是指"国家工作人员的财产、支出明显超过合法收入，差额巨大的，可以责令该国家工作人员说明来源，不能说明来源的，差额部分以非法所得论，处五年以下有期徒刑或者拘役；差额特别巨大的，处五年以上十年以下有期徒刑。财产的差额部分予以追缴。国家工作人员在境外的存款，应当依照国家规定申报。数额较大、隐瞒不报的，处二年以下有期徒刑或者拘役；情节较轻的，由其所在单位或者上级主管机关酌情给予行政处分"。

巨额财产来源不明罪与贪污、贿赂类职务犯罪类型完全不同，它是静态的犯罪而且证明责任有特殊规定。在实践中，巨额财产来源不明罪一般发现于其他犯罪的侦查中。2003年《全国法院审理经济犯罪案件工作座谈会纪要》规定，"五、关于巨额财产来源不明罪：（一）行为人不能说明巨额财产来源合法的认定《刑法》第三百九十五条第一款规定的'不能说明'，包括以下情况：（1）行为人拒不说明财产来源；（2）行为人无法说明财产的具体来源；（3）行为人所说的财产来源经司法机关查证并不属实；（4）行为人所说的财产来源因线索不具体等原因，司法机关无法查实，但能排除存在来源合法的可能性和合理性的"。

巨额财产来源不明罪的公诉机关不独立承担全部的证明责任，证明的事项由法条明文规定，"财产、支出明显超过合法收入"。公诉是以侦查或者调查为前置的，巨额财产来源不明的证明责任第一步由监察委员会来承担。调查中，监察委只负责证明财产、支出、合法收入这三样。支出可以转化为财产，比如购买房屋，而且财产和支出都是被减项。购买的房屋计算在财产中，房款计算在支出中都不影响差额。实践中为了避免出现重复计算的情形，减轻支出的证明难度，只把大额的消耗性支出，比如大病医疗费用、出国留学费用、大额社会捐助、赌博大额损失计算在支出中。将换取财物的支出计算在财物中。生活支出的费用难以调查取证的，实践中以地方政府发布的居民消费白皮书中的数据作为支出的依据。财产是证明的重点。证明财产的基本思路是证明财产处于国家工作人员、共同生

活的家庭成员或者国家工作人员委托的人控制之下。主要有以下几种形式：国家工作人员及其共同生活的家庭成员实际控制不动产或者动产登记在其名下；当不动产尚未登记或者登记在他人名下时，以书证、证言等方式证明国家工作人员及其共同生活的家庭成员是实际的购买人、控制人。实际控制人的认定参照《关于办理受贿刑事案件适用法律若干问题的意见》（法发〔2007〕22号）："八、关于收受贿赂物品未办理权属变更问题。国家工作人员利用职务上的便利为请托人谋取利益，收受请托人房屋、汽车等物品，未变更权属登记或者借用他人名义办理权属变更登记的，不影响受贿的认定。"当动产保管于委托人处时，以保管人的证言证明实际的所有权人。

私分国有资产罪是指"国家机关、国有公司、企业、事业单位、人民团体，违反国家规定，以单位名义将国有资产集体私分给个人，数额较大的，对其直接负责的主管人员和其他直接责任人员，处三年以下有期徒刑或者拘役，并处或者单处罚金；数额巨大的，处三年以上七年以下有期徒刑，并处罚金。司法机关、行政执法机关违反国家规定，将应当上缴国家的罚没财物，以单位名义集体私分给个人的，依照前款的规定处罚"。此罪的主体是国家机关、国有公司、企业、事业单位、人民团体，是单位犯罪，但根据法律规定只处罚私分国有资产的直接负责的主管人员和其他直接责任人员。

直接负责的主管人员是指在该犯罪活动中有主要决策责任的国有单位负责人或其他领导人员，具体应包括：（1）直接作出私分决定的单位负责人；（2）直接作出私分决定的单位分管领导；（3）参与集体研究并同意研究决定的领导；（4）具体指挥私分行为的领导。其他直接责任人员，是指除直接负责的主管人员外，其他对该类犯罪行为负有责任的人员，也就是单位犯罪行为的直接实施或协助实施者。包括：（1）提出私分建议并具体策划私分行为的人员；（2）具体组织实施私分行为的人员。

私分国有资产罪的犯罪对象是国有资产，依照1999年最高人民检察院《关于人民检察院直接受理立案侦查案件立案标准的规定（试行）》，国有资产应当界定为国家依法取得和认定的，或者国家以各种形式对企业投资和投资收益、国家向行政单位拨款等形成的资产。国有资产除国有资金外，还包括国有的生产资料乃至属于国有的产品、商品等，所以，本罪私分的对象既可以是国有的资金、股份、其他有价证券，也可以是国有的其他资产。应当明确的是，国有资产与公共财产的范围是不同的。依照《刑法》第九十一条规定，公共财产包括国有财产、劳动群众集体所有的财产以及用于扶贫和其他公益事业的社会捐助或者专项基金的财产。在国家机关、国有公司、企业、集体企业和人民团体管理、使用或者运输中的私人财产，以公共财产论。由此可见，公共财产不能等同于国有资产，国有资产的范围较公共财产的范围要小。

贪污贿赂犯罪的性质决定了腐败和洗钱的关系极为密切，洗钱是腐败行为的继续和延伸。一些腐败公职人员通过种种洗钱途径给自己贪污受贿得来的黑钱披上合法外衣，然后享受这些非法所得，用来投资和进行再增值。洗钱行为掩盖了非法收入的性质和来源，解除了腐败分子的后顾之忧，给反腐败斗争增加了难度，危害程度严重。

第五节

破坏金融管理秩序罪和金融诈骗罪

一、破坏金融管理秩序罪

破坏金融管理秩序罪是指违反国家对金融市场的监督管理的法律、法规，从事危害国家对货币、外汇、有价证券以及金融机构、证券交易和保险公司管理的活动，破坏金融市场秩序，情节严重的行为。现行《刑法》分则"第三章破坏社会主义市场经济秩序罪"的"第四节破坏金融管理秩序罪"，从第一百七十条至第一百九十一条，共22条罪名，包括：伪造货币罪；出售、购买、运输假币罪；持有、使用假币罪；变造货币罪；擅自设立金融机构罪；高利转贷罪；骗取贷款、票据承兑、金融票证罪；非法吸收公众存款罪；伪造、变造金融票证罪；妨害信用卡管理罪；伪造、变造国家有价证券罪；擅自发行股票、公司、企业债券罪；内幕交易、泄露内幕信息罪；编造并传播证券、期货交易虚假信息罪；操纵证券、期货市场罪；职务侵占罪；非国家工作人员受贿罪；挪用资金罪；挪用公款罪；违法发放贷款罪；吸收客户资金不入账罪；违规出具金融票证罪；对违法票据承兑、付款、保证罪；逃汇罪；洗钱罪。

【案例材料】

"私人定制"的存单

姚某听朋友说自己在股市上混得风生水起，房子、车子应有尽有，眼红的姚某便回家与妻子田某商议，希望将家里存款全部投入到股市中赚上一笔。但田某深知股市的风险，并且道明家中已没有闲钱可以投资，所有积蓄都已经放在银行做成了定期存款，便一口回绝。姚某见妻子态度坚决，便只能放弃。几个月后，姚某意外得知，有渠道可以制作出"以假乱真"的银行存单，普通人根本发现不了。而此时，姚某的"股神梦"在心中已经汹涌澎湃，最终淹没了理智，于是"私人订制"了一张存单，用假存单将真存单"偷梁换柱",到银行将真存单提前兑付出来,把家里的积蓄全部投入到股市中。然而家中老人突发疾病,田某拿着存单来到银行,结果被银行工作人员一眼识出了假存单,并报了警。面对警察的询问,田某百口莫辩,只能给姚某打电话,希望姚某能证明自己的清白。

当姚某急急忙忙来到银行时,看到那张早已被自己"遗忘"的存单,姚某这才想起了自己实施的"瞒天过海"之计,明白自己的计划已经败露,只得坦白,存单已经被自己兑付,而且被套在了股市里。

荣成法院审理认为,被告人姚某伪造金融票证,其行为已构成伪造金融票证罪,被告人姚某犯罪后主动向公安机关投案,如实供述罪行,系自首,可从轻处罚。遂作出判决:"被告人姚某犯伪造金融票证罪,判处有期徒刑一年,缓刑一年,并处罚金人民币二万元。"

——资料来源:山东省荣成市人民法院

破坏金融管理秩序罪侵犯的客体是金融管理秩序,即破坏我国的货币、外汇、有价证券管理制度以及对金融机构、证券交易和保险公司组织和行为的监督管理制度。这类犯罪都是以作为方式实施的,而且有些犯罪行为还与行为人的职务或身份有关。破坏金融管理秩序罪在客观方面表现为,违反国家对金融市场的监督管理的法律、法规。在主观方面都是故意犯罪,其中有的犯罪,法律规定必须具有"明知"或"故意"。过失不构成破坏金融管理秩序罪。

非国家工作人员受贿罪,"银行或者其他金融机构的工作人员在金融业务活动中索取他人财物或者非法收受他人财物,为他人谋取利益的,或者违反国家规定,收受各种名义的回扣、手续费,归个人所有的",依照第163条非国家工作人员受贿罪处罚。第163条规定"公司、企业或者其他单位的工作人员利用职务上的便利,索取他人财物或者非法收受他人财物,为他人谋取利益,数额较大的,处五年以下有期徒刑或者拘役;数额巨大的,处五年以上有期徒刑,可以并处没收财产。公司、企业或者其他单位的工作人员在经济往来中,利用职务上的便利,违反国家规定,收受各种名义的回扣、手续费,归个人所有的,依照前款的规定处罚。国有公司、企业或者其他国有单位中从事公务的人员和国有公司、企业或者其他国有单位委派到非国有公司、企业以及其他单位从事公务的人员有前两款行为的,依照本法第三百八十五条、第三百八十六条的规定定罪处罚"。即当犯罪主体是从事公务的人员,则依照第八章的受贿罪来处罚。类似需要注意的还有本节的挪用公款罪。

二、金融诈骗罪

金融诈骗罪是《刑法》规定的破坏社会主义市场经济秩序罪中的一个犯罪类别。在金融领域里,以非法占有为目的,采取虚构事实或者隐瞒真相的方法,骗取银行或者其他金融机构的贷款、保险金等,或者进行非法集资诈骗、金融票据诈骗和信用证、信用卡诈骗,其数额较大的犯罪行为的总称。现行《刑法》分则"第三章破坏社会主义市场经济秩序罪"的"第五节金融诈骗罪",从第一百九十二条至第二百条,共7条罪名,包括:集资诈骗罪、贷款诈骗罪、票据诈骗罪、信用证诈骗罪、信用卡诈骗罪、有价证券诈骗罪、保险诈骗罪。

集资诈骗罪,是指以非法占有为目的,使用诈骗方法非法集资,数额较大的行为。贷款诈骗罪,是指以非法占有为目的,采用虚构事实或者隐瞒真相的方法,骗取银行或者其他金融机构的贷款,数额较大的行为。票据诈骗罪,是指用虚构事实或者隐瞒真相的方法,利用金融票据骗取财物,数额较大的行为。信用证诈骗罪,是指使用伪造、变造信用证或附随的单据、文件、使用作废的信用证、骗取信用证以及以其他方法进行信用证诈骗活动的行为。信用卡诈骗罪,是指使用伪造、作废的信用卡,或者冒用他人信用卡,或者利用信用卡恶意透支,诈骗公私财物,数额较大的行为。有价证券诈骗罪,是指使用伪造、变造的国库券或者国家发行的其他有价证券进行诈骗活动,数额较大的行为。保险诈骗罪,是指投保人、被保险人或者受益人,违反保险法规定,用虚构事实或者隐瞒真相的方法,骗取保险金,数额较大的行为。

金融诈骗罪与诈骗罪,两者之间存在法条竞合关系。行为人以金融凭证进行诈骗属于诈骗罪的一种表现形式,金融诈骗罪是诈骗罪的特别法条,诈骗罪为一般法条。根据法条竞合适用的原则,除有特别规定的外,应依特别法条定罪量刑。从理论上看,金融诈骗罪与诈骗罪有许多相同之处,区别主要是:(1)诈骗行为发生的时空不同。前者只能发生在金融活动中;后者只能发生在金融活动以外。(2)诈骗的方式不同。前者是通过使用伪造、变造的委托收款凭证等其他银行结算凭证这一金融道具实施的;后者是使用法律没有明文规定的道具实施的。(3)犯罪客体不同。前者侵犯的是复杂客体,即国家对金融凭证的监督、管理制度和公私财产所有权;后者只是公私财产的所有权。(4)犯罪主体不同。前者包括自然人和单位;后者只能是自然人。实践中,如果行为人在非金融活动中使用伪造、变造的其他银行结算凭证实施诈骗,构成犯罪的应当以诈骗罪定罪处罚。反之,金融活动中使用伪造、变造的其他银行结算凭证进行诈骗,构成犯罪的则应当以金融凭证诈骗罪定罪处罚。

2019年4月，最高人民法院中国司法大数据研究院发布《金融诈骗司法大数据专题报告》。报告显示，金融诈骗罪被告人以初、高中文化程度为主，发案密度与公民文化程度呈较强正相关。从金融诈骗类型看，信用卡诈骗罪为主要案件类型，分别占2016—2018年金融诈骗案的83.1%、79.7%和72.2%。2016—2018年，信用卡诈骗罪案件由1.2万件下降至6000余件，在金融诈骗案件中占比由83.1%下降至72.2%，信用卡诈骗犯罪风险整体呈收窄趋势。排名第二的集资诈骗罪收案量由2016年的1100余件上升至2018年的近1400件，增幅达27%，集资诈骗风险防控压力加大。

无论是破坏金融管理秩序罪还是金融诈骗罪，犯罪分子非法所得要想正常支出和消费，必然要通过洗钱途径予以合法化。打击洗钱犯罪，对打击破坏金融管理秩序罪和金融诈骗罪都非常重要。

【延伸阅读】

如何界定骗取贷款罪与贷款诈骗罪

案情简述：2015年6月，张某因自身不符合银行贷款条件，遂以非法方式获得多名同事的身份证，并冒用同事身份在银行申请贷款共计人民币80万元。2015年7月，张某因涉嫌贷款诈骗罪被公安机关刑事拘留，同年8月21日被逮捕，并于当年11月由人民检察院移送起诉。2015年12月，人民法院以张某涉嫌贷款诈骗罪公开审理该案。

罪名解析：贷款诈骗罪，是指以非法占有为目的，编造引进资金、项目等虚假理由、使用虚假的经济合同、使用虚假的证明文件、使用虚假的产权证明作担保、超出抵押物价值重复担保或者以其他方法，诈骗银行或者其他金融机构的贷款、数额较大的行为（《刑法》第一百九十三条）。骗取贷款罪，是指以欺骗手段取得银行或者其他金融机构贷款，给银行或者其他金融机构造成重大损失或者有其他严重情节的行为（《刑法》第一百七十五条）。

贷款诈骗罪与骗取贷款罪都表现为使用欺骗手段骗取贷款，区别点在于：

1. 犯罪主体不同。骗取贷款罪的主体包括自然人和单位，而贷款诈骗罪的主体只能是自然人。单位实施骗取贷款的行为，不能按照贷款诈骗罪追究刑事责任，符合追诉条件的也只能按照合同诈骗罪定罪。

2. 犯罪客体不同。贷款诈骗罪侵害的客体为双重客体，即金融管理秩序及金融机构财产所有权，而骗取贷款罪侵害的客体仅是金融管理秩序。

3. 犯罪主观方面不同。行为人实施贷款诈骗罪必须具有非法占有的主观故意。若行为人主观上没有非法占有故意，或者证明其非法占有故意的证据不足，只能以骗取贷款罪论处。

4. 量刑不同。根据《最高人民检察院、公安部关于公安机关管辖刑事案件的立案追诉标准的规定》，贷款诈骗罪的犯罪数额达到 80 万元，量刑为 10 年以上有期徒刑或者无期徒刑，并处 5 万元以上 50 万元以下罚金或者没收财产；骗取贷款罪的犯罪数额达到 80 万元，量刑为 3 年以下有期徒刑、拘役，并处或单处罚金。

主要辩护观点：被告人张某主观上没有非法占有的故意，客观上有还款的能力，其不符合贷款诈骗罪的主观要件，依法不构成贷款诈骗罪。第一，张某主观上自始至终愿意偿还银行贷款，没有非法占有银行贷款的目的。2015 年 8 月 12 日，侦查机关讯问"有无还过利息给银行"时，其回答"目前还没有，这些贷款是每个月 20 号还钱，我还没有来得及还就被抓了"。张某当庭供述与上述供述相互印证。第二，张某客观上有能力按月偿还银行贷款的利息。2015 年 8 月 12 日，侦查机关讯问"你有无能力偿还"时，其回答"我也想过先每个月帮他们把利息还掉，后面再想办法将本金还上……我每个月的工资收入 6000 余元，每个月还利息还是能够还的，本金是一年后再还……"。张某原工作单位出具的《收入证明》与张某的上述供述相互印证。《银行贷款简介》证明涉案贷款的还款方式是按月付息，到期一次还本，与张某的供述相互印证。第三，张某申请银行贷款的目的是为经营投资之需。张某为经营投资的需要，曾使用自己身份证办理银行贷款，但其自身不符合贷款条件，随后张某才想通过冒用他人身份证的方法，申请办理银行贷款。此细节说明张某犯意的产生并不是基于非法占有银行贷款。

判决结果：法院最终采纳了律师的辩护意见，将罪名由贷款诈骗罪改为骗取贷款罪，相应刑罚也减轻了。

——资料来源：江苏博事达律师事务所

【职业素养与道德】

不看材料真假，违规发放贷款

2011 年下半年至 2014 年 11 月，被告人胡某担任浙江某银行的支行小贷金融部客户经理，负责个人贷款的调查、发放、贷后管理等工作。2014 年 1 月至 11 月，茹某、董某、吴某等人采用虚构资金用途、提供虚假贷款资料等方式向胡某所在支行申请个人商业贷款。胡某在调查上述贷款申请时，违反国家规定，累计违法发放贷款合计人民币 809 万元。其中 2014 年 2 月 24 日，被告人董某通过虚构资金用途，提供虚假资料等方式，以濮某的名义向本案原告申请个人担保贷款80万元，被告人胡某因事先与被告人董某商定由董某为其处理不良贷款，违反国家规定发放上述贷款。同年2月26日，董某将其中55万元用于归还张某欠款。后董某在立案前归还贷款本金3万元。

绍兴市中级人民法院于2017年6月作出刑事判决书，判决维持一审法院对被告人胡某、董某的定罪量刑，即认定被告人胡某构成违法发放贷款罪，判处有期徒刑五年二个月、并处罚金人民币八万元；认定被告人董某构成骗取贷款罪，判处有期徒刑三年二个月、并处罚金人民五万元。

法院另认定，胡某曾在绍兴市越城区人民检察院对其所作的讯问笔录中陈述："我从2008年大学毕业后，就进入银行，开始在支行工作，2009年调到总行工作，2011年12月调到支行担任个贷部经理，也就是信贷员，一直到2014年11月辞职"；"作为个贷部经理，主要负责支行个人贷款的受理、调查、授信、发放、贷后检查、催收等工作，概括来说就是负责经办个人贷款的整套流程。作为个贷部经理还具有放款权限"；"我跟董某商量好的，他帮我承担两笔各30万元的不良贷款，我将这几笔贷款放给他……借款人和担保人由董某负责去找……濮某这笔贷款的实际使用人是董某"；"每笔贷款的资金用途都是虚构的，实际的贷款使用人并不是名义上的借款人"；"我事先知道贷款的借款人并非实际的使用人，一般情况下我就只让实际贷款使用人按照银行的要求提供一些资料，只要这些资料在表面上符合银行要求就行，至于材料的真假我就都不去管了"。

——资料来源：中国裁判文书网

本章小结

1. 洗钱罪的上游犯罪包含毒品犯罪、黑社会性质的组织犯罪、恐怖活动犯罪、走私犯罪、贪污贿赂犯罪、破坏金融管理秩序犯罪和金融诈骗犯罪，共7种犯罪类型。

2. 毒品犯罪不仅包括走私、贩卖、运输、制造、非法持有毒品等犯罪行为，还包括发布有关制作或者销售毒品信息；包庇毒品犯罪分子；非法生产、买卖、运输制毒物品、走私制毒物品；非法种植毒品原植物；非法买卖、运输携带、持有毒品原植物种子、幼苗；引诱、教唆、欺骗他人吸毒；容留他人吸毒；非法提供麻醉药品、精神药品等。

3. 走私犯罪包括：走私武器、弹药罪；走私淫秽物品罪；走私废物罪；走私普通货物、物品罪；走私毒品罪；走私制毒物品罪。

4. 贪污贿赂罪，包括贪污罪、挪用公款罪、受贿罪、行贿罪、巨额财产来源不明罪和私分国有资产罪。

5. 破坏金融管理秩序罪是指违反国家对金融市场的监督管理的法律、法规，从事危害国家对货币、外汇、有价证券以及金融机构、证券交易和保险公司管理的活动，破坏金融市场秩序，情节严重的行为。

6. 金融诈骗罪是指以非法占有为目的，采用虚构事实或者隐瞒事实真相的方法，骗取公私财物或者金融机构信用，破坏金融管理秩序的行为。

复习思考题

1. 贪污腐败和洗钱有什么关系？
2. 对个人和家庭来说，如何防止金融诈骗？
3. 如何提高社会公众的反洗钱意识？
4. 比较分析我国刑法和其他国家法律、国际公约等对洗钱上游犯罪的规定。

第三章 洗钱的主要方法与途径

【学习目标】

1. 掌握利用金融机构洗钱的主要方法。
2. 掌握利用特定非金融机构洗钱的主要方法。
3. 掌握其他洗钱方法和途径。

【重点难点】

1. 利用银行洗钱的多种手段。
2. 利用互联网等新型洗钱方法。

【案例导入】

我国古代官员洗钱术

尽管"洗钱"一词在20世纪初才出现,但事实上,中国古代贪官们的洗钱方式早就"炉火纯青",包括找琉璃厂的古董商做中介、搭桥修路骗投资、兜售书法文章、开办高级会所、开当铺、开钱庄、买房收租等等,这些洗钱手法直到现在还被广泛应用。

一、靠买卖古玩当洗钱中介

在晚清的琉璃厂,一些古董店的老板专门充当官员行贿、受贿的桥梁,也就是洗钱中介。光绪七年,胡雪岩计划向德国、英国的洋商"借洋银"三百万两。当时的户部尚书及总理各国事务衙门大臣宝鋆是必须要争取的人物。深谙"雅贿"之道的胡雪岩来到琉璃厂,找到一个可信的古董商来作为"送礼"的中间人。宝鋆家中藏有一幅明代唐寅的《看泉听风图》,胡雪岩就让古董商去联络宝鋆,说有买家非常喜欢这幅画,愿意以三万两银子求宝鋆"割爱"。宝鋆自然知道画虽好,但哪会有这般高价,当下心领神会,告诉古董商愿以君子之德"成人之美"。

二、兜售墨宝字画洗白"润笔费"

润笔收入，是明清官员重要的洗钱及收入来源。明朝中期后，社会上逐渐形成向官员购买墨宝和文章的风气。百姓向官员、下级官员向上级官员有事没事就来求字、求文，再奉上不菲的润笔费。很多官员润笔，事由可以忽略不计，比如给送礼者题写对联、福字，给送礼者的儿子起名等，甚至压根就没有事由，对以润笔名义送来的金银照收不误。张之洞担任湖广总督时，有个富豪为粉饰父亲生平，更为了"漂白"父亲恶行，迫切想让张之洞出面为父亲写个墓志铭。张之洞完全不问对象，不顾事实，按照一个字一千两的价格向富豪狠狠敲了一笔润笔费用。

三、行贿靠打麻将故意输钱

晚清权倾一时的庆亲王奕劻、载振父子贪墨出名。苦于反腐制度森严、舆论监督踊跃，送礼者不敢过分，而奕劻父子也不便直接敛财。当时，麻将在京津一带很流行，奕劻、载振父子和许多王公大臣都是爱好者。载振就先后在天津、北京租下院子，装饰一新后，开办高级会所。来客后，常以搓麻将为由洗钱。载振的麻将筹码很高，三千两一局。奕劻父子俩根据宾客输钱的多少，决定卖官鬻爵的高低。舆论称之为"庆记公司"。到后来，生意实在太兴隆了，载振没法每回都出来应酬宾客，由宾客们自玩麻将，载振抽钱。

四、自开当铺来洗钱

清代前期皇室、大吏以及富商竞相开设当铺，京师内外，官私当铺甚多。巨贪和珅就将贪腐来的古玩玉器、名家字画利用当铺进行赃款转化，以此来洗钱。薛福成在《庸盦笔记》中，收录了乾隆皇帝的宠臣和珅被抄家的情形。其文曰："派十一王爷、庆桂、盛住同钞和珅住宅；派绵二爷钞和珅花园。附录清单：当铺七十五座（查本银三千万两）。"每当有人想托和珅办事送礼的时候，就到和珅开的当铺，以极高的价格赎出一件根本不值钱的东西，或者是以极低的价钱当掉一件极其珍贵的物件。这样一来，送给和珅的钱表面上根本没有经过和珅的手，钱都来源于他的当铺，都是正当收入，但合法的外表下，却掩盖行贿受贿的实质。

五、购买房产地契，收租收税

占有大批房产、土地用以出租房屋和收租是和珅洗钱的另一手法。和珅家在直隶、热河等地拥有大量田地，在北京南部以保定为中心，北京东部以天津为中心，北京地区主要包括大兴、宛平、通州、昌平、顺义和平谷等，甚至在东北奉天的锦州地区，也有他的土地。在北京，和珅的房产几乎"遍布五城"，主要分住宅房、铺面房、手工作坊的厂房以及布满庄园的民房等。这些房产的来源，主要是自建、典买、皇上赏赐及为别人帮忙后所得的报酬。据档案记载，地契归和珅所有的出租房就有一千零一间半，收租的地共有一千二百六十六顷，每年的租金收入就有银四千七百多两和钱三万四千有余。

六、开钱庄，放高利贷

和珅放债面很广，不但包括官吏、商人和市民，还包括他的亲戚、长随等属下。如和珅的舅父明保曾向其借库平银一万五千两，和珅要求白纸黑字写明字据，所借银每月一分起利，欠利银六千四百伍拾两，共欠本利银二万一千四百五十两。明保不敢得罪和珅，一分不少还给和珅。和珅放债的原则是借债人必须要能拿出土地或是房屋做抵押。和珅的继外祖父伍弥泰，曾向和珅借银两千两，但和珅仍逼着伍弥泰"取田契价值相当者署券归偿"。在洗钱上，后来的李莲英又比和珅更胜一等，李莲英将大部分赃款都投资到了钱庄、商号上。在京城、老家河北河间等地，遍布李莲英的产业。

——资料来源：袁晓彬，洗钱有术：古代贪官教现代官员洗钱

思考题：古今的洗钱方法有哪些区别？

由于各国法律法规和经济金融的发展情况不同，对于洗钱犯罪、反洗钱责任主体、反洗钱基本制度与反洗钱监管的规定存在明显区别。因此，本章的内容主要按照我国政府部门颁布的相关规定，介绍主要的洗钱方法和途径。

第一节 利用金融机构洗钱

一、利用银行业金融机构洗钱

2019年1月，中国银保监会公布《银行业金融机构反洗钱和反恐怖融资管理办法》（以下简称《办法》）。《办法》所称银行业金融机构，是指在我国境内设立的商业银行、农村合作银行、农村信用合作社等吸收公众存款的金融机构以及政策性银行和国家开发银行。

《办法》要求，对在我国境内设立的金融资产管理公司、信托公司、企业集团财务公司、金融租赁公司、汽车金融公司、货币经纪公司、消费金融公司以及经国务院银行业监督管理机构批准设立的其他金融机构的反洗钱和反恐怖融资管理，参照本办法对银行业金融机构的规定执行。

（一）利用现金业务和ATM

为了清洗非法所得现金，洗钱犯罪分子通常会把现金存入银行，使其融入银行系统进

行循环清洗。通常采用的手法有：直接将现金存入银行账户；买入一定类型的资产；使用现金投资银行理财产品；将非法和合法的现金混合在一起存入银行账户；利用自动存款机存现；将大额现金分散存入银行。直到现在，利用现金业务仍然是最主要的洗钱方式之一。

ATM 交易只需输入密码就可以完成资金划转，缺乏身份识别过程，在复杂、数据量巨大的可疑交易报告里分析监测出可疑交易资金流向的线索非常困难。ATM 机当日仅支持 2 万元以内的现金支取，转账仅支持 5 万元以内的款项划转。每笔业务不能达到《金融机构大额交易和可疑交易报告管理办法》中规定的大额交易的监测范围。通过 ATM 机办理业务，以化整为零的方式提取现金，分散转入、分散转出，以逃避大额交易报告制度的监管。

银行卡的实际持卡人和实际所有人可以分离的特点，被利用进行洗钱。洗钱犯罪嫌疑人遮蔽面目特征，利用他人银行卡进行交易，轻松规避银行的实时监控。ATM"非面对面"交易方式让银行难以进行真实交易背景的审查，客户在遮盖面目特征后的资金交易达到 5 万元以上时，银行工作人员在后期无法对客户身份进行持续有效的识别，更不能审查对方资金来源及性质，也不能确定账户的实际使用人。

（二）利用银行卡业务

银行卡的广泛应用促进了消费、减少了现金流通，但是，其交易涉及客户面广、流动性大、客户来源复杂及其支付交易具有隐蔽性。各银行为抢占市场份额，尽其所能满足客户需求，而降低办卡要求、扩大信用透支额度等使其易被犯罪分子当成洗钱工具。

常见的利用银行卡洗钱的方法主要有：

1. 跨境清洗"黑钱"。犯罪分子为了逃避本国监管，通过跨境支付结算银行卡，在国外进行资金划转和取现，以实现犯罪收入的清洗、转移。

2. 混入公司收入，隐瞒资金真实性质和来源。洗钱分子通过开立合法的公司、企业、商店等或伪造营业执照等一系列证件，在银行开立公司银行卡账户，将犯罪收益混入公司正常收益之中，"黑钱"的真实来源和性质就这样被成功隐瞒、掩饰。

3. 利用银行卡贷款业务洗钱。犯罪分子利用银行卡获得贷款，然后用犯罪收入归还贷款，实现洗钱。

（三）利用直销银行

直销银行借助于互联网技术和电子商务运行模式提供服务，一是纯线上模式，如直销银行不设置分支机构，利用线上渠道（网银、手机银行、网上营销平台等）为客户提供服务；二是"线上+互联网"企业模式，主要是采取联合第三方互联网企业的形式，利用大数据进行分析整理的优势拓展客户；三是"线上+直销门店"模式，主要是利用线上服务的同时开展如 ATM、CRS 等自助设备的运用，方便客户对现金使用的需求。

直销银行的业务处理全部通过互联网完成，用户在任何时间、地点都能快速进行操作。受到直销银行的非面对面特点影响，导致金融机构不能有效辨别客户身份证件的有效性，也无法进行身份联网核查。在注册直销银行账户时，客户基本信息填写要求不规范，国籍、职业信息、单位地址等信息缺失严重，即便能够填写相关信息，其真实性也难以保障。部分直销银行采取绑定他行银行卡等方式验证客户身份，但目前互联网上贩卖他人遗失的身份证件和银行卡的行为盛行，加之各银行间缺少信息共享，导致冒用他人身份开立直销银行账户进行洗钱的行为日益增多，且开户行根本无法发现。

（四）利用理财业务

随着理财产品种类的不断丰富和发展，其与利率、汇率、股票、股指、信用以及其他金融衍生品之间的联系日益紧密，设计结构也日渐复杂，极易被洗钱分子用来模糊资金交易轨迹、掩饰资金真实流向。同时理财产品期限灵活，资金流转速度快，洗钱者可以通过产品组合频繁投资理财产品，大量转移资金。此外，部分理财产品的提前赎回功能，进一步缩短了投资期限，加快了资金流转，极易获得洗钱犯罪分子的青睐。

私人银行理财产品具有"高端性""私密性""服务综合性"等特点，往往是较为复杂的综合投资组合，易于被洗钱犯罪分子利用。同时，由于私人银行业务是银行利润来源的重要组成部分，银行销售人员出于业绩压力，对客户开展详细尽职调查的意愿较低，提供的有效身份信息较少，增加了反洗钱人员后续异常交易分析的难度。

目前，多数银行通过电子口令牌、U 盾、支付密码器等密钥方式对非面对面理财交易进行确认，虽然在开户环节和首次申办非面对面业务环节建立了身份识别制度，但"认密钥不认人"的方式使得银行极难掌握账户的实际控制人信息，为不法分子利用他人账户进行洗钱犯罪提供了可能。此外，非面对面业务还增大了异常交易识别难度。以网上银行业务为例，交易数据往往缺失资金用途、业务类型等数据，极大地限制了洗钱线索的甄别与监测。

（五）利用网上银行业务

网上银行不受时间、空间限制，客户仅需一台电脑和互联网就可以在任何时间、任何地点登录自己的网银账户完成各种支付交易，足不出户就可全天候获得银行服务。但是，网银业务的便捷性、跨区域性、虚拟性的特点为洗钱活动提供了可乘之机，使得"黑钱"在金融机构之间的流转速度加快、交易范围扩大、交易金额大幅增加。如2016年涉及金额超280亿元的广西中越边境地下钱庄案，不法分子利用别人身份开通网上银行业务，涉案资金均通过网上银行进行转移支付。大多数地下钱庄通过不同账户之间频繁地转账，掩盖资金流转路线，模糊交易痕迹，难以被识别。

网上银行主要是通过密钥、证书、数字签名等验证方式来认证交易主体的身份，属于"认证不认人"，只要操作人员提供了正确的账户信息、验证方式，即可进行交易，割裂了持卡人和交易行为之间的联系，无须客户与银行工作人员面对面接触，交易时也无须客户签名盖章，银行不留存客户交易时的影像资料。

二、利用证券业洗钱

（一）掩饰真实身份

证券账户实名制实施后，开立证券账户时现场采集开户人头像的制度，使得借用他人身份难度大大增加。洗钱犯罪分子利用伪造身份证开立虚假账户，掩盖该账户实际控制人身份信息。有时通过控制多个机构、他人账户进行操作。

（二）分散资金投入，集中转入账户

通过在多家商业银行开设银行账户的方式，将非法资金分散存入多家商业银行，再将分散资金逐步转入第三方存管银行账户及证券公司账户，经过一段时间的证券交易，将账户上的资金集中转入存管账户，从而使不合法资金合法化。

（三）进行复杂的关联交易

利用当前证券市场中股票、基金、债券、现金管理等多种投资品种组合，通过投资品种间的转换，使得洗钱者在证券市场上实施复杂的关联交易操作，以此掩盖犯罪资金的来龙去脉和真实的所有权关系，从而将犯罪所得合法化。

（四）利用账户间的往来

通过市场增加或蒸发市值后将证券卖出，将非法资金转入其他账户，或者在证券交易过程中利用特殊手法将非法资金进行技术性转移，改变非法资金的原有金额和账户的控制人，以实现洗钱的目的。

（五）进行利益输送

中国大宗交易平台交易的成交价格可以由交易双方进行协商确定，通常只需要在当日证券的涨跌停板价格之间即可。洗钱者可能利用大宗交易平台的上述特点，以极低的价格卖给对手方进行利益输送，且不易被察觉。

（六）频繁进行转托管

通过转托管的方式转移非法资产，即将手中不法资金换成股票等有价证券再通过转托管把有价证券转移到其他证券营业部，再卖出股票，提取现金。经过多次买卖交易、多次转托管，以混淆非法资金的来源，加大监测难度，实现洗钱的目的。

【案例材料】

投资纠纷成刑事案件？国内首例股票
大宗交易涉诈骗案获法院受理

记者宋婕、陈锋北京报道：2019年6月，备受业内关注的国内首例股票大宗交易涉诈骗案，已正式提起公诉并移交法院，这是国内股票大宗交易史上首个涉诈骗的刑事案例。

江苏某私募基金公司（下称"A公司"）法人和交易经理，在2018年被南京市栖霞区公安分局以涉嫌诈骗罪立案侦查。早前，A公司在替南京三宝科技集团有限公司（下称"三宝集团"）认购的公募基金定增策略资管专户计划提供投资顾问服务期间，曾将两支定增股票的部分仓位经由大宗交易卖出。

自2015年6月起，A公司担任两个定增策略资管专户计划的投资顾问，持有9只股票。名义上的投资人是郭某燕等2人。据最新资料显示，他们是代理人，实际委托方是三宝集团。

2017年1月18日，其中一只定增股票陕国投A停牌复牌，公告终止重大资产重组计划，直接导致该股票复牌当日一字无量跌停。郭某燕代表三宝集团要求A公司必须在2天内清仓。第二天该股低开低走，全天近半时间封死跌停板。A公司交易经理正常挂单卖出1500万股，套现9100多万元。第三日，A公司研究后建议将该股通过大宗交易卖出，在前一天跌停板收盘价的基础上折价8.5%，一次性卖出剩余股票。期间，大宗交易接盘方按交易额的一定比例向A公司支付居间介绍费，业内俗称"返点"，约480余万元。

银行流水证明，A 公司将其中 100 万元转入郭某燕的私人银行账户，作为其个人和三宝集团返点的收益分成。剩余的钱以上一年度年终奖的形式，分配给 A 公司 4 名股东兼高管，其中股东兼财务总监戴某泽分得 50 万元。

在股票解禁后的操作思路上，A 公司与郭某燕产生严重分歧，双方于 2017 年 5 月底解除委托协议，并进行账户管理权交割。交割后，资管账户亏损进一步扩大，成为双方矛盾爆发的关键点。

2017 年 9 月，郭某燕发起民事诉讼，要求 A 公司对 9 只定增股票中的 7 只亏损股（另 2 只股票盈利），承担 265 万元补仓款（占其总补仓款 9% 左右）及 14 万元相应利息，但其诉求被一审法院驳回。

郭某燕发起上述民事诉讼后不久，2018 年 1 月，其再次向南京市栖霞区公安分局报案称，A 公司"与大宗交易接盘方事先合谋，勾结操作标的股票买卖，骗取其在大宗交易定价说明上签字，非法获得交易差价及抛售后盈利分成的行为涉嫌诈骗"。

——资料来源：节选自华夏时报

有行业内人士称："《大宗交易定价说明》是当大宗交易的价格偏离超过 3% 以上的情况下，基金公司要求投顾公司作出的一个内部交易定价说明。劣后委托人是否在《大宗交易定价说明》上签字，基金公司并无硬性规定，这并非异常交易审核通过的必要条件。且《大宗交易定价说明》多是交易日收盘前提前签署准备好，因当天收盘价还未最终确定，交易价格和偏离点数两栏一般都是空白状态，等收盘后再根据当天实际收盘价填写确切的交易价格和偏离点数。"

从反洗钱角度看，大宗交易高折价进行协议转让股票，容易产生利益输送嫌疑。价格是协议转让双方约定的，不是市场撮合，价格公允性有待商榷。如买卖双方无关联，价格是协商结果，无可厚非。但如果双方是关联的，价格如有失公允就能够实现利益输送。这条路径也可能被用作洗钱渠道。

三、利用保险业洗钱[①]

保险洗钱是指以商业保险这一金融服务为载体，利用保险市场及保险中介市场的渠道，将非法所得及其产生的收益通过投保、理赔、变更、退保等方式来隐匿、掩盖其来源、性质及流向，以逃避法律制裁的行为。

---

① 陈贤. 我国保险业反洗钱机制研究 [J]. 对外经济贸易大学硕士学位论文, 2018.

保险合同当事人涉及的主体广泛，不仅包括保险人，而且包括投保人、被投保人及受益人。后三者主体可以分别是不同的人，且投保人缴纳的保险费可以由投保人退保取回，相关保险金由被保险人和受益人领取，导致保险资金流向呈现多样性，复杂可变。同时，保险合同遵循投保、退保自由原则，导致洗钱犯罪分子可以采取即投即退等方式，利用保险公司洗白资金。

随着保险技术的发展，越来越多的新型保险产品开始涌现，品种多样，定价复杂。尤其是以万能保险、分红保险和投资连结险为代表的多账户投资型保险为非法资金在保险市场的清洗运作提供了平台，洗钱犯罪分子甚至可以利用这些新型产品使投入的黑钱增值盈利。

因人身保险不适用损失补偿原则，除被保险人为未成年人外，人身保险保额通常没有上限，保险合同可涉及巨额资金。因此，国外高额保险合同大量存在，甚至上千万美元的保险合同屡见不鲜，国内这类千万元巨额保单也层出不穷。这导致洗钱犯罪分子可以用非法资金一次性趸交购买巨额保险，退保扣除交给保险公司的一部分手续费外，一步完成资金的清洗，大大降低非法资金的放置成本。

（一）常见的洗钱方式

1. 趸交退保，指的是把大额资金以趸交方式购买保险，在合同生效后操作领取或退保，保险公司扣除手续费后退还剩余保费、现金价值或账户价值，资金成为客户合法财产。

2. 长险短做，指的是犯罪分子在购买保险时为掩人耳目选择期交保费，不久以后通过保全改变交费方式为趸交，使保单在短时间内达到高现价，再操作退保将其领取。

3. 团险个做，指的是犯罪分子以单位的名义虚列被保险人名单，购买团体保险。因团体保险本身金额较大，相比个人大额保单具有更隐蔽的特性。犯罪分子在合同生效后申请退保，要求保险公司把退保金划入其指定账户，完成洗钱过程。

4. 地下保单，指的是部分注册地不在我国、未经我国相关部门批准而非法入境，以人民币投保和外币理赔的形式开展的保险业务。犯罪分子通过投保地下保单，可以直接通过境内账户和境外账户的资金对冲，达到黑钱出境的目的。地下保险机构为了获取保费则不会识别投保资金来源，为犯罪分子洗钱提供了便利条件。

除此之外，保险业常见的洗钱方式还有溢价交纳保费要求退还、保单质押贷款、犹豫期退保、购买银代保险等方式。这些方式归根结底都是利用保险公司产品和规定的特殊性、公司结构的复杂性和对保额扩张的渴望，寻找逃避监管的机会，投入资金流转清洗后取回，使保险行业沦为犯罪分子的洗钱工具。

(二) 利用互联网保险业务

互联网保险业务突破了时间、空间的限制，客户依托互联网便可以轻松办理保险业务。没有面对面的接触，无法真实了解客户交易目的及动机，也不能发现客户办理业务过程中的异常行为。

互联网保险业务大多支持网银转账、快捷支付、第三方支付等多种方式进行保费缴纳。第三方支付在客户注册使用时未开展客户身份认证，有的支付平台在线支付只需通过验证信息、数字签名等就能完成资金流转。互联网保险业务资金支付方式的多样性，便于不法分子隐匿资金的来源。目前通过第三方支付机构进行保费支付，不能体现出支付者的具体信息，仅仅体现为某某第三方支付平台转入，即资金来源不确定，为可疑交易识别、监测带来困难。

四、利用第三方支付机构洗钱

(一) 我国对第三方支付机构的规定

第三方支付主要是指具备一定实力和信誉保障的独立机构促成交易双方进行交易的网络支付模式，是为货币资金的转移提供支付平台的非银行机构，例如支付宝、财付通等。根据中国人民银行令〔2010〕第2号《非金融机构支付服务管理办法》，非金融机构支付服务，是指非金融机构在收付款人之间作为中介机构提供下列部分或者全部货币资金转移服务：网络支付、预付卡的发行与受理、银行卡收单、中国人民银行确定的其他支付服务。

由于第三方支付依托互联网电子商务平台，具有网络的开放性、便捷性与隐蔽性的特点，因而被一些不法分子利用进行洗钱犯罪活动。2018年，深圳警方破获了一起电信网络诈骗案件，犯罪分子利用第三方支付手段在10天内完成洗钱700余万元。2018年5月，福建公安破获一起利用第三方支付平台洗钱案件，冻结涉案资金580余万元，抓获涉案人员42人。

虽然我国金融监管部门已经要求第三方支付机构履行反洗钱义务，但是，由于未严格履行客户身份识别制度、交易主体身份识别存在难度（通过密码验证就可以交易，交易双方并不互知）、未及时监测并上报大额可疑交易等问题的存在，第三方支付机构被洗钱分子所利用。为此，我国监管部门在2019年对第三方支付机构违反反洗钱相关规定开出了高额罚单，如表3-1所示。

表 3-1　　　　　　　2019 年我国对第三方支付机构的罚款

序号	违规名目	对应处罚金额（万元）
1	违反收单管理规定	7037.44
2	违规支付结算	5845.78
3	反洗钱相关	5369.12
4	违反清算管理规定	3201.49
5	违反备付金管理规定	1839.95
6	违反预付卡管理规定	195.95
7	违规网络支付	146.34

资料来源：中国人民银行。

在 2020 年，受处罚支付机构为 29 家，处罚金额高达金额 1.35 亿元。2020 年度最大罚单也是支付机构，2020 年 3 月，中国人民银行对第三方支付机构商银信开出 1.16 亿元巨额罚单，刷新了处罚纪录。来自第三方支付机构的反洗钱处罚出现了较为明显的攀升态势。

（二）利用第三方支付机构洗钱的方法[①]

1. 利用多账户转账洗钱。由于一些支付机构对于实名制义务的落实并不到位，通过购买多个支付账号实施多账户洗钱。犯罪分子同时操纵着多个账户，通过虚假、复杂的商品往来交易，进行资金转移，从而混淆资金来源，赃款的流动较为分散。

2. 成立空壳店铺洗钱。洗钱分子在电商平台开立空壳商铺进行虚拟商品售卖，比较常见的商品如游戏点卡、游戏币、艺术品等。该类商铺往往交易数额巨大，但商品描述缺失或物流信息不相匹配，且交易量骤增骤减很不稳定。由于电商的隐蔽性，导致许多个人电商游离于税收管理之外，不进行注册登记甚至隐瞒具体收入，被查处的概率很低。

3. 跨境支付洗钱。第三方支付具有非面对面和跨境交易的性质。不同国别的客户身份证明文件不尽相同，而跨境交易又涉及多重环节，第三方支付平台没有有效的方法对客户身份加以识别。不法分子利用跨境互联网支付，通过境内外银行账户过渡或者跨境买卖股票、基金、保险等投资行为，将非法资金合法化。

4. 利用众筹网站洗钱。洗钱分子利用众筹网站，可以随意发起一项筹款项目，同时使用虚假网络 IP 和身份信息注册另一个账号为自己捐款。随后，项目发起人再将所筹款项提现，将非法资金顺利洗白。

---

① 丁佳. 第三方支付机构洗钱风险的评估与监管问题研究 [J]. 硕士学位论文，2019.

五、利用信托机构洗钱

信托制度是指基于对受托人的信任,委托人将其财产权委托给受托人,由受托人按委托人的意愿以自己的名义,为受益人的利益或者特定目的进行管理或者处分的行为。信托制度设计非常注意隐私权。信托因有受托人承受名义上所有权,可使受益人处于隐蔽状态。由于信托文件是不公开的,可以逃避监管。

信托的特点是:(1)受托人是信托财产法律上的所有人;(2)信托财产独立存在,并不构成受托人资产的一部分;(3)受托人享有管理、使用和处分信托财产的权利和义务;(4)受益人享有对信托财产的收益权。信托有自益信托和他益信托之分,因此委托人可以指定自己为受益人。受托人依据信托合同向受益人支付信托财产的收益,并不需要有资产转移或提供服务等理由。

尽管有些国家已制定了规范和监督信托的受托人、公司合伙人、公司管理人等人员的立法,然而有些国家仍然没有规定披露信托委托人和受益人身份的强制要求,也不过问信托的真实目的,即使信托可能与一些可疑的金融活动有关。

信托制度中的上述"法律盲点"被洗钱分子利用。洗钱者首先将自己的一家公司通过信托合同交由受托人管理,同时指定自己为受益人;然后将存于其他账户上的犯罪收益汇入该公司的账户中,再以受益人的身份收取这份"信托收益",使犯罪收益合法化。某些具有特定身份的人或财产来源不明的人,不想为他人所知,利用信托安排,将财产交由受托人,由受托人以信托公司的名义在证券公司开立证券账户,其隐身在幕后,难以被发现。

六、利用金融租赁公司洗钱[①]

根据《金融租赁公司管理办法》,金融租赁公司是指经金融监管部门批准,以经营融资租赁业务为主的非银行金融机构,其业务范围包括融资租赁、转让和受让融资租赁资产、固定收益类证券投资等,其中飞机、船舶、大型装备、能源、医疗等大型资产的融资租赁是主营业务。

目前,国内金融租赁公司多为银行和大型国有投资公司发起设立,银行系金融租赁公司在该行业占绝对主导地位,行业集中度较高,业务模式主要为出售回租。客户群体以大

[①] 许莹. 我国金融租赁行业洗钱风险研究[J]. 中国国际财经,2018(4).

型国有企业和国家重点战略部门企业为主，银行系金融租赁公司的客户多为该银行自有客户。

我国金融监管部门要求金融租赁公司遵守反洗钱法律法规，建立反洗钱内控制度，其业务可能被用来洗钱的方法主要是：

1. 承租人利用提前还款进行洗钱。不法分子与金融租赁公司签订协议后，通过提前还款行为，将非法资金间接置换成租赁设备，再将其变卖，完成非法所得向合法收入的转换。

2. 随着涉外业务增加，存在通过特殊目的公司SPV（Special Purpose Vehicle）进行洗钱的风险。在国际金融租赁行业中，大型设备如飞机、船舶租赁通过SPV开展业务已成为惯例。设立SPV在境外开展金融租赁业务虽然有助于隔离业务风险，享受税收优惠，但这种方式对国际金融租赁公司和承租人双方的真实身份都有所隐匿，不利于洗钱风险的防范。一方面，金融租赁公司的SPV融资渠道难以受到监管，可能被不法分子利用，涉及洗钱；另一方面，承租人的真实控制人难以识别，可能被犯罪分子所利用。

【延伸阅读】

美国金融机构法定定义

《银行保密法》（《美国法典》第31章5312（a）（2））对"金融机构"的定义如下：

1. 受保障的银行（见《美国联邦存款保险法案》，《美国法典》第12章1813（h）的定义）。包括：商业银行或信托公司、私人银行家、外国银行在美国的分支或代理机构、信用联盟、存款机构。

2. 按照1934年《证券交易法案》（《美国法典》第15章78a等），在美国证券交易委员会注册的经纪人或券商。包括：证券或大宗商品的经纪人或交易商；投资银行家或投资公司；货币换所；旅行支票、支票、汇票或类似工具的发行者、赎回者或收款人；信用卡系统运营商；保险公司；贵金属、宝石或珠宝交易商；典当行；信贷公司；旅行社。

3. 依法成立的货币传送机构或从事资金划转的机构，包括在非正式资金划转系统从事业务的机构，或在常规的金融机构体系以外从事国内或国际资金划转的人际网络。包括：电报公司；交通工具销售行业，包括汽车、飞机和轮船；参与房地产交易清算或结算的人；美国邮政管理局。

4. 履行监管上述行业的职责或权力的美国联邦政府、州政府或地方政府的机构。包括：年收入超过100万美元的娱乐场所、赌场或赌博机构，且根据州法律或州行政区域的法律建立；或除了限制级别为Ⅰ的娱乐运营外，根据《印第安娱乐监管法案》进行的印第安娱乐运营（按照该法案4（6）部分的定义）。

5. 经美国财政部部长依法制定的从事任何与上述行业相类似、相关联或可替代活动的合法行业或机构。

6. 美国财政部部长指定的与刑事、税务或监管事宜密切相关的现金交易行业。

7. 根据《商品交易法》（《美国法典》第7章1等）登记或者要求登记的期货交易商、商品贸易顾问或商品批发运营商。

——资料来源：银行保密法/反洗钱检查手册（2015版）附录D，中国金融出版社，2018.12

第二节

利用特定非金融机构洗钱

2018年7月，中国人民银行颁布《关于加强特定非金融机构反洗钱监管工作的通知》（银办发〔2018〕120号），明确了特定非金融机构的范围，主要包括：

1. 房地产开发企业、房地产中介机构销售房屋、为不动产买卖提供服务。

2. 贵金属交易商、贵金属交易场所从事贵金属现货交易或为贵金属现货交易提供服务。

3. 会计师事务所、律师事务所、公证机构接受客户委托为客户办理或准备办理以下业务，包括：买卖不动产，代管资金、证券或其他资产，代管银行账户、证券账户，为成立、运营企业筹集资金，以及代客户买卖经营性实体业务。

4. 公司服务提供商为客户提供或准备提供以下服务，包括：为公司的设立、经营、管理等提供专业服务，担任或安排他人担任公司董事、合伙人或持有公司股票，为公司提供注册地址、办公地址或通讯地址等。

特定非金融机构应当严格执行《中国人民银行关于加强贵金属交易场所反洗钱和反恐怖融资工作的通知》（银发〔2017〕218号）、《住房城乡建设部 人民银行 银监会关于规范购房融资和加强反洗钱工作的通知》（建房〔2017〕215号）、《财政部关于加强注册会计师行业监管有关事项的通知》（财会〔2018〕8号）等相关文件要求，认真履行反洗钱和反恐怖融资义务。

一、利用房地产行业洗钱[①]

利用房地产行业洗钱是各个国家都存在的现象。我国已通过立法将房地产行业及其从业人员纳入了防范洗钱犯罪的义务主体范围。

房地产行业存在大量不明资金，使房地产行业出现了不健康的现象。例如一些开发商将民间资本以高息方式绕道暗中进入楼市；或者是部分人用来历不正当的"灰色资金"购房置业，将货币形态变为实物形态；或者个人巨额资金通过信托或私募的形式进入房地产行业，不仅可以合理避税，而且正是因为信托和私募对资金来源审查宽松，也降低了被查处的风险。房地产行业资金需求量大，资金来源主体不明确，为不法分子提供了洗钱的通道，使得利用房地产洗钱成为可能。

2013 年 1 月中纪委通报"反腐败斗争工作的新动向"，称自 2012 年 11 月中旬以来，全国各地出现了一大批抛售豪华住宅、别墅等现象，更改物业业主情况数以百倍上升。同时，根据住房部和城乡建设部、监察部统计，在抛售豪华住宅、别墅的住户中，超过 60%都是匿名、假名和加以公司的名义进行的。在房地产异常交易行为中，"突然变更买受人、按揭提前还款、大额现金支付"比例相对较高。

（一）房地产开发环节洗钱行为（见图 3-1）

1. 通过成立房地产公司洗钱。不法人员自建或利用相关利益者名义建立房地产企业，在房地产企业的日常经营过程中将非法资产源源不断地注入企业清洗资产，通过合法的企业经营掩饰犯罪所得。

2. 与房地产企业合作进行洗钱。近年来，随着国家有关房地产政策的不断变化，一系列调控政策（如限购、限贷等）逐步出台，导致房地产开发商的资金来源受到一定限制，这就为不法资金的洗白提供了渠道和机会。一方面，由于开发商缺少资金而不法人员拥有大量非法资产急需隐藏、掩饰或清洗，洗钱者可以与开发商通过合伙、入股或高息借款等形式进行合作，在满足双方不同需求的同时清洗资金；另一方面，某些开发商为了获取项目和开发资金，会与政府官员或特定机构的工作人员勾结，为了回报相关人员以入股、暗股、干股等形式进行贿赂，达到贿赂与洗钱的同步完成。

[①] 薛耀文，郭佩. 房地产行业洗钱行为分析及监测 [J]. 经济与管理，2014（7）.

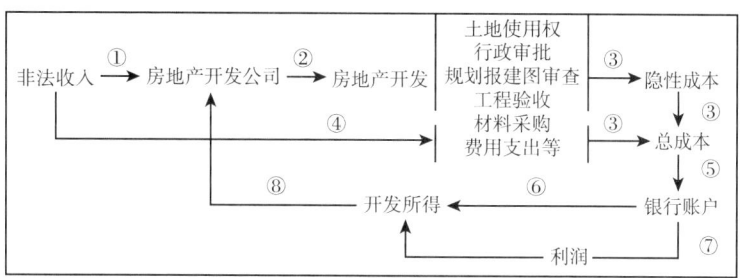

注：①资金注入（自营或委托代理）；②非正当竞争投资（贿赂收买）；③总合计入；④正常的开发投资；⑤分步计入总收入；⑥减去洗钱风险成本分批汇入；⑦会计计算所得比例的利润；⑧再次投入资金（资金已合法，有可能发生）。

图 3-1 房地产开发环节洗钱过程

（二）房地产交易环节洗钱行为

不法分子常常与开发商、媒体进行合作，直接或委托代理人购买有潜力和炒作空间的街道或商业街的商铺，将黑钱输入房地产行业中，再通过如广告、活动、特色品牌的炒作来刺激这一地区发展，从而在升值后估价租售，这样既可以随时变现，又可以通过实物来进行非法的交易，逃避反洗钱的监督和有关部门的追查。

房地产个人买卖也成为洗钱手段。如图 3-2 所示，该洗钱手段不仅可以在国内进行，也可以跨国实行，时空跨度大，涉及对象比较广泛，包含单位、个人（家庭成员、亲属、利益相关人等），难以监管，是目前贪污腐败洗钱的常用手段。单位购房者利用伪造文件、证明，私人购房者借助伪造身份证或假借他人名义，经常采用经纪人购买的形式全款支付或采取分期付款、提前还款，快速将非法资产投资到房产、商铺或其他房地产经济活动中，待时机成熟，进行转租或高价再出售，顺利洗白不法所得并成功转移。

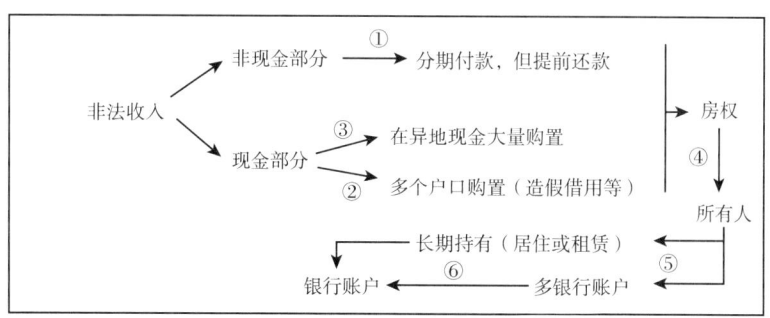

注：①银行卡划转；②假借多个户头（伪造或借用他人）；③委托中间人；④集中存放；⑤变现；⑥分批出售。

图 3-2 房地产交易环节的洗钱行为

【延伸阅读】

利用房产洗钱是全球现象

目前全球房产市场中，据估计每年有1.6万亿美元，约合11万亿元人民币的房产交易是洗钱交易。房产洗钱作为一个全球性行为，从资金规模来说，加拿大、美国、澳大利来、欧洲的资金规模更大，但对于当地的房价影响来说，非洲、亚洲的影响更加明显。

在国际透明组织对美国、加拿大、澳大利亚、英国四个国家的审查中，澳大利亚是唯一一个10项房产反洗钱指标全部未通过的国家。根据金融时报的报道，在英国的伦敦肯辛顿和切尔西区，差不多10套房产里面就有1套被"保密管辖区"的公司持有，这样可以轻松绕过反洗钱系统。而在伦敦的威斯敏斯特，通过海外公司进行的房产交易数量更是比肯辛顿和切尔西区高出80%。在美国纽约，一半以上的超过500万美元的豪宅是空壳公司购买的，在美国购房的国际买家中，有59%的客户使用的是现金。

国内热门的海外房产投资目的地是柬埔寨和越南。这两个国家在巴塞尔反洗钱指数中，排在了全球129个国家的第7位和第10位，是全世界最容易洗钱的两个国家。毕竟直到2009年，越南法律中才第一次出现洗钱这个词。

由于房产兼具价值性（价格总体稳定且长期升值）、功能性（可自主及出租），同时还能够给持有者带来社交满足感。在国际上，房产几乎是除洗衣店之外最为古老的洗钱手段。

利用房产洗钱的常见手段可以分为9类：(1) 委托第三方进行购买，并通过贷款的形式套取资金；(2) 通过空壳公司匿名所有人，以离岸或者信托公司名义进行购买；(3) 与房产经纪公司合作，将房屋估价抬高或拉低；(4) 化整为零拆分购房；(5) 多个项目的建筑成本拆补虚报；(6) 在缺乏房产监管市场的国家购置房产；(7) 购买房产用于其他不法活动；(8) 将非法资金用于装潢增值；(9) 用非法资金房产获取合法租金收益。

——资料来源：双极房地产

二、利用贵金属交易洗钱[①]

（一）贵金属易于用来洗钱的特点

1. 钻石、宝石、贵金属等都属于耐用性强的高价值商品，有保值增值的优点，而且

---

① 潘文娣. 贵金属和珠宝交易洗钱风险及监管建议 [J]. 金融监管，2015 (9).

没有固定的估值标准,尤其在送加工和鉴定之前价值往往是不确定的,因此价格容易被买卖双方操纵,易于满足洗钱的需求。

2. 商品有体积小、质量轻的物理特性,方便运输、随身携带和藏匿,容易逃避监测。比如钻石难以被金属探测器探测到。

3. 有些商品本身具有货币性质,比如黄金,全球的黄金具有同质性,不论是哪一种形状的黄金都可以用作国际交易,极强的变现能力、交易的简单性和便利性都有利于非法资金快速转换。另外,钻石在比利时、以色列、澳大利亚、美国、加拿大等国家也可以被当作货币使用。

4. 钻石、宝石、贵重金属等交易往往涉及资金量大,而且很多人喜欢以现金支付,资金不通过银行系统流转,交易痕迹容易隐藏,难以被监测到。

(二) 利用贵金属交易的洗钱方式

1. 通过抢劫、盗窃、欺诈等违法活动取得贵金属和珠宝,而后将其变现交易或者通过抛光、切割等方式改变贵金属和珠宝的外形,从而掩饰贵金属和珠宝的非法来源和性质。2008年3月,北京警方侦破刘某系列盗窃案,查明刘某于2003—2008年近5年间,入室盗窃、抢劫100多起,将其取得的金银饰品全部拿到西城区一家金银饰品收购置换小门店出售。金银饰品小门店收购金银饰品出价高,且无任何查验手续,现金交易为主,交易方式受到洗钱分子青睐,容易为犯罪分子销赃变现隐匿痕迹。

2. 将犯罪所得的资金通过表面上合法的交易购买贵金属和珠宝,再将贵金属和珠宝变现,重新获得现金。我国台湾地区陈水扁家族2000—2007年,长期与一家香港珠宝公司和一家台湾银楼合谋,通过表面上合法的珠宝交易,转移、转换受贿资金,洗钱超过10亿元台币。

陈氏家族成员下单订货,行贿企业付钱买下珠宝,然后交给陈氏家族成员直接带往国外,放置于国外的银行保险箱。

陈氏家族成员还先从珠宝公司买下珠宝,再委托给珠宝公司将珠宝出售、拍卖或者直接通知行贿企业把珠宝买下。珠宝变现后,把钱汇入陈氏家族成员在全球各地的银行账户。以多次珠宝买卖作为幌子,掩饰、隐瞒受贿资金的来源和性质,并利用他人的账户将资金转移到国外。另外一种方法是通过信用卡购买珠宝套现洗钱。经警方调查,陈氏家族成员每个月都要刷卡消费上百万元来购买珠宝、名表,但一直未见商品实物,原来,他们与珠宝商合谋,买下珠宝后又退回珠宝店,从中套取现金,还信用卡的资金则来源于多家行贿的企业。

3. 开设珠宝公司转移赃款。据香港文汇报报道,2012年12月,台湾地区警方侦破了一个贯通香港、台湾的"地下黄金专线"案件。犯罪集团自2006年起，利用台湾街头多名游民、乞丐的身份证件，陆续在全台多个地方开立19家珠宝公司，通过这些珠宝公司接收主要来自香港的现金汇款，然后将这些资金提现购买黄金成品，通过"合法和正当"的买卖、报关手续，将"干净"的黄金运到中国香港、美国等地，6年的时间里通过这种方式买卖6万多公斤黄金，洗钱上千亿新台币。虚设的这些珠宝公司实为空壳公司，每家公司营业4至6个月，从不上缴税收，每家公司"用"完后关闭，接着到其他地方开立新的公司继续"营业"。

2014年12月，四川省彭山县公安局侦破了一起余某、邓某制毒贩毒案，据警方披露，主犯余某通过制毒、贩毒取得的非法资金，不敢存放于银行，而是将这些违法所得以其妻子的名义在当地开了一家珠宝店，以此来清洗资金，掩人耳目。

三、利用律师事务所、会计师事务所等第三方独立机构洗钱

（一）律师事务所

律师业务范围广泛，可以担任法律顾问、刑事辩护人，代为参加诉讼，接受非讼委托，提供法律服务等。在非讼业务中，大量涉及经济活动，如不动产买卖、证券与期货交易，创立、经营、管理公司等，这些业务常常被用作洗钱的渠道。律师凭着专业知识和专门技能不但可以为洗钱犯罪分子提供专业帮助，而且可以为犯罪分子化解风险，这样不利于打击洗钱犯罪行为，使得反洗钱遇到更大的挑战。

律师的执业特点易被利用于洗钱。律师有着严格的职业道德和执业纪律的约束，《律师法》和《律师职业道德和执业纪律规范》规定了禁止律师向第三人透露其所掌握当事人的商业秘密与隐私，这一职业秘密特权使得客户不必担心自己的违法犯罪活动会被律师揭发，同时律师也可以利用这种特权关系协助犯罪分子洗钱。

（二）会计师事务所

会计师事务所也有为客户保密的义务。在为客户提供服务时，事务所可能被洗钱犯罪分子收买，利用独立第三方的客观公正优势及专业性强的操作方法，帮助洗钱分子签署或出具虚假意见，包括会计核算、委托投资、评估报告及审计报告等，从而使非法财产具有合法来源，从而被利用作为洗钱的渠道。

事务所担心因为反洗钱而提供客户信息，会对自身经济利益、客户关系造成不利影响，因此不主动配合反洗钱。反洗钱可能会导致事务所面临的法律风险增加，表现为客户涉及洗

钱犯罪时，事务所也会陷入法律诉讼与纠纷当中，因此反洗钱难以在事务所中有效落实。

利用会计师事务所洗钱的常见做法如下：

1. 凭借专业技能与知识制造表面合法产权文书、票证及合同等转换、漂洗非法财产，将非法财产转入正常账户中。

2. 会计师在办理客户委托的事宜时，利用专业知识与技术处理容易引起怀疑的行为，使洗钱活动不具备典型性的表征，使得洗钱过程极具隐蔽性，难以被察觉、发现。

3. 设计复杂的股权结构和代持计划，模糊幕后真正的受益者。

我国财政部办公厅发布《关于做好会计师事务所2018年度报备工作的通知》，要求报备会计师事务所履行反洗钱和反恐怖融资义务情况。

【延伸阅读】

足球俱乐部成为滋生犯罪分子和洗钱者的温床

2018年11月发布的一份报告称，足球俱乐部的所有权对犯罪集团、洗钱者、第三方利益集团和体育博彩欺诈人员敞开大门。这份报告的主题为"有关足球俱乐部所有权的法律、财务和诚信调查"，是国际律师协会（UIA）与ICSS和体育诚信全球联盟（SIGA）合作开展全球性研究的第一阶段成果。

来自25个国家的律师团队发现，只有3个国家有专门机构对其足球俱乐部的投资和所有权进行具体监督，只有两个国家能够全面跟踪监控俱乐部投资和所有权背后的资金。

报告中的主要发现是：

1. 根据国家立法，83%的国家有义务披露俱乐部所有者、投资者的身份，但只有英国、荷兰、西班牙和瑞士有相关的部门、流程来监督和控制。

2. 只有比利时、乌克兰和英国才有关于完全所有权和投资结构的公开信息。

3. 只有5个国家（巴西、英国、法国、葡萄牙和乌克兰）的法律规定职业和非职业足球俱乐部有全面披露俱乐部所有者/投资者的义务。

4. 64%的国家只要求职业顶级和次级两个级别联赛的俱乐部披露所有权结构信息。

5. 各国对完全所有权俱乐部有披露义务时，大多数国家无法确定俱乐部的最终受益所有人。监控俱乐部所有权的国家中只有39%能跟踪最终受益所有者。

6. 英格兰和意大利是仅有的两个对俱乐部所有者/投资者具有"适当人选"要求的国家。在接受调查的大多数国家中，70%没有这样的验证程序。

7. 只有3个国家（法国、意大利和瑞士）拥有专门的注册机构来处理俱乐部所有权问题。

8. 世界顶级联赛中估计只有25%的职业足球俱乐部提供公开的财务报告。

SIGA首席执行官伊曼纽尔（曾任欧洲职业足球联盟、世界联盟协会和ICSS的首席执行官和创始人）表示："从我担任欧洲联赛和世界联盟协会首席执行官的那一天开始，我清楚地知道，在足球俱乐部所有权方面，缺乏强有力的国际监管框架和审查。这样混杂和宽松的环境，使这项美丽的运动暴露在不必要的犯罪当中。当俱乐部所有权落入坏人手中时，我们非常了解其毁灭性。这项研究的初步结果证明了我的观点，即这一领域的改革不是一个精密慢活，而是迫切需要进行的。"

伊曼纽尔表示，他们的发现显示所有级别的俱乐部都缺乏透明度，具体所有权和投资的细节在低级别的联盟和俱乐部中几乎看不到。显然，这一领域迫切需要改革，以防止不道德的个人和犯罪网络以非运动经济的原因购买俱乐部，例如将其转变为洗钱工具、第三方投资基金和体育博彩欺诈。

美国国税局刑事调查部门前负责人理查德·韦伯在美国逃税问题上说："过去20年来，我一直在美国打击金融犯罪。虽然已经发生了很多变化，但同样没有太大变化。犯罪分子将使用和利用金融系统犯罪。犯罪的复杂性及其全球性，是近年来的主要变化。我们可以从全球俱乐部所有权研究的初步调查结果中看出，从管辖权到管辖权的漏洞为犯罪分子的运作提供了肥沃的土壤。"

第三节

利用其他途径洗钱

一、现金走私[①]

现金走私是指不遵守国家法律，运输或携带现金进出国境的行为。对于现金走私罪的定义，取决于一国法律对合法运输或携带现金进出国境的限额规定。

---

① 童文俊. 论现金走私洗钱及其预防 [J]. 金融监管，2015（11）.

通过现金走私，可以实现非法收入的合法化，掩盖资金的真实来源和逃避监管当局的追查。主要包括以下途径：

1. 通过行李走私现金。将现金隐藏在随身携带或托运的行李之中进行走私是一种比较简单的方法，但是风险较大。在机场或车站，通过现代机器扫描检查，很容易被检查人员发现。这种方式一般仅适合少量现金走私。

2. 通过运输工具走私现金。同行李相比，使用交通运输工具走私现金更加隐蔽，也比较适合大量现金走私，是一种风险比较低的走私方式。大量现金可以被隐藏在交通工具当中，如汽车、轮船及飞机等，但是需要司机或雇员的内部配合方可实行。实践经验告诉人们，定期轮班或航班最方便被犯罪分子用来实施现金走私，因为犯罪分子不但熟悉线路，也非常了解检查程序及检查方法，通过它们进行现金走私，风险很低。

3. 通过身体走私现金。使用身体的某些部位隐藏现金进行走私也是一种比较简单及普遍的走私方法，但是由于人的身体毕竟在空间及范围上非常有限，能够利用的地方太少，走私现金在量上非常有限，仅适合偶尔而为之。除了利用肠胃及隐私部位外，更多情况是将现金藏在随身穿戴的衣服或鞋子里面进行走私。

4. 通过专业伪装后进行走私。为了将现金携带出境，恐怖分子也经常采用伪装方式，将现金包装或伪装成普通物品，如香烟、书本、盒装的糕点、罐头等物品或食品进行走私，希望以此欺骗检查人员，达到走私现金的目的。

5. 利用专业组织转移现金。由于有利可图，社会上也有一些犯罪分子专门从事现金走私业务，从中获取不法利益。他们用于走私现金的方式及方法多种多样，有的使用地下隧道偷运现金，也有的靠雇佣大批无业游民，通过随身携带最高限额的现金频繁进出边境进行走私。

二、利用现金密集型行业洗钱

现金密集型行业是指营业活动中能收到大量现金，如洗衣店、洗浴中心、餐饮业、超市、加油站、娱乐场所、游戏产业等。犯罪分子将非法所得和正常营业收入混在一起，缴纳税款后，就变成名义上合法的收入了。在我国，目前对现金密集型行业并没有采取严格的反洗钱要求，如了解客户信息、提交大额交易报告和可疑交易报告等，是反洗钱监管薄弱的环节。

投资电影可以获得广告收入、版权收入、票房收入等，具有定价灵活性，且有些是合理的现金收入。电影拍摄成本无法准确测算，服装、道具、场景、租金、群演劳务等开支，可以使用现金支付，而且成本支出没有统一标准。如果电影公司虚增账面收入，在成本支出上作假，使得实际投资远低于账面投资，实际收入远低于账面收入。不论电影公司是盈是亏，总有大笔资金可以转化为其合法收入。

三、利用非正规金融机构洗钱[①]

地下钱庄作为游离于国家正规金融体系之外的特殊存在，在许多国家都有替代性汇款机制，可以使非法资金绕过金融监管流入合法账户。"地下钱庄"的业务范围主要包括非法的汇兑、跨境汇款、吸储、放贷、抵押和高利贷等，主要分布在对外经济贸易和人员往来频繁的沿海或边境地区。

地下钱庄控制多个账户，遍布全国各个省份，通过"境内人民币、境外外币平行交割"的对敲或替代性方式，实现资金的非法转移。这样的交易隐蔽性强，监管难以发现。同时，地下钱庄利用网上银行转账的便利，在某一时段内集中多次进行跨行、跨地区的交叉转账，短时间内即有大量资金迅速流动。在具体操作上，地下钱庄也会雇佣大量"马仔"控制多个账户以实现"蚂蚁搬家"式的资金转移。

地下钱庄不会遵守了解客户的要求，不会询问客户的资金来源，通过多个账户、跨地区、跨国境转账，掩饰、隐瞒资金的来源和性质，将黑钱洗成表面上合法的收入，最后再将资金回转到客户或者客户的利益相关人的账户中。在这种操作流程中，资金的流向是不明确的，中间的过渡账户为数众多，由地下钱庄控制。在洗钱过程结束后，资金最终流向不一定是客户或者其利益相关人实际控制的账户，也有可能是"表面弱联系，实际强联系"的关系人账户，增强了地下钱庄洗钱的隐蔽性。

2015年4月，中国人民银行联合公安部、最高人民法院、最高人民检察院、国家外汇管理局等部门在全国范围开展打击利用离岸公司和地下钱庄转移赃款的专项行动，重点是对地下钱庄违法犯罪活动，利用离岸公司账户、非居民账户等向境外转移贪污贿赂犯罪所得及其收益的犯罪活动等进行集中打击。当年全国破获地下钱庄转移赃款案件92起，涉案金额8000多亿元。其中，仅中国人民银行广州分行就筛查出涉及地下钱庄的重点可疑交易报告195份，立案调查38宗，共向公安机关移送123条地下钱庄重点线索，协助破获案件26宗，抓捕嫌疑人100人，涉案金额438亿元，现场缴获、冻结资金1.39亿元。

[①] 严立新，李刚. 有效遏制地下钱庄洗钱问题的策略研究[J]. 上海金融，2017（9）.

【延伸阅读】

广东省警方侦破一起特大地下钱庄案

2017年11月,广东省韶关市公安局经侦部门集中优势警力,侦破一起特大地下钱庄案,抓获犯罪嫌疑人7名,涉案金额达200亿元。

在2017年7月,中国人民银行韶关中心支行移送一条可疑交易线索到韶关市公安局经侦部门,反映钟某在韶关某金融机构开设的一个账户涉嫌地下钱庄交易。

警方调查发现,此账户开户以来专门接收一名叫沈某的男子前往澳门涉赌资金的转账。自2016年1月8日以来,沈某每次前往澳门赌博,先将赌资转入钟某为其开立的账户,再由犯罪团伙多名成员通过多次转账兑换成港币,在澳门交付给沈某,共计近5000万元。

经进一步调查核实,这个地下钱庄规模庞大,涉案人员1万余名,控制了非法虚假账户148个,遍及广东、湖南、福建、宁夏等20余个省份,涉案金额200亿元。犯罪嫌疑人主要利用港币和人民币的汇率变化获取暴利。11月9日,韶关市公安局在韶关、珠海、茂名三地采取收网行动,抓获犯罪嫌疑人7名,查封冻结非法账户148个,冻结涉案资金3000万元。

四、利用艺术品拍卖行业洗钱[①]

目前,我国艺术品拍卖机构尚未被《反洗钱法》列入反洗钱监管范畴。按照现行的《拍卖法》规定,艺术品拍卖机构不必了解和调查客户的身份背景、资金来源,也不必报送大额交易和可疑交易报告,艺术品拍卖游离在反洗钱监管的真空地带,反洗钱机能薄弱。

利用艺术品洗钱的方式主要包括:

1. 自卖自买。委托者甲将低价艺术品或赝品送拍,幕后雇"托儿"在拍卖场哄抬价格,将甲的拍品用高价买回,非法收入就以拍卖收益的形式转入甲的账户,黑钱顺利洗白。

2. 行贿式拍卖。乙意图向官员甲行贿,让官员甲向拍卖机构送拍一件低价艺术品或赝品,乙与拍卖机构联手做局炒至高价,最后乙用高价将其拍下,完成行贿。或者乙意图行贿官员甲一件高价艺术品,与拍卖机构串通,以瑕疵为由将高价艺术品以较低价起拍,

---

① 徐佳佳. 艺术洗钱与反洗钱"艺术"[J]. 金融经济,2016 (10).

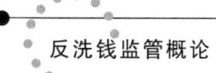

这样官员甲就以较低价格拍得高价艺术品,完成行贿。通过这种洗钱手法,行贿与洗钱在同一过程完成。

3. 贪污式拍卖。如果甲为某国企负责人,那么甲与乙可以联手做局,由乙将低价艺术品送拍,甲以企业行为投资竞拍艺术品,在拍卖会上将乙送拍的艺术品炒至高价,使用国有资产购回,将差价部分化公为私,由甲和乙协商瓜分。

4. 操纵市场。甲提前一段时间用犯罪收益大量"吃进"艺术家乙的作品,然后将乙的作品送拍,幕后雇"托儿"在不同的拍卖场安排不同的人用高价拍走,将艺术家乙的作品炒出较高的市场价格,甲便可随时通过拍卖机构拍卖、银行质押、地下钱庄抵押艺术品等多种渠道变现,将黑钱洗白。

5. 融资骗贷。某些炒家需要利用天价艺术品来骗取融资,惯用的操作手法为在拍卖机构通过炒作和假拍,将艺术品炒至天价,再用天价的艺术品作为质押物向银行融资贷款或者以天价的艺术品作为抵押物通过信托公司发行信托产品进行融资,而资金往往流入房地产、股市等高风险领域,一旦借款人还不上款,质押的艺术品根本不足以偿还贷款。

由于艺术品具有独特性、非再生性、历史性等特点,艺术品的估价没有一个确定的标准,价格的高低很大程度上在于买家愿意出多少钱,十分容易被洗钱分子操纵。我国《拍卖法》第二十一条规定:"委托人、买受人要求对其身份保密的,拍卖人应当为其保密。"这一保密规则使得艺术品拍卖的交易双方身份都无法知晓,这也使得在艺术品洗钱过程中,洗钱活动和洗钱分子拥有非常高的"安全"性和隐蔽性。拍卖机构在支付资金方式上,大多允许买方以现金、本票、转账等多种形式支付拍款,因此存在许多用巨额现金支付拍卖款的现象,且拍卖机构对资金的来源没有限制,导致极易在支付资金环节发生洗钱行为,且无法追踪现金来源和去向。

具有类似特点的文物拍卖、钱币行业也可能被利用作为洗钱的渠道。

五、利用前台公司和空壳公司洗钱[①]

(一) 前台公司

前台公司在其注册地从事合法的商业经营,通常是现金流密集的业务,如零售和服务性行业,包括饭店、酒吧、便利店、旅行社、旅店等。

利用前台公司的合法现金收入作为掩护,将非法获得的资金和前台公司合法业务获得

---

① 柯昌文. 洗钱的交易结构和方法 [J]. 财会月刊,2012 (9).

的现金混合在一起，融入一国经济体系之中，用以隐瞒、掩饰非法资金的来源和性质。洗钱者以合法的商业经营为掩护，使得该公司为洗钱交易服务。

（二）空壳公司

FATF将空壳公司定义为一家公司或机构，"在它们注册的办公室所处的国家不从事任何商业或制造业务，或任何其他形式的商业经营"。洗钱者可能创建没有实质的业务活动的空壳公司专门为资金转换和转移提供掩护。

很多空壳公司注册在离岸金融中心，离岸金融中心通常具有如下典型特征：对业务或投资收益低税或无税，没有预提税，政府对经济和金融事务监管较松，银行保密法严格，注册的金融机构、公司或其他法律实体在境内不需要实体存在。开曼群岛是典型的离岸金融中心。2003年，开曼群岛仅有人口36000人，却有超过500家保险公司，2200支投资基金，60000家工商企业，600家银行和信托公司。

设立空壳公司为资金转移和转换服务的典型操作方式有：以非法获得的资金收购货物，通过货物的转移实现资金的转移，到达目的地后再将货物转换为现金；在进口货物中虚报货物的数量和价格，用非法获得的资金支付货款实现资金转移。

六、利用智能投顾业务洗钱[①]

根据美国金融业管理局官方定义，智能投顾又称数字化资产配置，是指具有人工智能的计算机程序系统根据客户自身的理财需求，通过算法和产品搭建数据模型，来完成传统上由人工提供的理财顾问服务。

（一）智能投顾发展现状及前景

智能投顾于2009年前后出现，以美国最为发达，2014年深圳市今日投资数据科技有限公司推出了智能投顾Alpha.J，标志着我国步入智能投顾时代。目前国内智能投顾主要参与者以互联网公司为主，传统金融机构也参与其中，有报道显示30%的证券公司在使用智能投顾。2016年底招商银行推出"摩羯智投"，标志着银行业也开始涉足智能投顾。

根据HCR慧辰资讯发布的《中国智能投顾市场发展趋势研究报告》预测，2020年中国资管规模约174万亿元，按照3%的渗透率计算，2020年中国智能投顾管理资产规模或超5万亿元，智能投顾发展前景广阔。

---

① 吴晓霞．智能投顾洗钱风险分析与防范对策探析［J］．黑龙江金融，2017（12）．

（二）服务流程

目前，智能投顾平台用户进行投资的流程大致相同，可以分为风险测评（即通过问卷调查和数据采集分析完成对客户的分析）、获得投资方案（即以现代资产组合投资模型为基础，通过智能算法计算得出适合客户的投资组合选择）、连接账户（即客户资金账户和智能投顾账户进行联结）、进行投资（即自动完成交易或者将投资组合选择建议提交给投资者由其自行完成交易）、更新方案（即智能算法实时分析投资组合并对投资组合进行调整）、完成投资六大步骤。

（三）智能投顾洗钱风险分析

1. 智能投顾平台自身质量良莠不齐存在潜在风险。由于智能投资缺乏严格规范的监管，行业准入的门槛把控不严，智能投顾平台服务的提供者呈现出多样化的特点，既有传统银行、证券、保险等金融机构，也有大型互联网公司，潜存非法荐股、推荐非标资产、非法集资等风险。

此外，网络的开放性使服务平台面临木马、病毒、黑客攻击等风险，尤其是那些不以长期经营为目的的智能投顾平台，技术保障不足，相对的风险敞口更大，投资者信息及资金安全隐患较大。

2. 智能投顾平台产品特点为不法分子洗钱提供了便利。与传统的投资顾问提高服务和产品的高价值起点相比，智能投顾属于互联网金融，具有普惠性，中小投资者均可参与其中，这就为不法分子分拆洗钱提供了便利。不法分子通过获取他人身份信息，注册不同的账号，将资金分散投资到不同的智能投顾产品，能够规避对大额和可疑资金的监测。

3. 客户身份识别工作存在漏洞为不法分子洗钱提供了便利。在智能投顾领域客户身份识别工作难以有效落实，一方面是客观上存在困难，智能投顾本质上是互联网金融，互联网金融非面对面交易客户身份识别一直是难点，缺乏有效的手段，在交易中往往只认证不认人，无法识别交易的实际控制人；另一方面，主观上反洗钱义务机构对反洗钱工作不够重视，存在较为严重的被动应付的问题，从目前各平台的服务流程可以看出，客户身份识别工作并未作为一项重要的环节提出，尤其是以第三方创新平台、互联网机构为参与方的智能投顾，其反洗钱工作存在更为严重的被动应付情况，客户身份识别工作流于形式。

4. 资金监测工作存在困难使得不易发现可疑交易。资金监测工作的目的是对交易的资金来源和去向进行监控，结合交易方的信息来判断交易的目的和性质是否合法。在智能投顾的网络交易中，一个人能够利用盗取的或者购买的他人信息注册多个账户，将个人非法资金进行分散化投资，在此情况下，以客户为单位的资金监测难以实现。另外，交易可以借助一些第三方支付平台的虚拟账户进行，这样就增加了一个支付结算的环节，使原本完整的资金链条被割裂成两个交易，辨识资金最初来源的难度进一步加大，并且各平台之间的客户信息并不能共享，智能投顾平台、第三方支付平台分别掌握不同的信息，客户的交易信息被碎片化，难以通过整体的分析发现可疑交易。

七、利用第四方支付机构洗钱[①]

第四方支付，也称聚合支付，是介于商户和第三方支付之间，通过工具、APP和网站等渠道整合银行、第三方支付和服务商的新型支付方式。第四方支付具有广泛的兼容性、显著的便利性和集中的流量性，为交易方提供了高效、便捷的在线支付综合解决方案。但是，在打通移动支付"最后一公里"后，第四方支付也出现了一些帮助上游犯罪洗钱的违法活动。

按照中国人民银行的规定，第四方支付服务商无须申领牌照，其定位是第三方支付机构的外包服务机构。

2017年央行发布《关于开展违规"聚合支付"服务清理整治工作的通知》（以下简称《通知》），明确规定聚合技术服务商不得从事资质审核、协议签订、资金结算等核心业务；不得以任何形式经手特约商户结算资金，从事或变相从事资金结算。但不少服务商为追求利益，利用监管漏洞，超越自身定位从事或变相从事业务监测、资金结算、核心数据等非法经营行为，导致支付风险，扰乱金融秩序，具有明显的社会危害性。

部分第四方支付服务商"挂羊头，卖狗肉"，为网络诈骗、网络赌博、网络色情、网络洗钱等犯罪提供资金结算通道，沦为犯罪分子的"金融结算中心"和"资金绿色通道"。为了规避第三方支付的资金监管，不法服务商在上游环节购买银行卡、身份证、手机卡、U盾等"四件套"，或成立相关掩护型公司，作为违法犯罪的工具或手段，或在中游环节自行编译或外部购买第四方支付源代码，组建包含维护研发平台、审查提现申请、发展下级代理等分工的稳定团队，或在下游环节拓展具有资金支付结算需求的不法客户并收取高额佣金。有些服务商能在帮助违法犯罪活动中日均处理50万笔交易，处理失误率低于十万分之一，堪比中型银行的交易规模和交易水平。为了对抗"T+1"的机制（隔天交易机制），他们会在一天内完成资金结算，甚至有服务商寻找或充当"代付方"以自有资金先行垫付并收取更高的佣金。

[①] 刘仁文，郑旭江. 完善制度规范 惩治第四方支付违法犯罪[N]. 检察日报，2019年11月14日.

八、利用虚拟货币洗钱[①]

(一) 虚拟货币的定义与分类

虚拟货币是指以计算机技术和通信技术为手段,以数字化形式存储在网络或有关电子设备中,并通过网络系统以数据传输方式实现流通和支付功能的网上等价物。它没有实物形态且不由货币当局发行,因此不具有法定货币的属性。

虚拟货币最初只能用于互联网上购买虚拟商品,如网络游戏中用于购买装备、服装等,但随着互联网技术的发展,虚拟货币的种类也日益丰富。依照其发展历程,目前虚拟货币大致可分为以下4类:一是游戏币,是指由游戏运营商开发,供玩家在网络游戏中作为交易媒介而使用的虚拟货币;二是专用货币,由门户网站或即时通信工具发行的,用于购买对应网站内服务的专用虚拟货币,如百度的百度币、腾讯公司的Q币等;三是区块链虚拟货币,是以区块链技术和网络P2P技术为基础,依据特定加密算法和智能合约生成的,不依靠特定货币机构发行的,去中心化、电子化和数字化的虚拟货币,如比特币、以太币和瑞波币等;四是传销币,是指打着区块链技术的旗号,而实际上是通过自建平台发布的,可自主操控和无限增发的,以非法集资为最终目的的"骗子币",如暗黑币、亚洲币和恒星币等。

按照发行主体和信用方式的不同,虚拟货币又可分为"中心化"和"去中心化"两种类型。"中心化"虚拟货币有特定的发行主体,虚拟货币在发行主体自建平台内部流通,且"发行量"和"币价"受发行主体操控;而"去中心化"虚拟货币则由加密算法计算生成,即不依赖中心化管理机构发行,通过第三方交易所流通交易的开源数字货币,它与法定货币存在着一定的兑换汇率。按照这一分类方法,游戏币、专用货币和传销币可归为"中心化"虚拟货币,而区块链虚拟货币则属于"去中心化"虚拟货币。

虚拟货币不仅可以转让,而且可以购买现实世界中的商品,甚至还能与现实货币进行兑换。如Mtgox、BTCChina之类的网站,已经可以提供比特币兑换美元、欧元等服务;国外出现了专门支持比特币交易的第三方支付公司,可以提供API接口服务。虚拟货币的这些特性为洗钱活动提供了便利。

(二) 利用虚拟货币洗钱的手段

1. 非法集资圈钱。伴随着比特币等区块链虚拟货币的投资炒币热潮,多种专门为圈

[①] 王柏昀. 虚拟货币洗钱特征分析与审计方法研究——以商业银行为主体的思考 [J]. 甘肃金融, 2020 (8).

钱而生的"山寨币"与交易平台开始滋生，成为不法分子集资敛财的主要工具和场所。这些平台通过"预挖矿"方式进行人为做市与炒作，高价售币后便携款潜逃，在"币""链"等热点概念的掩饰下，操作手法越发隐蔽，使得投资者和监管者均难以识别。一般采用以下步骤：

（1）发币。看似高深莫测的区块链虚拟货币，发币的门槛却很低，发起人只需通过专用工具或网站，填写代币名称、代号、发行量等信息，5分钟便可实现一键发币。

（2）白皮书。制作一份包装精美的白皮书是吸引投资者、博取信任的重要一环。一般情况下，平台还会配备数名专业的项目顾问，设计一个看似权威的网站门户，以达到更好的"宣传效果"。

（3）预挖矿。发起人通过"预挖矿"预留5%—10%的虚拟货币。

（4）操纵币价。开放交易平台，通过"炒作"行为抬高价格，最后庄家以高价抛售虚拟货币获利离场。

早期的"山寨币"仍属于"去中心化"的区块链虚拟货币，发币的速度、数量是无法人为控制的，不法分子只能通过预挖矿等方式进行人为做市和圈钱。为了能够更好地操控币价，各种打着区块链幌子的"传销币"开始风靡，不法分子通过虚假宣传夸大虚拟货币投资价值，吸引投资者不断加入，随后利用自建平台随意操纵"币价"获利，造成投资者血本无归。

2. 传销诈骗。虚拟货币传销采用金字塔模式发展会员，将比特币、区块链等"新概念"与传销活动的"传统手艺"相结合，将一个空洞无物的概念，伪装成前景可期的技术产品，打着"一夜暴富"的口号，通过"拉人头"的方式赚取回报，不断吸纳会员会费以达到敛财的目的。一般有以下步骤：

（1）筹建和包装虚拟币公司。通过公众渲染方式制造其威信力和合法性的假象。

（2）创建虚拟货币和交易平台。以巨额收益回报为诱饵，宣传虚拟货币的投资价值，引诱投资者购买。

（3）设定多层级团队计酬丰厚奖励机制诱导新人加入。

（4）以"拉人头"方式发展下线，推荐人可获得一定比例的货币回报。线上利用微信群、微信公众号、QQ群等社交平台进行虚假宣传推广；线下通过拉拢亲戚、朋友、老年人参加一定规模的聚会活动，进行大肆宣传、鼓动和"洗脑"。

（5）操纵币价获取利润。受害者通过交易平台购买虚拟货币后，打款资金由下级至上级层层转款至操盘团队后发币套现，操盘团队通过内盘炒作或后台软件修改参数等手段虚构拉升币价，造成一币难求的局面，引诱受害者注入更多的资金买币持币，后续宣告"崩盘"卷款跑路。

虚拟货币"外衣"掩饰下的各类违法犯罪活动往往具有隐蔽性强、涉及面广、涉案金额大、社会危害大等特点，引起了监管部门关注。自2013年12月以来，我国金融监管部门先后发布了《关于防范比特币风险的通知》《关于对代币发行融资开展清理整顿工作的通知》及《关于防范代币发行融资风险的公告》等通知，要求金融机构加强虚拟货币洗钱风险防控，维护金融系统稳定，主要包含两方面内容：一是各金融机构不得直接或间接为代币融资和虚拟货币提供账户开立、登记、交易等产品和服务；二是各金融机构应做好比特币及其他虚拟货币洗钱交易的监测和上报工作。

【延伸阅读】

警惕：虚拟货币背后发现洗钱"通道"

浙江检察网诸暨讯　比特币是一种P2P形式虚拟的加密数字货币，由于其总数量非常有限，一个比特币价格在10万元人民币以上。而就是这样稀缺的虚拟货币却被毒贩利用，变成了收取毒资的"绿色通道"。2020年11月，诸暨市人民检察院对该市首例洗钱案依法提起公诉。

马某与刘某是夫妻，居住在长春市某小区。2019年12月，刘某发现丈夫马某购买了帐篷、肥料、量子灯、水培设备等工具材料在自家小房间内种植了许多像蓖麻一样的植物，气味非常浓烈。询问之下才知道，这些植物居然是大麻植株。原来，马某在网上自学了种植大麻的方法，并从非法网站购买了种子偷偷种植，计划待其成熟后卖出获取高额利润。

4个多月后，大麻成熟了，马某开始通过私密聊天平台添加意向买家。大麻"事业"进行顺利，没多久马某的第一笔买卖成交了。但如何保障交易的安全，又成了难题："我老婆之前就在炒比特币的，我想用虚拟货币来收取毒资，应该是比较安全的。"

马某将想法告诉刘某，得知丈夫在做大麻买卖，刘某心里不免害怕，但在高额利润的诱惑下，她还是将自己的比特币账号交给了马某。马某利用该账户收取毒资，并提现至刘某银行卡转移毒资，共计10万余元。

本以为只是提供一个账户，其他事项概不参与，就不会涉及刑事责任。然而2020年8月，公安机关在办理另一毒品案时，发现马某的贩毒行为，将马某刘某夫妇两人抓获，并以共同贩卖毒品罪对两人刑事拘留。

诸暨市检察院提前介入，检察官审查案件后认为，刘某在明知马某贩卖毒品的情况下，仍将比特币账户提供给马某用于收取毒资并提供银行卡转移毒资，行为符合洗钱罪的构成要件。据此，检察官提出刘某涉嫌洗钱罪的定性意见，并向公安机关发送《提前介入侦查意见书》引导调查取证。刘某、马某自愿认罪认罚。

2020年11月20日，法院当庭采纳检察机关的量刑建议，马某构成贩卖毒品罪，被判处有期徒刑三年二个月，刘某构成洗钱罪，被判处有期徒刑六个月。

——资料来源：浙江检察

九、利用国际贸易洗钱[①]

（一）高估或低估商品及服务的价格

通过高估或低估商品及服务价格进行洗钱是一种最古老的跨境虚假价值转移的方法，今天仍然很普遍。这种方法的关键在于对商品和服务的价格进行歪曲，达到进出口方之间转移额外价值的目的。

通过将商品和服务的价格定在"合理市价"以下，出口方可以将价值转移给进口方，因为商品和服务的实际购买支出小于在公开市场上获得相同商品和服务的应得金额。相反，通过将商品和服务的价格定在"合理市价"以上，进口方可以将价值转移给出口方，这是因为商品和服务的实际购买支出大于在公开市场上获得相同商品和服务的应得金额。

FATF研究表明，以低估价格出口是一种最普遍的转移资金的国际贸易洗钱方法。这反映出多数海关主要将注意力集中在阻止进口走私和确保收取适当的进口关税上，海关对出口的监控没有对进口监控那么严格。商品交易越复杂，海关识别价格被高估或低估以及正确估计关税的难度就越大。许多海关没有相关资源和数据来确定众多商品的"合理市价"。另外，大部分海关无法共享其他国家海关的贸易数据，只能了解自己交易方的情况。因此，海关识别定价的能力总是被限定在那些在国际市场上被广泛交易且被广泛报价的商品上。

（二）对商品和服务进行多重计价

通过对同一件商品或服务重复计价，对同一笔国际贸易开出多张发票，洗钱分子或恐怖融资分子就能进行多次支付。通过各种不同的金融机构进行支付能够大大增强交易的复杂性。即使某件对同批商品或服务进行多次支付的案子被发现，也有多个合理解释的理

[①] 童文俊.论国际贸易反洗钱[J].国际商务财会，2009（4）.

由，如修改了支付条款，调整了先前的支付命令以及支付最新费用等。与价格高估或低估不同，出口方或进口方没有必要在商业发票上歪曲商品或服务的价格。

（三）增加或减少商品和服务的数量

除操纵价格外，洗钱分子还可能虚报进出口商品或服务的数量。有时，出口方甚至不出口任何货物，只需与进口方串通好，确保这一"虚构交易"相关的所有运输和海关文件被例行公事地处理。银行等金融机构可能在不知不觉中为这些虚构交易提供了融资服务。

（四）对商品和服务进行虚假描述

出口方可能出口一批相对低廉的货物，却按照高价或完全不同的货物名称开立发票，这就造成了名义运输物品和海关文件与实际运送货物之间的差异。通常这些商品或服务的合理市场价格本来就难以估计。

十、利用自贸区洗钱[①]

2013年9月29日，中国（上海）自由贸易试验区（简称上海自贸区）正式挂牌，被认为是拓展经济增长新空间、打造中国经济"升级版"的重要举措。随着上海自贸区的先行先试，在探索形成可复制、可推广的建设经验的基础上，自由贸易区建设也由沿海逐步向内陆地区扩展。建设自由贸易区意义在于，推动"政策红利"向"制度红利"的转变，追求"要素自由流动、自由交易"为主导的高层级开放水平的实现。自贸区通过简化行政审批、提供税收优惠、推动金融改革等相关刺激措施来促进经济和金融发展，为自贸区的货物贸易和资金融通提供了很大便利，但同时，也为犯罪分子利用制度便利进行洗钱提供了一定的空间，一定程度上使得区内的洗钱风险易发高发。自由贸易区内洗钱方式主要包括：

（一）货币走私

货币走私以现金的方式进行，洗钱者把犯罪所得的赃款秘密转移到境外或者国外，然后将货币存入当地的金融机构、购买房产或者开设公司等。尽管科技发展使得洗钱者越来越倾向于通过网络金融的方式洗钱，洗钱更趋向于科技化和技术化，但网络操作难以完全抹除资金流转的痕迹，因而现金走私这一传统、简单、直接的洗钱方式依然被经常使用。

自贸区采用"一线放开"的管理模式，在没有海关部门实行有效监管的情况下，境外

[①] 王思维，随鲁辉. 自由贸易试验区内的洗钱犯罪风险及其防范［J］. 犯罪研究，2017（5）.

与区内的货物可以相对自由流通，洗钱者可以轻松地将现金夹带于货物当中进入自贸区内。而一旦资金成功进入区内，就模糊甚至切断了其来源于非法行为的关联性，进而洗钱者通过现金消费的形式直接使用，或者伪装后转移至区外境内或再转出境外，最终达到洗钱的目的。

（二）利用跨境资金流转和人民币自由兑换的便利洗钱

为促进自贸区内资金流转的便利，自贸区金融改革通过利率市场化、资本项目可自由兑换和外汇管理等领域的试点探索实现金融市场化。这一系列的金融改革措施，提高了我国经济开放水平的同时，拓宽了资金跨境流动的渠道，也暗藏了不法分子借机从事洗钱的风险。

金融改革初期所形成的自贸区内外因管制程度不同导致的利差，将吸引大量短期投机性资本，资金的大规模流动加大了辨别"黑钱"的难度。

自贸区经济改革的一个重要方向就是逐步实现汇率市场化，注重市场机制在人民币汇率的形成过程中发挥基础性作用，参照国际市场中的货币供求情况，根据供求灵活度确定人民币与各类外币的比价。在可预见的未来，自贸区内要大规模开展人民币离岸业务，彼时国家外汇管理部门所确定的汇率便不具有强制效力，区内金融机构要按照自己的成本来进行外汇报价，在离岸业务办理过程中逐步形成反映市场供求的均衡汇率水平。而汇率市场化的必然结果是区内人民币自由兑换。由于我国央行出于维持汇率稳定的考虑，对区内境外的人民币自由兑换的方式和数额作了较大的限制，因而自贸区内人民币自由兑换的优惠措施便为洗钱分子提供了可乘之机，使得洗钱的途径更加便捷。

（三）利用空壳公司、前台公司洗钱

我国新《公司法》对公司的设立条件进行了较大的修正，自贸区内实施"认缴登记制""先照后证登记制""年度报告公示制"等。自贸区对公司登记的变通规定，使得成立公司越来越容易，契合了自贸区对自由经济环境的需求，更符合国际经济发展形势。但这一修改使得通过设立空壳公司、前台公司进行洗钱的隐患凸显，不法分子往往会利用公司登记的便利，很轻易地成立空壳公司、前台公司，甚至成立多家并构建复杂的关联关系，模糊监管视线进而更加猖獗地实施洗钱行为。

（四）利用离岸公司、离岸贸易洗钱

离岸是指投资人的公司注册在离岸管辖区，但投资人无须亲自到公司注册地，其业务运作可在全球的任何地方直接展开。这种投资人不用亲临现场的交易方式，全面且有效地

降低了企业进出口贸易和经营的成本，因而成为当前国际贸易的主要操作方式。由于离岸公司成立的条件比较宽松，公司运作自由度高，境内企业或个人在境外诸如维尔京群岛、巴哈马群岛等离岸管辖区注册成立离岸公司，然后借助自贸区内优惠政策的支持，便可假借贸易的形式，将境内的违法所得转移至境外。

十一、利用公益、慈善组织洗钱

公益、慈善组织是以私人财富用于公共事业的非营利社会组织。1981年7月，中国儿童少年基金会成立，这是中国第一家全国性基金会。其后，第一批具有公益慈善性质的全国性基金会纷纷成立，中国慈善事业开始快速发展。2016年我国颁布《慈善法》，这是首部慈善领域的基础性、综合性法律，系统规范全社会的慈善行为。

2017年，中国人民银行颁布相关规定，要求社会组织履行相应的反洗钱和反恐怖融资的义务。但是，一部分慈善机构内部风控制度不全，未设置合规管理岗位，对洗钱风险更是不了解，对捐助人的身份、资金来源等基本信息未根据反洗钱要求进行识别、登记和留存。慈善机构不需要披露经过审计的财务报表，不会受到严格的金融监管，因此，也存在被利用进行洗钱或恐怖融资的风险。

在捐赠时，虚构一些并不存在的捐赠项目，增加经费支出。例如，在一次慈善活动中，只为贫困学生买了书，却在捐赠材料中作假，说也为贫困生买了生活用品等，该部分支出的经费就能洗出来。虚构、增加受益人的相关材料、证明，都是常用的手段。对于一些不能直接给的"好处费"，借助公益组织、慈善基金会开展活动的形式，变相地开展输送利益的活动。此外，通过慈善活动，将非法所得，以慈善活动名义进行使用，或者将非法活动隐藏在慈善活动中。公益、慈善组织也被用来进行恐怖融资活动，如在美国"9·11"事件中，恐怖组织从捐助者那里获得资助。

【职业素养与道德】

金融机构和特定非金融机构合规管理岗位对人才的要求

一、商业银行合规管理岗位对人才的需求

2018年，招商银行总行向全球公开招聘反洗钱高端人才。岗位职责是：（1）根据机构、客户、业务等洗钱风险变化情况，制定年度反洗钱现场检查、非现场检查方案；（2）负责对我行境内外机构进行反洗钱检查，并对检查发现的问题督导相关机构进行整改；（3）负责对全行反洗钱内控状况进行评估。

相应的职位要求是：（1）年龄35周岁以下，重点大学全日制本科（含）以上学历，金融、法律专业方向；（2）3年以上金融反洗钱从业经验；（3）逻辑思维能力、研究分析能力和文字撰写能力强；（4）具有良好的职业道德，品行端正，无不良记录；（5）有国际大型银行从业经历者、反洗钱监管经历者优先。

二、证券机构合规管理岗位对人才的需求

2019年，海通证券合规法务部招聘反洗钱管理岗位，对任职资格的要求是：（1）硕士研究生以上学历，具有3年以上证券、金融、法律、会计、信息技术等有关领域工作经历；（2）精通英文，拥有海外学习/工作经历或TEM8优先；拥有金融机构总部反洗钱合规管理工作经历者优先；熟悉信息系统开发管理或拥有反洗钱系统建设经验者优先；（3）具有良好的沟通、协调能力，具有较好的学习能力，团队合作意识强、书面及语言表达能力强、工作责任心强、正直诚信。

工作岗位的职责是：（1）研究国际反洗钱/反恐融资监管要求和管理标准，拟定公司集团反洗钱管理政策和程序；（2）推动和指导公司反洗钱管理政策和程序在公司各部门、分支机构及集团子公司进行落实执行；（3）根据反洗钱/反恐融资监管要求，评估创新业务洗钱风险，对创新业务和产品开发提出反洗钱合规意见；（4）开展对可能涉及洗钱或恐怖融资的有关可疑交易监测分析和审核报告工作；（5）研究建设反洗钱/反恐融资监测系统，进行反洗钱/反恐融资监控名单的整理，开展反洗钱/反恐融资监控名单的筛查和审核；（6）评估审核反洗钱/反恐融资高风险客户，跟踪和监测分析评估高风险客户；（7）整理符合国际规范和中国实际的反洗钱/反恐融资培训内容，开展反洗钱/反恐融资的有关合规培训；（8）开展反洗钱/反恐融资有关工作的合规检查。

三、其他金融机构合规管理岗位对人才的需求

蚂蚁金服在2019年校园招聘活动中，公开招聘反洗钱专员，岗位职责主要是：（1）通过熟练掌握反洗钱监测分析系统及工具，对预警任务进行甄别分析并独立撰写反洗钱可疑交易报告；（2）主动分析业务洗钱风险并对重大洗钱案件及情报线索进行调查，提高情报价值，并采取风险控制措施；（3）根据可疑交易分析情况，预警提示相关业务的洗钱风险，研究完善业务洗钱风险控制并提出建议；（4）结合数据化运营提供监控规则及监测系统优化建议，并推动智能分析及运营；（5）从运营中台出发，以全球化视野及模块化运营支持国内和国际业务发展，推动智能化标准化运营。

蚂蚁金服反洗钱专员工作岗位对应聘者的要求是：（1）大学本科及以上学历，金融、银行、法律、经济、数学、物理、统计及计算机等专业背景均可；（2）具备良好的逻辑思维、分析和归纳能力，优秀的文字及沟通表达能力；(3) 对反洗钱及交易分析工作有浓厚的兴趣，拥有较强的学习能力；(4) 具备良好的语言能力，如英语及部分小语种可优先考虑；(5) 有良好的团队合作意识、对新技术与传统金融的结合有想象力。

四、特定非金融机构对合规管理人才的需求

安永事务所在国内4个一线城市公开招聘负责反洗钱的经理和高级经理，待遇可以面议。反洗钱职位的工作责任是：(1) 参与反洗钱和制裁相关的项目，包括：中国大陆、中国香港、美国等监管机构的监管合规审阅，机构洗钱风险评估，政策流程优化、整改、培训等工作；(2) 积极了解反洗钱和制裁最新进展和政策发展趋势，了解国内外反洗钱和制裁相关的变化情况，协助公司进行相关解决方案的设计和实施；(3) 开展金融机构反洗钱和制裁相关的政策、程序和控制流程的梳理，确保其满足监管要求；(4) 识别金融机构反洗钱和制裁管理中存在的缺陷，并提供改进建议；(5) 设计项目解决方案和实施步骤，为团队提供技术指导，并监督日常工作和进度。

安永事务所对申请者的基本要求是：(1) 金融、经济学、风险管理、工商管理、法律等相关专业背景，学士以上学历；(2) 在会计师事务所、律师事务所、咨询公司、金融服务行业或法律行业从事相关反洗钱和制裁工作相关工作5年以上的经验；(3) 熟悉常见的洗钱方法、制裁合规、合规管理、风险管理、其他金融犯罪相关合规流程和监管要求；(4) 良好的沟通和协调能力等。

安永事务所明确表示，申请者具有以下4个方面的丰富经验将优先考虑：(1) 国际性、区域性反洗钱和制裁监管合规经验；(2) 具有全球性金融机构反洗钱和制裁合规经验；(3) 具有KYC（了解你的客户）、CDD（客户尽职调查）、TM相关领域的实操经验；(4) 具有ACAMS证书。

本章小结

1. 利用金融机构是最常见的洗钱渠道，包括银行、证券、保险、第三方支付机构、信托机构、金融租赁公司等。目前，世界各国都加强了对金融机构反洗钱监管的要求。

2. 按照我国的规定，特定非金融机构主要包括房地产业、贵金属交易、第三方独立机构等。这些行业目前已经被要求遵守反洗钱监管基本制度要求。

3. 现金密集型行业、地下钱庄、前台公司和空壳公司、智能投顾、虚拟货币、国际贸易、自贸区、慈善组织等，也被利用作为洗钱的渠道。

4. 随着互联网和金融科技水平的提高,非面对面、智能化业务被用作洗钱渠道,如网上银行业务、网上保险业务、虚拟货币等。

 复习思考题

1. 分析利用商业银行洗钱的常见方法。
2. 分析利用特定非金融机构洗钱的主要方法。
3. 分析利用互联网洗钱的主要途径。
4. 分析洗钱方法和途径的变化趋势。

第四章　洗钱风险评估与管理

【学习目标】

1. 了解洗钱风险的内容，掌握管理理念。
2. 掌握洗钱风险识别的主要内容。
3. 了解我国法人金融机构洗钱风险自评估的主要内容。
4. 了解我国金融机构风险评估的主要内容。
5. 了解反洗钱内部控制制度的基本框架。

【重点难点】

1. 风险为本的管理理念。
2. 洗钱风险识别。
3. 我国金融机构洗钱风险评估的内容与指标。
4. 反洗钱内部控制制度。

【案例导入】

中国人民银行2020年反洗钱罚款约6.28亿元

2020年全年，中国人民银行及其分支机构共对417家反洗钱义务机构及相关责任人进行了反洗钱行政处罚，罚单共计733笔，罚款金额累计约6.28亿元，其中机构罚款金额约6.08亿元，个人罚款金额约0.2亿元。与2019年相比，2020年反洗钱罚单总笔数上升近25%，"双罚"（机构处罚+个人处罚）占比由91%提高至98%，罚款总金额约为2019年的3倍。

大额罚单、"双罚"成为常态

从罚单数额来看，2020年大额罚单数量激增。2020年共有20笔处罚金额超500万元的大额罚单，约为2019年的7倍。其中，有10笔罚单金额超千万元，处罚对象主要为银行类金融机构（国有大型商业银行、股份制商业银行、农村商业银行）和支付机构。

同时，"双罚"比例高达98.18%。据统计显示，2020年被处罚的417家义务机构及相关责任人中，超过405家机构遭遇"双罚"，个人处罚金额最高达到71.3万元（15人）。

处罚对象涵盖总分支机构，除了涉及高级管理层、反洗钱主管领导、机构负责人，还涉及法律合规部、风险管理部、运营管理部、会计结算部等相关负责人以及总审计师。此外，业务部门作为反洗钱第一道防线，因反洗钱工作不到位，业务部门负责人、客户经理等个人处罚罚单频出。

大额罚单集中于银行与支付机构

据统计，2020年反洗钱行政处罚主要涉及银行、支付机构、证券和保险4类机构。除保险机构外，其他类型机构的处罚金额、罚单笔数均有所上升。

从罚单数量与处罚金额来看，银行类金融机构受处罚情况仍是最为严重的。各地央行分支机构2020年开出银行类金融机构的罚单共计598笔，占总罚单笔数的82%；处罚金额约3.3亿元，占总处罚金额的52%。

此外，因多笔大额罚单（含一笔超6000万元罚单，以及一笔过亿元的罚单），2020年支付机构处罚总金额激增，成为第二大受罚主体，处罚总金额高达2.63亿元，为2019年的8倍；处罚金额占比为42%，略低于银行类金融机构。

客户身份识别仍为首要处罚原因

除典型的违规行为以外，在一张处罚金额超千万元的银行机构罚单中，处罚原因包括"违反反洗钱管理规定，泄露客户信息"。此外，支付机构在客户身份识别方面的问题依旧突出，具体包括未严格落实特约商户实名制，存在资料不实商户，以及未按规定保存预付卡业务商户资料等。

"未按规定履行客户身份识别义务"为首要处罚原因，共涉及547笔罚单，合计涉及处罚金额约4.3亿元；其次是"未按规定报送大额交易报告或可疑交易报告"，共涉及225笔罚单，合计涉及处罚金额约3.2亿元。

在2020年的733笔罚单中，195笔处罚是对多项违规行为进行综合处罚，538笔处罚是对单项违规行为进行处罚。

——资料来源：中国银行保险报，2021.1.11

第一节

洗钱风险及其管理理念

一、对洗钱风险的理解

风险作为反洗钱规定的内容首次出现在FATF于2003年6月发布的修订版《40条建议》中，其中"建议5"明确指出金融机构应当基于风险敏感度采取客户尽职调查措施，但该建议并未给出风险的具体内容。直至2012年2月FATF的第3版《40项建议》，对以风险为本执行反洗钱与反恐怖融资措施进行了明确和全面论述，使风险为本的反洗钱工作原则最终成为国际反洗钱领域的变革方向。

FATF认为洗钱风险可以理解为发生洗钱和恐怖融资活动的可能性，解释了洗钱活动发生的不确定性内涵。同时，FATF也强调洗钱风险是由威胁和漏洞共同产生的结果。威胁是洗钱和恐怖融资活动对社会带来危害；漏洞是有关反洗钱的法律法规、监管措施、内部控制等方面存在不足。

英国金融监管局认为风险是指实现监管目标可能产生的影响，由出现问题所产生的影响和出现问题的可能性两个因素决定，其中很难测量的影响程度用规模指标代替，可能性由其业务风险和内控制度制定及执行方面的信息决定。

德国反洗钱监管当局对金融机构运用"金融机构洗钱风险 = 潜在洗钱威胁 × 反洗钱措施质量"进行评估和衡量，其中潜在洗钱威胁源自机构所处地域、业务范围、产品结构、客户构成和销售方式；评估反洗钱措施的质量主要依据金融机构的年度审计报告、联邦金融监管局现场检查的几十项标准。

将机构内在风险的估值扣除机构内控风险的估值后的剩余风险值界定为机构被用于洗钱和恐怖融资活动的可能性，是澳大利亚评估洗钱风险的主要特色。这种剩余风险及其对国家发现和打击金融犯罪的影响共同构成了机构的洗钱风险。其中内在风险主要包括产品服务风险、客户风险、销售渠道风险和地域风险等，内控风险主要考虑机构所采取的各项反洗钱内控措施。

二、洗钱风险管理的内容

2014年1月15日，巴塞尔银行监管委员会在2012年FATF反洗钱国际新标准基础上，发布《洗钱和恐融资风险管理指引》，要求银行建立公司治理、内控机制、IT 系统有机结合的风险管理体系，提出跨国银行加强集团反洗钱/反恐融资管理的特殊要求，构建对银行尤其是跨国银行的反洗钱/反恐融资监管框架。

洗钱风险的控制和预防是金融机构风险管理的重要内容。洗钱风险管理包括金融机构应对各种洗钱风险采取的管理措施和金融监管部门对金融机构洗钱风险的管理。

（一）金融机构自身洗钱风险管理

洗钱风险管理应作为金融机构全部风险管理项目的一个重要组成部分。各金融机构应积极探索建立健全一个基于风险的分析框架，并根据风险状况建立相应的防范措施，对洗钱高风险行业、业务和客户的监管力度应大于洗钱低风险行业、业务和客户的监管力度。就银行业机构而言，针对大额现金存取、网上金融业务、私人银行业务、跨境交易等高风险业务，应实施强化的措施，研究运用强化的客户尽职调查、开发适合的可疑交易监测工具等手段，有效预防相关风险，健全全面风险管理机制；对于低风险的业务，金融机构可实施简化的措施。

（二）监管部门对金融机构洗钱风险管理

以金融机构面临的洗钱风险及其风险控制措施缺陷为依据，反洗钱监管部门可采取与金融机构反洗钱风险相当的监管工具及其使用的频率、范围和强度，对金融机构实施差异监管、分类指导，优化配置反洗钱监管资源。

在风险识别、风险评估、风险管理的同时，要注重对金融机构反洗钱工作的持续动态监管，加强对金融机构履行反洗钱义务的定期评估。一个完整的洗钱风险评估体系应该是一个识别风险—评估风险—管理风险—再识别风险—再评估风险—再管理风险的持续不断的过程。这使得监管部门能够及时有针对性地采取措施，使银行机构的洗钱风险被控制在能够容忍的范围之内，金融机构根据自身的风险状况，采取相应改进措施，以维护整个银行体系的安全和稳定。

三、洗钱风险管理理念的转变

（一）规则为本

2002 年，FATF 颁布了《40 条建议》（2002 版），同时鉴于"9·11"事件所带来的国际恐怖主义的巨大威胁，FATF 出台了 9 项《关于恐怖融资的特别建议》（2003 年），两者被称之为"FATF反洗钱/反恐怖融资40+9建议"（简称"40+9"建议），成为新的国际反洗钱监管标准。FATF"40+9"建议内容，强调全面提升各国反洗钱与反恐融资的监管合规性，辅之以开展国家洗钱风险评估，因此被称之为"规则为本"（Rule - based Approach）反洗钱监管体系。2005年6月开始，FATF对成员国开展第三轮互评估。中国2006年加入FATF，2007年接受了FATF专家组互评估。由于该指导报告标准的合规性要求大大提升，大部分成员国的第三轮互评估结果较前两轮有所退步。

（二）风险为本

1. "风险为本"的含义。2012年，FATF颁布了《新40条建议》（2012版），提出基于"风险为本"的反洗钱监管体系的40条评估标准。FATF反洗钱监管2012版的"40条建议"与以前三个版本相比较，全面体现了监管范围的持续扩大、洗钱类型研究丰富、反洗钱监管义务主体明显增加、国际权威性显著提升等特点。以外部洗钱威胁与内部反洗钱监管脆弱性（漏洞）以及两者交互作用导致的危害构成的三因素，形成洗钱风险的基本内容，辅之以提升国家反洗钱监管体系合规性。"风险为本"成为第四轮国际反洗钱监管的核心指导纲要，因此也被称为"风险为本"反洗钱监管体系。

"风险为本"反洗钱方法的实质是相关主体从风险管理的角度来开展反洗钱工作，其中包含对金融机构和监管部门两个层面的含义。金融机构要能够及时有效地识别客户和特定业务（产品）的洗钱风险，将主要精力运用于高风险客户及交易。监管部门要在对金融机构面临的洗钱风险有深入、完整了解的基础上，判断哪些金融机构面临的风险较大，以决定监管资源的分配，实施相对应的监管行动。

2. "风险为本"的实践。

（1）监管领域不断扩大，反洗钱监管义务主体范围不断延伸。国际反洗钱监管不仅加强了毒品洗钱、腐败洗钱、恐怖融资及大规模杀伤性武器扩散等传统领域，还延伸到特定非金融业领域，诸如国际贸易、非政府组织、新兴支付（互联网）业、虚拟货币、黄金及钻石等资金密集型行业。涉及金融监管领域的专业人士队伍，包括会计师、律师、审计师、房地产代理人等人群监管风险更是引起FATF高度关注。

（2）报告类型不断增加。国际反洗钱监管技术标准、覆盖范围及报送内容不断深入，最终都要落实到处于反洗钱监管第一线的各类金融机构等反洗钱监管义务主体上。以FinCEN（美国金融执法网络）对其国内各类金融存款机构要求报送的可疑交易表格为例，目前已达22类之多，且还在不断增加之中，包括有银行保密法表、支票欺诈表、信用卡欺诈表、伪造支票表、空头支票表、匿名交易表、贪污及挪用公款表、抵押贷款欺诈表、消费欺诈表、交易内容伪造表、滥用职务表、电汇欺诈表、交易失踪表、借记卡欺诈表、商业贷款欺诈表、交易身份盗用表、计算机盗用表、伪造信用卡表、伪造交易证明表、受贿交易表、恐怖融资交易表及其他交易类表。

（3）加强反洗钱国际合作。面对着近年来喷涌而出的各类新金融载体，如互联网金融、虚拟货币等，FATF等机构大大提升了国际监管合作的合作领域、合作标准和合作效果要求。在传统洗钱高发领域，如跨境毒品案件、跨境现金走私、国际贸易洗钱等行业，国际反洗钱监管体系在国际情报共享、交换，国际洗钱案件侦破、起诉及引渡、涉嫌案件资产追缴都提出了清晰、明确的技术标准。国际反贪合作也成为国际政治、法律、金融合作关注的焦点，The Egmont Group（2014）专门公布了《关于金融情报机构打击贪污洗钱和归还财产的白皮书》，被FATF列为互评估的重要参考资料。

【延伸阅读】

《巴塞尔反洗钱指数报告》显示全球发生洗钱的风险正在上升

2018年，Basel Institute on Governance发布了第7版《巴塞尔反洗钱指数报告》（Basel AML Index），称有83个国家发生洗钱问题的风险评分超过5.0，因此被认定为存在洗钱或恐怖分子融资的重大风险，这些国家约占该报告所覆盖国家总数的2/3。该评分标准的范围是0至10，高评分表明一国发生洗钱问题的风险较大。该报告称，超过40%的国家评分高于2017年。

Basel Institute on Governance称，该报告最令人担忧的部分是，很多国家现有的反洗钱法律并没有得到执行。

Basel Institute on Governance董事总经理Gretta Fenner在一份声明中称，各国政府在正式的合规措施方面可能作出了正确选择，但在实际行动中却忽视了对旨在防止和打击洗钱和相关金融犯罪的法律和措施的执行。

为评估一国的洗钱风险，该指数根据一个框架来为各国打分，这个框架从世界银行（World Bank）、金融行动特别工作组（FATF）和世界经济论坛（World Economic Forum）等机构收集数据并赋予其权重。但该机构强调，这项指数不会对具体有多少非法资金流经各国作出估计。

该指数在2018年改变了对数据缺失的评估方式，导致17个国家未被纳入排名。伊朗是2018年未参与排名的国家之一，该国在过去4年里年年位居榜首。

根据这项指数，2018年洗钱风险最高的国家是塔吉克斯坦，随后是莫桑比克、阿富汗、老挝和几内亚比绍。没有任何国家洗钱风险为零。根据这项指数，洗钱风险最低的国家包括芬兰、爱沙尼亚、立陶宛、新西兰和马其顿。

> 但是该指数发现，过去一年有多个低风险国家的风险分数有所上升，部分原因是监测机制改善、数据可用性增强、权重指数之一发生变更以及尚未解决的丑闻。
>
> 报告称，即便巴塞尔反洗钱指数给一国打出低风险分数，也不意味着该国政府或在该国开展业务的公司和金融机构能放松对反洗钱和反恐融资的警惕。
>
> ——资料来源：Samuel Rubenfeld，道琼斯风险合规（微信公众号），2018.10.11

第二节 洗钱风险的识别

洗钱风险识别是反洗钱义务主体洗钱风险管理体系有效运转的第一步。根据风险为本的要求，金融机构首先要准确地识别风险，然后对风险进行科学的评估，在评估的基础上，采取控制程度不同的分类管理措施，对高风险的客户和业务（产品）实施严格的风险管理措施，对低风险的客户和业务（产品）实施简化的风险管理措施。

洗钱风险识别的主要内容包括 3 个方面：一是对最终受益人的识别，主要针对非自然人客户，通过对公司、合伙、信托、基金、非营利性社会组织和工会等主体的最终拥有或控制权的归属人进行分析，根据股权、表决权、人事财务控制权、合作权益、董事会及高级管理层关系、委托人、受益人、受托人、主要负责人和合伙人等关联关系路径进行识别，并得出最终拥有或控制客户的一个或多个自然人及客户所办理交易的最终受益人；二是对涉嫌洗钱的资金交易和行为的识别；三是对涉嫌洗钱的业务或活动的识别。

一、对受益所有人身份的识别

为落实《国务院办公厅关于完善反洗钱、反恐怖融资、反逃税监管体制机制的意见》，防范违法犯罪分子利用复杂的股权、控制权等关系掩饰、隐瞒真实身份、资金性质或者交易目的、性质，提高受益所有人信息透明度，规范反洗钱义务机构（以下简称义务机构）开展非自然人客户的受益所有人身份识别工作，2018 年 6 月，中国人民银行印发了《关于进一步做好受益所有人身份识别工作有关问题的通知》（银发〔2018〕164 号）。

根据这个文件，在与非自然人客户建立业务关系时以及业务关系存续期间，义务机构应当开展客户身份识别的，应当同时开展受益所有人身份识别工作。义务机构采取持续的客户身份识别措施或者重新识别客户身份的，应当同时开展受益所有人身份识别工作，确保受益所有人信息的完整性、准确性和时效性。开展受益所有人身份识别工作发现股权或者控制权复杂等高风险情形的，应当及时主动调整客户洗钱风险等级，提高交易监测分析的频率和强度，发现或者有合理理由怀疑受益所有人与恐怖活动组织及恐怖活动人员名单相关的，应当按规定提交可疑交易报告。

（一）非自然人客户

义务机构应当根据非自然人客户的法律形态和实际情况，逐层深入并判定受益所有人。按照规定开展受益所有人身份识别工作的，每个非自然人客户至少有一名受益所有人。

1. 公司：对公司实施最终控制不限于直接或间接拥有超过25%（含，下同）公司股权或者表决权，还包括其他可以对公司的决策、经营、管理形成有效控制或者实际影响的任何形式。

（1）直接或者间接拥有超过25%公司股权或者表决权的自然人是判定公司受益所有人的基本方法，需要计算间接拥有股权或者表决权的，按照股权和表决权孰高原则，将公司股权层级及各层级实际占有的股权或者表决权比例相乘求和计算。

（2）如果未识别出直接或者间接拥有超过25%公司股权或者表决权的自然人，或者对满足前述标准的自然人是否为受益所有人存疑的，应当考虑将通过人事、财务等方式对公司进行控制的自然人判定为受益所有人，包括但不限于直接或者间接决定董事会多数成员的任免，公司重大经营、管理决策的制定或者执行，决定公司的财务预算、人事任免、投融资、担保、兼并重组长期实际支配使用公司重大资产或者巨额资金等。

（3）如果不存在通过人事、财务等方式对公司进行控制的自然人的，应当考虑将公司的高级管理人员判定为受益所有人。对依据《中华人民共和国公司法》《中华人民共和国证券法》等法律法规将高级管理人员判定为受益所有人存疑的，应当考虑将高级管理人员之外的对公司形成有效控制或者实际影响的其他自然人判定为受益所有人。

2. 合伙企业：合伙企业拥有超过25%合伙权益的自然人是判定合伙企业受益所有人的基本方法。不存在拥有超过25%合伙权益的自然人的，义务机构可以参照公司受益所有人标准判定合伙企业的受益所有人。采取上述措施仍无法判定合伙企业受益所有人的，义务机构至少应当将合伙企业的普通合伙人或者合伙事务执行人判定为受益所有人。

3. 信托义务机构应当将对信托实施最终有效控制、最终享有信托权益的自然人判定为受益所有人，包括但不限于信托的委托人、受托人、受益人。信托的委托人、受托人、受益人为非自然人的，义务机构应当逐层深入，追溯到对信托实施最终有效控制、最终享有信托权益的自然人,并将其判定为受益所有人。设立信托时或者信托存续期间,受益人为符合一定条件的不特定自然人的,可以在受益人确定后,再将受益人判定为受益所有人。

4. 基金拥有超过25%权益份额的自然人是判定基金受益所有人的基本方法。不存在拥有超过25%权益份额的自然人的,义务机构可以将基金经理或者直接操作管理基金的自然人判定为受益所有人,基金尚未完成募集,暂时无法确定权益份额的,义务机构可以暂时将基金经理或者直接操作管理基金的自然人判定为受益所有人,基金完成募集后,义务机构应当及时按照规定标准判定受益所有人。

5. 在洗钱与恐怖融资风险得到有效管理的前提下,例如非自然人客户为股权结构或者控制权简单的公司,为避免妨碍或者影响正常交易,义务机构可以在与非自然人客户建立业务关系后,尽快完成受益所有人身份识别工作。

6. 义务机构应当按照《中国人民银行关于加强反洗钱客户身份识别有关工作的通知》的相关规定,严格判断非自然人客户是否属于简化或者豁免受益所有人识别的范畴。无法作出准确判断的,义务机构不得简化或者豁免受益所有人识别;非自然人客户出现高风险情形的,不得简化或者豁免受益所有人识别。

7. 非自然人客户的股权或者控制权结构异常复杂,存在多层嵌套、交叉持股、关联交易、循环出资、家族控制等复杂关系的,受益所有人来自洗钱和恐怖融资高风险国家或者地区等情形,或者受益所有人信息不完整或无法完成核实的,义务机构应当综合考虑成本收益、合规控制、风险管理、国别制裁等因素,决定是否与其建立或者维持业务关系,决定与上述非自然人客户建立或者维持业务关系的,义务机构应当采取调高客户风险等级、加强资金交易监测分析、获取高级管理层批准等严格的风险管理措施,无法进行受益所有人身份识别工作,或者经评估超过本机构风险管理能力的,不得与其建立或者维持业务关系,并应当考虑提交可疑交易报告。

8. 其他。对规定情形之外的其他类型的机构、组织,义务机构可以参照公司受益所有人的判定标准执行受益所有人身份识别工作。涉及理财产品、定向资产管理计划、集合资产管理计划、专项资产管理计划、资产支持专项计划、员工持股计划等未单独列举的情形的,义务机构可以参照基金受益所有人判定标准执行,无法参照执行的,义务机构可以将其主要负责人、主要管理人或者主要发起人等判定为受益所有人。

(二) 政治公众人物

义务机构应当根据洗钱和恐怖融资风险,在受益所有人身份识别工作中分别采取强化、简化或者豁免等措施,建立或者维持与本机构风险管理能力相适应的业务关系。

1. 受益所有人涉及外国政要的，义务机构与非自然人客户建立或者维持业务关系前应当经高级管理层批准或者授权，进一步深入了解客户财产和资金来源，并在业务关系存续期间提高交易监测分析的频率和强度。

2. 外国政要、国际组织高级管理人员等特定自然人既包括外国政要、国际组织高级管理人员，也包括其父母、配偶、子女等近亲属，以及义务机构知道或者应当知道的通过工作、生活等产生共同利益关系的其他自然人。

此外，义务机构可以委托符合规定的第三方机构开展受益所有人身份识别工作，但应当通过书面形式确定双方的反洗钱职责。委托符合规定的第三方开展受益所有人身份识别工作的，受益所有人身份识别的最终责任由该义务机构承担。

发行信托、基金、理财、资产管理计划等需要开立账户的，发行机构应当向开立账户的义务机构披露受益所有人信息，开立账户的义务机构可以采信发行机构提供的受益所有人信息，发现或者有合理理由怀疑受益所有人信息有误的，开立账户的义务机构应当自行独立开展受益所有人身份识别工作。

二、对资金交易和行为的识别

（一）资金交易上的识别点

账户资金交易频繁（例如日交易笔数一般在20笔以上），交易金额巨大（例如账户日交易金额上百万元，甚至达到千万元），账户不留或少留余额。

账户跨地区、跨银行交易频繁，资金分散转入，分散转出，分散转入的金额略大于转出金额（如钱庄赚取汇兑费用）。转入转出账户不同，但都在当日发生交易。资金快进快出，单日不留或少留余额。交易金额或形式规避反洗钱监测或其他措施，例如，接近大额交易报告标准，将大额资金交易拆散为多笔。

账户频繁或者使用多种业务，主要用网上银行和ATM。账户往往出现现金交易，尤其是ATM取现。

开户后往往并不发生交易，有几个月沉睡期（多在3个月以上）。账户在启用时，往往先使用小额交易测试常用业务（例如网上跨行转账、ATM取现等）。分别分批启用账户进行交易，每批账户在使用几个月后停用，再启用其他新的账户，但交易模式不变。间歇性：同一账户的交易往往分时间进行，集中交易几天后暂停几天。

（二）行为上的识别点

交易分散在同一区域的多个网点。不同账户在柜台业务中往往出现固定的代理人。多个账户的网上银行交易 IP 地址、MAC 地址相同。客户及主要交易对手 IP 地址显示为境外国家或地区。

交易人不愿意留下详细资料，有可能掩饰或躲避监控探头。交易人不愿意与柜员交流，不配合尽职调查或回访。

三、对业务（活动）风险的识别

（一）疑似腐败

开户者是公职人员、国有控股公司高管及其亲属或关系密切的人员。账户有大额资金，交易、投资、投保、消费规模与身份收入不符，消费地点在境外国家或地区，包括珠宝店、俱乐部、赌场、奢侈品店、高尔夫球场等。

账户在节日前后存款，投保集中（主要为传统节日，例如春节、中秋）。故意分拆资金，避免受到关注。同一网点或分多个网点频繁存入现金，累计金额较多。往往有外币存款，数额较大。

开户后一次性存入或转入资金（多采用现金、网上银行方式），笔数不多但金额较大，之后资金只出不进；短期内，或者被用于消费，或者支取现金。账户内资金用完后会很快销户或休眠。某官员被调查时，其亲属急于转移资金。

（二）疑似走私

主要发生在外向型经济发达的地区，与外贸企业关系密切，报关价格明显低于市场价格。走私商品主要为奢侈品（例如服装、饰品、化妆品）、电子产品、资源型产品（矿产品）、冻品、可回收利用的废品、成品油、药品、手表等。多为生产性原材料或者与百姓生活密切相关的日常商品。

走私资金往往借用企业财务人员或企业法人代表的个人账户进行资金交易。与地下钱庄（外汇黄牛）定期大额交易。

（三）疑似毒品犯罪

银行资金交易以 ATM 为主，基本不在银行临柜操作。银行卡资金流入业务多为 ATM 无卡存款或 ATM 转账。同一张银行卡有多笔资金单项流入、多点流入。通过 ATM 一次性全额提现或一次性全额转往外地。通过 ATM 交易的时间较为异常，多为午夜或凌晨。

汇款或银行卡单项流入的资金往往是毒品黑市价格的整数倍。汇款地区往往与当地毒品运输路线重合,或与毒品重点地区账户往来较多,缺乏合理理由。

存、取款人行为可疑,故意回避银行身份识别或核查。往往会出现涉案账户的交易对手不能正确使用 ATM,造成长短款或存款不能入账,进而投诉的情况;关联人员为办理柜台无卡续存交易时,常常不能正确或完整填入账户名。

毒品、人、钱相分离,交易时间上有一定的关联性和规律性。一类涉毒人员为长期固定购买、间隔时间相对规律(例如每周或每半月交易一次);另一类有需要才购买,账户往往在某一段时间内出现大额交易。

(四) 疑似与地下钱庄交易

1. 疑似非法结算型地下钱庄。以个体工商户为主,注册资金很少(例如3万元至5万元)或基本一致(例如都是100万元)。经营范围比较复杂,常见如商贸、文具、服装、咨询、技术服务等。

注册地址可能不存在,或是家庭地址,无固定办公电话,或是多家公司登记的办公地址相同,可能是空壳公司。

多家公司法人代表相同或存在亲属关系,或年龄可疑(例如可能是老人或学生)。

多家公司注册、开户时间和客户地点比较集中,可能是集中开户。开户时同时开通网上银行,并对账户转出资金的上限额度和转出至个人账户不做过多限制,不控制资金风险。公司开户之后一般不到银行购领转账支票和现金支票,也不到柜面对账或办理业务,以网上银行交易为主,快进快出,日交易几十笔甚至上百笔,多个账户的网上银行交易IP地址、MAC地址相同。

个人账户往往是他人代理开户,代理人相同或多为异地人,个人亲自开户的,其职业收入方面与身份背景不符,例如客户高学历,但声称"无业"等。

在资金交易方面,公司账户突然大进大出(例如日交易量在百万元甚至千万元),每天不留余额或余额很少(有时余额与日常交易额呈固定比例,1%至4%),个人账户大量现金交易,不购汇,快进快出。

资金交易有固定的循环模式,如:在"本地公司—异地公司—异地个人—本地个人"或"大量本地公司—特定本地公司异地账户—大量本地个人"(公司和个人有直接对应关系,例如法人与财务人员)之间循环。现金循环的起止点出现在地下钱庄活动高发地区。

公司账户除了通过网上银行与规定对手交易外,往往不与其他单位或个人账户发生资金往来。个人账户每天存入现金后立即转入他行户名账号已经固定的个人他人账户,公转私的交易对手多为个体工商户。

公司账户对手名称繁多,但从名称上看经营范围可能并不对应,可能存在虚假交易。

公司账户不提取现金，不领取银行回单；地下钱庄活动高发地区的个人账户将资金再转入下级大量个人账户，最终通过ATM提现，或个人账户转入大额资金，马上预约大额取现，或不预约到各个网点进行多次小额提现，化整为零。

2. 疑似非法汇兑型地下钱庄。同一人实际控制大量单位账户和个人账户。以个体工商户为主，或注册资金小，地址可疑，法定代表人（主要负责人）身份信息存在疑点。多个账户资料有相同点（例如开户人特征、地址、电话等）。同一人代理多人或单位开户，笔迹相似，字迹往往不工整。

留存的身份证复印件显示，开户人往往非本地人。开户资料显示无固定职业或收入不高，与交易规模不符。个人账户多采用较难被查的证件开立，例如护照、军官证、边民证、港澳通行证、回乡证等，部分使用伪造证件。电话号码过期或不存在，联系地址虚构。开户时间和网点较为集中，覆盖城市主要繁华地区。

开户时均申请开通网上银行业务，但不设定网上银行交易限额，网上银行交易较复杂频繁，与客户年龄、经济背景不匹配，非本人实际使用账户。

在资金交易上，账户资金交易频繁（例如日交易笔数一般在20笔以上）。交易数量巨大（例如账户日交易金额要上百万元，甚至达到千万元），金额可能有接近官方或黑市汇率的特征（单笔或一天总额）。往往出现现金交易，尤其是ATM取现。

交易金额或形式规避反洗钱监测或其他措施，资金分散转入，分散转出，资金交易上分散转入金额略大于转出金额（钱庄赚取汇兑费用）。转入转出账户不同，但都在当日发生交易。资金快进快出，单日不留或少留余额。频繁或者使用多种业务（目前以网上银行和ATM为主）。个人账户跨地区、跨银行交易频繁。

开户后往往并不发生交易，有几个月沉睡期（多在3个月以上）。账户在启用时，往往先使用小额交易测试常用业务（例如网上跨行转账、ATM取现等）。分别分批启用账户进行交易，每批账户在使用几个月后停用，再启用其他新的账户，但交易模式不变。同一账户的交易往往分时间进行，集中交易几天后暂停几天。

（五）疑似诈骗

多张银行卡存在共同的异常开户特征（多为"卡贩子"开户），例如，开户时间、地点、网点比较集中，多张银行卡留存联系方式相同（地址相近，电话相同）。身份证上的信息显示为异地、偏远山区、老人等；或者陪同或指使他人开户。同一客户在不同网点开户时留存的联系电话不一致，留存号码大多为已停机或空号。

客户开立账户时主动要求开通部分电子产品，例如要求签约短信银行、开通网上银行或其他电子银行产品。不同客户电子银行登录IP地址和MAC地址基本一致。客户开户金额多为 100 元或 200 元人民币不等，开户成功后随即在自助设备上将开户款全部取走。开户后进入沉睡期，使用之前小额测试。个别账户频繁发生交易。资金多为"分散转入、集中转出或集中转入、分散转出"，且通过电子方式（网上银行）或 ATM 操作。

账户频繁接收通过网上银行、柜面汇款、ATM 转账等方式转入的资金，且汇款人基本不重复，来自全国各地；收到汇款后立即通过网上银行转账等方式分多笔资金转至异地或他行账户，或提现现金，账户不留余额。柜台提现时多为代理人办理。常为跨境 ATM 机取现，取现前后往往查询余额。

通过第三方支付平台频繁转移资金，规避银行及第三方支付机构对虚拟账户提现的限制及监控。

（六）疑似非法集资

新开户业务突然增多，开户后立即转账或汇款；往往有专人陪同开户，本人虽在现场，但申请业务种类由陪同人全权负责。初期开卡、汇款规模不断扩大，持续一段时间。

同一银行内各地向少数银行卡大量集中转账或汇款。资金快进快出现象明显，多为柜面汇入同一人或少数几个人账户，然后通过网上银行、电话银行等离柜方式迅速转出，账面余额基本为零或极小。

单笔金额具有明显的规律性，转账或汇款一般以某金额（例如万元）为基数，呈倍数关系；返利资金也呈对应的倍数关系。资金转出周期性呈现规律性（例如每月转出一次）。交易总金额累计往往十分巨大，动辄上千万元，甚至数亿元人民币。

交易的人群具有明显的特征，如老人、妇女、退休人员等。现场可能有投资项目宣传品，有汇款单用途填写"投资""投资款""借款""还款"或项目具体名称。

账户分工明显，收款账户"分散转入、集中转出"，收款账户往往是某投资公司法定代表人及近亲属的个人账户；中转账户"快进快出、频繁收付"，返款账户"集中转入、分散转出"，资金转出金额、时间、频率相对固定。返款账户交易一般集中在每个月或一段时间的固定几天，其余时间一般无交易。

（七）疑似传销

账户资金来源分散，涉及全国很多省市区。收款人的户名相对固定，但收款账户（账号）可能变更。频繁小额汇款，金额为某一特定金额的倍数，或带有元、角尾数。

资金分散转入账户，通过网上银行集中转出或通过网上银行互联转出，有意回避大额交易。同批开户的网上银行登录用户名呈现规律性，且存在多人共用同一 IP 地址现象。收款人收到款项后或汇款累积到一定金额后即通过同一银行的网点柜台或 ATM 取现。提现后,余额较少或几乎为零。

资金交易具有一定的周期性(一般以一周为周期)。例如,归集资金账户收取申购时间在每月下旬(一般在 25 日以后),发放返利账在每月月初(一般在 10 日以前)有大量资金流出,月中(15 日左右)账户余额较少。资金往来呈现"金字塔形"。

往往出现客户向某账户缴纳网站会费,以转账或现存两种方式为主。网站给客户返钱时间较为固定(例如凌晨 1 点到 3 点之间),返钱数量与入会费之间的比例大概固定。

(八)疑似网络赌博

公司网站建成时间短,制作粗糙,无公司介绍、联系方式等基本信息,夸张财富、投资信息。网站需要注册登录后才能浏览商品或服务。经营的产品或服务具有赌博性质或容易转化为赌博对象。变更网址、经营产品或服务项目。或服务价格差异较大,经营的产品无法下单。

交易金额、额度与客户身份、财务状况、经营内容等明显不符。或个人账户在经历较长的沉睡期后频频发生大规模网上银行交易,与其身份背景明显不符。

资金呈现"分散转入,分散转出"的总体特征,转入的资金来自全国各地,且与主要交易账户同时存在双向往来,且账户日终有余额,实际控制人非本人。如果二三级庄,其上游交易对手少且比较固定,交易金额大,下游交易对手人员较多,交易金额不大,比较分散。

交易金额存在一定特征,例如经常出现 100 元及其整数倍,或者金额尾数带某个特定数字(例如 0.99)。账户资金交易频繁,日发生业务笔数一般在 20 笔以上,但开户后未见通过柜台结算的资金交易。账户过渡性明显,柜面业务基本不发生或发生很少,资金往来通过第三方支付平台、ATM、网上银行操作。

往往多人共用一个 IP 地址、一个 MAC 地址,多个 IP 地址与 MAC 地址交叉使用,IP 服务器地址多数在境外。账户分散使用,更换比较频繁,一般 3 个月左右更换。交易时间呈全天候 24 小时交易状态,频繁发生网上银行交易,多数在深夜或凌晨,或与体彩、重大体育赛事出结果时间高度关联。

(九)疑似恐怖融资

1. 与客户正常业务不符的交易。

(1)资金来自同一国家的私人企业或来自高风险国家(如国家主管部门和金融行动特别工作组指定的不合作国家和地区)的私人企业。

(2)与客户身份不相称的活动类型和频度。

（3）参与现金交易的人员使用同一地址或电话号码，尤其当该地址为公司地址或与其职业情况（如学生、失业者或自雇者）不相符。

（4）非营利或慈善组织进行无合理经济目的的交易活动，或其与对方的交易偏离此类组织的交易范围。

（5）不明身份的客户开展商业活动时，以商业实体的身份申请保险箱，或这类活动并无必要使用保险箱。

2. 资金划转。

（1）商业账户出现大量资金进出交易，这些交易并非出于商业或其他经济目的，尤其是当这些交易涉及高风险地区。

（2）明显是为了逃避提供身份证明或报告而进行的小额资金划转活动。

（3）进行资金划转时，无法提供应有的汇款人或以其名义进行交易的相关人信息。

（4）多个个人和企业账户或非营利组织或慈善机构的账户，用于收集和输出资金至少量的外国受益者。

（5）第三方代表客户进行外汇交易，资金流向与该客户无明显业务往来的地高风险国家。

3. 其他异常或可疑交易。

（1）外币交易的资金在很短时间内被转移到高风险地区。

（2）收集和转移支付多个账户的资金到少量的外国（特别是高风险地区）的个人或企业收款人。

（3）在无合理的商业活动前提下，客户从高风险地区获得信贷工具或从事与资金流动有关的金融交易。

（4）在高风险地区开立银行账户。

（5）通过国际资金划转，与高风险地区开展资金往来业务。

（6）需支付大额退保手续费而办理的保单贷款或中途退保业务。

四、识别洗钱风险的案例

在《中国反洗钱监测分析中心关于2020年11月反洗钱数据报送情况的通报》中，刊载了一则保险机构的可疑交易甄别工作实例：

2019年1月1日，客户通过保险代理人为女儿投保鑫＊年金保险，年交保费30万元，缴费期10年，并分7次通过APP对该单的尊＊终身寿险万能账户进行追加，累计趸交追加保费1852万元。因客户频繁大额追加万能险，保费与家庭收入水平不匹配，公司已上报可疑交易报告,并将客户风险等级调整为高风险。

2019年11月5日,客户发现线上服务被限制,保险公司安排保全人员与代理人亲至客户单位为客户办理业务,客户表达不希望办公室同事知晓此事而拒见保全人员,申请书由代理人带入客户办公室签署。

2020年,保险公司运营人员通过代理人告之客户:以高保额保单承保需面访,客户以疫情期间不想面见太多人为由拒绝,经代理人沟通后,拒绝提供资产证明,勉强接受中支总经理面访。

在与客户沟通中获悉,客户4年前开始从事直销,主要销售人群为周边朋友,直销收入是目前主要收入来源,但不愿透露具体的实际收入。妻子从事外汇管理,年收入1000万元,询问其妻子具体单位名称时,客户又表示目前已经不再从事该工作。据保险代理人称,客户为其原同事,万能账户追加的1852万元为客户夫妻及其妻子家族亲戚共同资产,无法提供资金往来证明。妻子原为某企业管理公司策划人员,客户曾建议代理人一起参与外汇投资,收益率16%左右,代理人曾前往客户妻子办公室参观。

综合分析,自2019年1月至今,客户已在保险公司投保9份保单,多次投保不愿告知正式职业,多次拒绝保险公司合理的面访需求,拒绝提供相应收入或资产证明,配偶职业信息前后矛盾,收入与职业不匹配,保费支出与家庭收入不匹配,暂无法排除洗钱风险,前期已上报可疑交易,本次为接续报告。

【延伸阅读】

商业银行的合规风险

商业银行的合规风险是指银行因未能遵循法律、监管的规定、规则,自律性组织制定的有关规则,以及适用于银行自身业务活动的行为准则而可能遭受到法律制裁或监管处罚、重大财务损失或声誉损失的风险。

商业银行合规风险的源起至少包含4个层次的概念:一是国家普适的法律;二是针对整个行业层次的监管要求;三是国际监管机构或具有引导性国家监管机构的法律法规;四是商业银行内部的各项规章制度、业务文件等。

合规风险作为银行风险管理的核心,一旦爆发就可能导致严重的后果。一是法律制裁,主要包括刑事、民事或行政制裁。这类制裁采取"双罚制",既对机构也对个人。二是监管处罚,指对违规商业银行及其员工采取行政责任处罚。这类处罚同样为"双罚制",既对机构也对个人。三是财务损失,指违规招致重大财务损失,如巨额罚款等。四是声誉损失,指商业银行因违法违规经营得到负面评价,从而失去客户的信任。

第三节

法人金融机构洗钱风险自评估

2021年1月，中国人民银行反洗钱局印发了《法人金融机构洗钱和恐怖融资风险自评估指引》（银反洗发〔2021〕1号，以下简称《指引》）。这份《指引》还包含了一个附件《法人金融机构洗钱和恐怖融资风险自评估模板》（以下简称《模板》）。这是从法人金融机构的角度，规定其对自身进行洗钱风险自评估的内容和流程。

《指引》和《模板》适用于"广义金融机构"，而不是仅仅适用于中国证监会或中国银保监会"直接监管的金融机构"。这些"广义金融机构"包括：银行、农信社、证券公司、基金公司、期货公司、信托公司、保险公司、保险资产管理公司、期货经纪公司、金融资产管理公司、企业集团财务公司、金融租赁公司、汽车金融公司、消费金融公司、货币经纪公司、第三方支付公司、保险代理公司、保险经纪公司、汇兑公司、网络小额贷款公司、银行卡清算机构、资金清算中心、独立基金销售公司、外资银行分行。

法人金融机构洗钱风险自评估包括固有风险评估、控制措施有效性评估、剩余风险评估。固有风险评估反映在不考虑控制措施的情况下，法人金融机构被利用于洗钱和恐怖融资的可能性。控制措施有效性评估反映法人金融机构所采取的控制措施对管理和缓释固有风险的有效程度，进而对尚未得到有效管理和缓释的剩余风险进行评估。

法人金融机构应当建立与本机构经营规模与复杂程度相匹配的洗钱风险自评估指标和模型，确保有效识别风险管理漏洞，提高自评估结论的准确性和针对性。

一、洗钱风险自评估的内容

（一）固有风险评估

1. 地域环境。法人金融机构在评估地域环境的固有风险时，应当全面考虑经营场所覆盖地域，分别评估境内各地区和境外各司法管辖区地域风险，境内地区划分原则上按经营地域范围内的下一级行政区划划分，如全国性机构按省划分，或按总部对分支机构管理结构划分。对于地理位置相近、经营情况类似的地域可合并评估。对各地域的固有风险评估可考虑以下因素：

（1）当地洗钱、恐怖融资与（广义）上游犯罪形势，是否毗邻洗钱、恐怖融资或上游犯罪、恐怖主义活动活跃的境外国家和地区，或是否属于较高风险国家和地区（至少包括金融行动特别工作组呼吁采取行动的高风险国家、地区和应加强监控的国家、地区，也可参考国际组织有关避税天堂名单等，以下简称较高风险国家和地区）；

（2）接受司法机关刑事查询、冻结、扣划和监察机关、公安机关查询、冻结、扣划（以下简称刑事查冻扣）中涉及该地区的客户数量、交易金额、资产规模等；

（3）本机构上报的涉及当地的一般可疑交易和重点可疑交易报告数量及客户数量、交易金额；

（4）本机构在当地网点数量、客户数量、客户资产规模、交易金额及市场占有率水平。

2. 客户群体。法人金融机构在评估客户群体的固有风险时，应当全面考虑本机构服务客户群体范围和结构，分别评估各主要客户群体固有风险。客户群体划分可结合本机构对客户管理的分类，如个人客户、公司客户、机构客户等，有条件的机构可按照行业（职业）或主要办理业务、建立业务关系方式等角度进一步聚焦洗钱风险突出的群体。同时，也应对具有高风险特征的客户群体进行评估，如政治公众人物客户、非居民客户。对各客户群体的固有风险评估可考虑以下因素：

（1）客户数量、资产规模、交易金额及相应占比；

（2）客户涉有权机关刑事查冻扣、涉中国人民银行调查的数量与比例；

（3）客户身份信息完整、丰富程度和对客户交易背景、目的了解程度；

（4）识别客户身份不同方式的分布，如当面核实身份或采取可靠的技术手段核实身份、通过第三方机构识别身份的比例；

（5）客户风险等级划分的分布结构；

（6）非自然人客户的股权或控制权结构，存在同一控制人风险的情况；

（7）客户来自较高风险国家或地区的情况；

（8）客户办理高风险业务（如现金、跨境、高额价值转移等）的种类和相应的规模；

（9）客户涉可疑交易报告的数量及不同管控措施的比例；

（10）客户属于高风险行业或职业的数量、比例；

（11）该类型客户是否属于洗钱或上游犯罪高风险群体；

（12）客户群体涉联合国定向金融制裁名单及中国人民银行要求关注的反洗钱和反恐怖融资监控名单，或其交易对手涉以上名单的比例。

3. 产品业务（含服务）。法人金融机构在评估产品业务的固有风险时，应当全面考虑本机构向客户提供的各类产品业务（或服务）。产品业务划分原则上应在本机构产品业务管理结构的基础上进一步细化，如私人银行业务、国际金融业务、个人银行卡、理财产品等。业务模式、性质相同且洗钱风险因素不存在重大差异的，可作为同一类产品业务进行评估。对各类产品业务的固有风险评估可考虑以下因素：

（1）产品业务规模，如账户数量、管理资产总额，年度交易量等；

（2）是否属于已知的洗钱案例、洗钱类型手法的产品业务；

（3）产品业务面向的主要客户群体，以及高风险客户数量和相应资产规模、交易金额和比例；

（4）产品业务销售、办理渠道及相应渠道的风险程度，是否允许他人代办或难以识别是否本人办理；

（5）产品业务记录跟踪资金来源、去向的程度，与现金的关联程度，现金交易金额和比例；

（6）产品业务是否可向他人转移价值，包括资产（合约）所有权、受益权转移，以及转移的便利程度，是否有额度限制，是否可跨境转移；

（7）产品业务是否可作为客户的资产（如储蓄存款、理财产品等），是否有额度限制，保值程度和流动性如何，是否可便利、快速转换为现金或活期存款；

（8）产品业务是否可作为收付款工具（如结算账户），使用范围、额度、便利性如何，是否可跨境使用；

（9）产品业务是否可作为其他业务的办理通道或身份认证手段，身份识别措施是否比原有通道和手段更为简化，是否有额度限制或使用范围限制；

（10）产品业务是否应用可能影响客户尽职调查和资金交易追踪的新技术。

4. 渠道（含交易或交付渠道）。法人金融机构在评估渠道的固有风险时，应当全面考虑本机构自有或通过第三方与客户建立关系、提供服务的渠道。渠道可划分为机构自有实体经营场所、自有互联网渠道、自助设备与终端、第三方实体经营场所、第三方互联网渠道，银行业机构还应考虑代理行渠道。对各类渠道的固有风险评估可考虑以下因素：

（1）渠道覆盖范围（线下网点数量与分布区域，线上可及地域范围）及相应地区（包括境外国家和地区）的风险程度；

（2）通过该渠道建立业务关系的客户数量和风险水平分布；

（3）通过该渠道办理业务的客户数量、交易笔数与金额，办理业务的主要类型和风险水平。

（二）控制措施有效性评估

法人金融机构应在综合考虑反洗钱内部控制基础与环境、洗钱风险管理机制有效性和特殊控制措施基础上，得出对不同地域、客户群体、产品业务、渠道的风险控制措施有效性评级，再汇总得出地域、客户、产品业务、渠道4个维度的风险控制措施有效性评价和评级，最终得出对机构整体控制措施有效性的判断。

（三）剩余风险评估

法人金融机构应在整体固有风险评级基础上，考虑整体控制措施有效性，得出经反洗钱控制后的机构整体剩余风险评级。同时，对于地域、客户群体、产品业务、渠道维度及细分类别，也应在考虑固有风险与包括特殊控制措施在内的整体控制措施有效性的基础上，得出相应类别的剩余风险评级。

法人金融机构应当合理划分固有风险、控制措施有效性以及剩余风险的等级。风险等级原则上应分为5级或更高。机构规模较小、业务类型单一的机构可简化至不少于3级。规模越大、结构越复杂的机构，其设定的风险等级应当越详细。

法人金融机构可以通过固有风险与控制措施有效性二维矩阵方式（见表4-1，以固有风险和控制措施有效性均分为5级为例）对照计量机构整体及不同维度的剩余风险等级，或根据自身的实际情况确定依据固有风险和控制措施有效性情况计量剩余风险的方法。

表4-1 矩阵对照计量剩余风险方法

固有风险\控制措施有效性	非常有效	较有效	一般有效	低效	无效
高风险	中风险	中高风险	中高风险	高风险	高风险
较高风险	中风险	中风险	中高风险	中高风险	高风险
中风险	中低风险	中风险	中风险	中高风险	中高风险
较低风险	中低风险	中低风险	中风险	中风险	中高风险
低风险	低风险	中低风险	中低风险	中风险	中风险

二、洗钱风险自评估的流程

法人金融机构应当指定一名高级管理人员全面负责洗钱风险自评估工作，建立包括反洗钱牵头部门和业务部门、稽核与内审部门等在内的领导小组。领导小组应当组织协调自评估整体工作，指导相关业务条线、部门、分支机构按照评估方案承担本部门、本机构自评估职责，确保自评估的客观性与相对独立性。各条线、部门、分支机构应充分梳理和反映自身面临的洗钱风险和反洗钱工作存在的困难与脆弱性，提供自评估工作所必需的数据、信息和支持。

（一）准备阶段

法人金融机构应当结合本机构实际情况，充分做好自评估前的准备工作，包括成立评估工作组，配备相关评估人员和资源，制定评估工作方案，研究确定或更新评估指标和方法，认真梳理本机构经营地域、客户群体、产品业务、渠道种类，广泛收集自评估所需的各类信息。

法人金融机构收集自评估所需的各类信息，应当充分考虑内外部各方面来源，例如：

1. 金融行动特别工作组（FATF）、亚太反洗钱组织（APG）、欧亚反洗钱与反恐融资组织（EAG）发布的呼吁采取行动的高风险国家和应加强监控的国家名单、洗钱类型分析报告和相关行业指引，以及巴塞尔银行监管委员会（BCBS）、国际证券监管委员会组织（IOSCO）、国际保险监督官协会（IAIS）等国际组织发布的洗钱风险研究成果；

2. 国家相关部门通报的上游犯罪形势、破获的洗钱案例、洗钱类型分析报告，以及机构境外经营所在国家或地区洗钱风险评估报告或其他洗钱威胁情况；

3. 中国人民银行、银保监会、证监会、外汇局等金融管理部门发布的洗钱风险提示和业务风险提示，以及机构境外经营所在国家或地区监管部门风险提示、指引等；

4. 本机构的客户群体规模信息、特征分析数据，各类金融产品业务和渠道的发展规模状况、结构分析数据，客户洗钱和恐怖融资风险等级划分以及产品业务洗钱风险评估结果等；

5. 本机构反洗钱和相关业务制度、工作机制，信息系统建设、运行情况，内部审计情况，必要时查找和了解具体客户、业务、交易或反洗钱工作信息作为例证；

6. 反洗钱系统记录的各类异常交易排查分析资料，可疑交易报告信息，内部管理或业务操作中发现的各类风险事件信息；

7. 本机构依托开展客户尽职调查或有其他业务、客户合作的第三方机构在客户尽职调查、客户身份资料和交易记录保存方面的情况，以及双方信息传递权利义务划分与执行情况。

（二）实施阶段

法人金融机构实施风险评估应当选取科学合理的评估方法，通过恰当的书面问卷、现场座谈、抽样调查等形式，定性或定量开展评估。

法人金融机构可聘请第三方专业机构协助进行评估方案、指标与方法的起草和内外部信息收集整理等辅助性工作,但评估过程中对各类固有风险、控制措施有效性及剩余风险的讨论、分析和判断应由领导小组、反洗钱牵头部门及各条线、部门、分支机构主导完成。不得将自评估工作完全委托或外包至第三方专业机构完成。

(三) 报告阶段

法人金融机构应当形成书面的自评估报告,经高级管理层审定后上报董事会或董事会下设的专业委员会审阅,并书面报告对法人机构具有管辖权的中国人民银行总行或分支机构。

自评估报告应当记录自评估的方法、流程等情况,重点反映自评估发现的固有风险点、控制措施的薄弱环节和风险隐患,作出明确评估结论,指明应当予以重点关注的风险领域和拟采取的管控措施,提出有针对性的风险管理建议。同时,法人金融机构应当做好自评估的指标、方法和相关数据记录和保存。

三、洗钱风险自评估结果的运用

(一) 强化风险管理措施

针对自评估发现的高风险或较高风险情形,或原有控制措施有效性存在不足时,应当采取以下一项或多项强化风险管理措施:

1. 根据洗钱风险自评估结论,确定反洗钱工作所需的资源配置和优先顺序,必要时调整经营策略,确保与风险管理相适应;

2. 根据评估发现的控制措施薄弱环节,加强内控制度建设、工作流程优化,完善工作机制,严格内部检查和审计;

3. 针对评估发现的高风险客户类型进行优先处理,采取从严的客户接纳政策或强化的尽职调查,提高对其信息更新的频率,或加强对其的交易监测和限制;

4. 针对评估发现的高风险业务类型采取强化控制措施,在业务准入、交易频率、交易金额等方面设置限制;

5. 调整和优化交易监测指标与名单监控,对评估发现的高风险业务活动,进行更频繁深入的审查;

6. 针对评估发现的问题,进行风险提示;

7. 强化信息系统功能建设,支持洗钱风险管理的需要;

8. 其他能够有效控制风险的措施。

法人金融机构制定的改进措施不改变当次洗钱风险自评估结论，其执行效果应在后续评估中予以考虑。

（二）及时开展自评估工作的情况

法人金融机构应当动态、持续关注风险变化情况，及时更新完善本机构的自评估指标及方法，特别是在机构可疑交易监测分析结果或接受外部协查情况与评估结果出现明显偏差时，应及时分析原因并调整风险评估方法或改进可疑交易监测模型。

法人金融机构应当定期开展本机构洗钱风险自评估，原则上自评估的周期应不超过36个月，机构固有风险或剩余风险处于较高及以上等级的，自评估周期应不超过24个月。

法人金融机构出现以下情形时应及时开展自评估工作：

1. 经济金融和反洗钱法律制度、监管政策作出重大调整，使机构经营环境或应当履行的反洗钱义务发生重大变化；
2. 公司实际控制人、受益所有人发生变化或公司治理结构发生重大调整；
3. 经营发展策略有重大调整；
4. 内外部风险状况发生显著变化，如出现重大洗钱风险事件；
5. 其他认为有必要评估风险的情形。

【延伸阅读】

新产品、新业务的风险评估

金融机构对新产品、新业务的洗钱风险进行评估，并形成一项制度。在评估风险的过程中，提出产品设计的改进意见和相应的风险控制措施，应主要从以下几个方面着手：

一、了解新业务、新产品的创新点

一项业务，之所以被称为新产品或者新业务，一定是因为对原来的产品有所突破。需要了解这个产品、业务面对的是普通大众还是特定的人群，如果客户是特定的人群，还需要了解这个特定人群是存量客户还是同时包括存量客户和新增客户。如果面对存量客户开放，基于金融机构对客户的了解，可以认为风险偏低；如果是面向大众的产品，基于金融机构对新客户的了解程度不高，可以认为风险偏高。在产品所服务的客户面向社会公众提供服务时，还应当对客户的客户进行了解，某些产品设计，需要将客户的客户也作为客户来处理，如从事网络借贷中介服务的客户。

二、产品的设计用途

需要关注产品设计用途是消费类支付,还是转账类支付,抑或是理财,以及是否可以用于购买虚拟产品等。产品的设计用途与风险有直接的关系,支持消费类支付的产品和支持虚拟产品买卖的产品的风险存在较大的差异。转账类支付和购买虚拟产品的支付的风险相对于消费类支付和理财类支付而言偏高,但如果赋予理财类产品以流通性,则理财类产品的风险将上升。

三、资金的源头

对于银行来说,资金是来源于证券、信托等投资业务还是来源于薪金,风险大不相同。对于非自然人的账户来说,资金来源于其他的非自然人账户或者是自然人银行账户也是有区别的。如果产品设计的目的是归集来自人数众多的自然人账户的资金,其风险评估应当考虑非法吸收公众存款等侵害公众权益的非法行为的可能性。自然人账户的资金来源于现金还是银行账户,风险也会有所不同。对于支付机构来说,来源于银行卡的资金和来源于预付卡的资金,其风险也有所不同。如果资金来源于境外,应评估资金的性质和来源及对境外付款人、账户是否能够实现有效追溯。

四、资金的最终流向

在现代金融体系中,由于资金可以跨系统进行流动,判断资金的最终流向的确有难度,在新产品、新业务的风险评估中,应当将资金最终流向的所有可能性都列举出来。可以简单地将资金的最终流向分成两类,一类是消费,另一类是投资。资金最终流向为消费领域的,其风险应低于资金最终流向为投资领域的产品。如果资金的最终流向是消费,还需要关注购买的是普通消费品还是虚拟产品。如果资金的最终流向是境外,则应评估资金的用途以及对境外收款人、账户是否能够实现有效追溯。

五、客户身份识别方式

在采用非面对面的身份识别时,要提出相应的确保客户身份真实的产品设计方案和风险控制措施。在与其他机构合作的业务产品中,必须考虑合作机构客户身份识别的方式、合作机构在反洗钱方面的声誉、合作机构所在地反洗钱法律的完善程度,而不能仅凭信赖合作方对客户身份识别的研究成果而放松控制。

六、支付验证方式

对交易的验证和操作的验证应同等对待,评估交易及操作验证措施被窃取、被复制、被伪造的可能性。

七、风险控制措施是否适当、原可疑交易监测标准是否适用

在法律法规、规章及规范性文件对风险控制措施有明确规定的情况下，应判断产品、业务的设计是否符合规定；在没有规定的情况下，应评估拟定的风险控制措施是否有助于改善产品、业务的风险状况，拟定的风险控制措施在现有的技术条件下能否实现。此外，还应对现有的可疑交易监测标准是否适用于新业务、新产品的交易监测问题进行分析论证并提出完善的意见。

对新产品、新业务的评估，要结合一系列的控制措施才能得出具体的结论，但也要考虑某些身份识别措施、支付验证措施、风险控制措施失灵的情况，按照不利的情形进行评估。如果拟定的身份识别措施、支付验证措施、风险控制措施，以及针对新产品、新业务提出的可疑交易监测标准在现有的技术条件下不能实现，则应当待技术开发完成后再考虑新产品、新业务的上线问题。

——资料来源：刘乃晗，谢利锦. 合规反洗钱实务指南. 法律出版社，2020

第四节 金融机构洗钱风险的评估

评估洗钱风险，主要指基于风险的不同程度优先配置反洗钱监管资源，使得洗钱高风险领域、行业得到有效缓解。"风险为本"监管要求根据风险评估的结果划分为不同区域、不同等级，进而采取不同程度的监管措施。第三节的内容是法人金融机构对自身的洗钱风险进行自评估，本节的内容是由金融监管主体对金融机构洗钱风险进行评估的规定。

为深入实践风险为本的反洗钱方法，指导金融机构评估洗钱和恐怖融资（以下统称洗钱）风险，合理确定客户洗钱风险等级，提升反洗钱和反恐怖融资工作有效性，根据我国《反洗钱法》等法律规定，中国人民银行制定了《金融机构洗钱和恐怖融资风险评估及客户分类管理指引》（银发〔2013〕2号，以下简称《指引》）。

根据《指引》，洗钱风险评估指标体系包括客户特性、地域、业务（含金融产品、金融服务）、行业（含职业）4类基本要素。金融机构应结合行业特点、业务类型、经营规模、客户范围等实际情况，分解出某一基本要素所蕴含的风险子项。金融机构可根据实际需要，合理增加新的风险评估指标。例如，金融机构可区分新客户和既有客户、自然人客户和非自然人客户等不同群体的风险状况，设置差异化的风险评级标准。

一、客户特性风险子项

金融机构应综合考虑客户背景、社会经济活动特点、声誉、权威媒体披露信息以及非自然人客户的组织架构等各方面情况,衡量本机构对其开展客户尽职调查工作的难度,评估风险。风险子项包括但不限于:

1. 客户信息的公开程度。客户信息公开程度越高,金融机构客户尽职调查成本越低,风险越可控。例如,对国家机关、事业单位、国有企业以及在规范证券市场上市的公司开展尽职调查的成本相对较低,风险评级可相应调低。

2. 金融机构与客户建立或维持业务关系的渠道。渠道会对金融机构尽职调查工作的便利性、可靠性和准确性产生影响。例如,在客户直接与金融机构见面的情况下,金融机构更能全面了解客户,其尽职调查成果比来源于间接渠道的成果更为有效。不同类的间接渠道风险也不尽相同,例如,金融机构通过关联公司比通过中介机构更能便捷准确地取得客户尽职调查结果。

3. 客户所持身份证件或身份证明文件的种类。身份证件或身份证明文件越难以查验,客户身份越难以核实,风险程度就越高。

4. 反洗钱交易监测记录。金融机构对可疑交易报告进行回溯性审查,有助于了解客户的风险状况。在成本允许的情况下,金融机构还可对客户的大额交易进行回溯性审查。

5. 非自然人客户的股权或控制权结构。股权或控制权关系的复杂程度及其可辨识度,直接影响金融机构客户尽职调查的有效性。例如,个人独资企业、家族企业、合伙企业、存在隐名股东或匿名股东公司的尽职调查难度通常会高于一般公司。

6. 涉及客户的风险提示信息或权威媒体报道信息。金融机构如发现,客户曾被监管机构、执法机关或金融交易所提示予以关注,客户存在犯罪、金融违规、金融欺诈等方面的历史记录,或者客户涉及权威媒体的重要负面新闻报道评论的,可适当调高其风险评级。

7. 自然人客户年龄。年龄与民事行为能力有直接关联,与客户的财富状况、社会经济活动范围、风险偏好等有较高关联度。

8. 非自然人客户的存续时间。客户存续时间越长,关于其社会经济活动的记录可能越完整,越便于金融机构开展客户尽职调查。金融机构可将存续时间的长度作为衡量客户风险程度的参考因素。

二、地域风险子项

金融机构应衡量客户及其实际受益人、实际控制人的国籍、注册地、住所、经营所在地与洗钱及其他犯罪活动的关联度，并适当考虑客户主要交易对手方及境外参与交易金融机构的地域风险传导问题。风险子项包括但不限于：

1. 某国（地区）受反洗钱监控或制裁的情况。金融机构既要考虑我国的反洗钱监控要求，又要考虑其他国家（地区）和国际组织推行且得到我国承认的反洗钱监控或制裁要求。经营国际业务的金融机构还要考虑对该业务有管辖权的国家（地区）的反洗钱监控或制裁要求。

2. 对某国（地区）进行反洗钱风险提示的情况。金融机构应遵循中国人民银行和其他有权部门的风险提示，参考金融行动特别工作组、亚太反洗钱组织、欧亚反洗钱及反恐怖融资组织等权威组织对各国（地区）执行 FATF 反洗钱标准的互评估结果。

3. 国家（地区）的上游犯罪状况。金融机构可参考我国有关部门以及 FATF 等国际权威组织发布的信息，重点关注存在较严重恐怖活动、大规模杀伤性武器扩散、毒品、走私、跨境有组织犯罪、腐败、金融诈骗、人口贩运、海盗等犯罪活动的国家（地区），以及支持恐怖主义活动等严重犯罪的国家（地区）。

4. 特殊的金融监管风险。例如避税型离岸金融中心。对于其住所、注册地、经营所在地与本金融机构经营所在地相距很远的客户，金融机构应考虑酌情提高其风险评级。

三、业务（含金融产品、金融服务）风险子项

金融机构应当对各项金融业务的洗钱风险进行评估，制定高风险业务列表，并对该列表进行定期评估、动态调整。金融机构进行风险评级时，不仅要考虑金融业务的固有风险，而且应结合当前市场的具体运行状况，进行综合分析。风险子项包括但不限于：

1. 与现金的关联程度。现金业务容易使交易链条断裂，难以核实资金真实来源、去向及用途，因此现金交易或易于让客户取得现金的金融业务（以下简称关联业务）具有较高风险。考虑到我国金融市场运行现状和居民的现金交易偏好，现金及其关联业务的普遍存在具有一定的合理性，金融机构可重点关注客户在单位时间内累计发生的金额较大的现金交易情况或是具有某些异常特征的大额现金交易情况。此项标准如能结合客户行业或职业特性一并考虑将更为合理。

2. 非面对面交易。非面对面交易方式（如网上交易）是客户无须与工作人员直接接触即可办理业务，增加了金融机构开展客户尽职调查的难度，洗钱风险相应上升。金融机构在关注此类交易方式固有风险的同时，需酌情考虑客户选择或偏好此类交易方式所具有的一些现实合理性，特别是在以互联网为主要交易平台的细分金融领域（如证券市场的二级市场交易），要结合反洗钱资金监测和自身风险控制措施情况，灵活设定风险评级指标。

例如，可重点审查以下交易：

（1）由同一人或少数人操作不同客户的金融账户进行网上交易；

（2）网上金融交易频繁且 IP 地址分布在非开户地或境外；

（3）使用同一 IP 地址进行多笔不同客户账户的网银交易；

（4）金额特别巨大的网上金融交易；

（5）公司账户与自然人账户之间发生的频繁或大额交易；

（6）关联企业之间的大额异常交易。

3. **跨境交易**。跨境开展客户尽职调查难度大，不同国家（地区）的监管差异又可能直接导致产生反洗钱监控漏洞。金融机构可重点结合地域风险，关注客户是否存在单位时间内多次涉及跨境异常交易报告等情况。

4. **代理交易**。由他人（非职业性中介）代办业务可能导致金融机构难以直接与客户接触，尽职调查有效性受到限制。鉴于代理交易在现实中的合理性，金融机构可将关注点集中于风险较高的特定情形，例如：

（1）客户的账户是由经常代理他人开户人员或经常代理他人转账人员代为开立的；

（2）客户由他人代办的业务多次涉及可疑交易报告；

（3）同一代办人同时或分多次代理多个账户开立；

（4）客户信息显示紧急联系人为同一人或者多个客户预留电话为同一号码等异常情况。

5. **特殊业务类型的交易频率**。对于频繁进行异常交易的客户，金融机构应考虑提高风险评级。

银行业金融机构可关注开（销）户数量、非自然人与自然人大额转账汇款频率、涉及自然人的跨境汇款频率等。

证券业金融机构可关注交易所预警交易、大宗交易、转托管和指定（撤指）、因第三方存款单客户多银行业务而形成的资金跨银行或跨地区划转等。

保险业金融机构可关注投保频率、退保频率、团险投保人数明显与企业人员规模不匹配、团险保全业务发生率、申请保单质押贷款（保单借款）金额或频率、生存保险受益人变更频率、万能险追加保费金额或频率等。

信托公司可关注客户购买、转让信托产品的频率或金额等。

在业务关系建立之初，金融机构可能无法准确预估出客户使用的全部业务品种，但可在重新审核客户风险等级时审查客户曾选择过的金融业务类别。

四、行业（含职业）风险子项

金融机构应评估行业、身份与洗钱、职务犯罪等的关联性，合理预测某些行业客户的经济状况、金融交易需求,酌情考虑某些职业技能被不法分子用于洗钱的可能性。《指引》对此基本要素不再细分风险子项,金融机构可从以下角度进行评估:

1. 公认具有较高风险的行业(职业)。原则上,按照我国反洗钱监管制度及 FATF 建议等反洗钱国际标准应纳入反洗钱监管范围的行业(职业),其洗钱风险通常较高。

2. 与特定洗钱风险的关联度。例如,客户或其实际受益人、实际控制人、亲属、关系密切人等属于外国政要。

3. 行业现金密集程度。例如,客户从事废品收购、旅游、餐饮、零售、艺术品收藏、拍卖、娱乐场所、博彩、影视娱乐等行业。

五、指标使用方法

本指引运用权重法,以定性分析与定量分析相结合的方式来计量风险、评估等级。中国人民银行鼓励金融机构研发其他风险计量工具或方法,金融机构自主研发的风险计量工具或方法应能全面覆盖《指引》所列风险子项,并有书面文件对其设计原理和使用方法进行说明。

1. 金融机构应对每一基本要素及其风险子项进行权重赋值,各项权重均大于 0,总和等于 100。对于风险控制效果影响力越大的基本要素及其风险子项,赋值相应越高。对于经评估后决定不采纳的风险子项,金融机构无须赋值。同一基本要素或风险子项所概括的风险事件,在不同的细分金融领域内有可能导致不同的危害性后果发生。即使是处于同一细分金融领域内的不同金融机构,也可能因为客户来源、销售渠道、经营规模、合规文化等方面的原因而面临不同的风险状况,从而对同一风险事件的风险程度作出不同的判断。因此,每个金融机构需结合自身情况,合理确定个性化的权重赋值。

2. 金融机构应逐一对照每个风险子项进行评估。例如,金融机构采用 5 级分类法时,最高风险评分为 5,较高风险评分为 4,一般风险评分为 3,较低风险评分为 2,低风险评分为 1。

金融机构应根据各风险子项评分及权重赋值计算客户风险等级总分,计算公式为:

$$\sum_{i=1}^{n} \frac{a_i p_i}{m}$$

其中,a 代表风险子项评分,p 代表权重,m 代表金融机构所选取的风险分级数(例如 3 级分类、5 级分类等),n 代表风险子项数量。客户风险等级得分最高 100 分。

3. 金融机构应建立客户风险等级总分(区间)与风险等级之间的映射规则,以确定每个客户具体的风险评级,引导资源配置。金融机构确定的风险评级不得少于 3 级。从有利于运用评级结果配置反洗钱资源角度考虑，金融机构可设置较多的风险评级等次，以增强反洗钱资源配置的灵活性。

六、例外情形

1. 对于风险程度显著较低且预估能够有效控制其风险的客户，金融机构可自行决定不按上述风险要素及其子项评定风险，直接将其定级为低风险，但此类客户不应具有以下任何一种情形：

（1）在同一金融机构的金融资产净值超过一定限额（原则上，自然人客户限额为20万元人民币，非自然人客户限额为50万元人民币），或寿险保单年缴保费超过1万元人民币或外币等值超过1000美元，以及非现金趸交保费超过20万元人民币或外币等值超过2万美元；

（2）与金融机构建立或开展了代理行、信托等高风险业务关系；

（3）客户为非居民，或者使用了境外发放的身份证件或身份证明文件；

（4）涉及可疑交易报告；

（5）由非职业性中介机构或无亲属关系的自然人代理客户与金融机构建立业务关系；

（6）拒绝配合金融机构开展客户尽职调查工作。

对于按照上述要求不能直接定级为低风险的客户，金融机构逐一对照各项风险要素及其子项进行风险评估后，仍可能将其定级为低风险。

2. 对于具有下列情形之一的客户，金融机构可直接将其风险等级确定为最高，而无须逐一对照上述风险要素及其子项进行评级：

(1) 客户被列入我国发布或承认的应实施反洗钱监控措施的名单；

(2) 客户为外国政要或其亲属、关系密切人；

(3) 客户实际控制人或实际受益人属于前两项所述人员；

(4) 客户多次涉及可疑交易报告；

(5) 客户拒绝金融机构依法开展的客户尽职调查工作；

(6) 金融机构自定的其他可直接认定为高风险客户的标准。

不具有上述情形的客户，金融机构逐一对照各项风险基本要素及其子项进行风险评估后，仍可能将其定级为高风险。

第五节

反洗钱内部控制制度

内部控制制度一般指金融机构为实现经营和管理目标,有效规避和控制经营风险,通过制定和实施一系列的制度、程序和方法,对市场风险、法律风险、操作风险等风险进行事前防范、事中控制、事后监督的动态过程和机制。反洗钱内部控制制度是金融机构内部控制制度的重要组成部分。

我国《反洗钱法》第十五条规定,金融机构应当依照本法规定建立反洗钱内部控制制度,金融机构的负责人应当对内部控制制度的有效实施负责。金融机构应当设立反洗钱专门机构或者指定内设机构负责反洗钱工作。

一、建立反洗钱内控制度的有关规定

(一) 建立反洗钱内控制度是国际通行做法

金融机构建立反洗钱内部控制制度是国际组织和各国(地区)立法普遍要求采取的反洗钱措施。美国《爱国者法》、英国《反洗钱条例》、德国《严重犯罪收益侦查法》、比利时《防止金融系统洗钱法》等多数国家和地区的反洗钱立法都对反洗钱内部控制制度的具体要求进行了细致规定,美国、英国、德国、比利时等开展反洗钱工作比较先进的国家,还明确要求金融机构应指定反洗钱合规官员,专门负责本机构的反洗钱事务。

金融行动特别工作组(FATF)《反洗钱40条建议》第十五条规定,金融机构应制定反洗钱和反恐融资措施。这些措施应包括:(1) 制定内部政策、程序和控制措施,包括在管理层指派监察人员,以及在聘用员工时采用严格的审查程序,确保雇员素质良好;(2) 持续进行雇员培训计划;(3) 建立审计机制,以对系统进行测试。

沃尔夫斯堡集团《全球私人银行反洗钱准则》规定,银行应建立由私人银行家、独立运作组织、内部审计等参与的多层次控制体系,并采取措施建立切实可行的标准的内部控制政策。内部控制政策应包括:时机的适时选择、控制的程度和范围、义务责任以及追踪调查等问题,并由专门独立的审计职能机构检验其预期效果。

巴塞尔银行监管委员会《关于防止利用银行系统用于洗钱的声明》指出,所有银行应正式采取与本声明中的原则一致的政策,并且应确保将有关政策通知各地所有相关的雇员。为促进遵守这些原则,银行应采用识别客户与保留交易内部记录的特定程序。内部审计范畴需要适当扩展,以便建立检验遵守本声明情况的有效手段。

(二)反洗钱内控制度的目标

反洗钱内部控制制度的设计和制定应至少达到3个方面的目标:

1. 应将反洗钱要求融入业务工作程序和管理系统,使反洗钱成为金融机构整体风险控制的有机组成部分,成为全体员工自觉维护自身机构信誉、防止本机构被洗钱犯罪分子利用的制度保证,从而避免或减少被动卷入洗钱活动而产生的法律风险、经济损失以及对自身信誉的损害。

2. 反洗钱内部控制制度的制定和实施应能够保证本机构通过客户身份识别等基本制度,有效发现、识别和报告可疑交易,协助反洗钱监管机关和司法部门发现和打击洗钱等违法犯罪活动。

3. 反洗钱内部控制制度应与金融机构的经营规模、业务范围和风险特点相适应,并具有根据自身业务发展变化和经营环境变化而不断修正、完善和创新的能力,为金融机构应对不测或突发事件奠定坚实的基础。

(三)反洗钱内控制度的内容

1. 我国反洗钱法的规定。我国《反洗钱法》第十六条至第二十二条对金融机构应履行的反洗钱义务进行了较为详细的规定。为有效地履行反洗钱义务,金融机构必须根据自身的业务特点和面临风险的具体情况,制定履行法定反洗钱义务的工作程序、业务流程、责任制度、管理体制、内部评估和稽核制度。

反洗钱内控制度的核心内容一般包括:客户身份识别、报告大额和可疑交易、保存客户身份资料和交易记录的内部操作规程,反洗钱工作保密制度,确保反洗钱工作制度有效执行的内部审计和稽核制度,保证董事会和高级管理层及时掌握反洗钱工作情况的报告制度,员工反洗钱定期培训计划等。

我国《反洗钱法》第九条规定国务院有关金融监督管理机构对所监督管理的金融机构提出建立健全反洗钱内部控制制度的要求,因此,金融机构不仅应当依照规定建立反洗钱内部控制制度,而且应当满足国务院有关金融监督管理机构的要求。

2. 中国人民银行的规定。2021年,中国人民银行颁布了《金融机构反洗钱和反恐怖融资监督管理办法》,在第二章规定了金融机构反洗钱内部控制和风险管理。主要内容包括:

（1）第八条：金融机构应当在总部层面建立洗钱和恐怖融资风险自评估制度，定期或不定期识别、评估和了解其面临的洗钱和恐怖融资风险以及控制薄弱环节，保存工作记录，经董事会审定后 10 个工作日内，将自评估情况报送所在地中国人民银行或者其分支机构。

金融机构洗钱和恐怖融资风险自评估应当与本机构经营规模和业务特征相适应，充分考虑客户、地域、业务、交易渠道等方面的风险要素类型及其变化情况，并吸收运用国家洗钱和恐怖融资风险评估报告、监管部门及自律组织的指引等。当面临的洗钱和恐怖融资风险发生显著变化，或者经营管理出现重大变更等情形，金融机构应当及时开展洗钱和恐怖融资风险评估。

金融机构在采用新技术、开办新业务或者提供新产品、新服务前，应当进行洗钱和恐怖融资风险评估，并制定相应的风险管理措施。

金融机构应当定期审查和不断优化洗钱和恐怖融资风险评估工作流程和指标体系。

（2）第九条：金融机构应当根据经营规模和已识别出的洗钱和恐怖融资风险状况，经高级管理层批准，采取与之相匹配的风险管理政策、程序和措施，并根据风险状况变化和控制措施执行情况及时调整。

金融机构应当将洗钱和恐怖融资风险管理纳入本机构全面风险管理体系，贯穿决策、执行和监督的全过程，覆盖各项业务活动和管理流程；针对识别的较高风险情形，应当采取强化措施管理和降低风险；针对识别的较低风险情形，可以采取简化措施；超出金融机构风险控制能力的，不得与客户建立业务关系或进行交易，已经建立业务关系的，应当中止交易并考虑提交可疑交易报告，必要时终止业务关系。

（3）第十条：金融机构应当设立专门部门或者指定内设部门牵头开展反洗钱和反恐怖融资管理工作，明确董事会、监事会、高级管理层和相关部门的反洗钱和反恐怖融资职责，建立相应的绩效考核和奖惩机制。

金融机构应当任命或者授权一名高级管理人员牵头负责反洗钱和反恐怖融资管理工作，并采取合理措施确保其具有独立开展工作以及充分获取履职所需权限和资源的权力。

金融机构应当根据本机构经营规模、洗钱和恐怖融资风险状况和业务发展趋势配备充足的反洗钱岗位人员，采取适当措施确保反洗钱岗位人员的资质、经验、专业素质及职业道德符合要求，制定持续的反洗钱和反恐怖融资培训计划。

（4）第十二条：金融机构应当建立反洗钱和反恐怖融资审计机制，通过内部审计或者独立审计审查和评价反洗钱和反恐怖融资内部控制制度制定和执行情况，推动对审计发现问题的整改，督促业务部门、境内外分支机构、控股附属机构提升洗钱和恐怖融资风险管理水平。审计应当遵循独立性原则，审计的范围、方法和频率应当与本机构规模及洗钱和恐怖融资风险状况相适应，审计报告应当提交董事会或者其授权的专门委员会。

（5）第十三条：金融机构以及金融机构跨业投资控股形成的金融集团应当在总部层面或者集团层面制定统一的反洗钱和反恐怖融资机制安排，包括为开展客户尽职调查、洗钱和恐怖融资风险管理在集团内部共享反洗钱和反恐怖融资信息的政策和程序，并确保其所有分支机构及控股附属机构结合自身业务特点有效执行。

金融机构以及金融机构跨业投资控股形成的金融集团在共享和使用信息方面应当采取适当保密措施防止信息泄露。

（6）第十八条：金融机构发生下列情况的，应当及时（发生后10个工作日内）或者按照具体监管要求向中国人民银行或者金融机构所在地人民银行分支机构反洗钱部门报告：①主要反洗钱和反恐怖融资内部控制制度新增或者修订；②反洗钱和反恐怖融资工作机构、主要负责人调整或者反洗钱和反恐怖融资岗位人员发生较大调整的；③涉及反洗钱和反恐怖融资工作的重大风险事项；④开展洗钱和恐怖融资风险自评估或者其他相关风险分析的；⑤境外分支机构和控股附属机构受到当地监管当局或者司法部门开展的与反洗钱和反恐怖融资相关的执法检查、行政处罚、刑事调查或者其他重大风险事件；⑥其他由中国人民银行明确要求报告的反洗钱和反恐怖融资事项。

二、关于金融机构负责人对反洗钱内部控制制度的有效实施负责

2003年1月，中国人民银行发布《金融机构反洗钱规定》，要求金融机构建立健全反洗钱内控制度，设立专门的反洗钱工作机构或者指定其内设机构负责反洗钱工作，并配备必要的管理人员和技术人员。金融机构应当根据实际需要，在其分支机构设立专门机构或者指定专人负责反洗钱工作，并按照分级管理的原则，对下属分支机构执行本规定和反洗钱内控制度的情况进行监督、检查。新设金融机构或者金融机构增设分支机构应当制定有效的反洗钱措施。

为提高法律实施的有效性，我国《反洗钱法》第十五条在法律层面明确规定金融机构应当建立反洗钱内部控制制度的同时，明确规定金融机构的负责人对本机构反洗钱内部控制制度的有效性负责，在反洗钱方面体现了良好的公司治理以及董事、监事和高级管理层对内部控制承担直接责任的要求。

三、关于反洗钱内部控制的机构设置要求

为防止被犯罪分子利用从事洗钱活动，金融机构需要建立完备的组织结构和管理体

系，配备适当的人力资源和技术设备。因此，无论从其所应承担的反洗钱义务，还是从其自有资源能力而言，金融机构都有必要设立专门的反洗钱机构，或指定内设部门专门承担反洗钱工作。

考虑到金融机构在组织结构、经营规模、业务范围和风险特点等方面存在差异，以及适当平衡经营成本、人力资源与反洗钱工作需要的关系，我国《反洗钱法》第十五条没有统一要求金融机构设立反洗钱专门机构，而是灵活规定金融机构可以在设立反洗钱专门机构或者指定内设机构负责反洗钱工作之间进行选择。

反洗钱专门机构是指金融机构为履行法律规定的反洗钱义务专门设立的、专职负责反洗钱工作的独立机构，通常由反洗钱合规官担任部门负责人。指定内设机构是指金融机构为履行法律规定的反洗钱义务，指定一个或若干个已有的内设部门负责客户身份识别、大额和可疑交易报告、客户身份信息和交易记录保存等工作。实践中，许多金融机构都是指定法律合规部、财务会计部、资金结算部、审计部、安全保卫部等内设机构负责反洗钱工作。

金融机构设立反洗钱专门机构或者指定内设部门负责反洗钱工作还包括两个方面的含义：一是金融机构必须配备必要的管理人员和技术人员，给予必要的财务保障和技术支持；二是反洗钱专门机构或者指定的内设部门应具有一定的独立性和超然性，不直接干涉或参与业务部门的日常经营活动。

四、不履行建立反洗钱内部控制制度等事项的处罚规定

我国《反洗钱法》第三十一条规定："金融机构有下列行为之一的，由国务院反洗钱行政主管部门或者其授权的设区的市一级以上派出机构责令限期改正；情节严重的，建议有关金融监督管理机构责令金融机构对直接责任的董事、高级管理人员和其他直接责任人员给予纪律处分：（一）未按照规定建立反洗钱内部控制制度的；（二）未按照规定设立反洗钱专门机构或者指定专门机构和人员负责反洗钱工作的；（三）未按照规定对职工进行反洗钱培训的。"

根据这条规定，金融机构所列行为之一的，由国务院反洗钱行政主管部门或者其授权的设区的市一级以上派出机构责令限期改正；情节严重的，在责令金融机构限期改正的同时，建议有关金融监督管理机构责令金融机构对负有直接责任的董事、高级管理人员和其他直接责任人员给予纪律处分。可见，作出处罚决定的机关为国务院反洗钱行政主管部门或者其授权的设区的市一级以上派出机构，这里的规定包括了三级机关：中国人民银行、中国人民银行省一级派出机构、中国人民银行授权的设区的市一级以上派出机构。

对情节严重的，还可以建议有关金融监督管理机构责令金融机构对负有直接责任的董事、高级管理人员和其他直接责任人员给予纪律处分。有关金融监督管理机构负责对金融机构业务活动进行监督管理，有着相对完善的监督管理措施，可依法对金融机构的违法行为作出处理决定。根据此条的规定，有关金融监督管理机构接到反洗钱行政主管部门的建议后，责令金融机构对相关责任人员予以纪律处分。

此条规定的金融机构的责任是在接到反洗钱行政主管部门限期改正的通知后，在规定的期间内纠正错误做法，对违法行为后果给予积极有效的弥补。具体而言就是要在规定期间内，建立反洗钱内部控制制度、设立反洗钱专门机构、指定专门机构和人员负责反洗钱工作、对职工进行反洗钱培训。

对有严重违法情节的金融机构直接负责的董事、高级管理人员和其他直接责任人员，由金融机构依照金融监督管理机构的决定，给予纪律处分，处分形式包括警告、记过、罚款、降职等。上述"情节严重"包括不按照规定建立多项制度、延期改正、拒不改正、因不履行义务造成反洗钱工作严重障碍等情形。

【职业素养与道德】

中国银行纽约分行反洗钱处罚案例分析及启示（节选）

2018年6月，美国财政部下属的美国货币监理署（Office of the Comptroller of the Currency，OCC）在其官网公布了对中国银行纽约分行（以下简称纽约中行）的执法行动，称纽约中行在遵守《银行保密法/反洗钱法》（BSA/AML）合规计划、可疑交易报告及美国海外资产风险控制办公室（The Office of Foreign Assets Control of the US Department of the Treasury，OFAC）要求方面存在缺陷，主要表现在以下3个方面：

一是纽约中行未能实施完全符合BSA/AML及OFAC要求的合规计划，且没有及时提交可疑交易报告。二是纽约中行BSA/AML合规计划存在严重缺陷，如内部控制系统不完善、独立测试效果不佳、BSA官员职能薄弱、培训不足；交易监测系统存在系统性缺陷，导致监测不足，不能及时预警和进行回溯性调查，进而不能及时提交可疑交易报告；该分行在客户尽职调查、增强型尽职调查和客户风险等级划分流程方面存在系统性缺陷。三是纽约中行未及时提交与可疑客户交易有关的可疑交易报告。

OCC对纽约中行提出的整改要求主要包括：

1. 风险评估和风险偏好评估。OCC要求纽约中行此后每年进行风险评估和风险偏好评估，确保负责该工作的员工具有足够的权限和技能以保证评估职责的履行。

（1）应包括对纽约中行及其联邦兄弟行范围内组织结构的有效性、管理能力、问责制、员工需求、内部控制、客户尽职调查流程、增强型客户尽职调查流程、风险评估流程、可疑交易监测报告系统和流程、审计或独立测试及培训评估。

（2）应包括对纽约中行 BSC/AML 和 OFAC 风险的综合量化评估，以准确评估风险水平和控制措施的充分性。具体包括：

①对纽约中行及其联邦兄弟行每一业务条线的 BSC/AML 和 OFAC 风险的书面评估，及 BSC/AML 和 OFAC 风险较高的产品、客户和服务的评估。该评估应包括但不限于对与外国代理行、贸易融资、保险箱、现金密集型业务、远程存款获取、第三方支付处理、货币工具和其他高风险产品、服务、客户或地区相关的风险评估；

②对该分行目前使用的方法进行评估，以量化其 BSC/AML 和 OFAC 风险水平及与特定客户的关系，尤其是量化新客户和存量客户的 BSC/AML 和 OFAC 风险。风险量化应涵盖纽约中行及其联邦兄弟行的客户，并考虑诸如账户实际交易情况（交易笔数和金额）、客户的业务领域、地区、客户使用产品和服务的类型，以及2014年《联邦金融机构检查委员会银行保密法/反洗钱检查手册》中列举的其他事项；

③识别 BSC/AML 或 OFAC 风险水平与控制措施不相称的业务、地理位置信息、产品或流程；

④对纽约中行的业务及其横跨所有联邦兄弟行的交易和产品的 BSA/AML 和 OFAC 风险进行评估；

⑤风险评估应定期更新，时间间隔不得超过12个月，每当 BSC/AML 或 OFAC 风险及业务线发生重大变化时也应及时进行风险评估；

⑥纽约中行及其联邦兄弟行的 BSC/AML 和 OFAC 汇总风险应附有合理的、明确的文件，以便于第三方审查；

⑦对 BSA/AML 和 OFAC 风险评估的准确性和合理性进行独立测试。

（3）纽约中行总经理应对 BSA/AML 和 OFAC 合规计划的风险评估进行审查，并在收到 BSA/AM 或 OFAC 风险评估或合规计划有任何变更后，至少每年审查一次。

（4）纽约中行总经理应至少每年制定并更新一份纽约中行及其联邦兄弟行范围的评估并记录纽约中行的 BSA/AML 和 OFAC 风险偏好书面程序，以确保 BSA/AML 和 OFAC 风险管理措施与风险水平相当，与年初风险评估相一致。其内容至少应包括：①能激励业务条线，对业务部门成功管理 BSA/AML 和 OFAC 风险进行奖励；②继续支持纽约中行首席风险官，确保其在纽约中行及其联邦兄弟行的重要地位和指挥权。

OFAC 对纽约中行提出制裁合规计划，主要包括：①使用适当、有效且符合纽约中行及其联邦兄弟行风险状况的 OFAC 筛查系统；②对 OFAC 筛查系统定期进行独立验证，包括频率、范围、测试深度、问题报告及处理；③根据适用的 OFAC 清单，对所有交易，特别是电汇交易进行筛查；④根据现有的 OFAC 清单对新的潜在客户进行筛查，并根据最新的 OFAC 清单对现有客户进行筛查；⑤及时更新被制裁的国家、实体和个人名单，并在纽约中行及其联邦兄弟行内共享；⑥处理在各种制裁方案下被有效阻止或拒绝的物品及管理被冻结账户；⑦OFAC 风险管理流程与纽约中行及其联邦兄弟行的风险水平相符，应按广义 OFAC 风险管理要求增加工作岗位，赋予 OFAC 官员在纽约中行及其联邦兄弟行范围内有足够权力、地位和领导权，形成书面政策、程序和治理框架，制定和积极实施有效的 OFAC 风险管理计划。

OFAC 制裁合规计划应包括有效和可持续的政策和程序，能对涉及集团子公司所有客户的贸易融资活动、美元结算活动等所有交易进行风险筛查和合规管理，确保遵守 OFAC 规定。

——资料来源：许井荣．中国银行纽约分行反洗钱处罚案例分析及启示．中国信用卡，2019（3）

本章小结

1. "风险为本"反洗钱方法的实质是相关主体从风险管理的角度来开展反洗钱工作。金融机构要能够及时有效地识别客户和特定业务（产品）的洗钱风险，将主要精力运用于高风险客户及交易。监管部门要判断哪些金融机构面临的风险较大，以决定监管资源的分配，实施相应的监管行动。

2. 洗钱风险识别是洗钱风险管理体系有效运转的第一步。根据风险为本方法的要求，金融机构首先要准确地识别风险，然后对风险进行科学的评估，在评估的基础上，采取控制程度不同的分类管理措施，对高风险的客户和业务（产品）实施严格的风险管理措施，对低风险的客户和业务（产品）实施简化的风险管理措施。

3. 法人金融机构洗钱风险自评估包括固有风险评估、控制措施有效性评估、剩余风险评估。固有风险评估反映在不考虑控制措施的情况下，法人金融机构被利用于洗钱和恐怖融资的可能性。控制措施有效性评估反映法人金融机构所采取的控制措施对管理和缓释固有风险的有效程度，进而对尚未得到有效管理和缓释的剩余风险进行评估。

4. 评估洗钱风险，主要指基于风险的不同程度优先配置反洗钱监管资源，使得洗钱高风险领域、行业得到有效缓解。我国规定的评估指标体系包括客户特性、地域、业务

（含金融产品、金融服务）、行业（含职业）4类基本要素。

5. 金融机构应当建立反洗钱内部控制制度，金融机构的负责人应当对内部控制制度的有效实施负责。金融机构应当设立反洗钱专门机构或者指定内设机构负责反洗钱工作。

 复习思考题

1. 结合我国反洗钱实际，如何理解"风险为本"？
2. 我国法人金融机构洗钱风险自评估主要有哪些内容？
3. 金融机构洗钱风险评估体系主要有哪些内容？
4. 商业银行如何建立有效的反洗钱内控制度？
5. 如何识别利用地下钱庄洗钱的风险？

第五章　客户尽职调查和信息保存

【学习目标】

1. 了解客户尽职调查的基本内容与立法演变过程。
2. 掌握客户尽职调查的工具、程序和策略。
3. 掌握我国信息保存制度的主要规定。

【重点难点】

1. FATF 对客户尽职调查的具体规定。
2. 开展客户尽职调查的工具和程序。
3. 客户尽职调查的策略。

【案例导入】

"珠宝第一股"达尔曼圈钱洗钱事件

2005 年，被誉为"中华珠宝第一股"的达尔曼被宣告停牌，之后牵出了震惊世人的洗钱案件。有关部门核查发现，达尔曼所有的采购、生产、销售基本上都是在一种虚拟状态下进行的。每年公司都会制定一些所谓的经营计划，然后组织有关部门和一些核心人员根据计划制作虚假的原料入库单、生产进度报表和销售合同等。为了做到天衣无缝，相关销售发票和增值税发票应缴的税款都一分不少地缴纳——据测算，达尔曼几年来用以造假的成本达数亿元。其虚假投资经营项目也数不胜数，如账面显示"达尔曼一条街"项目投入 8227 万元纯属子虚乌有，还有账面显示 6000 万元的"都江堰钻石加工中心"项目、5213 万元的"西安富士达传感器"项目、1950 万元的"蓝天林木种苗"项目，都属于虚报项目。

为了隐瞒其诈骗事实与非法收入，达尔曼的董事长许宗林建立了大量由其控制的空壳公司和影子公司来与达尔曼进行"业务往来"，这类公司总数达 30 多个，其法定代表人表面看起来与许宗林没有任何关系,其实都是许宗林身边的人,许宗林只需要怀揣着这些公司的印鉴,在需要的时候就可以轻松完成他的数字游戏了。许宗林在深圳的几家公司,通过设备采购、投资、地下钱庄等种种手段,将数亿元的资金洗往国外。

许宗林建立了大量的影子公司进行交易,以掩盖虚假财务报表中出现的幽灵数字,这些举动的最终目的是为抬高股价打掩护(因为业绩好股价高才是正常),让其控制的多个证券账户在炒作中获利,从中圈走并向境外转移了8亿元人民币。这一案件中,影子公司设立、证券开户和黑钱转移,都使用了身边员工甚至陌生人的身份信息。

——资料来源:揭"珠宝第一股"达尔曼圈钱洗钱画皮,中国财经

简要分析:这是一起典型的洗钱案例,一家赫赫有名的上市公司造假洗钱,银行却丝毫没有察觉。8亿元的卷款潜逃给我们带来的教训是必须严格对待客户尽职调查,不能因为客户是有一定声誉的大客户便有所懈怠,也不能因为客户是私人客户业务金额较小就降低标准。客户尽职调查作为反洗钱的第一步,必须建立严格的标准,按照标准谨慎执行,才能最大限度避免类似案件再次发生。

第一节

客户尽职调查概述

一、对客户尽职调查的理解

(一)概念解释

客户尽职调查(Customer Due Diligence,CDD)也称"客户审慎调查",是指金融机构在与客户建立业务关系订立协议前,确定客户真实身份合法有效,并对其职业情况或从事业务、交易目的、交易性质、资金来源、业务机会与潜在洗钱风险等进行的一系列调查,以对即将展开的业务关系可能存在的风险尤其是反洗钱风险进行审慎评估。从字面上看,客户尽职调查至少包括两层含义:(1)尽职调查具有应尽的义务和责任;(2)尽职调查为获得足够的信息,应主动付出各种努力。

(二)产生背景

1. 1991年6月10日,国际监管组织巴塞尔银行监管委员会(Basel Committee on

Banking Supervision，BCBS）（以下简称"巴塞尔委员会"）颁布《防止使用金融系统洗钱的指令》，其中第三条首次提出"客户尽职调查"这一概念。

2. 2001年10月，由巴塞尔委员会颁布的《银行客户尽职调查》中正式全面系统地阐述了客户尽职调查的概念。

3. 2003年，金融行动特别工作组（FATF）修订《40条建议》，将"客户尽职调查"作为国际反洗钱调查的基本要求纳入其中。

（三）与客户身份识别的区别与联系

1. 区别。客户身份识别又称识别客户身份或客户身份验证，是指金融机构在与客户建立业务关系或与其进行交易时，使用可靠的、独立来源的文件数据和信息，识别核实客户身份，登记客户身份基本信息，不保留匿名账户或明显以假名开立的账户。从概念可知，两者分别是对客户信息的浅层认识和深层认识。客户身份识别仅涉及验证客户身份，核实信息无误即可通过；客户尽职调查则是对客户信息的全面分析，是对收集得到的信息进行风险排查，只有通过风险审核才可以通过。

在实务操作中，客户身份识别往往是前端工作人员的重点关注对象，客户尽职调查则需要金融机构后台专业人员操作来保证其有效实施。

2. 联系。客户身份识别获得的信息正是客户尽职调查展开的重要信息来源，前者为后者提供可靠真实的信息，后者通过评估流程进行全方位的分析。金融机构在客户尽职调查中得到的结果也会作为评估客户身份识别的依据，来检验识别过程中收集的信息是否充足、真实。

二、客户尽职调查的特征

1. 具有一定的客观性，不能侵犯客户的隐私。尽管客户尽职调查需要"刨根问底"，但是要保证机构工作人员不能因满足自己的好奇心而暴露与业务无关的客户隐私。

2. 必须具有客户的签字及公章，必要时可以用视频或客户亲自手写的方式证明客户知悉尽职报告中所涉及的内容。

三、客户尽职调查的重要性和作用

（一）保障金融秩序，维护金融市场的公平正义

经济发展的目标是保障和改善民生，金融市场作为经济发展中的关键一环，一旦出现

涉及洗钱活动的事件，势必会对金融机构的声誉产生重大影响，引起公众对金融机构的信誉乃至金融体系的安全产生怀疑，从而对金融机构的经营产生负面影响。

（二）避免金融市场成为洗钱犯罪的温床

许多大型犯罪集团的目的是敛财，首选的洗钱场所便是金融市场。随着金融行业的稳步发展，金融市场不再局限于银行、证券公司等传统金融机构，而是延伸到拍卖行、画廊、典当行等非传统意义的金融机构。在反洗钱活动中对任何有机会涉及洗钱活动的机构进行排查，有利于收集相关证据，全面打击违法犯罪活动。

（三）促进金融市场双向开放进程，树立我国金融市场的良好形象

随着人民币国际化进程的有序推进和国内资本市场的日渐开放，中国金融市场若想吸收重要资本进入则必须设立严格的反洗钱制度，与国际标准接轨。这样有助于展现我国金融体制改革的成果，也有助于展示我国法制建设的持续改进和不断完善。

四、客户尽职调查原则

客户尽职调查需要遵守的主要原则有：

（一）独立性原则

每位工作人员在工作中都应保持客观公正的态度。项目专业人员应服务客户尽职调查项目组，但业务上向部门主管负责，确保独立性。

（二）谨慎性原则

调查过程保持谨慎。计划、工作底稿及报告的复核工作中也应保持谨慎态度，不可出现包庇或舞弊情况。

（三）全面性原则

尽职调查要涵盖客户法律、财务、管理、行业及市场等全面内容，尽可能地实现全面覆盖。

（四）重要性原则

针对不同地区、不同行业、不同身份性质，依照风险水平重点调查。

五、客户尽职调查相关立法

(一) 美国政府 1970 年《银行保密法》

1970 年,美国政府为了惩治毒品犯罪,批准颁布《银行保密法》(Bank Secrecy Act, BSA)。该法帮助执法部门不再局限于只能以偷税罪来起诉贩毒组织高层人员,解决以往打击犯罪过程中"治标不治本"的问题,将犯罪组织本身和组织犯罪所用资金一网打尽。在此基础上继续补充和新增的多项法律条文给银行等金融服务机构增加了更多要求。

KYC (Know Your Customer) 和 AML (Anti-Money Laundering) 规则已经通行于金融行业。KYC 指的是交易平台获取客户相关识别信息的过程,它的目的主要是确保不符合标准的用户无法使用该平台所提供的服务,同时可以在未来的一些犯罪活动调查中为执法机构提供调查依据。AML 则代表"反洗钱",是指为防止通过非法交易产生的收入而制定的各种法规。

KYC 一直沿用至今,成为各大银行反洗钱体系中至关重要的一步,这在反洗钱历史上具备里程碑式的意义。对"了解你的客户"的要求包括:

1. 对客户进行全面的调查、报告。为了做到这一点,银行必须尽可能地了解客户的业务,并且验证客户交易的合法性。当客户无法为可疑的交易提供有效的解释时,工作人员需要向上级提交可疑交易报告,并及时存档。

2. 了解客户的身份。要求银行能辨认客户的身份,措施之一就是在客户注册账户时,仔细核对他们提交的电话号码和地址,对在同一地址下注册多个账户的行为持谨慎态度。

3. 获取资金流动的细节。这意味着银行应在为客户开立账户或办理资金业务时,关注客户资金来源的合法性。一旦发现有资金来路不明,须立即提交可疑交易报告,并及时存档。

4. 高度关注每个账户的交易行为。这要求银行定期查看所有账户的交易,确保每个账户实际发生的状况与客户办理的交易一致,并在出现分歧时提交可疑交易报告,并及时存档。

建立对有关机构及其工作人员的事后有效追责制度。金融机构及工作人员未能有效遵循 KYC 准则,出现过失或故意的行为,将面临刑事处罚,承担刑事责任。

(二) 巴塞尔银行监管委员会 2001 年《银行客户尽职调查》

关于客户尽职调查,最为系统全面的最初表述出现在巴塞尔委员会 2001 年 10 月颁布的《银行客户尽职调查》中,这份文件以"了解你的客户"为核心,把对新客户和现有客户充分的尽职调查作为实施"了解你的客户"政策的关键组成部分。

"了解你的客户"政策在巴塞尔委员会看来,并不仅仅局限于反洗钱的角度,而是在银行监管方面具有更为宽泛的审慎含义,因为"了解你的客户"实施的缺失或不足,将导致银行面临严重风险,包括信誉风险、运营风险、法律风险和信贷集中风险,其中任何一项都可能导致银行蒙受巨大损失。

(三) 2007年《中华人民共和国反洗钱法》

2007年1月1日,《中华人民共和国反洗钱法》(以下简称《反洗钱法》)正式实施,这是我国反洗钱监管的根本性法规,其中第一条到第二十一条对客户身份识别、记录保存、大额和可疑交易报告制度进行了明确规定。

根据《中华人民共和国反洗钱法》规定,金融机构应当按照规定建立客户身份识别制度。金融机构在与客户建立业务关系或者为客户提供规定金额以上的现金汇款、现钞兑换、票据兑付等一次性金融服务时,应当要求客户出示真实有效的身份证件或者其他身份证明文件,进行核对并登记。客户由他人代理办理业务的,金融机构应当同时对代理人和被代理人的身份证件或者其他身份证明文件进行核对并登记。与客户建立人身保险、信托等业务关系,合同的受益人不是客户本人的,金融机构还应当对受益人的身份证件或者其他身份证明文件进行核对并登记。金融机构不得为身份不明的客户提供服务或者与其进行交易,不得为客户开立匿名账户或者假名账户。金融机构对先前获得的客户身份资料的真实性、有效性或者完整性有疑问的,应当重新识别客户身份。任何单位和个人在与金融机构建立业务关系或者要求金融机构为其提供一次性金融服务时,都应当提供真实有效的身份证件或者其他身份证明文件。

如果金融机构通过第三方识别客户身份,应当确保第三方已经采取符合《反洗钱法》要求的客户身份识别措施;第三方未采取符合《反洗钱法》要求的客户身份识别措施的,由该金融机构承担未履行客户身份识别义务的责任。金融机构进行客户身份识别,认为必要时,可以向公安、工商行政管理等部门核实客户的有关身份信息。

金融机构应当按照规定建立客户身份资料和交易记录保存制度。在业务关系存续期间,客户身份资料发生变更的,应当及时更新客户身份资料。客户身份资料在业务关系结束后、客户交易信息在交易结束后,应当至少保存5年。金融机构破产和解散时,应当将客户身份资料和客户交易信息移交国务院有关部门指定的机构。

金融机构应当按照规定执行大额交易和可疑交易报告制度。金融机构办理的单笔交易或者在规定期限内的累计交易超过规定金额或者发现可疑交易的,应当及时向反洗钱信息中心报告。

金融机构建立客户身份识别制度、客户身份资料和交易记录保存制度的具体办法,由国务院反洗钱行政主管部门会同国务院有关金融监督管理机构制定。金融机构大额交易和可疑交易报告的具体办法,由国务院反洗钱行政主管部门制定。

六、金融行动特别工作组(FATF)关于尽职调查的主要规定

FATF 是全球反洗钱和反恐怖主义融资的国际组织,是由成员国(地区)部长发起设立的政府间组织,旨在制定和促进实施保护国际金融体系免受洗钱、恐怖融资风险和大规模杀伤性武器扩散融资危害的政策。FATF 的主要任务是制定国际标准,促进有关法律、监管、行政措施的有效实施,以打击洗钱、恐怖融资、扩散融资等危害国际金融体系完整性的活动。FATF 还与其他国际利益相关方密切合作,识别国家层面的薄弱环节,保护国际金融体系免受滥用。

FATF 建议是国际公认的反洗钱(AML)与反恐怖融资(CFT)标准。本部分摘录客户尽职调查报告相关内容作为参考。

D. 预防措施

9. 金融机构保密法

各国应当确保金融机构保密法不妨碍 FATF 建议的实施。

客户尽职调查与记录保存

10. 客户尽职调查

各国应当禁止金融机构持有匿名账户或明显以假名开立的账户。各国应当要求金融机构在下列情况下采取客户尽职调查(CDD)措施:

(i) 建立业务关系;

(ii) 进行一次性交易:(1)超过规定限额(15000 美元/欧元);或者(2)建议 16 释义规定的特定情况下的电汇;

(iii) 客户涉嫌洗钱或恐怖融资;

(iv) 金融机构怀疑先前所获客户身份资料的真实性或完整性。金融机构实施客户尽职调查的原则应由法律规定。各国可以通过法律或其他强制性措施设定具体的尽职调查义务。可采取的客户尽职调查措施如下:

(a) 识别客户身份,并使用可靠的且来源独立的文件、数据或信息核实客户身份。

(b) 识别受益所有人身份,并采取合理措施核实受益所有人身份,使金融机构确信其了解受益所有人。对于法人和法律安排,金融机构应当了解其所有权和控制权结构。

(c) 了解并酌情获取关于业务关系的目的和真实意图的信息。

(d) 对业务关系采取持续的尽职调查,对整个业务关系期间发生的交易进行详细审

查，以确保正在进行的交易与金融机构所掌握的客户资料、客户业务、风险状况（必要时，包括资金来源）等信息吻合。

金融机构应当采取上述（a）至（d）项客户尽职调查措施，但应当根据本项建议和建议1的释义，使用风险为本的方法，决定采取上述各项措施的程度。金融机构应当在建立业务关系之前、业务关系存续期间或者与一次性交易客户进行交易时，核实客户和受益所有人身份。在洗钱与恐怖融资风险得到有效管理的前提下，为避免身份核实打断正常交易，各国可以允许金融机构在建立业务关系之后，尽快完成身份核实。如果金融机构无法遵循上述（a）至（d）项规定的措施（已根据风险为本的方法对措施进行了适当调整），则不应开立账户、建立业务关系或进行交易；或者应当终止业务关系；并考虑提交有关客户的可疑交易报告。

尽管这些措施适用于所有新客户，但金融机构也应当对现有客户适用本建议，并根据重要性和风险程度，适时对存量客户进行尽职调查。

11. 记录保存

各国应当要求金融机构将所有必要的国内和国际交易记录至少保存五年，以便金融机构能迅速提供主管部门所要求的信息。这些信息必须足以重现每一笔交易的实际情况（包括所涉金额和货币类型），以便在必要时提供起诉犯罪活动的证据。各国应当要求金融机构在业务关系终止后，或者一次性交易之日起至少五年内，继续保留通过客户尽职调查措施获得的所有记录（如护照、身份证、驾驶执照等官方身份证明文件或类似文件的副本或记录），账户档案和业务往来信函，以及所有分析结论（如关于复杂的异常大额交易的背景和目的的调查情况）。法律应当要求金融机构保存交易记录和通过客户尽职调查措施获取的信息。经过适当授权，本国主管部门应当可以查阅交易记录和通过客户尽职调查措施获取的信息。

针对特定客户和活动的额外措施

12. 政治公众人物

对于外国的政治公众人物（作为客户或受益所有人），除采取一般的客户尽职调查措施外，各国还应当要求金融机构：

（a）建立适当的风险管理机制，以确定客户或受益所有人是否为政治公众人物；

（b）获得高级管理层的批准方可建立（或维持现有）业务关系；

（c）采取合理措施确定其财产和资金来源；

（d）对业务关系进行强化的持续监测。

金融机构应当采取合理措施，确定客户或受益所有人是否为本国政治公众人物，或者在国际组织担任或曾经担任重要公职的人员。如果与这些人的业务关系存在较高风险，金融机构应当采取上述（b）、（c）、（d）项规定的措施。对所有政治公众人物的要求也应当适用于其家庭成员或关系密切的人。

13. 代理行业务

对于跨境代理行业务及其他类似的业务关系，除采取一般的客户尽职调查措施外，各国还应当要求金融机构：

（a）收集委托机构的充分信息，以全面了解委托机构的业务性质，并通过公开信息判断代理机构的信誉和被监管情况，包括其是否因洗钱或恐怖融资受到调查或监管；

（b）评估委托机构的反洗钱与反恐怖融资控制制度；

（c）在建立新的代理业务关系之前获得高级管理层的批准；

（d）明确规定每家机构的相应职责；

（e）对于"过路账户"（payable-through accounts，又称通汇账户），应确信委托行已对可以直接使用代理行账户的客户实施客户尽职调查，确信委托行能够应代理行要求提供其通过客户尽职调查获取的有关信息。各国应当禁止金融机构与空壳银行建立或维持代理行业务关系，并要求金融机构保证其委托机构禁止空壳银行使用其账户。

14. 资金或价值转移服务

各国应采取措施，确保本国提供资金或价值转移服务的自然人或法人获得许可或已登记注册，并受到有效系统的监测，并符合 FATF 建议相关措施的要求。各国应当采取行动，发现未经许可或登记注册而提供资金或价值转移服务的自然人和法人，并给予适当处罚。作为资金或价值转移服务代理商的任何自然人或法人，也必须获得主管部门的许可或登记注册；资金或价值转移服务提供商必须保存一份可以随时供相关主管部门查阅的代理商清单。各国应采取措施确保资金或价值转移服务提供商将其代理商纳入自身反洗钱与反恐怖融资机制安排，并对其合规情况进行监测。

15. 新技术

各国和金融机构应当识别、评估可能由下列情形带来的洗钱与恐怖融资风险：（a）开发新产品和新业务（包括新的交付机制）；（b）对新产品和现有产品应用新技术或正在研发的技术。金融机构应当在启用新产品、开展新业务以及应用新技术（或正在研发的技术）之前进行风险评估，金融机构应采取适当措施管理和降低此类风险。对于虚拟资产服务提供商，为了管理和降低虚拟资产带来的风险，各国应确保其受到反洗钱与反恐怖融资监管，应当确保对其进行审批或登记注册，建立有效的体系以监控和确保其遵守 FATF 建议要求的相关措施。

16. 电汇

各国应当确保金融机构在办理电汇和处理相关信息时，按规定准确填写汇款人及受益人信息,并确保支付链条的每一个环节都保留这些信息。各国应当确保金融机构对电汇进行监控,对电汇交易中缺乏汇款人和受益人信息的情形,采取适当的措施。各国应当确保金融机构在处理电汇过程中,按照联合国安理会第1267(1999)号决议及其后续决议和第1373(2001)号决议中有关防范、打击恐怖主义和恐怖融资的规定,采取冻结措施,禁止与列名个人和实体进行交易。

依托第三方的尽职调查、内部控制和金融集团

17. 依托第三方的尽职调查

各国可允许金融机构依托第三方实施建议10规定的(a)至(c)项客户尽职调查措施或引荐业务,但应确保满足以下(a)至(d)四项标准。如允许由第三方实施客户尽职调查,客户尽职调查的最终责任仍由依托第三方的金融机构承担。

(a)依托第三方的金融机构应可以立即获得建议10(a)至(c)项措施取得的必要信息。

(b)金融机构应当采取适当措施,确保在相关方面要求时可立即获得第三方实施客户尽职调查时取得的身份证明和其他资料的复印件。

(c)金融机构应当确信第三方机构受到监督、管理或监测,并根据建议10和建议11的要求,在客户尽职调查和记录保存方面采取措施。

(d)当决定哪些国家的第三方机构可被依托时,各国应当参考国家风险等级等信息。

如果金融机构与所依托的第三方机构属于同一金融集团,且(i)该集团已按照建议10、建议11、建议12的要求采取了客户尽职调查和记录保存措施,并按照建议18实施了反洗钱与反恐怖融资机制安排;(ii)当主管部门在集团层面上对其反洗钱与反恐怖融资相关措施的有效性进行监管时,可以认为该金融机构通过其集团开展上述(b)(c)项措施;当该集团采取的反洗钱与反恐怖融资机制安排已显著降低原本较高的国家风险时,则(d)项可以不作为依托第三方开展客户身份识别的必要前提。

18. 内部控制、境外分支机构和附属机构

各国应当要求金融机构实施反洗钱与反恐怖融资机制安排。同时,各国应当要求金融集团在集团层面实施反洗钱与反恐怖融资机制安排,包括在集团内部共享反洗钱与反恐怖融资信息的政策和程序。各国应当要求金融机构确保其境外分支机构和控股附属机构通过实施金融集团反洗钱与反恐怖融资机制安排,从而执行与母国落实FATF建议相一致的反洗钱与反恐怖融资要求。

19. 高风险国家

各国应当要求金融机构在与自然人、法人、其他金融机构建立业务关系或交易时,如其来自FATF要求采取强化客户尽职调查措施的国家,则应对其采取强化的客户尽职调查

措施。所采取的强化措施应有效并与风险相匹配。各国应当有能力应 FATF 要求，运用适当的反制措施。各国也应当有能力应 FATF 要求，独立运用反制措施。各国采取的反制措施应有效并与风险相匹配。

可疑交易报告

20. 可疑交易报告

如果金融机构怀疑或有合理理由怀疑资金为犯罪收益，或与恐怖融资有关，金融机构应当依据法律要求，立即向金融情报中心报告。

21. 泄密与保密

金融机构及其负责人、管理人员和雇员应当：

（a）出于正当目的依法向金融情报中心报告可疑交易时受到法律保护，即便无法确定是何种犯罪以及犯罪活动是否实际发生，也不会因未遵守合同、法律、法规或行政性规定关于信息披露的限制，而承担民事或刑事责任。

（b）依法禁止泄露向金融情报中心报告可疑交易或相关信息的事实。这并非旨在禁止建议 18 规定的信息共享。

特定非金融行业和职业

22. 特定非金融行业和职业：客户尽职调查

建议 10、建议 11、建议 12、建议 15、建议 17 中规定的客户尽职调查和交易记录保存要求在下列情形下适用于特定非金融行业和职业：

（a）赌场——当客户从事规定限额及以上的交易时。

（b）不动产中介——为其客户从事不动产买卖交易时。

（c）贵金属和珠宝交易商——当其与客户从事规定限额及以上的现金交易时。

（d）律师、公证人、其他独立的法律专业人士及会计师——在为客户准备或实施与下列活动相关的交易时：

- 买卖不动产；
- 管理客户资金、证券或其他财产；
- 管理银行账户、储蓄账户或证券账户；
- 从事公司设立、运营或管理的相关筹资活动；
- 法人或法律安排的设立、运营或管理，以及经营性实体买卖。

（e）信托与公司服务提供商——在为客户准备或实施与下列活动相关的交易时：

- 担任法人的设立代理人；
- 担任（或安排其他人担任）公司董事、秘书、合伙人或其他法人单位中同级别的职务；

- 为公司、合伙或其他法人或法律安排提供注册地址、公司地址或办公场所、通信方式或办公地址；
- 担任（或安排他人担任）书面信托的受托人或在其他法律安排中承担同样职能的人；
- 担任（或安排他人担任）他人的名义持股人。

23. 特定非金融行业和职业：其他措施

建议 18 至建议 21 规定的要求适用于所有特定非金融行业和职业：

（a）各国应当要求律师、公证人、其他独立的法律专业人士和会计师在代表客户（或为客户）进行建议 22 中第（d）项所列的交易时，报告可疑交易。强烈建议各国将报告要求扩展到包括审计在内的会计师的其他专业活动。

（b）当贵金属和珠宝交易商从事规定限额及以上的现金交易时，应当报告可疑交易。

（c）当信托与公司服务提供商在代表客户（或为客户）进行建议 22（e）项所列项目的交易时，应当报告可疑交易。

第二节 客户尽职调查工具、程序和策略

一、客户尽职调查可用工具

（一）基础工具

1. 调查问卷。客户尽职调查中任何业务的展开都必须从收集客户信息开始。调查问卷是收集客户信息的基础工具之一。调查问卷应包括客户基本信息，如身份信息、工作相关、家庭住址或公司信息。同时，所有金融机构应根据业务种类的不同相应设计调查问卷。

2. 申请文件保留存档。这一步涉及调查问卷、客户身份证或其他有效证件的复印件纸质版或电子版存档，注意应经过客户的签字或盖章确认。

（二）科学技术

1. 人脸识别技术。现实操作中，各家金融机构在为客户开户时都要求现场人脸识别

通过，确保每一个账户持有人都是公安局记录在册的合法公民或工商局认定的法人。

2. 信息共享平台。对于自然人而言，需要考虑二代身份证未实现全面覆盖的问题，因此在验证一代身份证的问题上要引起格外注意。对于非自然人而言，要特别关注法定代表人的实时更新。

上述两种情况要求搭建信息共享平台，同时也能将不同网点发现的可疑现象及时通报。

二、客户尽职调查程序

（一）一般客户尽职调查程序

1. 确定尽职调查的目的、对象和范围。尽职调查是为了保证开设账户用于正规途径和资金来源正常，要有针对性地进行信息排查。

2. 尽职调查法律法规依据。尽职调查过程需要合法合规，保证客户知晓调查内容，确保客户签署尽职调查相关协议书。

3. 设计并提供尽职调查问卷清单。要根据客户种类、业务种类分别设计，尽量做到信息全覆盖。

4. 收集、整理尽职调查资料。根据问卷调查得到的结果收集并整理相关资料，做到每个信息都有据可循，杜绝编造、篡改等造假行为。

5. 制作尽职调查工作底稿。要对调查过程中的内容进行备份，做好信息保存工作，设置信息查询权限，防止无意或者故意删改底稿。

6. 审阅尽职调查资料。再次审阅防止信息遗漏，这一步的操作人员应与前面收集资料的工作人员分开，保证调查结果的严谨性。

7. 撰写尽职调查报告。

根据所有材料总结报告，报告应具有客观性，不得带有主观色彩。一个完整的客户尽职调查应能在尽可能详细地收集客户信息的基础上，进行系统筛选，按照风险标准将客户分类；按照风险高低进行进一步的尽职调查以及根据具体需求，通过多种方式进行后续审查确保客户尽职调查实现客户身份有效识别及反洗钱风险防控的目标。

（二）简化尽职调查程序

1. 中国反洗钱监管相关要求。

（1）允许适用简化尽职调查程序的情况：①在建立业务关系后再核实客户实际受益人或实际控制人的身份；②适当延长客户身份资料的更新周期；③在合理的交易规模内，适当降低采用持续的客户身份识别措施的频率或强度;④对于风险等级较低客户异常交易的对手方仅涉及各级党政军警、司法、政协等低风险客户的,可直接利用技术手段予以筛除;⑤在风险可控情况下,允许金融机构工作人员合理推测交易目的和交易性质,而无须收集相关证据材料。

(2) 禁止适用的情况。若怀疑客户涉嫌洗钱、恐怖融资等违法犯罪活动的,无论其交易金额大小,都不得采取简化的客户身份识别措施,并应采取与其风险状况相称的管理措施。

2. 简化的尽职调查程序适用难点。简化的尽职调查是出于以"风险为本"的要求,但是,在尚未完善的条件下推广简化的尽职调查程序会弱化反洗钱要求。只有在确定客户风险系数之后才可适用,这是难点之一。难点之二是简化的尽职调查程序的主要服务对象是柜台上的私人客户,相匹配的标准制定也要考虑全面,才能够避免现实操作中可能遇到的各种情况。

三、客户尽职调查策略

根据尽职调查结果的不同洗钱风险,通常将客户分为正常类、关注类、可疑类及禁止类4类客户,对不同风险等级的客户实施不同的风险管控措施。

(一) 正常类客户

正常类客户指的是所处国家、地区、行业及职业等均不涉及洗钱风险或风险程度较低,身份背景情况正常,交易符合其身份和经济情况的客户。针对正常类客户,可采取标准型尽职调查措施。主要包括:

1. 开户识别:按照机构客户身份识别正常业务程序处理,审核客户身份证明文件和资料。

2. 持续识别:根据机构实际情况,定期审核更新正常类开户身份信息及资金交易,相应调整客户洗钱风险等级。

3. 异常情况处理:对于异常情况,机构应立即采取强化型尽职调查措施,重新评估客户洗钱风险,及时调增客户洗钱风险等级,若核查后确认可疑的,应按时报告可疑交易。

(二) 关注类客户

关注类客户指的是机构在客户身份识别、交易监测及报告工作中发现的有合理理由认为与洗钱、恐怖主义活动及其他违法犯罪活动有关的客户。针对关注类客户，应采取强化型客户尽职调查措施。主要包括：

1. 开户识别：在按照机构客户身份识别正常业务程序处理，审核客户身份证明文件和资料的基础上，对个别参考因素风险评分稍高，但总体评分相对不高的情况，适度增加强化型尽职调查措施，可按本机构特定业务程序办理。

2. 持续识别：在关注类客户业务存续期间，应当了解客户资金来源用途、经济状况及经营状况，关注客户金融交易活动，定期对其身份信息及资金交易状况进行审核，相应更新客户身份资料，调整客户洗钱风险等级。定期审核频率应高于正常客户的审核频率。

3. 异常情况处理：对于异常情况，机构应立即采取一切可行的调查及检查措施，重新评估客户洗钱风险，调增客户洗钱风险等级，进一步控制客户的交易种类与额度，及时汇报可疑交易。若核查后确认可疑的，应按时报告可疑交易。经本机构反洗钱管理部门批准后，机构才可调减关注类客户的洗钱风险等级。

（三）可疑类客户

可疑类客户指的是机构在客户身份识别、交易监测及报告工作中发现，有合理理由认为与洗钱、恐怖主义融资或其他犯罪活动有关的客户。针对可疑类客户，应采取强化型尽职调查措施。主要包括：

1. 开户识别：采取强化型尽职调查措施识别客户身份，按照本机构特定业务程序办理。

2. 持续识别：应全面了解客户身份背景、业务范围、经济情况、资金来源用途、交易规模、交易对手及账户实际控制人或资金交易的实际交易人等信息，强化监控其日常业务及交易情况。机构对其身份信息和资金交易信息的定期审核频率应高于关注类客户，并根据审核结果，相应调整其洗钱风险等级。

3. 异常情况处理：可疑类客户在风险等级评定周期内如再度出现可疑交易，应持续报告。如客户要求向境外转移资金，机构应立即报告中国人民银行当地分支机构，并采取一切合理可行的措施延缓交易，等候中国人民银行是否启动反洗钱调查程序中的临时冻结措施。机构须经其反洗钱风险管理部门批准后，才可调减可疑类客户洗钱风险等级。

（四）禁止类客户

禁止类客户一般指的是联合国决议、美国财政部海外资产控制办公室（Office of Foreign Assets Control of the US Department of the Treasury，OFAC）全面禁止的客户或已经官方途径公布的恐怖组织和恐怖分子名单中的客户，以及我国认定的如公安局发布的恐怖组织和恐怖分子名单。

机构对禁止类客户，原则上应拒绝建立业务关系或者不予办理业务。对于已有客户被确认为禁止类客户的，应立即全面停办业务并按规定进行报告。

四、客户风险等级划分与风险控制措施

根据中国人民银行制定的《金融机构洗钱和恐怖融资风险评估及客户分类管理指引》（银发〔2013〕2号），金融机构应在客户风险等级划分的基础上，采取相应的客户尽职调查及其他风险控制措施。

（一）对风险较高的客户

金融机构应对高风险客户采取强化的客户尽职调查及其他风险控制措施，有效预防风险。可酌情采取的措施包括但不限于：

1. 进一步调查客户及其实际控制人、实际受益人情况。
2. 进一步深入了解客户经营活动状况和财产来源。
3. 适度提高客户及其实际控制人、实际受益人信息的收集或更新频率。
4. 对交易及其背景情况做更为深入的调查，询问客户交易目的，核实客户交易动机。
5. 适度提高交易监测的频率及强度。
6. 经高级管理层批准或授权后，再为客户办理业务或建立新的业务关系。
7. 按照法律规定或与客户的事先约定，对客户的交易方式、交易规模、交易频率等实施合理限制。
8. 合理限制客户通过非面对面方式办理业务的金额、次数和业务类型。
9. 对其交易对手及经办业务的金融机构采取尽职调查措施。

（二）对风险较低的客户

金融机构可对低风险客户采取简化的客户尽职调查及其他风险控制措施，可酌情采取的措施包括但不限于：

1. 在建立业务关系后再核实客户实际受益人或实际控制人的身份。
2. 适当延长客户身份资料的更新周期。
3. 在合理的交易规模内，适当降低采用持续的客户身份识别措施的频率或强度。例

如，逐步建立对低风险客户异常交易的快速筛选判断机制。对于经分析排查后决定不提交可疑交易报告的低风险客户，金融机构仅发现该客户重复性出现与之前已排除异常交易相同或类似的交易活动时，可运用技术性手段自动处理预警信息。对于风险等级较低客户异常交易的对手方仅涉及各级党的机关、国家权力机关、行政机关、司法机关、军事机关、人民政协机关和人民解放军、武警部队等低风险客户的，可直接利用技术手段予以筛除。

4. 在风险可控情况下，允许金融机构工作人员合理推测交易目的和交易性质，而无须收集相关证据材料。

五、通过第三方识别客户身份的规定

我国《反洗钱法》第十七条规定，金融机构通过第三方识别客户身份的，应当确保第三方已经采取本法规定的客户身份识别措施。第三方未采取符合本法要求的客户身份识别措施的，由该金融机构承担未履行客户身份识别义务的责任。

一般情况下，金融机构应当建立客户身份识别制度，独立承担识别客户身份的义务。但在实践中，存在金融机构通过中介机构或具有类似地位的第三方机构与客户建立业务关系的情形，这种关系经常来源于通过同一金融服务集团其他成员的介绍，也可以源于业务之间的联系，例如，客户通过保险经纪公司向保险公司购买保单，证券公司向期货经纪公司引荐客户，银行将信用卡发卡的部分业务委托给专业公司，客户通过一家金融机构购买另一家金融机构的投资产品，客户通过律师向银行申请按揭贷款等，在此情形下，后者可能无法直接履行识别客户身份的义务，或者直接识别客户的成本过高，或者直接履行识别客户身份的义务影响金融交易的时效性，或者直接履行识别客户身份的义务有违商业实践或破坏金融市场结构，因此，金融机构需要通过中介机构或具有类似地位的第三方机构识别客户身份。立法强制要求金融机构直接履行识别所有客户身份的义务既不合理也不可行。伴随跨国金融交易日益增加，上述问题更需要通过立法给出明确的解决方案。

一般来说，通过第三方识别客户身份的规定主要包括4方面的内容：（1）可以通过第三方履行客户身份识别义务的机构的类型及其应承担的义务；（2）第三方的条件、类型，以及第三方应承担的义务；（3）如果第三方不属于本国，那么哪些国家的第三方可以承担该义务；（4）通过第三方履行客户身份识别义务的机构应当承担客户身份识别的最终责任。

《反洗钱法》规定金融机构可以通过第三方履行客户身份识别义务，但前提是确保第三方已经采取本法规定的客户身份识别措施；对第三方的类型并无严格限制，但第三方必须是依法取得相应经营资格的个人或者机构，同时第三方客户身份识别措施必须符合本法的规定；规定第三方既可以位于本国，也可以位于他国家；同时考虑到最终是金融机构与客户之间建立了业务关系或者是金融机构为客户提供一次性金融服务，《反洗钱法》规定通过第三方履行客户身份识别义务的金融机构应当承担客户身份识别的最终责任。也就是说，如第三方未按照规定进行各户身份识别，由金融机构承担因此而受到的行政处罚等法律责任。

客户尽职调查过程的难点及业务指引

一、如何识别客户身份

（一）自然人和非自然人范围

1. 自然人。一个国家的自然人不仅包括本国公民，还包括外国人和无国籍人。公民的范围小于自然人的范围。公民是具有一国国籍，根据该国法律享有权利和承担义务的自然人。面对本国公民，金融机构需要查看对应的身份证信息、家庭住址、联系电话等；面对外国人和无国籍人时，需要查看对应的护照信息、工作单位、联系电话、家庭住址等，如果条件允许的话，可以检查是否有过境外金融或与洗钱有关的犯罪记录。客户的住所地与经常居住地不一致的，登记客户的经常居住地。

由于自然人个体众多，信息烦琐不够系统，金融机构尽职调查的工作量会加大，这是许多金融机构尽职调查面临的困境。花费大量的人力物力得到的信息，对于后续工作的可用性不大，客户带来的利润也许低于尽职调查过程中产生的成本。而且，金融机构的尽职调查过程是否会因触及客户个人隐私或者商业机密，引发客户满意度下降等问题都需要谨慎处理。

2. 非自然人。法人、其他组织和个体工商户客户的"身份基本信息"包括客户的名称、住所、经营范围、组织机构代码、税务登记证号码；可证明该客户依法设立或者可依法开展经营、社会活动的执照、证件或者文件的名称、号码和有效期限；控股股东或者实际控制人、法定代表人、负责人和授权办理业务人员的姓名、身份证件或者身份证明文件的种类、号码、有效期限①。

(二) 监测客户基础信息中的难点

1. 无法实现实时监测。由于客户信息要素繁多，无法按照合规要求一一人工审核，许多金融机构往往采取批量监控的方式，存在一定的滞后性，无法实现实时监测客户信息的动态变化。

2. 客户信息的检验。客户所填报的各种信息需要逐一检验其真实性，那么如何定义信息达到合规要求呢？目前来看，金融机构对信息的核查只是停留在初级阶段。例如，一位自然人客户申请信用卡时提交了自己的电话号码，然而此电话号码经历过几位不同的"主人"，银行并未及时更新，此时按照流程无法为客户办理信用卡，但客户并未有意欺瞒银行。如何高效检验并更新客户信息，仍然是目前监测客户基础信息中的难点所在。

3. 代理业务时可获得信息有限。代理业务是指商业银行接受客户的委托、代为办理客户指定的经济事务、提供金融服务并收取一定费用的业务，包括代理证券业务、代理保险业务、代理商业银行业务、代理中央银行业务、代理政策性银行业务和其他代理业务。银行充分利用自身的信誉、技能、信息等资源代客户行使监督管理权，提供各项金融服务。在实务中，代理行的建立一般要经过3个步骤。第一，开展资信调查，主要考察对方银行的资信，通过多方渠道了解对方银行所在国的有关政策、法规及市场信息等。第二，在分析与评价的基础上，确定代理行关系的层次。代理行的层次分为：一般代理关系、账户代理关系与一定透支额度关系。第三，签订代理行协议。代理行协议由双方银行负责人签署签章后才开始生效。代理行协议包括双方机构的总称、交换和确认控制文件、代理业务的范围、业务往来头寸的调拨以及融资便利的安排等内容。在以往对代理行的审查中，更多的是从其声誉、客户资源等角度进行衡量，缺少反洗钱相关的控制措施，也不会要求在以后的业务中详尽地披露客户信息。

4. 现代电子银行的推广使得客户识别难度增加。电子银行的推广促进了资金周转速度，但是也给基层柜员反洗钱侦查带来了难度。目前银行基层网点电子银行查看权限有限，如果存在犯罪分子故意采取线上线下结合的方式洗钱，将会增加尽职调查难度。另外，目前越来越多的客户习惯在电子支付平台上进行理财，省去了单独去网点购买理财产品时的烦琐的步骤。客户利用电子银行服务提高理财效率，但是银行却增加了如何有

---

① 《中国人民银行关于加强反洗钱客户身份识别有关工作的通知》（银发〔2017〕235号）。

效进行客户身份识别的步骤。一旦银行在这方面疏于防护，犯罪分子便会趁机利用漏洞洗钱。

二、引起关注的高风险分类

近年来，我国金融市场快速发展，金融工具日新月异，金融体系不断完善。但与此同时，一些新型金融风险也在不断显现，如不法分子非法开立、买卖银行账户继而实施诈骗、洗钱等违法犯罪活动。这些风险暴露出的问题包括以下两方面：一是一些银行机构和支付机构在开户环节存在一定业务管理和风险防控漏洞，为不法分子非法开立账户提供了可乘之机；二是不少金融机构和支付机构在报送可疑交易报告后，未采取必要的内部控制措施，仍提供无差别的金融服务，违法犯罪资金得以继续转移。加强对可疑业务交易关系人的后续调查，有助于进一步明确反洗钱义务机构的洗钱风险管理责任，加强防控措施，有效防范洗钱等违法犯罪活动风险，对预防洗钱犯罪、维护金融秩序、保护人民群众财产安全和合法权益具有重要意义。

（一）高风险客户类型

1. 政府官员。政府官员一直都属于高风险客户。多国腐败事件频频发生，世界著名银行——瑞士银行就曾因多次为腐败官员服务而被要求公开客户信息。

2. 异地用户。通常情况下客户会选择在自己工作地或者居住地开设账户，当异地用户出现时，应密切关注异地账户的使用原因。

3. 从事高风险业务的客户。高风险业务涉及广泛，详细可见本节"（三）高风险业务类型"。从事高风险业务的客户往往不会填写自己的真实工作信息，这需要客户尽职调查工作人员更加关注细节，查看工作相关证明是否真实、公司信息是否真实等。

（二）高风险国家或地区类型

高风险国家一般可以从以下5个方面来定义：

1. 被联合国、其他国际组织或相关国家采取制裁措施的国家或地区，以朝鲜、俄罗斯、古巴为例。

2. 被金融特别行动组FATF或被其他国际组织确认为缺乏足够洗钱法律和法规的国家或地区，以阿联酋为例。

3. 被国际组织或相关国家确定为贩毒、恐怖或涉及其他犯罪的国家，以巴西、东南亚国家为例。

4. 洗钱高风险的离岸金融中心，以开曼群岛、百慕大群岛为例。

5. 其他被监管机构根据业务经验确定为高风险的国家或地区，以澳门、拉斯维加斯为例。

（三）高风险业务类型

1. 我国洗钱罪的 7 种上游犯罪中涉及的业务——毒品、黑社会、恐怖活动、走私、贪污贿赂、破坏金融管理秩序和金融诈骗等。

2. 洗钱活动中常见的中介——画廊、房地产、拍卖行、典当行等。这类机构涉及的业务产品单价较高，价格弹性较大，商品的定价权并无可严格参考实例，洗钱犯罪分子经常利用这一点来进行洗钱活动。

3. 网络支付业务。网络支付即我国于 2010 年出台的《非金融机构支付服务管理办法》中第二条规定所描述的："本办法所称网络支付，是指依托公共网络或专用网络在收付款人之间转移货币资金的行为，包括货币汇兑、互联网支付、移动电话支付、固定电话支付、数字电视支付等。"目前主要是以支付宝、微信支付等电子支付业务为主。利用网络支付进行洗钱的复杂性体现在网络支付平台涉及的业务板块多种多样，常规客户尽职调查手段难以有效追踪。

三、反洗钱客户身份识别及尽职调查业务指引

（一）单位客户业务关注重点

对于对公业务，客户身份识别和尽职调查需要核查并登记的要点有：客户名称、住所、经营范围、组织机构代码、税务登记证号码、可证明客户依法设立或者可依法开展经营和社会活动的执照、证件或者文件的名称、号码和有效期限；控股股东或者实际控制人、法定代表人、负责人和授权办理业务人员的姓名、身份证件及其他身份证明文件的种类、号码及有效期限。

1. 单位存款。单位存款又称"对公存款"，是指银行存款中除去个人存款后的其他存款。单位存款包括企业存款、财政存款、基本建设存款、机关团体存款、部队存款等项内容。企业存款指工业、交通、商业、粮食、外贸和国营农业企业存入银行的款项，来源于企业中的暂时闲置资金和各项专用基金。

2. 对公外汇存款。对公外汇存款是指银行吸收境内依法设立的机构、驻华机构和境

外机构外汇资金的业务。经国家外汇管理局核准开立外汇账户的企（事）业法人和其他经济组织，当需要将境外资金汇入境内或将境内资金汇出境外以及办理其他外汇存款、转账业务时，可持外汇管理局核准的《开立外汇账户批准书》和营业执照等相关材料，到银行开立外汇账户后办理存款及转账等结算业务。单位外汇存款按账户性质分为经常项目外汇账户和资本项目外汇账户。

3. 对公结售汇。对公结售汇业务包括对公结汇业务和对公售汇业务。对公结汇是指企业客户向银行提出结汇申请，银行按一定汇率买入外汇给付等值人民币的业务。售汇指企业客户向银行提出售汇申请，银行将外汇卖给用汇单位，按一定汇率收取人民币的业务。对公结售汇业务适用于中资企业、外资企业和驻华机构。

4. 公司网银。企业网上银行适用于需要实时掌握账户及财务信息、不涉及资金转入和转出的广大中小企业客户。客户在网点开通企业电话银行或办理企业普通卡证书后，就可在柜面或在线自助注册企业网上银行普及版。客户凭普通卡证书卡号和密码即可登录企业网上银行普及版，获得基本的网上银行服务。

5. 委托贷款。委托贷款是指信托机构按委托人指定要求所发放的贷款。这种贷款的资金来源是特约信托存款，贷款的对象、数量和用途均由委托人决定，信托机构只负责办理贷款的审查发放、监督使用、到期收回和计收利息等事项，不负盈亏责任。信托机构只按契约规定收取一定的手续费。其申请条件之一是已在业务银行开立结算账户，符合业务银行的其他要求。

（二）个人客户业务关注重点

对于对私业务，客户身份识别和尽职调查需要核查并登记的要点有：客户的姓名、性别、国籍、职业、住所地或者工作单位地址、联系方式、身份证件或者身份证明文件的种类、号码和有效期限。客户的住所地与经常居住地不一致的，登记客户的经常居住地。

1. 电子银行。电子银行业务是指银行通过面向社会公众开放的通讯通道或开放型公众网络，以及为特定自助服务设施或客户建立的专用网络等方式，向客户提供的离柜金融服务。主要包括网上银行、电话银行、手机银行、自助银行以及其他离柜业务。

2. 批量开卡。批量开卡是商业银行为便于单位客户发放职工工资或者收取集体费用而发展的集中开卡业务，这项业务既可以为银行吸引大客户存款，也可以吸取个人客户存款，所以成为商业银行的优势业务之一。在实际工作中，银行机构为了招揽客户而降低开卡标准，盲目争取客户和存款，从而产生洗钱风险。

3. 商户收单。银行卡收单业务是指签约银行向商户提供的本外币资金结算服务。

持卡人在银行签约商户处刷卡消费，最终由收单银行进行结算。收单银行从商户处得到交易单据和交易数据，扣除按费率计算出的费用后打款给商户，并从中扣取一定比例的手续费。

4. 外汇业务。商业银行经营的外汇业务有：外汇存款、外汇贷款、外汇汇款、国际结算、资信调查、咨询、见证业务和结售汇业务。随着我国居民存款增加、居民出国游需求增加，银行开展外汇业务中，外汇流动成为洗钱风险重要来源之一。

5. 私人银行。私人银行（Private Banking），是面向高净值人群，为其提供财产投资与管理（不限于个人）等服务的金融机构。私人银行服务最主要的是资产管理、规划投资及根据客户需要提供特殊服务，也可通过设立离岸公司、家族信托基金等方式为顾客节省税务和金融交易成本。私人银行与私人银行服务不是同一范畴。

6. 信用卡。信用卡又称贷记卡，是由商业银行或信用卡公司对信用合格的消费者发行的信用证明。其形式是一张正面印有发卡银行名称、有效期、号码、持卡人姓名等内容，背面有磁条、签名条的卡片。持有信用卡的消费者可以到特约商业服务部门购物或消费，再由银行同商户和持卡人进行结算，持卡人可以在规定额度内透支。

【延伸阅读】

客户尽职调查的大数据"风险穿透"应用

强监管、严制裁背景下的反洗钱工作需要商业银行对多维度内外部数据信息的标准化采集与建模分析，需要科技部门与业务条线、信息系统与业务专家的深度融合，根据外部经济环境和监管要求不断实现动态调优，通过大数据技术赋能，实现反洗钱工作监测和识别的智能化。

商业银行反洗钱工作中对于客户的尽职调查，主要包括准入阶段的获取和记录企业及其最终受益人相关信息、筛查反洗钱关注客户名单、核实企业身份背景信息、审查阶段的评估企业反洗钱风险等级，以及后续管理中的基于风险状况采取适当的风险控制措施及退出风险高且难以控制的客户关系等环节。

准入阶段对于企业及其最终受益人相关信息的收集，需要商业银行通过业务前台主动要求企业进行信息申报和材料归档，也可以通过工商、税务、海关、政府公共信用信息数据等进行真实性校验和数据补充，在此基础上通过反洗钱关注客户名单进行筛查，并进行交易背景的信息调查和持续监测，整个流程持续时间长、关注信息点多且时效性要求高（见表5-1）。

第五章 客户尽职调查和信息保存

表 5-1　　　　　　　　　　　企业尽职调查关注点

1. 企业基础信息收集及核实	2. 反洗钱关注客户名单筛查	3. 交易背景信息调查	4. 持续尽职调查监测
★客户识别及信息核实 ★客户受益所有人识别及信息核实 ★代理关系识别及信息核实	★拒绝准入客户清单 ★特别尽职调查客户清单 ★其他反洗钱风险客户清单	★企业资金财富来源、用途 ★企业预期交易规模、预期使用银行产品 ★企业预期跨境交易涉及的国家或地区 ★企业负面信息分析 ★对公、金融机构10%以上的受益所有人	★触发更新企业留存信息 ★企业风险等级定期重检 ★反洗钱风险名单触发式重检 ★实时交易监控机制

商业银行借力大数据技术，可以通过搭建反洗钱大数据综合分析平台，通过基础数据层、接口数据层、知识库存储层、应用平台层和系统访问层多结构设计，进行内外部数据的接入、清洗、整合，实现数据的标准化、结构化入库，进而打造数据中台和业务中台，基于反洗钱尽职调查应用场景进行数据支持，为企业信息收集、真实性核验、反洗钱名单自动筛查及更新、贸易真实性背景核验、企业负面信息（包括但不限于失信、涉诉、行政处罚、外部舆情、工商注销、欠税漏税等）提供系统化、平台化数据查询、展示、监测、预警等一系列功能（见图5-1）。

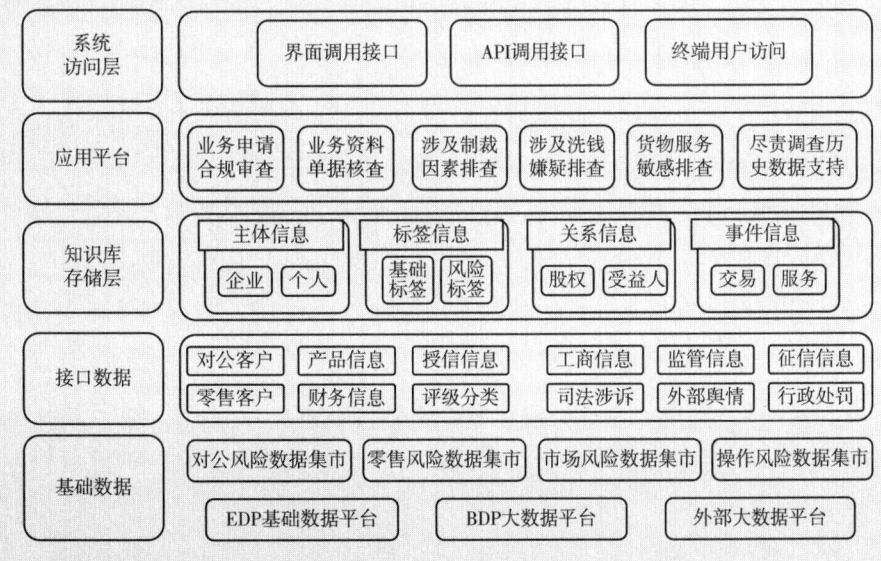

图 5-1　反洗钱大数据综合分析平台体系架构

资料来源：陶士贵，相瑞. 基于大数据技术的商业银行反洗钱风险识别"穿透"研究 [J]，金融发展研究，2020（7）

> 大数据技术的应用，可以有效协助反洗钱识别人员更加深入全面地了解企业，提高商业银行前台人员信息收集的时效，多渠道的企业相关信息可以为反洗钱工作中企业尽职调查全流程提供决策辅助和管理抓手，进而提高商业银行在反洗钱工作中识别、预警、处置等各个环节的管理能力。

第四节

客户尽职调查报告制作和信息保存

一、客户尽职调查报告制作

（一）尽职调查报告制作的原则

1. 客观公正原则：对申请人进行实地调查，获取第一手资料，不能仅凭申请人提供的资料或其他外部资料完成尽职调查报告。

2. 实地调查原则：必要时对申请人进行实地调查，获取第一手资料，不能仅凭客户提供的资料或其他外部资料完成尽职调查报告。

3. 双人调查原则：尽职调查必须执行前端人员、后端人员双人调查制度，两人均对调查结果的合法合规性、真实性、有效性和一致性负责。

4. 完整性原则：开展尽职调查前，应该设计充分、完整的调查方案，尤其强调对非财务信息及交易背景真实、合理性的调查，以获得审批所需的完整信息。

5. 信息验证原则：秉承专业、谨慎的态度，通过向申请人、往来企业或知情人，如银行同业、中介机构、政府管理部门、专家等咨询，或通过公开信息搜集，核实所获取信息的真实性，也可在本机构建立的信息库中查找相关信息。

6. 回避原则：调查人员必须主动回避与自身有关系的人所申请的业务或调查与自身存在某种关系的人员。

（二）尽职调查报告制作的基本要求

1. 客户知悉同意政策。确保客户已经知晓调查过程并保证提交信息正确。

2. 实现有效客户身份识别。通过各种尽职调查措施，确保客户身份得到正确、合法和有效识别。

3. 风险管理。根据风险模型判断客户涉及风险类别，低风险的客户可以采用简化的尽职调查程序，中等风险客户采用正常的客户尽职调查程序，高风险的客户采用强化的客户尽职调查程序。

4. 对高风险账户的持续监控。基于高风险客户的风险点进行动态持续监控，如果账户风险系数持续增加，则需按照机构规定停止账户使用；如果账户风险系数保持不变，则继续观察；如果账户风险系数降低，则按照中等风险客户或者低风险客户进行排查。

（三）尽职调查报告范本解析

图 5-2 所示的尽职调查报告范本包含了基本需要的信息点，覆盖了交易双方、交易内容、涉及业务相关，满足了尽职调查报告制作的原则和基本要求。值得关注的一点是，报告最后用红字强调了银行的免责部分，保证了信息的真实性。

反洗钱可疑交易尽职调查报告（2015版）
（客户反馈的调查报告必须包含以下信息）

1. 交易银行。包括收款行、转汇行。
2. 业务简介。包括货币、金额。
3. 业务背景。【务必详细】包括汇款交易的项目性质、用途、目的等信息。
4. 交易方。包括受益人或最终使用人收款人、汇款人账号、名称及地址等信息。
若为对私客户，需提供客户证件信息并请详细说明各方之间关系。
5. 落款人为：签字及公章。
要求客户确保以上信息真实，有效，并清楚了解汇款风险以及应承担的法律责任。

图 5-2 反洗钱可疑交易尽职调查报告样本

二、客户身份资料与交易记录的信息保存

《反洗钱法》和《金融机构客户身份识别和客户身份资料及交易记录保存管理办法》对客户身份资料与交易记录保存作出了总体规定及具体要求。

（一）信息保存制度和原则

银行应当建立和不断完善客户身份资料和交易记录保存制度，便于反洗钱监管调查及后续工作的开展，不可违法修改客户资料。信息保存要遵循完整、真实、安全和从严的原则。

（二）保存内容

1. 金融机构应当保存的客户身份资料包括记载客户身份的各种信息、资料以及银行

进行客户身份识别工作时的各种记录和资料。

2. 金融机构应当保存的交易记录涉及每笔交易的数据信息、业务凭证、相关账簿信息以及反映交易真实情况的合同单据、业务信函及其他支撑材料。

（三）保存时限要求

《金融机构客户身份识别和客户身份资料及交易记录保存管理办法》第二十九条明确列出了客户尽职调查报告中有关材料的保存时限要求：

1. 客户身份资料，自业务关系结束当年或者一次性交易记账当年计起至少保存 5 年。

2. 交易记录，自交易记账当年计起至少保存 5 年。如客户身份资料和交易记录涉及正在被反洗钱调查的可疑交易活动，且反洗钱调查工作在前款规定的最低保存期届满时仍未结束的，金融机构应将其保存至反洗钱调查工作结束。同一介质上存有不同保存期限客户身份资料或者交易记录的，应当按最长期限保存。同一客户身份资料或者交易记录采用不同介质保存的，至少应当按照上述期限要求保存一种介质的客户身份资料或者交易记录。

3. 法律、行政法规和其他规章对客户身份资料和交易记录有更长保存期限要求的，遵守其规定。

由于许多洗钱活动持续时间较长，或者是在其上游犯罪暴露以后才追查到线索，因此金融机构不能在客户销户后立即删除客户相关资料。这一项要求不仅是出于满足反洗钱规定的要求，也是出于对金融机构的保护，确保金融机构保存反映其并未故意参与到洗钱犯罪活动的证据。

（四）查看、增删信息的权限设置

首先，在对工作人员进行客户尽职调查培训时，要注意对客户隐私的保护，杜绝出现部分工作人员为满足私心或是出于其他目的而泄露客户隐私的情况发生。其次，为了防止舞弊情况发生，避免出现内部人员收取贿赂篡改数据消灭证据。出于以上两点考虑，在反洗钱系统设置中应添加管理员权限等，做到每一步都是可防可控可查。

三、客户身份资料和交易信息的保密和使用限制

我国《反洗钱法》第五条对履行反洗钱职责或义务获得的客户身份资料和交易信息保密和使用限制的规定是："对依法履行反洗钱职责或者义务获得的客户身份资料和交易信息，应当予以保密；非依法律规定，不得向任何组织和个人提供。反洗钱行政主管部门和其他依法负有反洗钱监督管理职责的部门、机构履行反洗钱职责获得的客户身份资料和交

易信息，只能用于反洗钱行政调查。司法机关依照本法获得的客户身份资料和交易信息，只能用于反洗钱刑事诉讼。"

（一）客户身份资料和交易信息的保密

本条第一款规定任何单位和个人在履行反洗钱职责或者义务中获得客户身份资料和交易信息，都要保密，不得泄露。其中，《反洗钱法》规定有反洗钱职责的单位，主要包括中国人民银行及其分支机构、反洗钱信息中心、国务院金融监督管理机构、依法负有反洗钱监督管理职责的其他有关部门、机构和司法机关等；而负有反洗钱义务的则是指金融机构和特定非金融机构。另外，从这一款的立法本意来讲，上述单位从事反洗钱工作的人员，也应当承担相应保密义务。同时，本款也考虑了与其他法律的衔接，规定了可以对外提供反洗钱信息的例外规定，即如其他法律规定可以提供的，则可依该法律。这里需要注意的是，"法律"是狭义的法律，仅指全国人大及其常委会制定的法律。

（二）反洗钱监督管理部门对客户身份资料和交易信息的使用

本条第二款规范的是反洗钱行政主管部门和其他依法负有反洗钱监督管理职责的有关部门、机构所获得的客户身份资料和交易信息的使用。需要注意的是，在《反洗钱法》中，"国务院反洗钱行政主管部门"仅指中国人民银行总行，"反洗钱行政主管部门"不仅指的是中国人民银行总行，还包括其分支机构，"其他依法负有监督管理职责的部门、机构"是指银行业监督管理机构、证券业监督管理机构、保险业监督管理机构、财政部门、商务部门、海关、工商行政管理部门、税务部门等有关部门、机构。根据本款规定，反洗钱行政主管部门和其他依法负有反洗钱监督管理职责的有关部门、机构对履行反洗钱职责获得的客户身份资料和交易信息只能用于反洗钱行政调查，不得用于任何其他方面，也不得提供给其他部门用于反洗钱行政调查之外的工作。否则即属违法，应当受到法律追究。例如，中国人民银行不得将有关反洗钱信息用于征信、金融市场监督管理等工作，也不得提供给有关金融监管机构用于金融审慎监管；税务机关不得将有关反洗钱信息用于税款的征收管理工作。

（三）司法机关对客户身份资料和交易信息的使用

本条第三款规范的是司法机关依其职责所获得的客户身份资料和交易信息的使用。本款规定的司法机关是指，根据诉讼法行使国家司法权的机关，包括公安、检察院、法院等。根据本款规定，司法机关通过反洗钱途径获得的客户身份资料和交易信息只能用于反洗钱刑事诉讼，不得将其用于与反洗钱无关的刑事诉讼以及民事、行政审判和执行等工作。

【延伸阅读】

客户尽职调查中的信息披露和隐私保护

信息披露和隐私保护问题也是国际社会普遍关心的问题。国际社会的一般做法是：适当限制金融情报的范围和用途，重点关注和预防情报流转环节可能导致客户隐私和商业秘密的泄露，以此平衡反洗钱与保护客户隐私和商业秘密的关系。

例如，金融行动特别工作组制定的《四十条建议》第十三、第十六条规定，金融机构和特定非金融机构怀疑或有理由怀疑某项资金属于犯罪活动的收益或者与恐怖分子筹资有关，应当立即直接向金融情报机构报告；第十九条规定，各国应当考虑要求金融机构报告规定金额以上的现金交易，但有关信息应用于反洗钱和反恐融资，并适用严格的保密规定；第二十六条规定，各国应建立集中、统一的金融情报机构。

《埃格蒙特集团—宗旨声明》第十三条规定，对金融情报机构间交换的所有情报都应实行严格的控制和保障措施，以确保情报仅以授权的方式得到使用，符合有关隐私和数据保护的国家规定。

《欧盟理事会关于成员国金融情报机构间在交换情报方面的合作安排的决定》第五条规定，对于递交的情报，要根据1981年1月28日《欧洲委员会关于在自动处理个人数据方面保护个人的公约》以及1987年9月15日《欧洲委员会关于警察部门使用个人数据管理规定的R（87）15号建议》予以保护。

德国《严重犯罪收益侦查法》第十一条规定金融机构和博彩夜总会发现暗示金融交易用于或在完成时将用于《刑法典》第二百六十一条规定的洗钱目的的情况，应立即向检察机关报告，报告内容不得用于除本法第十条第一项涉及的刑事法院根据法院负责的刑事程序以外的其他目的，第十二条规定报告故意不真实或严重失实应承担法律责任。同时，在第七款规定特定情形下可以免除身份识别义务。

比利时《防止利用金融系统洗钱法》第十二条、第十四条增补规定，金融机构和特定非金融机构知道或怀疑交易与洗钱有关应立即向金融情报处理中心报告；第十七条规定，金融情报处理中心仅能向皇家检察院、国家警察部门和法院以及在国际协议框架下向国外同行披露有关信息。

瑞士《联邦预防金融机构洗钱法》第九条规定金融机构在得知或有理由怀疑一项业务涉及的资产与《刑法典》第三百零五条列举的犯罪行为有关、这些资产为犯罪所得或者某个犯罪组织有支配该资产的权利时应立即向洗钱报告中心报告；第三十五条规定，洗钱报告中心、依照专门法律建立的监督机构、反洗钱管理机构和检察机关可以通过计算机的数据库交换信息。

芬兰《洗钱预防和侦查法》第十条规定金融机构和特定非金融机构如有理由怀疑某项交易涉及的资产或其他财产的合法性应当立即向洗钱案件侦查所报告；第十二条规定反洗钱信息仅在为预防和侦查洗钱活动时才能使用或披露；第十五条规定由于金融机构和特定非金融机构未进行细致审查导致侦查、可疑交易报告给客户造成损失的应由其承担赔偿责任。

——资料来源：微信公众号，AML 理论与实践

第五节

提高客户尽职调查有效性

一、对承担反洗钱义务机构的建议

（一）加强内部员工的培训，重视反洗钱文化教育

客户尽职调查过程中非常关键的一步是前端人员，后台人员是在与数据打交道，在数据中挖掘信息耗费巨大但是收效甚微。前端人员在为客户办理业务时可以直接观察客户的言行举止，当询问客户相关信息时客户出现吞吞吐吐或者答非所问的情况时需要多加关注。另外，当前端人员对某笔业务存疑时，及时对该笔业务进行标记也有助于后续的排查。只有加强对机构内部员工的培训，才能够在日常业务办理时对客户进行反洗钱相关的宣传和教育，才能够低成本地实现大众科普工作。

（二）整合客户身份信息，实现核查信息"零漏洞"

在客户尽职调查系统的设置中，需要考虑对公业务与对私业务交错进行的情况。例如，客户 A 是 B 公司的法人代表，拥有 B 公司的户头，如果 A 挪用公司资金，并利用自己的私人账户完成洗钱流程，则需要机构反洗钱部门整合单位客户业务和个人客户业务信息，实现核查信息无死角，有效提升客户尽职调查效率。

（三）与客户订立协议书，确保客户提交信息真实

第一，可以保证客户知悉银行的操作，避免在客户尽职调查过程中出现客户质疑银行

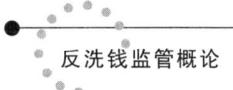

侵犯其隐私的情况，客户应享有知晓自己哪些信息被银行调查的权利。第二，在协议书条件的约束下，有利于减少客户有意或无意造假信息的情况。

（四）引进科技手段，提升机构监测能力

得益于金融科技迅猛发展，洗钱手段层出不穷，越来越丰富的电子支付手段为洗钱提供了更多的"可能性"。电子货币加密性提高，犯罪分子开始盯上类似于比特币一类的电子货币，对此金融机构需要同步提升金融科技效能，延揽金融科技人才，运用金融科技力量更好地进行反洗钱的客户尽职调查工作。

二、以完善客户尽职调查程序为起点，对我国反洗钱的未来展望

（一）贯彻落实"了解你的客户"原则，引入监管科技保证数据的质量

KYC政策强调审查账户持有人的各种信息，这一步是预防洗钱犯罪发生的第一道防火墙。KYC是银行业遏制洗钱工作的第一道屏障，在这一步中银行业需要获取客户的全面信息，大致包括客户身份证是否真实、住址是否真实、账户资金往来动态信息等，这一步获得的信息不仅在账户开立期间保持更新，在账户注销后的规定时间内也不得废弃。逐步将金融科技与反洗钱监管有效结合，充分提高客户尽职调查效率。同时，银行业金融机构可根据机构业务情况，定期实施数据突然遭遇袭击时的网络形式应急演练，避免出现网络防火墙被黑客攻击丢失重要文件的情况。

（二）储备并培养反洗钱领域的综合性专业人才

以往中资银行的反洗钱部门由合规部门来替代，而随着反洗钱工作的要求越来越高，合规部门的职能已经不能覆盖反洗钱部门，这要求银行从长远发展角度来考虑专业人才的培养储备计划。反洗钱工作涉及银行基础工作的方方面面，不仅要求工作人员了解国家的法律政策，也要了解银行基本业务全流程。另外，随着科学技术的发展，现在银行业的反洗钱不再只是文字表格，许多银行已经依附大数据和信息系统来建立自己的反洗钱网络。基于此，各大银行要注重培养信息系统方面的人才，以满足客户尽职调查的需要。

【职业素养与道德】

反洗钱与开展客户尽职调查

近几年，反洗钱成为银行业的一个热门关键词，个人或者公司办理业务时也会被

随时提醒相关事宜。一边是全球金融市场的高度关注，国际标准提升；另一边是国内持续增高的关注度。我国相继出台了《金融机构大额交易和可疑交易报告管理办法》（中国人民银行令〔2016〕第3号）、《法人金融机构洗钱和恐怖融资风险管理指引》（银反洗钱发〔2018〕1号）、《银行业金融机构反洗钱和反恐怖融资监督管理办法》（银保监会令〔2019〕年第1号）等相关文件来严防严控银行业间的"洗钱"行为。国内外反洗钱压力不断加大，国际资金流动逐渐增加，我国金融机构尤其以银行业金融机构为主需要加强自身对反洗钱的重视。

2018年的全国金融系统反洗钱工作会议认为，反洗钱和反恐融资任务的实施对于构建中国特色社会主义法治体系不可或缺，是建设现代金融体系的重要组成条件，是维护社会经济安全平稳的重要保障，是加入全球犯罪治理、拓展金融业双向开放的重要方法。反洗钱工作作为目前的重点，不仅有助于增加中国面向世界金融市场的底气，展现中国市场经济的良好秩序，更有利于国内犯罪活动调查的展开，为破获地下钱庄、恐怖融资、贩卖毒品、贪污贿赂等刑事案件提供有效线索。

客户尽职调查作为反洗钱工作的第一步，起着至关重要的作用。按照宪法要求，任何金融机构或者执法机关都应做到有法可依。从法律层面加强反洗钱各项工作的安排是解决洗钱犯罪的根本方法，这是贯彻习近平法治思想的精要之处。在宣传反洗钱工作文化的道路上，对普通群众来说法律知识才是最有信服力的工具，当法律明确规定了什么可以做什么不可以做的时候，群众的警惕性自然会得到提高。只依靠金融机构严抓客户尽职调查，工作量极为庞大，而当每一位办理业务的客户都能自觉提交各项证明材料时，整体金融合规氛围就会得到加强。

尽管本书是从金融机构角度出发谈合规与反洗钱，但是希望通过本章节的学习能够引起各位同学的思考，思考自己在平时生活中如何配合客户尽职调查工作，也要向身边的家人朋友多多宣传客户尽职调查工作的重要性，共同营造一个不断完善的金融体系。

本章小结

1. 客户尽职调查与客户身份识别并非完全相同，二者之间应该是递进的关系。前者为后者提供基础信息，后者在前者基础上搭建信息平台。二者绝非是相互替代或者二选其一的关系。

2. 简化的尽职调查程序的适用范围问题。简化并不意味着标准降低，而是在标准不变的情况下实现客户风险的快速识别判定。推广简化的尽职调查程序还是应该建立在反洗钱体系相对完善的基础上。

3. 针对客户身份、业务等的风险分类是客户尽职调查的一个重要结果，风险分类时要融会贯通，将不同的风险类型连接在一起，综合评判风险敏感性。

4. 尽职调查报告得到的信息如何保存至关重要，金融机构耗费大量人力物力财力得到的客户尽职调查信息需要妥善保管。

 复习思考题

1. 我国简化尽职调查程序的适用情况是什么？
2. 反洗钱客户尽职调查过程中有哪些难点？如何解决这些难点？
3. 根据不同反洗钱责任主体，分析 FATF 关于尽职调查的主要规定。
4. 我国对客户身份资料与交易记录的信息保存有哪些具体的规定？

第六章　大额和可疑交易报告制度

【学习目标】

1. 了解大额和可疑交易报告制度的起源与相关法律规定。
2. 掌握大额和可疑交易报告制度的具体规定。
3. 了解大额和可疑交易报告制度的执行情况。

【重点难点】

1. 大额和可疑交易报告的标准。
2. 大额和可疑交易报告制度的具体内容。

【案例导入】

银行客户的可疑交易行为

客户王某于 2017 年 3 月 22 日在中国民生银行以居民的身份开立了一张借记卡，平时基本无交易活动。2018 年 3 月 7 日，该客户的账户上从他行同户名账户转入 60 万美元。

2018 年 3 月 14 日，该客户前往民生银行，告知银行工作人员，因买房需要，要将 60 万美元全部结算成人民币，因客户无法提供超限额结汇的相关材料，银行工作人员未予办理，故当时该客户仅在柜面办理了 5000 美元的支取。

但是，从当天下午起，该客户就陆续在中国民生银行分行多家支行办理分批取现、直系亲属间资金划转等业务。至 2018 年 3 月 26 日，王某分别向其妻张某、其父王某某、其母刘某某、其子王某、其女张某等 5 人的账户中各汇入 5 万美元。王某一家 6 人分别在个人限额下结汇 5 万美元，并将所结人民币资金合计 211 万元转入了其母刘某某的账户。2018 年 3 月 28 日，刘某某从个人账户中取现 200 万元。

由于上述交易异常，反洗钱工作人员对王某及其家人的客户背景、资金来源等进行了调查了解；对该账户和其所有关联账户3月份以来的账户变动情况和资金流动情况进行了持续监控；并将该笔可疑交易作为重点可疑交易向当地中国人民银行进行了报告。

思考题：该银行客户有哪些可疑交易行为？

第一节

大额和可疑交易报告制度概述

一、大额和可疑交易报告制度的起源与含义

（一）大额和可疑交易报告制度起源

自20世纪50年代以来，由于毒品犯罪、走私犯罪日益猖獗并产生巨额的非法收益，为逃避各国政府和银行的追查和惩罚，世界范围内出现了洗钱活动的第一次高潮，并形成了一个专业化的、复杂化的洗钱犯罪领域。由于经济、金融全球化的不断发展，洗钱犯罪活动也呈现全球化趋势，日益成为国际社会面临的一大公害。而随着电子银行、移动支付的出现，洗钱犯罪也开始向智能化、国际化、专业化以及大宗化的方向发展。据Fenergo数据显示，截至2020年7月末，全球金融业界因不遵守反洗钱（AML）、了解你的客户（KYC）和制裁条例的罚款总额高达56亿美元，其中亚太区监管机构要求的罚款金额从350万美元增至近40亿美元。

（二）反洗钱要求提交大额和可疑交易报告

洗钱活动为上游犯罪的违法收入提供了洗白渠道，助长了上游犯罪的存在和发生，且由于不法收入的资金数额巨大，一旦正式进入金融系统，会对一国的经济体系造成巨大的破坏，影响金融系统的稳定运行，造成政府难以对基础货币等进行准确预估，从而影响货币政策决策与宏观调控。不法分子在洗钱时往往会通过注册空壳公司的方法，其不以盈利为目的，而是以洗钱为目的进行的投资行为会破坏市场经济公平竞争的环境，造成市场剧烈波动；而对于犯罪分子所在的国家而言，大量资金流入海外会导致汇率的波动，影响该国货币在国际上的地位；从政治层面，犯罪分子通过贿赂等方式取得金融机构内部人员放松审核，包庇犯罪行为，将导致社会和政治的不稳定。

由于洗钱犯罪的极大社会危害性，国际社会日益认识到了反洗钱活动的重要性，开始

采取应对措施，国际组织及专业机构开始制定反洗钱公约和指南。以联合国《禁毒公约》为首的一系列反洗钱法律法规不断出台，明确要求金融机构在开展业务时实行实名制、金融交易报告制度，这一法律条文的出现标志着金融机构提交可疑信息报告、积极参与预防洗钱犯罪的开始。

因此，大额和可疑交易报告制度是指金融机构将其经办的超过规定金额或者有洗钱嫌疑的金融交易信息按要求上报反洗钱监测部门的制度，是反洗钱监管的基础工作和主要措施。

二、大额和可疑交易报告制度的相关立法

（一）联合国订立的有关公约

1. 1988年《禁毒公约》。这是缔约国之间共同打击毒品交易的初步尝试，公约主要内容是为了控制毒品犯罪，并已认识到反洗钱在预防犯罪方面的重要意义。在反洗钱方面，公约最具意义的内容是赋予缔约国条约义务，要求其通过国家层面对洗钱罪进行立法。

联合国《禁毒公约》是最早认识到遏制洗钱必须获得金融机构的配合的国际文件，是第一次对不能被各国单独解决的无国界普遍犯罪作出的应对。该公约中第五条明确规定，各缔约国应授权其法院或其他主管当局，提供或扣押银行记录、财务记录或商业记录，任一缔约国不得以保守银行秘密为由拒绝按照本款的规定采取行动。这一公约扫除了因银行保密法和国家内部法律带来的困难，奠定了金融机构提交可疑交易报告、参与控制洗钱犯罪的法律基础，成为国际范围内促使金融机构参与到控制洗钱活动中的起点，也是建立大额和可疑交易信息报告制度的基础。

然而，这一公约的缺陷在于将洗钱犯罪所涉及的犯罪收益来源仅限于毒品犯罪，这样势必限制了各国所负有的相互法律协助的义务：各国只提供与毒品交易有关的金融交易信息。

2. 1999年《制止向恐怖主义提供资助的国际公约》。考虑到向恐怖主义提供资助是整个国际社会密切关注的问题，联合国1999年订立的《制止向恐怖主义提供资助的国际公约》在恐怖主义融资方面作了规定。公约第十八条规定，缔约国应承担义务向主管当局迅速报告所有并无任何明显的经济目的或显而易见的合法目的的、可疑的巨额交易和不寻常的交易方式，而无须担心因诚意告发而承担违反披露资料限制的刑事和民事责任。这项规定将大额和可疑交易信息报告内容扩展至反恐领域，且减轻了金融机构对提供信息的负担。

3. 2000年《打击跨国有组织犯罪公约》。该公约强调了国际合作，以便更有效地预防和打击跨国有组织犯罪。公约第七条明确规定，各缔约国均应在其力所能及的范围内，建立对银行和非银行金融机构的综合性国内管理和监督制度，以便制止并查明各种形式的洗钱，确保行政、管理、执法和其他负责打击洗钱的当局能够根据本国法律规定的条件，在国家和国际一级展开合作和交换信息，并应为此目的考虑建立作为国家级中心的金融情报机构，便于收集、分析和传播有关潜在的洗钱活动的信息。

综上所述，从联合国的三个公约中可以看出，大额和可疑交易信息报告制度已经被国际社会的众多国家认可和接受。

（二）区域组织框架条约

在区域组织框架条约方面，虽然区域组织对比全球性国际组织而言规模较小，但是区域性组织的成员国往往在民族、历史、语言、文化或精神上具有密切联系，培育了某种共同意识，或者在现实国际生活中具有彼此关心的政治、军事、经济或社会问题，形成了某种相互依赖关系。因此，在大额和可疑交易信息报告制度上更容易达成共识。欧洲历来是国际组织最发达的地区，这一地区先后制定了一系列法律法规文件，建立和发展了区域内的大额和可疑交易信息报告制度。

1. 1990年欧盟《关于清洗、搜查、扣押和没收犯罪收益的公约》。该公约与1988年《禁止贩运麻醉药品和精神药品公约》将洗钱犯罪收益仅限于通过非法贩运毒品所获得的财产不同，而是将上游犯罪规定为所有犯罪，弥补了已有公约的缺陷。该公约规定，在不损害本国调查和诉讼合法性和正当性的情况下，任一缔约国如果认为披露有关手段和收益的信息可以协助接受信息国启动、进行调查或诉讼，可以在无事先请求时向另一缔约国提供上述信息。这为信息共享提供了很好的平台，推动了大额交易和可疑交易信息报告制度的进一步发展。

2. 1991年欧盟理事会《关于防止利用金融系统洗钱的指令》。严格的银行保密制度，使得主管部门缺乏相应授权执行反洗钱业务。而保证情报被传送到上述部门却不惊动有关客户的怀疑交易举报制度是实现合作的最有效的途径，故一个免除金融机构及其雇员、经理人员触犯泄漏资料规定所负的责任的特殊保护条款显得非常必要。鉴于此，1991年欧盟理事会出台了《关于防止利用金融系统洗钱的指令》。

该指令规定，金融机构及其有关人员不得向客户和其他第三方泄露已经传递给有关当局的信息，以免妨碍司法调查，避免不必要的损害；信用和金融机构的雇员在诚恳地向负责反洗钱的主管部门提供大额和可疑交易信息时，不应构成对根据协议或者立法、监管或行政性条款所规定的禁止泄露资料的违反，信用和金融机构及其雇员不应负任何责任。除此之外，该指令还明确规定，反洗钱主管部门收到的资料只可在与反洗钱有关的活动中使用。

由此可见，该指令不仅将大额和可疑交易信息报告制度规定为金融机构的强制义务，而且还为切实履行该义务制定了许多保障措施，是一套完备的规定大额和可疑交易信息报告制度的法律文件，对整个国际社会的反洗钱实践具有重要的借鉴意义。

（三）巴塞尔委员会《关于防止银行系统用于洗钱的声明》

20 世纪 80 年代后，国际洗钱犯罪日益猖獗，对国际融资活动进行有效的国际监督和管理成为最迫切的需求。巴塞尔委员会认为虽然银行监管的首要责任是维护整体的金融安全与银行稳定，而不是确保银行客户的每一笔交易的合法性，但是银行无意中与犯罪分子的合作一旦被披露，必然会损害公众对银行的信任，并因此而损害银行的稳定性。因此，巴塞尔委员会认为，银行监管者应该鼓励银行及其他金融机构在遵守行业道德标准方面发挥一定的作用。有鉴于此，巴塞尔委员会于 1988 年出台了《关于防止银行系统用于洗钱的声明》，其中对金融机构提出 4 项建议，即检验客户身份、遵守法律、与执法机关合作及进行职员培训。

（四）FATF《四十条建议》

金融行动特别工作组（FATF）是政府间组织，其宗旨是制定和推动反洗钱政策。FATF 希望借推行反洗钱政策，防止利用犯罪收益进一步犯罪，以及避免洗钱活动影响合法经济活动。它的成立本身就是国际社会为控制洗钱所采取的一个重要行动。

1990 年，FATF 发表了著名的关于反洗钱的《40 条建议》，确立了国际上适用的反洗钱的最低标准，是"为国际接受的反洗钱的基点"。1996 年，为了吸取过去 6 年的经验和反映洗钱问题的变化，《40 条建议》被首次修订，修订后的建议为反洗钱工作奠定了基本框架，130 多个国家签署了这个为全球的普遍应用而设计的反洗钱建议，其成为反洗钱的国际标准。建议书内容涉及刑事司法制度和法律执行、金融制度及其规章，以及国际合作事宜，还详细规定了大额和可疑交易信息报告制度，并通过后续行动推动了在国际社会确立这一制度。

《40 条建议》明确规定金融机构应特别注意所有的无明显经济或合法目的的交易，并尽可能审查这些交易的背景，将审查结果记录下来，若怀疑某些资金来自犯罪活动，必须迅速向有关当局报告。为了保护金融机构及其雇员，建议书还规定：如果金融机构、其董事、管理官员或雇员是本着真诚而向有关当局举报可疑事情，那么即使其未能明确知道涉及的是何种犯罪活动，也不论是否确有其事，都应受到法律条文的保障，无须因违反合同或任何法规、条令或行政条款中对披露资料的限制而负上刑事或民事责任。这样避免了大额和可疑交易信息报告制度由于金融机构慑于潜在的违背契约的民事责任和泄漏客户信息的刑事责任而实际上得不到有效实施的缺陷。

三、大额和可疑交易报告制度的执行现状——以美国为例

作为美国的反洗钱核心部门，美国财政部下属金融犯罪执法网络（Financial Crimes Enforcement Network，FinCEN）使用"银行保密法电子报告系统"，作为接收可疑交易报告的唯一渠道，该系统还用于接收现金交易报告、境外银行账户和金融账户报告等其他金融交易报告。

报告义务主体必须在交易中首个可疑因素被发现后的30天内提交可疑交易报告。倘若不能确认嫌疑人，可以再延迟30天提交报告，但无论如何不能迟于60天。当涉嫌违法犯罪的情况较为紧急时，例如涉嫌恐怖融资或正在实施的洗钱活动，除了及时向FinCEN提交可疑交易报告外，还应立即向有关执法部门报告。FinCEN设立了涉嫌恐怖活动交易的举报热线电话，但电话举报不能替代可疑交易报告。

FinCEN的报告模板对几乎所有要素项目均作出了细致的填报规定，例如对于所有的必填要素项目，即使报告主体不掌握相关信息，也不能留空白，必须明确填写为"不知道"，并在叙述部分说明不知道的原因。例如对于交易主体的职业，必须以"医生""木匠""二手车销售员""五金店业主"等形式说明，不能泛泛概况为"商人""销售员""退休"或者"自营业主"等形式表示。如遇自由职业、无业或退休等情况，应尽量以"自营合同顾问""退休教师""失业的木匠"等形式表示。FinCEN还推荐使用"北美行业分类系统代码"，准确划分职业或经营类型。再如对于交易主体的地址，必须具体到门牌号，不能随意缺省或更改格式；对于电话号码，即使仅掌握号码的片段也要如实报告。对于网络交易，应尽可能收集所有交易的终端的IP地址，填报上限可达99个。不能准确采集和报告客户的职业、住址等信息，正是我国金融机构可疑交易报告的一个突出问题。FinCEN在信息准确性方面的经验值得借鉴。

FinCEN对于不同类型交易和事件分别规定了立即报告、30天报告、60天报告、90天报告以及120天报告的时限要求，缓急并济，既给报告主体预留了充分的观察、分析时间，又为执法机关制止紧急事态和打击严重犯罪争取了时间。另外，FinCEN以"交易中首个可疑因素被发现"作为报告时限的起始时间点，充分考虑到了某些可疑交易的复杂性和时间延续性。FinCEN涉及的更正、补充报告和接续报告，能够较好地避免报告主体就一项具有连续动作的可疑交易进行重复报告或者割裂交易分别单独报告的问题。

第二节

大额和可疑交易报告制度具体规定

一、报告主体

大额和可疑交易报告报告主体是指负有报告洗钱线索义务的机构和个人。随着洗钱涉及主体范围的扩大，报告主体的范围也在不断扩大。由于洗钱主要通过银行进行，最初的报告主体主要是各类吸收存款、办理贷款和转账结算的商业银行和类似金融机构。随着银行业反洗钱法律法规和措施逐渐健全和不断完善，部分洗钱者利用银行以外的其他金融机构和容易被洗钱利用的非金融机构藏匿、转移或转换非法所得，因此，这些行业的机构和个人也开始受到反洗钱主管当局的监管，按照规定也必须向金融情报中心进行报告，成为大额和可疑交易报告的义务主体之一。

二、报告制度

从世界各国的情况来看，要求金融机构报告的涉嫌洗钱的资金交易报告制度主要有两类：一类是大额金融交易报告制度，即金融机构办理一定金额以上的金融交易时，都必须向有关部门报告。由于现金交易的特殊性，有些国家大额金融交易报告主要针对现金交易。另一类是可疑金融交易报告制度，这是要求金融机构报告其知道的或者怀疑的与特定客户或特别交易有关的洗钱活动。根据反洗钱业务实践，一些国家归纳出洗钱可能性较大的一些交易情况作为异常金融交易的报告标准，一旦发现符合这些标准的交易，金融机构也必须报告。

目前世界通行的反洗钱交易报告制度体现为两种形式，一是以美国、澳大利亚等国为代表的大额交易和可疑交易报告制度，二是以英国为代表的可疑交易报告制度。

在美国，金融机构所承担的交易报告义务包括4类：现金交易报告（Currency Transaction Reports，CTR）、货币或者金融票据国际转移报告（Currency and Monetary Instrument Report，CMIR）、外国银行和海外金融账户报告（Foreign Bank and Financial Account Form，FBAR）和可疑交易报告（Suspicious Activity Report，SAR）。现金交易报告规定：1万美元

以上的现金缴存一律需要申报登记，金融机构有权对大额现钞的来源和用途进行调查。1986年8月，美国又调整了申报和记录现金交易的要求，规定各银行必须做到：（1）记录所有超过3000美元的用现金购买本票、汇票和旅行支票的情况。（2）交易总额在一天超过1万美元的，必须向有关部门申报。（3）客户在一天以内以任何形式的多种金融交易总额超过1万美元，必须向有关部门申报。根据1994年《禁止洗钱法》要求，金融机构还必须对可疑交易进行报告。可疑交易包括4个部分：涉及可疑交易者的个人资料（如姓名、身份证件的名称和号码、住所、电话、银行账户号等）或公司资料（如公司名称、法定代表人或负责人姓名及其有效身份证件的名称和号码、开户的证明文件、住所、注册资金、经营范围、主要交易对象等）、可疑交易活动的具体情况、判断为可疑交易的原因和客户的解释。

英国反洗钱模式是基于真实怀疑的可疑交易报告制度。这种制度没有设定现金交易的报告下限，而是要求金融机构的员工在处理客户提交的各类金融交易时，以"尽职尽责"的原则，对每一笔交易结合行业特点和相关行规，进行独立的判断审查，并及时向国家犯罪情报中心下设的经济犯罪处报告。因此，金融机构和其他如大型娱乐场所、会计师事务所、房地产中介商等可能涉及洗钱犯罪行为的工作场所，都应配备反洗钱人员，对日常交易进行判断，并提交可疑交易报告。

三、报告标准

（一）大额交易报告标准

大额交易报告标准相对较为简单，一般设定一个限额，凡是达到或超过这个限额的金融交易，金融机构应按照有关规定进行报告。

根据我国《人民币大额和可疑支付交易报告管理办法》规定，大额交易标准为：（1）法人、其他组织和个体工商户（以下统称单位）之间金额100万元以上的单笔转账支付；（2）金额20万元以上的单笔现金收付，包括现金缴存、现金支取和现金汇款、现金汇票、现金本票解付；（3）个人银行结算账户之间以及个人银行结算账户与单位银行结算账户之间金额20万元以上的款项划转。

根据《金融机构大额交易和可疑交易报告管理办法》（中国人民银行令〔2016〕第3号）第五条的规定，金融机构应向中国反洗钱监测分析中心报告下列大额交易：

（1）当日单笔或者累计交易人民币5万元以上（含5万元）、外币等值1万美元以上（含1万美元）的现金缴存、现金支取、现金结售汇、现钞兑换、现金汇款、现金票据解付及其他形式的现金收支。

（2）非自然人客户银行账户与其他的银行账户发生当日单笔或者累计交易人民币200万元以上（含200万元）、外币等值20万美元以上（含20万美元）的款项划转。

（3）自然人客户银行账户与其他的银行账户发生当日单笔或者累计交易人民币50万元以上（含50万元）、外币等值10万美元以上（含10万美元）的境内款项划转。

（4）自然人客户银行账户与其他的银行账户发生当日单笔或者累计交易人民币20万元以上（含20万元）、外币等值1万美元以上（含1万美元）的跨境款项划转。累计交易金额以客户为单位，按资金收入或者支出单边累计计算并报告。中国人民银行另有规定的除外。中国人民银行根据需要可以调整本条第一款规定的大额交易报告标准。

根据《金融机构大额交易和可疑交易报告管理办法》（中国人民银行令〔2016〕第3号）第七条的规定，对符合下列条件之一的大额交易，如未发现交易或行为可疑的，金融机构可以不报告：

（1）定期存款到期后，不直接提取或者划转，而是本金或者本金加全部或者部分利息续存入在同一金融机构开立的同一户名下的另一账户。活期存款的本金或者本金加全部或者部分利息转为在同一金融机构开立的同一户名下的另一账户内的定期存款。定期存款的本金或者本金加全部或者部分利息转为在同一金融机构开立的同一户名下的另一账户内的活期存款。

（2）自然人实盘外汇买卖交易过程中不同外币币种间的转换。

（3）交易一方为各级党的机关、国家权力机关、行政机关、司法机关、军事机关、人民政协机关和人民解放军、武警部队，但不包含其下属的各类企事业单位。

（4）金融机构同业拆借、在银行间债券市场进行的债券交易。

（5）金融机构在黄金交易所进行的黄金交易。

（6）金融机构内部调拨资金。

（7）国际金融组织和外国政府贷款转贷业务项下的交易。

（8）国际金融组织和外国政府贷款项下的债务掉期交易。

（9）政策性银行、商业银行、农村合作银行、农村信用社、村镇银行办理的税收、错账冲正、利息支付。

（10）中国人民银行确定的其他情形。

（二）可疑交易报告标准

金融机构发现或者有合理理由怀疑客户、客户的资金或者其他资产、客户的交易或者试图进行的交易与洗钱、恐怖融资等犯罪活动相关的，不论所涉资金金额或者资产价值大小，应当提交可疑交易报告。

我国《人民币大额和可疑支付交易报告管理办法》规定的可疑支付交易，具有以下基本特征：

（1）短期内资金分散转入、集中转出或集中转入、分散转出；

（2）资金收付频率及金额与企业经营规模明显不符；

（3）资金收付流向与企业经营范围明显不符；

（4）企业日常收付与企业经营特点明显不符；

（5）周期性发生大量资金收付与企业性质、业务特点明显不符；

（6）相同收付款人之间短期内频繁发生资金收付；

（7）长期闲置的账户原因不明地突然启用，且短期内出现大量资金收付；

（8）短期内频繁地收取来自与其经营业务明显无关的个人汇款；

（9）存取现金的数额、频率及用途与其正常现金收付明显不符；

（10）个人银行结算账户短期内累计100万元以上现金收付；

（11）与贩毒、走私、恐怖活动严重地区的客户之间的商业往来活动明显增多，短期内频繁发生资金支付；

（12）频繁开户、销户，且销户前发生大量资金收付；有意化整为零，逃避大额支付交易监测；

（13）中国人民银行规定的其他可疑支付交易行为；金融机构经判断认为的其他可疑支付交易行为。

四、报告方式

（一）大额交易报告方式

根据《人民币大额和可疑支付交易报告管理办法》，出现大额现金收付时，由金融机构于业务发生日起的第二个工作日，通过其业务处理系统或书面方式报告，报送中国人民银行当地分支行，并由其转报中国人民银行总行。

从此项规定可以看出，大额支付交易的报告不是经过层层审批，而是由各金融机构直接报送给中国人民银行总行。因为大额支付交易信息产生于各商业银行，标准明确单一，没有转手再次审批的实际意义。因此，为了减少信息的传递环节，使采集的信息真实完整，避免重复，采取了由各金融机构直接报送中国人民银行总行的方式。

（二）可疑交易报告方式

根据《人民币大额和可疑支付交易报告管理办法》规定，政策性银行、国有独资商业银行、股份制商业银行的营业机构发现可疑支付交易的，应填制《可疑支付交易报告表》并报送一级分行。一级分行经分析后应于收到《可疑支付交易报告表》后的第二个工作日报送中国人民银行当地分行、营业管理部、省会城市中心支行，同时报送其上级行。金融机构在发现可疑交易时，应先进行柜面审查，通过书面方式或其他方式报告。

由此可以看出，可疑交易报告过程与大额交易报告过程相比更加复杂，不仅在手续上需要填制表格，涉及的上级单位数量也更多。

（三）电子及自动报送

2004年4月，中国反洗钱监测分析中心作为中国人民银行的一个直属事业单位成立。其职责为负责接收中国人民银行分行、城市中心支行报送的中国人民银行总行的人民币大额和可疑支付交易报告及有关信息。在本外币正式合并监测之前，国家外汇管理局根据《金融机构大额和可疑外汇资金交易报告管理办法》规定接收大额和可疑外汇资金交易报告及有关信息，并抄送中国反洗钱监测分析中心。

中国反洗钱监测分析中心自成立以来，致力于开发大额交易的计算机电子报送网络系统，目的是将分散于各地的金融机构电子业务系统与反洗钱监测分析中心的信息收集系统中枢进行联网，实现大额金融交易信息的自动采集和电子传输，降低情报收集与整理的经济成本，缩短报送时间，提高分析和处理效率。2019年，中国反洗钱监测分析中心共接收4182家报告机构报送的大额交易报告8.67亿份；可疑交易报告163.76万份，同比增加2.22%。报告总量稳中有降，反洗钱数据治理持续发力，报告质量稳步提升。

【延伸阅读】

美国对构造交易的规定

构造交易以规避《银行保密法》的报告和必要的记录要求会受到《银行保密法》的民事处罚和刑事处罚。根据《银行保密法》（《美国法典》第31章5324），任何人不得为了规避现金交易报告（简称CTR）或地域审查令报告的要求，或《银行保密法》规定的必要记录要求，而：

1. 导致或可能导致银行无法提交地域审查令的现金交易报告，或无法保存《银行保密法》所要求的记录。

2. 导致或可能导致银行提交现金交易报告或地域审查令的报告，或保存的《银行保密法》规定的记录所包含的重要信息遗漏或事实的误述。

3. 如上所述，构造或者企图构造、协助构造与一家或多家银行的交易。

正如《联邦法规》第31章103.11（gg）（在《爱国者法案》条款禁止构造地域审查令和《银行保密法》规定的记录之前）所定义的，构造是指"若个人为了自身或者他人的利益，单独或与他人联合或代表他人进行或企图进行一个或多个一定数额的现金交易，在一天或多天内，在一家或多家金融机构，以任何方式，以逃避提交现金交易报告为目的的行为"。"以任何方式"包括但不限于金额超过10000美元的单笔现金交易分解成较小的金额，进行一系列10000美元或低于10000美元的交易。为达到构造目的，这些交易不会在同一天出现在同一家银行超过10000美元，以避免达到现金交易报告的标准。

洗钱分子和犯罪分子已建立多种方式构造大量的现金交易来规避现金交易报告的要求。除非现金被偷运出美国或混入其他合法收入，否则任何洗钱的计划，将犯罪活动现金收益转化为看似合法的金融工具、账户或投资，都可能涉及某种形式的构造交易。构造交易仍然是可疑交易报告（SAR）中最常见的涉嫌犯罪。

银行雇员应了解和谨慎构造交易计划。例如，某个客户可能构造现金存取业务，使每笔交易少于现金交易报告要求的10000美元；使用少于10000美元的现金购买银行支票、汇票或旅行支票（可能使用低于3000美元的现金购买货币工具，以逃避记录保存规定中关于出示身份证的要求）；或小额美钞换为大额美钞，金额不超过10000美元。

然而，相隔数天或数周进行的两笔略低于10000美元的交易未必是构造交易。例如，假设某个客户周一存入9900美元现金，在周三再存入9900美元的现金，这不应该被认为是构造交易。相反，需进一步审查和研究，以确定交易的性质、账户历史记录，以及其他相关的客户信息，并评估该活动是否可疑。即使构造交易没有发生，银行也应审查交易是否可疑。

此外，在客户将资金带来银行之前构造可能已发生。在这些情况下，银行也有可能识别构造的后果。在其他地方购买的货币工具可能被用来构造存款以逃避现金交易报告或购买货币工具的记录保存要求。这些不到10000美元或3000美元的工具往往是连号的；大部分具有相同的笔迹，往往有同样的标记、印章或缩写；或在相同或不同的日期在多处购买。

——资料来源：周世愚等译. 银行保密法/反洗钱检查手册（2015版）. 中国金融出版社, 2018

第三节 大额和可疑交易监测及报告程序

一、大额和可疑交易监测机构

根据我国《反洗钱法》和《金融机构大额交易和可疑交易报告管理办法》规定，反洗钱监测分析中心负责对大额和可疑交易报告进行接收分析，并向国务院反洗钱行政主管部门报告分析成果。

反洗钱监测分析中心是中国人民银行直属的独立单位，是中国人民银行为了组织协调国家反洗钱工作职责而设立的收集、分析、监测和提供反洗钱情报的专门的组织机构，是行政金融情报机构。商业银行等主体直接向监测分析中心报送大额交易信息；同时，向中国人民银行在当地的分支机构报送可疑交易信息，由中国人民银行各分支机构将汇集的报告再递交反洗钱监测中心。

目前我国反洗钱监测分析中心的覆盖面已经逐步扩展至国有独资商业银行、股份制商业银行、邮政储蓄机构、城市信用合作社、农村信用合作社、政策性银行等。据《2019年中国反洗钱报告》，该年度中国人民银行各地分支机构发现和接收重点可疑交易线索15755份；筛选后共对1143份线索开展反洗钱调查9162次，同比分别增长5.25%和21.13%；向侦查机关移送线索4858条，同比增长33.17%；侦查机关立案474起，同比增长13.13%。协助侦查机关对4007起案件开展反洗钱调查共38692次，同比分别增长50.47%和73.24%；协助破获涉嫌洗钱等案件共622起，同比增长15.19%。中国反洗钱监测分析中心全年共向执纪执法机关提供金融情报5437批次。

二、大额和可疑交易监测及报告流程

（一）通过软件筛选大额和可疑交易

《金融机构大额交易和可疑交易报告管理办法》第十二条规定，制定本机构可疑交易监测标准并对其有效性负责。具体而言，可对公司交易数据库按照可疑交易的以下通用特征进行自动筛选，各营业部一般在交易日的第二天下午可通过软件平台查询筛选结果。以

下为可疑交易特征筛选明细：

1. 客户资金账户原因不明地频繁出现接近于大额现金交易标准的现金收付，明显规避大额现金交易报告标准的。

2. 没有交易或者交易量较小的客户，要求将大量资金划转到他人账户，且没有明显的交易目的或者用途的。

3. 客户的交易账户长期闲置不用，而资金账户却突然于近期频繁发生大额资金收付的。

4. 短期内资金分散转入、集中转出或者集中转入、分散转出，与客户身份、财务状况、经营业务明显不符的。

5. 账户开启后短期内出现大量汇入汇出交易，然后迅速销户的。

（二）通过工作流程发现大额和可疑交易

金融机构营业部工作人员在从事金融服务等工作中发现可疑交易和行为时，应当填写书面表格，报告营业部反洗钱指定人员，通过人工录入进行报告，且报告应采取书面方式。反洗钱岗位工作人员收到营业部门报送的可疑交易报告材料后应当核实分析客户、交易对手信息以及该可疑客户开户以来的交易情况，在《可疑交易分析表》中填写确认意见。如有关交易信息或客户及交易对手信息有遗漏，应要求营业部门补充提供。确认重点可疑的，及时录入行内反洗钱系统重点监控黑名单，并在收到重点可疑报告两个工作日内书面报送总行，有合理理由怀疑存在洗钱或其他犯罪嫌疑的应及时书面报告当地中国人民银行分支机构及公安部门。

（三）大额和可疑交易的尽职调查

可疑交易符合下列情形之一的，金融机构应当在向中国反洗钱监测分析中心提交可疑交易报告的同时，以电子形式或书面形式向所在地中国人民银行或者其分支机构报告，并配合反洗钱调查：（1）明显涉嫌洗钱、恐怖融资等犯罪活动的；（2）严重危害国家安全或者影响社会稳定的；（3）其他情节严重或者情况紧急的情形。

（四）营业部内部分析和审核

营业部反洗钱工作人员结合尽职调查资料和可疑交易记录进行综合分析，情况复杂的由反洗钱工作小组集体讨论后，对上报的可疑交易进行初步分析认定，形成书面分析记录，记录中应包括可疑和不可疑的书面原因分析，经审核后上报营业部经理。

(五) 通过大额交易和可疑交易报送平台录入上报

营业部反洗钱指定人员对可疑分析资料和尽职调查资料进行归档保存, 在大额可疑交易报送平台进行系统录入, 上报公司稽核合规部反洗钱人员, 再次进行审核, 若出现资料不齐、分析有误等情况时要求重新录入。上报通过后, 重点可疑应形成书面报告, 报送当地中国人民银行分支机构。

三、大额和可疑交易报告的国际经验

(一) 美国

1. 相关法律。美国是世界上最早对洗钱活动在法律层面上进行监管的国家。美国反洗钱的主要法律框架包括法案和规章制度两个层次。《1970 年银行保密法》《1986 年控制洗钱法》《1992 年阿农奥怀利反洗钱法》《1994 年禁止洗钱法》和《美国 2000 年反洗钱战略》构成了反洗钱法律的基础。"9·11"恐怖袭击之后, 针对反恐融资出台的《美国爱国者法案》(USA Patriot Act) 又对上述框架作出修订, 不仅加强了反洗钱要求, 还将范围扩大至非银金融机构。根据上述法律要求, 相关机构需要向美国金融情报中心金融犯罪执法网络 (FinCEN) 提交现金交易报告 (CTR)、可疑交易报告 (SAR)、外国银行及财务账目报告 (FBASR) 等信息。

2. 反洗钱工作目标。美国《2020 年国家反洗钱战略》提出 4 项反洗钱工作目标:

目标之一: 加强国内执法, 截断非法资金流。要实现这一目标的具体措施包括: 资源集中于高风险领域; 向联邦执法者通报反洗钱优先事项; 考察洗钱与逃税之间的关系; 加强反洗钱调查的跨机构协作。

目标之二: 加强公私部门间的合作, 努力遏止洗钱活动。具体措施包括: 加强对金融机构的保护, 使其不为犯罪机构所利用; 确保各类金融机构都遵循《银行保密法》的要求; 继续加强联邦和各州金融监管当局的反洗钱工作; 提高所报告信息的利用率; 同法律和金融专业人员联合会共同努力, 以避免洗钱分子接触金融系统。

目标之三: 加强与州政府及各级地方政府的伙伴关系, 开展反洗钱工作。具体措施包括: 为各州及各级地方政府的反洗钱执法工作提供基础资金; 支持州和各级地方政府对调查人员与检察人员的强化培训。

目标之四: 加强国际合作, 截断世界范围的非法资金流。具体措施包括: 推动立法以加强政府能力, 保护美国机构及美国金融体系免受国际洗钱活动的危害; 对因管理松懈引发洗钱活动的管辖当局施加压力；继续与各国合作以制定并遵守国际反洗钱准则。

由此看出，美国的反洗钱义务主体已经包括了金融机构、非金融机构及各行各业。以上述法案为基石，美国构建起一个复杂而又配合良好的反洗钱监管体系。

3. 执行情况。在执行方面，美国财政部是反洗钱和打击恐怖融资的牵头机构。司法部负责调查和起诉洗钱和恐怖融资罪行，国土安全部负责国家安全，包括调查洗钱和预防恐怖融资。而金融犯罪执法网络（FinCEN）则负责处理大额和可疑交易报告的情报分析、调查、起诉、监管和监督。

FinCEN是根据美国对"大额现金交易报告为主、可疑交易报告为辅"的要求而成立的情报机构，负责综合金融机构报告的信息形成金融交易数据库，并结合其他政府部门的信息和情报，按需要反馈给金融和执法等相关部门，具有汇总处理的节点的功能。

在国内协调方面，FinCEN是美国主要金融情报的数据来源，其数据库包含丰富的金融情报，是美国最大的执法信息库之一，每天平均收到近万份新报告，其收集的信息可以与其他法律和商业数据库联系起来。FinCEN也可直接访问其他财务数据库、开源商业数据库，获取伙伴机构的执法数据。联邦储备银行各分行每个月都会在FinCEN提取数据，评估当月银行报告的可疑交易情况，使得金融监管机构能够在第一时间把握涉嫌洗钱交易状况，进而能够及时遏制住洗钱链条。与此同时，与FinCEN实现信息共享的还有50个州的法律机构，金融领域内的信息和专业分析能够及时提供给执法机构，从而将反洗钱行动落实到执行层面。

（二）欧盟

欧盟高度重视反洗钱和打击恐怖主义融资。在立法层面，欧盟于1990年通过首个《反洗钱指令》，此后进行了多次修订。至2015年，该指令已经更新至第四版（Directive（EU）2015/849），同时出台了资金转移业务信息要求法规（Regulation（EU）2015/847）。2016年，鉴于欧洲多地发生恐怖袭击和巴拿马文件泄露事件爆发，欧委会提出4号指令修正案。经过两年讨论，5号指令（Directive（EU）2018/843）于2018年7月正式生效，成员国需在2020年1月10日前将5号指令转化为国内法。

从内容上看，反洗钱5号指令大幅提高了对政府和金融机构的反洗钱工作要求。

一是提高了公司和信托实际股东的信息要求，防止通过不透明构架进行洗钱和恐怖主义融资。特别是公司等法人实体的受益所有权（Beneficial Ownership）注册信息需向公众公开以接受监督，监管部门、金融情报机构和受反洗钱法规约束的专业部门（银行、律师等）可不受限制地获取信托的受益所有人信息。

二是提高匿名使用电子货币产品（预付卡）的门槛，将法规管辖范围扩展至虚拟货币、税务相关服务和艺术品交易。

三是建立集中的银行账户注册或检索系统，扩大金融情报部门的信息获取渠道。成员国建立集中的银行账户注册或检索系统，以识别银行和支付账户的持有人，为金融情报部门提供更多信息。欧委会提供技术协助，确保成员国上述系统实现互联。

四是加强各成员国金融情报部门之间及其与欧洲央行的合作和信息共享。由于洗钱可能对银行的金融稳定构成风险，欧委会已成立联合工作组，支持各国金融情报机构之间及其与欧洲央行加强合作和信息交流。

在机构设置上，欧洲银行管理局（European Banking Authority）负责制定监督金融机构的指导方针和相关政策，成员国反洗钱监管机构负责具体监管落实，而各国的金融情报机构如发现反洗钱风险，则要将案件移送司法机关，并与其他成员国共享信息。

第四节

我国大额和可疑交易报告制度的改进

一、现行报告制度存在的问题

（一）法律法规有待完善

1. 大额和可疑交易报告立法层级较低。《商业银行法》中明确规定，金融机构对存款人的个人信息负有保密的义务，因此商业银行普遍担心《金融机构大额交易和可疑交易报告管理办法》执行时引起存款人对银行的纠纷或诉讼，然而，针对可疑报告的《金融机构大额交易和可疑交易报告管理办法》仅是由中国人民银行颁发的规范性文件，从法律效力上低于《商业银行法》，虽然列出了在违反《金融机构大额交易和可疑交易报告管理办法》时将会受到的惩罚，但是受到的民事处罚仅有罚款与限期改正，刑事处罚仅有在情节严重时，对高级管理层和直接责任者警告处分，处分主体不明确，导致除罚款以外其他惩罚措施无法得到具体落实。由于《金融机构大额交易和可疑交易报告管理办法》的立法层次较低，处罚不严格，因此和《商业银行法》相比较，商业银行对《金融机构大额交易和可疑交易报告管理办法》的重视程度不高。

2. 针对金融新业态的报告标准不够清晰。在针对《金融机构大额交易和可疑交易报告管理办法》中，对洗钱重点地区的描述为"与来自贩毒、走私、恐怖活动、赌博严重地区或者避税型离岸金融中心"和"与洗钱高风险国家和地区有业务联系",且《金融机构大额交易和可疑交易报告管理办法》中规定金融机构应当建立健全大额交易和可疑交易监测系统,自定义交易监测标准,而不同机构的交易量、网点分布、业务类型差别很大,检测标准上过于松散的管理导致交易监测针对性不足,适用性不强。

随着金融科技的发展,金融创新层出不穷,给予洗钱犯罪可乘之机,针对如第三方支付等金融新业态的可疑交易数据报告有待进一步完善。而在针对非金融机构的《支付机构反洗钱和反恐怖融资管理办法》中,大额可疑交易报告的标准和分析上报程序由非金融支付机构自行决定,导致监管要求和行业可比性不足。与传统金融机构相比,非金融支付机构的交易形式更加新颖复杂,业务涉及面更广,如果将权限完全交付给第三方支付机构,不可避免地导致第三方机构出于成本节约动机刻意隐瞒、漏报的情况出现。

(二) 执行中存在的问题

1. 互联网金融业务监测不足。传统支付结算业务需要经过经办、授权、审查三个环节才能办理,频繁的大额和可疑交易更加容易被察觉。而基于互联网的新型金融产品层出不穷,网上银行、手机银行、第三方支付等互联网金融业务品种迅速发展,使交易行为更加方便、快捷、可靠,其隐蔽性使互联网金融交易业务品种更容易成为洗钱犯罪的便捷通道。新兴金融产品交易的快速性、业务办理的无纸化、产品特征的模糊性,无一不增加了全面了解客户的难度;目前可疑交易的重点在于柜台业务如大额现金存取、资金汇划、跨境汇款等方面,而忽视了对网上银行等电子交易业务的跟踪分析。反洗钱监测系统需要在手工采集、人工识别的基础上继续升级到适合互联网金融产品的监测要求。

2. 信息质量有待改进。当前金融机构主要依据《金融机构大额交易和可疑交易报告管理办法》中对可疑交易的标准进行判断,大额和可疑交易的自动收集系统根据标准抓取数据生成可疑数据报告,报送当地中国人民银行。反洗钱监测中心的报告显示,2017年全年共有272.38万份可疑交易报告被提交至分析中心,2017年反洗钱监测分析中心向侦查机关移送线索2667份,仅占总报告的0.098%;2018年,共有160.2万份可疑交易报告被提交至分析中心,2018年反洗钱监测分析中心向侦查机关移送线索3648份,仅占总报告的0.068%。有用线索占总报告比率明显过低,甚至出现下降态势。金融机构多数依赖电子技术过滤上报信息,没有结合可疑交易背景、当事人、目的进行审查,系统也不能将监测数据与客户行业、资金特点、办理业务等相关因素结合分析甄别,未运用更多个性化的分析来提高可疑交易识别的准确性,加大了监测分析中心的负担,降低了反洗钱工作效率。

3. 机构缺乏重视。在电子支付取代金融支付机构之前的较长时期内，以银行为主的金融机构都将是反洗钱的主战场。在当前制度安排下，金融机构反洗钱的合格标准是按照当局的规定提交大额和可疑交易报告，在质量上的高标准势必会使报告主体增加投入，影响金融机构正常的业务活动和盈利。商业银行的逐利性决定了商业银行不愿意花过多的成本在执行反洗钱要求上，甚至有可能故意忽视、包庇存款人的可疑行为。通常，银行基层柜面业务是处在发现和报告大额和可疑支付交易的第一道关卡，报告大额和可疑支付交易、要求客户完善个人信息都会增加银行柜面服务成本，加之金融机构反洗钱工作需要占用大量的制度成本、雇员成本、检查成本，乃至流失客户风险，而目前反洗钱工作并未匹配适当的激励制度，付出的成本得不到补偿势必会影响其参与反洗钱的积极性，导致金融机构采取消极做法或拒绝报送可疑交易，影响可疑交易资金监测的分析效率。

4. 信息共享制度不完善。根据《反洗钱法》要求，金融机构进行客户身份识别，且认为有必要时，可以向公安、工商等部门核实客户的有关身份信息。但实际上由于缺乏操作细则，信息共享制度尚未完整建立，实践中查阅信息库往往需要大量手续，因此并不具有实际可行性，实际业务中可能存在资料的共享程度有限及反洗钱信息共享效率不足等问题。

二、大额和可疑交易报告制度的改进建议

（一）不断完善相关法律法规

首先，立法部门在充分参考借鉴国外相关经验和本国具体情况的基础上，尽快确定与自身义务相适应的执行规章，央行可适时出台如《金融机构大额交易和可疑交易管理办法实施细则》等具有实操性的部门规章，使金融机构在履行反洗钱义务时能够有法可依。其次，不断完善《商业银行法》中有关反洗钱条款，将商业银行报告大额和可疑交易的义务以法律的形式明确下来，并在遵守保密规定不得泄露客户个人信息的条款中增加大额和可疑交易报告责任的附条件豁免条款，减轻银行等机构出于反洗钱需要，查看客户非公开信息可能引发的责任承担。最后，反洗钱监测中心应利用自身的专业优势，对各部门的规章制度给予必要的指导和帮助，加速相关法律法规的立法进程。

在事后惩处方面，建议《反洗钱法》以明确的法律条文或者出台司法解释的形式，确定对违法行为的处罚准则和力度。例如，对严重违规的商业银行建立违规熔断机制，一段时间内不得从事部分金融业务；对应当履行而没有履行反洗钱义务的反洗钱工作人员及管理人员的事后惩处，应当有明确法规可依。由于金融全球化不断发展，洗钱案件数量不断

上升、使用的手段愈发复杂，对金融建设和社会稳定的破坏也日益严重，应适当加重对洗钱罪的惩罚力度，以此抑制商业银行等机构出于成本节约和利润最大化考虑，出现不积极履行反洗钱责任义务的现象。

（二）打造专业人才队伍

随着大数据、云数据分析等金融科技的发展，借道新型金融业态的各种洗钱犯罪也层出不穷，甄别、发现涉嫌洗钱的可疑交易线索也变得日益困难。对此，应强化反洗钱从业人员的业务技能培训，提供侧重于可疑交易甄别分析技能和经验传授的培训内容，为业务人员提供识别可疑交易技能的创造性学习平台。逐步实施反洗钱岗位资质准入制度，引入既懂业务又具备反洗钱经验和技能的专业人才。进一步加强反洗钱和可疑支付交易分析、判断等专业技能培训，提高甄别可疑支付交易的职业判断能力，逐步成为通晓反洗钱及金融领域相关法规，熟悉反洗钱活动的特点、主要的洗钱手段等知识，拥有严格职业操守和职业守则的合格的反洗钱专业人员。

（三）建立反洗钱激励机制

促进金融机构有效履行可疑交易报告义务，提高可疑交易报告质量，金融机构应制定反洗钱工作责任制和激励约束机制，有效防范员工反洗钱责任意识淡薄，主动分析识别动力不足、积极性不高，执行制度不严以及瞒报、漏报可疑交易现象。

具体而言，监管部门应将监管的重点放在风险管理方面，在对检查、处罚严格限定义务责任的同时，加强对金融机构的反洗钱正向激励；对主动分析报告可疑交易，及时提供有价值情报和涉案线索、协助破获案件有功的部门和个人给予必要的物质奖励及精神鼓励，在提交可疑报告的命中率达到一定比例后对机构实施奖励，同时加强对金融机构反洗钱工作的指导，逐步实现监管导向由规则为本向风险为本的转变，不断调动金融机构的主观能动性，使得反洗钱工作逐步实现从形式合规到实质有效的根本转变。

（四）针对互联网金融完善金融实名制，建立金融情报数据共享系统

首先，建议在《金融机构大额交易和可疑交易报告管理办法》的基础上补充新规，要求在网络平台上开设虚拟账户时，必须进行实名认证，保证真实个人和账户一一对应，以此得到真实的客户信息档案，有利于反洗钱部门在紧急情况下可查核交易方的真实个人信息。在此基础上，可对互联网金融不同业务进行风险等级划分，对一般的低风险客户采取更简化的管理措施，将更多的反洗钱资源用于高风险客户。

其次，建立完善金融情报数据共享系统。

（1）不断完善反洗钱各有关机构的工作协调机制，中国人民银行应与各执法部门签署合作协议，完善反洗钱数据信息共享工作机制，明确双方在信息共享方面的责任和义务，规定信息共享的内容、方式、范围、权限和保密要求等，方便反洗钱监察部门在不违背保密法的情况下获取能够判断大额和可疑交易报告真实性的资料。

（2）不断完善数据信息共享技术标准，借力金融科技实现数据信息平台的全面整合，让反洗钱部门和执法机构能快速便捷地利用平台获取最新情报，交流信息。而在信息获取权限方面，在依法满足人民银行和执法部门信息共享需求的同时保护个人隐私权，维护公民隐私与反洗钱信息共享的平衡。

（3）持续改进情报分析工作。整合大额和可疑交易数据库、企业注册信息、税务登记信息、征信信息、海关申报信息等数据库，通过完善的数据查询平台提高数据的使用价值，实时关注和分析高风险产品、业务及存在洗钱风险的漏洞，及时发布洗钱犯罪趋势和类型分析报告，为监管机构和执法部门的反洗钱工作提供指引。

（五）借力金融科技，创新可疑交易识别技术

面对庞大的金融交易数据，金融机构必须创新技术手段，优化可疑交易自动筛选功能，不断提高可疑交易的识别与分析能力。

1. 通过采取基于客户行为模式的可疑交易识别方法，量化洗钱风险。利用数理统计、人工智能等技术方法对客户或行业的历史交易行为进行建模，量化客户的洗钱风险等级，从而对不同的账户采取不同的监管措施，实施差异化管理的洗钱风险监控。

2. 采取基于关联网络分析技术的可疑交易识别与分析方法。洗钱"黑名单"中所包含的有洗钱嫌疑账户往往彼此关联，隐蔽地形成一个个洗钱犯罪网络。因此，可以通过金融交易网络的关联分析来识别可疑行为、发现隐藏的组织结构或关联群体等。

3. 金融机构必须做好客户信息收集，为可疑交易的量化分析奠定坚实的数据基础。对洗钱风险进行量化分析要求金融机构首先要根据"了解你的客户"原则，把握好新开银行账户的开户申请资料的审查，要通过与公安、工商等部门的联合，努力杜绝利用各种虚假证明骗取银行文件开户的情况；对所有已经开立的账户则需要补充完善相关账户背景资料，建立健全账户年检制度，掌握存款人开户资料的变动情况，并及时更新和补充相关资料；同时需要加强对客户账户使用情况的了解，收集账户使用者主要资金往来对象、账户日平均收付发生额、数量等信息，确保做到真正了解客户，为识别和报告大额和可疑支付交易打下坚实的基础。

【职业素养与道德】

"9·16"地下钱庄系列案

一起由中国人民银行反洗钱部门发现可疑线索，公安部经侦局、中国人民银行反洗钱局、国家外汇管理局移交侦办，代号为"9·16"专案的地下钱庄系列案，2015年底被浙江金华警方侦破。8个相对独立又互有交织的团伙共70余人涉嫌利用在境内外注册的上百家空壳公司非法买卖外汇约360亿美元、215亿港元，折合人民币约2500亿元，这是迄今为止案值最高、涉案人数最多的新型地下钱庄案。

对侦办人员来说，这起610亿元案值的地下钱庄案的另一个意外发现，就是银行人员也被拉了进来，帮助团伙"赚钱"。

根据指控，2013年12月至2014年6月，赵某宜为牟取不正当利益，多次向某国有银行金华分行国际业务部的副总经理韦某行贿，金额高达52万元。赵某宜当庭承认了行贿，称因为与韦某所在银行存在业务关系，有一次韦某通过赵某宜手下的业务员联系上他，暗示有钱大家一起赚。"如果不给韦某钱，在韦某所在银行的购汇业务就可能停掉，或者对方制造不必要的麻烦"。赵某宜说，在此情况下，自己才愿意给韦某送钱，其中最大一笔43万元行贿款是韦某帮忙申请购汇后的中间收入。

启示：一些银行对交易主体调查不够认真，对交易真实性审核不够细致，对一些企业个人的外汇收支背离真实情况报告不够及时，甚至有银行员工利用单位资源参与地下钱庄的非法交易，这些都反映了银行监管体系在反洗钱方面依旧不够重视。

【延伸阅读】

进一步加强改进反洗钱监管工作

2019年，中国人民银行落实第一次全国金融系统反洗钱工作会议部署，坚持风险导向、问题导向、案件导向，强监管、重合作、严问责，持续提高反洗钱监管效能。

反洗钱执法检查不断深入，反洗钱处罚力度进一步加强。2019年，中国人民银行全系统共对1744家义务机构开展反洗钱执法检查，针对违反反洗钱规定的行为依法予以处罚，罚款金额合计2.15亿元，同比增长13.7%，基本实现"双罚"。其中，依法处罚违规机构525家，罚款2.02亿元；处罚个人838人，罚款1341万元。

反洗钱分类评级全面覆盖。2019年，中国人民银行反洗钱分类评级在全国范围内基本实现法人金融机构全覆盖，并充分运用分类评级结果实施针对性监管措施。中国人民银行组织完成对直管法人义务机构的分类评级工作，并向银保监会、证监会通报评级结果。组织完成238家非银行支付机构分类评级反洗钱措施部分的初审和复审，完成25家非银行支付机构《支付业务许可证》续展反洗钱措施部分的初审和复审。全系统共对4881家法人机构、41966家非法人机构开展分类评级。

反洗钱风险评估扎实推进。2019年，中国人民银行探索风险评估与执法检查"双支柱"监管架构，筑牢风险为本监管基础。在完成总行直管义务机构分类评级工作的基础上，中国人民银行组织对4家大型法人银行机构开展现场风险评估，引导金融机构深化对洗钱风险的认识。全系统共对1450家法人机构开展风险评估。

强化对义务机构的反洗钱监管指导。2019年，中国人民银行加强对执法检查整改工作的监督力度，组织对9家前期已实施反洗钱执法检查的大型法人义务机构开展"回头看"监管走访，有针对性地检验整改工作成效，并主动参与后续整改方案的制定，强化执法检查工作效果，保持监管的连续性和严肃性。中国人民银行全系统根据分类评级结果及日常监管情况，灵活运用监管措施，共质询义务机构999家，对2213家义务机构开展约见谈话，对4908家义务机构开展监管走访。

反洗钱监管信息化水平稳步提升。推动反洗钱监管交互平台、反洗钱检查数据分析系统、反洗钱调查电子化平台的开发建设，以技术手段提升工作效率和水平。印发证券期货保险机构反洗钱执法检查数据提取规范，初步形成覆盖各类主要义务机构的反洗钱执法检查数据标准体系。

——资料来源：中国人民银行，2019年反洗钱报告

本章小结

1. 反洗钱监测分析中心是中国人民银行直属的独立单位，是中国人民银行为了组织协调国家反洗钱工作职责而设立的收集、分析、监测和提供反洗钱情报的专门组织机构。

2. 可疑金融交易报告标准一般由金融监管部门提出，作为被监管者对其业务活动进行分析和判断的标准。

3.《禁毒公约》是最早认识到遏制洗钱必须获得金融机构的配合的国际文件，是首次对不能被各国单独解决的无国界普遍犯罪作出的应对。

4. 美国是世界上最早对洗钱活动在法律层面上进行监管的国家。

复习思考题

1. 他国大额和可疑交易信息报告制度有哪些成功经验？

2. 客户身份核实制度为何如此重要？

3. 根据中国现行有关大额交易和可疑交易报告程序的规定，大额交易和可疑交易报告的上报路径有哪些不同？

4. 我国规定的大额和可疑交易报告的标准是什么？

第七章 我国反洗钱监管框架

【学习目标】

1. 了解反洗钱监管的概念及其必要性。
2. 理解预防与打击并重，风险为本的监管理念及其重要意义。
3. 理解我国反洗钱监管的法制框架。

【重点难点】

1. 风险为本的监管理念。
2. 我国反洗钱监管机构与主要法律法规。

【案例导入】

"红通三号人物"被引渡至美国 面临洗钱指控

美国司法部2020年6月1日表示，一名前中国官员兼逃犯已从瑞典被引渡到美国洛杉矶，他将面临洗钱和移民欺诈等指控。司法部在一份声明中说，56岁的乔建军上周末被美国当局羁押，他将在洛杉矶市中心的联邦法院受审。声明说，根据2018年的一份起诉书，乔建军面临密谋移民欺诈及国际运输赃款、串谋洗钱以及使用犯罪所得财产从事金融交易的指控。

起诉书中还说，乔建军在1998年至2011年期间涉嫌通过中国大陆、中国香港和新加坡的银行洗钱数百万美元，他还利用这笔资金购买了加州蒙特利公园市的两处房产。乔的前妻赵世兰已于2017年认罪。她在申请EB-5投资移民签证时谎称与乔建军是夫妻关系，使得乔也收到了投资移民配偶签证，但两人已于2001年离婚。此外，她还掩盖了投资款的真实来源。

乔建军化名李峰，曾任中国粮食储备管理总公司河南周口仓库主任，2011年携赃款潜逃至美国。2015 年，中国当局通过国际刑警组织针对当局通缉的外逃人员发布"红色通缉令"，作为当局打击公职人员腐败的"天网"海外反腐行动的一部分。乔建军在百名"红通"人员中排名第三。

中国也曾请求瑞典能将乔建军送回中国，但瑞典拒绝了北京提出的将乔建军引渡回中国的请求。这起案件由国土安全部调查局和国税局刑事调查局联合调查，并得到了美国公民及移民服务局的协助。美国司法部表示感谢瑞典政府对此次引渡工作的大力帮助和配合。如果乔建军所有在美国被控的罪名均被判决成立，他将面临最高 55 年的监禁。

——资料来源：美国司法部

思考：为什么中国政府要求将乔建军遣送回国，而遭到拒绝？为什么瑞典把乔建军引渡到美国？请从乔建军的身份考虑。另外考虑跨国合作，包括引渡等司法协助在国际案件中的重要作用。

第一节

反洗钱监管概念、机构和国际合作

一、开展反洗钱监管的必要性反洗钱监管概念

（一）做好反洗钱工作的重要意义

洗钱本身是一种犯罪行为，犯罪分子隐藏和转移违法犯罪所得，为犯罪活动提供进一步的资金支持，助长更严重和更大规模的犯罪活动。洗钱活动削弱国家的宏观经济调控效果，严重危害经济的健康发展。洗钱助长和滋生腐败，败坏社会风气，腐蚀国家肌体，导致社会不公平，败坏国家声誉。洗钱活动造成资金流动的无规律性，影响金融市场的稳定，增加金融机构的运营风险。洗钱活动损害合法经济体的正当权益，破坏市场微观竞争环境，损害市场机制的有效运作和公平竞争。因此，反洗钱工作具有重要意义。

第一，做好反洗钱工作是维护我国国家利益和人民群众根本利益的客观需要。反洗钱工作涉及外交、经济、司法及安全等多个领域。反洗钱工作水平关系到我国政府的对外形象，关系到政府在人民群众中的威信，关系到整个国家社会公正和经济秩序的稳定。做好反洗钱工作是维护我国社会主义市场经济秩序和广大人民群众根本利益，实践"三个代表"重要思想的具体措施；是履行我国政府对外承诺，树立我国在反洗钱方面负责任大国形象的重要举措；同时也是金融业实现"引进来"和"走出去"战略，加快我国金融业

对外开放,推进我国银行国际化的必要步骤。

第二,做好反洗钱工作是严厉打击经济犯罪的需要。随着我国经济市场化程度的加深,走私、偷骗税、金融诈骗、市场操纵及内幕交易等犯罪呈上升趋势,上述经济犯罪与行贿受贿等腐败犯罪相互助长、滋生,严重损害国家经济肌体健康、腐蚀社会公众道德。做好反洗钱工作可以从资金流动上监测异常和可疑资金流动,为控制非法所得的转移和藏匿赢得时机,为跨境追缴违法资金提供有力手段,从而有效地打击经济犯罪活动。

第三,做好反洗钱工作是遏制其他严重刑事犯罪的需要。随着对外开放的扩大,国际社会毒品犯罪、黑社会性质的有组织犯罪有所抬头,在局部地区出现了极少数极端主义和分裂主义势力制造恐怖犯罪的苗头,成为比较严重的社会问题。国内外经验表明,上述形式的严重犯罪需要大量的资金支持,往往涉及频繁的洗钱行为。打击洗钱活动,发现和截断犯罪组织赖以生存的资金链条,将有力地削弱、分化和瓦解这些犯罪活动,严防其扩大和蔓延,并最终实现打击犯罪、保护广大人民群众根本利益、维护正常社会秩序的目标。

第四,做好反洗钱工作是维护金融机构诚信及金融稳定的需要。洗钱行为一般分为三个阶段,一是放置阶段,即把非法资金投入经济体系,主要是金融机构;二是离析阶段,即通过复杂的交易,使资金的来源和性质变得模糊,非法资金的性质得以掩饰;三是归并阶段,即被清洗的资金以所谓合法的形式加以使用。这些特点表明,金融机构作为资金活动的载体客观上容易成为洗钱活动的渠道。金融机构卷入洗钱活动,不仅严重损害金融机构的声誉,而且会带来巨大的法律和运营风险。因此,做好反洗钱工作对维护金融机构声誉,防范金融风险,维护金融体系的稳定,具有重要的现实意义。

(二) 反洗钱义务主体及对其监管的必要性

无论从洗钱的定义来看,还是从洗钱的阶段来看,洗钱行为都依赖于金融体系的运行而进行。同样地,反洗钱工作也不能脱离金融体系。金融机构、特定非金融机构、其他特定行业等,包括自然人,只要参与金融体系的运行,就有反洗钱的责任和义务,来共同维护金融体系的稳定和正常的经济秩序。上游犯罪产生巨额的非法收益,通过个人窝藏、销赃等活动难以消化,需要借助金融机构实现合法化。因此,金融机构是反洗钱的主要义务主体。

反洗钱工作对金融机构来说,既有收益也有成本。严格的合规管理与反洗钱内控将减少运营风险、合规风险和信用风险,免受央行针对反洗钱不力的处罚,从央行获得再贷款再贴现时能有更多优势。金融机构因为反洗钱工作增加了建立制度的成本,增加了专职反洗钱人员和其他相关人员人力成本,增加了培训成本、管理成本、检查成本等,也可能因为严格的检查程序失去一部分客户。洗钱带来的金融机构所增加的存款、取款或其他运作所收取的手续费也会丢失，这也是追逐利润的金融机构的机会成本。因此，以金融机构为主的反洗钱义务主体在从事反洗钱工作时，会结合收益和成本进行权衡，而不是完全以对全社会有益的角度来开展反洗钱工作。对反洗钱义务主体的监管就是要防止反洗钱工作屈从于利益诉求，流于形式，未能真正防止和预防洗钱犯罪活动。

(三) 反洗钱监管概念

监管就是要确保市场上的参与者的行为符合一定的规范，包含监督和管理两方面的内容。反洗钱监管，既有对反洗钱业务部门，即金融机构为主的机构和个人的行为监督，也有对金融市场的制度建设，从而从法制框架上管理反洗钱工作。大量实证研究成果表明，"一国对投资者权利的法律保护越充分，该国将拥有市场价值更大、效率更高的金融市场和金融中介，同时也有利于降低金融中介的信贷成本以及企业和家庭的融资成本"[①]。另外，由于监管有事前告知的功能，明确规定哪些不可以做，能通过指引、意见、规定等方式起到预防的作用，预防犯罪的发生、派生和恶化。2004年修订的《中华人民共和国中国人民银行法》规定：中国人民银行"指导、部署金融业反洗钱工作、负责反洗钱的资金监测"，"有权对金融机构以及其他单位和个人执行反洗钱规定的行为进行检查监督"。

在国际上，恐怖融资、逃税和洗钱一样，都已经成为全球性公害，国际组织将打击洗钱、恐怖融资和逃税作为完善世界经济金融秩序的重要组成部分。为适应新形势下反洗钱、反恐怖融资、反逃税监管（以下简称"三反"）的工作需要，2017年9月13日，国务院办公厅正式发布《关于完善反洗钱、反恐怖融资、反逃税监管体制机制的意见》（国办函〔2017〕84号，以下简称《三反意见》），明确指出反洗钱、反恐怖融资、反逃税监管体制机制是建设中国特色社会主义法治体系和现代金融监管体系的重要内容，是推进国家治理能力现代化、维护经济社会安全稳定的重要保障，是参与全球治理、扩大金融业双向开放的重要手段。《三反意见》正式将反洗钱外延扩大至反恐怖融资、反逃税领域。相应地，反洗钱监管的外延也扩展至对反洗钱、反恐怖融资和反逃税的监管。

二、反洗钱监管机构

(一) 中国人民银行牵头组织的反洗钱工作部际联席会议制度

2002年5月，国务院批准成立了由公安部部长为召集人，最高人民法院、最高人民

---

① 江春，许立成. 金融监管与金融发展：理论框架与实证检验 [J]. 金融研究，2005，(4)：79-88.

检察院等有关部委16个单位参加的反洗钱工作部际联席会议。2003年5月，国务院批准改由中国人民银行行长为反洗钱部际联席会议的召集人。同年，中国人民银行成立反洗钱局，开始承担原由公安部负责的组织协调国家反洗钱工作的职责。2003年年末，新修订并发布的《中国人民银行法》明确规定，人民银行"负责指导部署金融业反洗钱工作，负责反洗钱的资金监测"。2004年6月，中国人民银行根据反洗钱工作发展的需要以及国务院有关部门工作职能的变化情况，提出将反洗钱工作部际联席会议成员单位扩大到23个部门的建议，该建议得到了国务院的批准。23家成员单位包括最高人民法院、最高人民检察院、国务院办公厅、外交部、公安部、国家安全部、监察部、民政部、司法部、财政部、住房城乡建设部、商务部、海关总署、税务总局、工商总局、新闻出版广电总局、中国人民银行、国务院法制办、银监会、证监会、保监会、外汇管理局和军委联合参谋部。反洗钱义务机构已覆盖银行业、证券业、保险业和非银行支付等行业。同年，中国人民银行专门成立了接收、分析大额和可疑资金交易的中国反洗钱监测分析中心，与大多数金融机构实现了数据的联网报送，形成了覆盖全国金融业的监测网络。至此，中国形成了较完整的反洗钱监管工作体系。

2004年8月，在反洗钱工作部际联席会议第一次工作会议上，中国人民银行行长周小川做了题为《中国反洗钱现状与未来》的主题发言，公安部副部长赵永吉做了《关于国内洗钱犯罪形势的报告》，中国人民银行副行长李若谷代表中国人民银行向会议报告了《反洗钱工作部际联席会议工作方案》起草情况。2004年12月31日，国务院批准了《反洗钱工作部际联席会议制度》。其中规定中国人民银行的反洗钱职责是，"承办组织协调国家反洗钱的具体工作；承办反洗钱的国际合作与交流工作；指导、部署金融业反洗钱工作，会同有关部门研究制定金融业反洗钱政策措施和可疑资金交易监测报告制度，负责反洗钱的资金监测；汇总和跟踪分析各部门提供的人民币、外币等可疑资金交易信息，涉嫌犯罪的，移交司法部门处理；协助司法部门调查处理有关涉嫌洗钱犯罪案件；研究金融业反洗钱工作的重大和疑难问题，提出解决方案；协调和管理金融业反洗钱工作的对外合作与交流项目。会同有关部门指导、部署非金融高风险行业的反洗钱工作"。

目前，反洗钱工作部际联席会议作为我国政府部门间的反洗钱协调工作机制，已建立起一套工作制度，本着统一部署、协调配合的原则开展工作，为我国跨部门的反洗钱协作提供了组织和制度保障。

2004年4月19日，中国人民银行召开了金融监管部门反洗钱工作座谈会，成立了由中国人民银行牵头，银监会、证监会、保监会和外汇局参加的金融监管部门反洗钱领导小组。领导小组之下由上述五部门的反洗钱主管单位组成了金融监管部门反洗钱工作小组，具体协调我国银行、证券和保险业在内的整个金融行业的反洗钱监管工作。金融监管部门反洗钱工作领导小组和工作小组的组建，标志着我国金融监管部门反洗钱协调机制的正式建立。

相关反洗钱工作部际联席会议成员作为《反洗钱法》起草委员会成员，积极参与、主动配合人大常委会推动《反洗钱法》立法工作。部际联席会议还推动我国加入金融行动特别工作组（以下简称FATF）。在部际联席会议成员的共同准备和支持下，2006年9月，中国人民银行代表中国政府向FATF正式提交了评估问卷以及法律、法规支持材料。

（二）中国人民银行为主，多部门参与和配合

2007年1月1日生效实施的《反洗钱法》第四条明确规定："国务院反洗钱行政主管部门负责全国的反洗钱监督管理工作。国务院有关部门、机构在各自的职责范围内履行反洗钱监督管理职责。国务院反洗钱行政主管部门、国务院有关部门、机构和司法机关在反洗钱工作中应当相互配合。"国务院反洗钱行政监管部门，即中国人民银行。《反洗钱法》的出台，在国家立法层面明确了国务院反洗钱行政主管部门及相关部门的监管职责和分工，从而确定了我国"一部门主管，多部门参与和配合"的反洗钱监管体制。

随后，依照《反洗钱法》，反洗钱工作部际联席会议修订《反洗钱工作部际联席会议制度》并得到国务院批准。其中对外交部、公安部、司法部、财政部、住房和城乡建设部、商务部、海关总署、工商总局等成员单位的反洗钱职责进行了适当修订，修订后的反洗钱职责如表7-1所示。

表7-1 《反洗钱法》实施后反洗钱工作部际联席会议部分成员单位的反洗钱职责

成员单位	调整后的反洗钱职责
外交部	研究反洗钱国际合作有关政策，研究并协助开展我国加入国际或区域反洗钱组织、各国政府间的反洗钱合作及履行有关国际公约等事项，协调反洗钱领域人员引渡事宜
公安部	组织、协调、指挥地方公安机关做好洗钱犯罪的防范工作，以及涉嫌犯罪的可疑资金交易信息的调查、破案工作，研究建立向非金融业和非金融高风险行业提供查询、核实公民身份信息制度
司法部	加强律师、公证、基层法律服务机构反洗钱制度建设，会同中国人民银行制定律师、公证、基层法律服务机构的反洗钱规章，对律师、公证、基层法律服务机构进行反洗钱方面的监督和管理；研究反洗钱司法协助，并根据有关条约和公约，协调开展反洗钱领域的司法协助，特别是协调追讨流至境外的资金
财政部	落实应由政府承担的反洗钱工作所需经费；进一步加强对财政资金与账户的管理，研究加强彩票管理工作，加强对金融类与行政事业性国有资产的监管，防范上述领域存在的洗钱风险；研究建立洗钱所涉资金的追缴入库制度；研究会计师事务所、评估机构等中介机构以及注册会计师、评估师等执业人员介入反洗钱工作问题，会同中国人民银行制定上述领域的反洗钱规章；利用国际双边、多边合作机制以及相关的国际论坛，配合中国人民银行开展反洗钱国际合作

续表

成员单位	调整后的反洗钱职责
住房和城乡建设部	加强房地产权属机构和房地产经纪、估价等中介服务机构反洗钱制度建设，参与研究房地产领域反洗钱工作的政策措施，会同中国人民银行制定房地产领域的反洗钱规章
商务部	参与加强对洗钱活动频发领域和区域的管理；研究对外商投资和内资企业对外直接投资的反洗钱监管问题，提出相关政策建议；参与加强对进出口贸易的监管，防止境内外不法分子勾结、利用虚假进出口贸易进行洗钱；与中国人民银行共同制定珠宝、贵重金属交易、典当、拍卖等领域的反洗钱规章
海关总署	研究建立在进出口环节打击跨境洗钱行为的监管和查处体系，加强对进出口贸易过程中货物和运输工具的查验，加强报关单据的审核和管理，防止犯罪分子利用虚假进出口贸易进行洗钱活动；打击和防范犯罪分子在实施走私和违反海关监管行为等违法犯罪活动同时进行的洗钱活动；密切与相关部门的合作，制定信息沟通和合作的工作方案，加强对进出口贸易的监测工作；加强对现金、无记名有价证券、金银及其制品的进出境监管和查验，向中国人民银行通报有关工作信息
工商总局	依法登记各类企业，加强企业分类监管；配合有关部门对洗钱活动频发领域的反洗钱监管工作；与中国人民银行、公安、安全、税务、海关等相关部门建立反洗钱信息互通机制

2008年，反洗钱工作部际联席会议第五次会议通过了《中国反洗钱战略》，并于2009年年底正式发布。2010年，中国人民银行、原银监会、证监会、原保监会共同完成金融稳定评估（FSAP）框架内的反洗钱评估以及金融业反洗钱评估后续进展报告。2012年，反洗钱各相关部门加强了协调，在反洗钱工作部际联席会议机制框架下，中国人民银行与各部委通力合作，共同研究，如期完成中国政府此前向国际社会承诺的《中国改进反洗钱/反恐怖融资体系行动计划》。2012年12月，公安部会同原银监会制定下发《关于进一步做好涉恐融资案件资金查控工作的通知》（公经〔2012〕1050号），进一步贯彻落实2011年公安部、中国人民银行、海关总署、原银监会、国家外汇管理局联合下发的《关于进一步加强打击涉恐融资工作的通知》精神，确定专人负责并细化工作要求。2014年，中国人民银行组织召开第七次反洗钱工作部际联席会议，讨论通过了《国家洗钱和恐怖融资风险评估总体规划》，构建了国家层面的洗钱和恐怖融资风险评估体系；共同研究修订《金融机构大额交易和可疑交易报告管理办法》，初步确定了合并反洗钱和反恐怖融资可疑交易报告要求，取消可疑交易报告的法定客观标准，建立以合理怀疑为基础的可疑交易报告制度。

反洗钱监管工作涵盖识别、查处、调查、分析、报告和惩处，需要各个部门的共同努力，中国人民银行与公安部门多次情报会商，核查可疑交易线索。海关缉私部门加强与中国人民银行反洗钱部门协作，提高海关缉私办案效率。税务机关在不断完善税收征管制度和监控措施的基础上，通过税务系统将行政执法与刑事执法并举，打防结合，针对不法分子日益猖獗的逃税、骗税及涉税洗钱的犯罪活动，税务机关加强与银行反洗钱部门以及公安机关等的信息交换与案件协作工作，积极配合反洗钱监管部门预防、监控、查处洗钱行为，维护了税收秩序，对反洗钱工作开展起到一定的促进作用。2015年，公安部经济犯罪侦查局与中国反洗钱监测分析中心签订《电子化交换平台合作备忘录》，实现通过专线查询和在线反馈洗钱情报数据，提高了侦查和协查工作效率。2017年，民政部与中国人民银行联合印发了《社会组织反洗钱和反恐怖融资管理办法》，明确了社会组织反洗钱和反恐怖融资的活动准则和内部控制要求，正式将社会组织纳入反洗钱和反恐怖融资监管体系；同年，财政部与国家税务总局等部门联合发布了《非居民金融账户涉税信息尽职调查管理办法》。2018年，民政部与中国人民银行联合发布《社会组织反洗钱和反恐怖融资管理办法》，财政部发布《关于加强注册会计师行业监管有关事项的通知》，对会计师事务所开展特定业务时履行反洗钱和反恐怖融资义务作出了具体规定，将会计行业纳入反洗钱和反恐怖融资监管。除此以外，本章列出的很多办法和规定，都有多个部门参与，共同制定。没有各个部门的全力配合，反洗钱监管工作无法形成闭环，并得以有效实施。

三、反洗钱监管的国际合作

（一）签署、批准和执行联合国反洗钱和反恐融资的国际公约和决议

20世纪80年代以来，中国政府秉承"坚决打击一切形式的洗钱犯罪活动，支持国际社会制定统一的反洗钱标准，并愿意开展双边和多边反洗钱国际合作"的立场，积极支持在全球范围内预防和打击洗钱活动，采取多种措施制止恐怖融资，为国际社会的反洗钱和反恐融资斗争作出了积极贡献。

中国签署、批准、执行了联合国在反洗钱反恐融资领域的一系列重要法律文件。《联合国禁止非法贩运麻醉药品及精神药物公约》（以下简称《维也纳公约》）于1988年12月19日通过后，我国于公约通过的第二天签署了公约，是最早的签署国之一；1989年10月25日，我国最高立法机关批准了该公约。为保证《维也纳公约》在我国的有效实施，1990年12月28日，我国通过了《全国人大常务委员会关于禁毒的决定》。《联合国打击跨国有组织犯罪公约》于2000年11月15日通过后，我国于同年12月12日签署了该公约。2001年10月27日，我国签署了《联合国制止向恐怖主义提供资助的国际公约》。2003年10月31日，《联合国反腐败公约》通过后，我国也于当年在该公约上签字。

我国严格执行联合国安理会有关制裁决议。根据国务院授权，在联合国安理会通过相关制裁决议及制裁名单后，外交部及时通知国务院各部委，各直属机构，省、自治区、直

辖市人民政府和香港、澳门特区政府,要求各部门严格执行安理会相关决议。相关部门据此及时向本系统转发制裁名单或制定相关制裁规定,并提出相应的工作要求。

(二) 积极参与反洗钱和反恐融资国际合作框架

我国在维护国家主权的前提下,积极要求加入反洗钱国际组织。从 2004 年 2 月中国人民银行行长周小川代表中国政府致函 FATF 主席,中国即开始做准备,并于 2007 年 6 月成为 FATF 的正式成员。FATF 是世界上最具影响力的国际反洗钱和反恐融资组织。FATF 制定的反洗钱《40 条建议》和反恐融资九项特别建议(简称 FATF "40+9"条建议)虽不是刚性规定,却成为世界各国默契遵守的反洗钱法律文本,是世界上反洗钱和反恐融资的最权威文件,监督、指导各国预防并惩治洗钱犯罪。加入该组织,并获得该组织的评估认可,代表中国反洗钱工作获得世界范围内的普遍认可,也将在反洗钱工作中获得更多帮助,对中国本土经济以及中国对外经济贸易都有非常重要的意义。从 2014 年开始,中国应邀担任了 FATF 指导小组成员,提前参与 FATF 重大问题的决策,与其他 9 个成员国共同在 FATF 内部治理与全局工作中发挥核心作用。2019 年 7 月,中国正式担任金融行动特别工作组主席国,稳步推动中国主席国任内重点工作。及时启动金融行动特别工作组战略回顾工作,成功举办首届反洗钱监管者论坛和打击非法贩卖野生动物领域洗钱研讨会,发布《法人受益所有权最佳实践》,研究制定《数字身份指引》并首次向全球征求意见。

(三) 积极开展反洗钱区域合作和多边合作

1997 年,亚太反洗钱小组(以下简称 APG)成立,中国是创始成员国之一。2010 年,APG 第十三届年会上,我国当选 2012—2014 年联合主席国。

2001 年 9 月,中国与俄罗斯、哈萨克斯坦、塔吉克斯坦、乌兹别克斯坦联合签署《打击恐怖主义、分裂主义和极端主义上海公约》。2001 年 10 月,中国积极推动上海亚太经合组织领导人峰会发表了包含反恐融资措施的《亚太经合组织领导人反恐怖主义宣言》。

2004 年 10 月,中国与俄罗斯、哈萨克斯坦、塔吉克斯坦、吉尔吉斯斯坦、白俄罗斯共同作为创始成员国成立了"欧亚反洗钱与反恐融资小组"(以下简称 EAG)。2010 年,EAG 将中文增加为其官方语言,并由我国派员担任副主席。2017 年,成功当选 EAG 2018—2019 年主席。

中国人民银行、公安部、财政部、外交部等部门与 FATF、世界银行、国际货币基金组织、亚欧会议、20 国集团、沃尔夫斯堡集团等广泛接触,在业务培训、个案合作、信息交流等方面进行了合作。

（四）开展多样的双边合作

中国人民银行自 2013 年起开启了国家和地区间反洗钱监管双边合作的探索，与阿根廷央行以及新加坡、中国香港特别行政区、中国澳门特别行政区等地的金融监管部门就签署反洗钱监管谅解备忘录进行了磋商，与部分国家和地区就签署意向达成了一致。根据中美两国元首达成的共识，首次与美国金融监管部门就开展反洗钱监管合作进行细节磋商，积极推进双方在反洗钱和反恐怖融资领域的务实合作。2015 年，中国反洗钱监测分析中心与美国金融犯罪执法局签署了反洗钱和反恐怖融资信息交流合作谅解备忘录。同年，中国人民银行与澳门金融管理局签署《防范洗钱和恐怖融资活动谅解备忘录》。2016 年，中国人民银行与俄罗斯央行签署《关于预防洗钱和恐怖融资谅解备忘录》，建立了中俄反洗钱监管交流与合作机制。同年，中国反洗钱监测分析中心与澳大利亚、以色列等 7 个国家签订反洗钱和反恐怖融资金融情报交流与合作谅解备忘录。2017 年，与澳大利亚交易分析报告中心签署《关于监管与合规信息交换的合作谅解备忘录》，建立了中澳反洗钱监管交流与合作机制；并分别与美国、加拿大、日本、英国、法国、西班牙、新西兰、智利、新加坡、中国香港等国家和地区就开展反洗钱监管合作并签署谅解备忘录进行实质性磋商，推动双边反洗钱监管合作向纵深发展。截至 2019 年年底，已和 55 家境外金融情报机构达成国际金融情报合作协议；仅 2019 年，全年接收 35 个国家和地区金融情报机构发来情报信息 604 份；向境外对口机构发起国际协查 30 次。

2012 年，外交部与加拿大草签分享被没收资产和返还财物协定；2016 年，外交部和加拿大签署《中华人民共和国和加拿大关于分享和返还被追缴资产的协定》，这是中国对外签署的第一项同类协定，对中国对外开展反洗钱、追缴犯罪所得合作具有重要意义。民事和刑事司法协助是国家间合作打击跨国洗钱犯罪的有效途径。长期以来，中国主动在警务合作、情报交流、案件协查、追赃缉捕等多个层面与各国开展全方位合作。根据中华人民共和国司法部、中国政府法制信息网信息，截至 2019 年年末，中国与 55 个国家和地区签署了刑事司法协助条约，与 37 个国家和地区签署了民事和商事司法协助条约，与 39 个国家和地区缔结了双边引渡条约。

2012 年国家税务总局代表中国政府签署了由经济合作与发展组织（OECD）和欧洲委员会发起的《多边税收征管互助公约》。2014 年，国家税务总局作为 20 国集团（G20）税改的重要参与部门，加强全球税收执法合作，全面参与税基侵蚀和利润转移行动计划，推动金融账户涉税信息自动交换规则制定，签署《多边税收征管互助公约》。

与国际组织、区域组织、多边和双边的各种形式的国际合作，已经成为中国参与国际反洗钱反恐融资反逃税的重要方式和利器，未来国际合作也将更加深入和广泛。

第二节 我国反洗钱监管理念

反洗钱、反恐怖融资、反逃税监管体制机制是建设中国特色社会主义法治体系和现代金融监管体系的重要内容，是推进国家治理能力现代化、维护经济社会安全稳定的重要保障，是参与全球治理、扩大金融业双向开放的重要手段。在以中国人民银行为主，多部门参与配合的监管治理体系下，在积极寻求国际合作的支持下，中国反洗钱监管既要遵循国际惯例，也要结合自己的国情。预防与打击并重、"风险为本"是中国反洗钱监管的重要理念。

一、预防与打击并重

（一）《反洗钱法》实施之前，打击为主

反洗钱法律制度从内容上可以分为两大部分：一是关于洗钱犯罪的有关规定，二是关于金融机构和非金融机构反洗钱责任与义务的有关规定。前者侧重对洗钱的刑事打击，后者则侧重于建立一种洗钱预防制度。在《反洗钱法》颁布实施前，1997年的《刑法修正案（二）》首次通过立法规定了洗钱罪；工作机制方面，通过反洗钱工作部际联席会议机制以及金融监管部门反洗钱协调机制协同工作。在《反洗钱法》审议通过之前，无论是《刑法》还是国务院和中国人民银行颁布的其他行政法规和部门规章制度以及规范性文件（见表7－2），都更加侧重于打击，同时逐步建立全面的预防监控管理机制。

表7－2　《反洗钱法》颁布实施前反洗钱相关法律法规及其他类型文件

时间	性质	发布单位	法律、规章或文件名称	重点
1993年	行政法规	国务院	《中华人民共和国国家货币出入境管理办法》	
1994年	部门规章	中国人民银行	《银行账户管理办法》	规定了银行账户开立及使用的基本规则
1997年	部门规章	国家外汇管理局	《境内外汇账户管理规定》《境外外汇账户管理规定》	明确要求开立账户时金融机构必须对客户身份进行核实，登记有关证件材料，对账户资金的交易进行有效管理并保存交易记录

续表

时间	性质	发布单位	法律、规章或文件名称	重点
1997年	法律	人大常委会	《刑法修正案（二）》	首次规定了洗钱罪
1998年	行政法规	国务院	《非法金融机构和非法金融业务取缔办法》	
1999年	行政法规	国务院	《金融违法行为处罚办法》	
2000年	部门规章	中国人民银行	《个人存款账户实名制规定》	明确个人在金融机构开立账户必须提供有效的身份证件，否定了匿名账户和假名账户的合法性
2002年	部门规章	中国人民银行	《金融机构协助查询、冻结、扣划工作管理规定》	
2003年	部门规章	中国人民银行	《金融机构反洗钱规定》《人民币大额和可疑资金支付交易报告管理办法》《金融机构大额和可疑外汇资金交易报告管理办法》	首次明确确立了反洗钱行政管理制度，建立了以银行业为核心的、全面的金融机构反洗钱管理制度
2003年	部门规章	中国人民银行	《人民银行结算账户管理办法》	
2003年	规范性文件	证监会	《证券公司内部控制指引》	
2003年	规范性文件	国家外汇管理局、海关总署	《携带外币现钞出入境管理暂行办法》	
2004年	规范性文件	原银监会	《外资金融机构管理实施细则》	
2004年	规范性文件	国家外汇管理局	《金融机构大额和可疑外汇资金交易报告管理办法实施细则》	
2004年	规范性文件	国家外汇管理局	《外汇领域反洗钱信息分类管理和核查工作管理规定》	
2005年	规范性文件	中国人民银行	《电子支付指引（第一号）》	

资料来源：中国人民银行。

2006年，全国人大常委会先后审议通过《刑法修正案（六）》和《反洗钱法》；审议批准参加联合国《制止向恐怖主义提供资助的国际公约》。同年，中国人民银行发布了新的《金融机构反洗钱规定》和《金融机构大额交易和可疑交易报告管理办法》，对《反洗钱法》的有关规定进行了细化。在《反洗钱法》通过前，洗钱预防制度主要集中在《中国人民银行法》及有关规定中。

（二）反洗钱法实施之后，预防与打击并重

《反洗钱法》对反洗钱监督管理体制，金融机构和非金融机构的反洗钱义务、反洗钱行政调查、反洗钱国际合作等内容进行了明确规定，确立了中国洗钱预防制度的基本框

架，与洗钱犯罪的刑事法律规定共同组成监测、识别、追踪、调查、惩处洗钱犯罪及其上游犯罪的完整体系。《反洗钱法》的审议通过，标志着中国反洗钱法制建设的重大进展。

2007年1月1日《反洗钱法》正式实施以后，中国人民银行反洗钱监管逐渐加强对违规金融机构的教育和培训，中国银行业金融机构建立健全了反洗钱工作组织体系，建立了反洗钱内部控制制度。仅2007年，中国人民银行与金融机构共举办反洗钱培训6.3万余次，培训人数达338万人次。同年，中国人民银行发布《金融机构报告涉嫌恐怖融资的可疑交易管理办法》，并和原银监会、证监会、原保监会联合发布了《金融机构客户身份识别和客户身份资料及交易记录保存管理办法》，具体规定了客户身份识别等反洗钱工作核心制度。2009年中国人民银行牵头的《中国反洗钱战略》正式对外发布，并于当年启动特定非金融行业反洗钱工作制度建设。至此，预防和打击并重的监管理念贯彻在中国反洗钱工作中。

二、从"规则为本"到"风险为本"

（一）"规则为本"阶段

1997年我国在《刑法》中增加了"洗钱罪"，但并未建立专门的反洗钱法规制度。这一阶段反洗钱工作主要由公安部牵头，中国人民银行、外汇管理局等16个部门依据相应职责开展工作，形成了反洗钱部际联席会议制度的初期框架，但并未建立专门反洗钱监管部门，绝大多数金融机构也未建立反洗钱部门和相关内控制度。2003年中国人民银行成立反洗钱局，专门部门的成立是反洗钱工作真正走上法治化之路的关键事件，2004年成立了中国反洗钱监测分析中心，2006年外汇管理局反洗钱职责归于中国人民银行，从而实现反洗钱本外币统一管理。随后进入反洗钱法规制度出台的密集期：2006年10月全国人大通过《反洗钱法》，同年中国人民银行出台《金融机构反洗钱规定》，之后两年间陆续颁布了多项反洗钱法规制度，基本形成了覆盖大额和可疑交易报告、客户身份识别、客户交易记录和身份资料保存、反洗钱监督检查等内容的初步完备的反洗钱监管法制体系，"规则为本"的监管理念应运而生。监管部门通过制定各种反洗钱规章，监督检查金融机构执行反洗钱法规的合规性，将处罚不合规行为作为一种日常机制和主要监管方法。

（二）"规则为本"到"风险为本"的过渡

2007年6月28日，中国成为FATF的正式成员。在FATF"40+9条建议"和沃尔夫斯堡集团自律性反洗钱原则积极倡导和影响下，各国反洗钱监管理念出现了由"规则为本"向"风险为本"的重大思路转变。随着形势变化，"规则为本"显现出弊端，比如规则的滞后性，难以及时应对风险；统一的规则难以适应多样化的金融业态、金融业务和客户需求，缺乏弹性往往导致合规与效率的矛盾；金融机构被动执行规则，主观能动性难以得到发挥，依赖心理严重，普遍将合规视为反洗钱工作的最终目的。鉴于"规则为本"反洗钱工作有效性的问题，2008年以来中国人民银行相继发布系列文件，要求金融机构以"风险为本"开展反洗钱工作，将可疑交易监测贯穿于金融业务的各个环节和所有业务，提高大额和可疑交易报告的实效。《中国2008—2012年反洗钱战略》明确提出"推行以风险为本的反洗钱监管方法，不断完善反洗钱机制"的战略目标，这标志着我国反洗钱工作已进入"规则为本"向"风险为本"的过渡阶段。

2009年，中国人民银行研究建立金融机构洗钱风险评估评级机制，对金融机构开展洗钱风险分级管理机制，重点对洗钱风险高、有涉案记录、有违规记录的金融机构开展现场检查，并加大了对现金业务、网上金融业务、团险业务等案件多发领域的检查力度。

2010年，中国人民银行全面落实"风险为本"的反洗钱监管方法，全面指导金融机构提高可疑交易报告质量。当年2月，中国人民银行对金融机构发出《关于明确可疑交易报告制度有关执行问题的通知》，要求金融机构应按规定审查异常交易的背景、目的和性质，对于有合理理由排除疑点，或没有合理理由怀疑该交易和客户涉及违法犯罪活动的情形，不得作为可疑交易上报，为金融机构有效分析和提取真正的可疑交易、排除表面可疑的正常交易提供政策保障。该政策有效降低了"防御性"报告数量，提高了可疑交易报告的针对性。

2011年9月，原保监会印发《保险业反洗钱工作管理办法》，首次全面梳理了保险公司和保险资产管理公司的三大反洗钱核心义务，即客户身份识别、客户身份资料保存和交易记录保存，以及大额交易和可疑交易报告。该办法明确了保险公司和保险资产管理公司的8项基础配套工作，即：（1）反洗钱内控制度建设；（2）反洗钱机构设置；（3）反洗钱信息化建设；（4）反洗钱培训宣传；（5）反洗钱内部审计；（6）重大洗钱案件处置；（7）配合反洗钱监督检查和调查；（8）保密，整合了保险公司和保险中介机构、保险直销业务和中介业务的反洗钱工作要求，对保险专业代理公司、保险经纪公司提出了原则性要求，进一步明确保险公司和保险中介机构的反洗钱职责划分。

2012年，中国人民银行开展了金融机构大额和可疑交易报告综合试点，以及反洗钱监管风险评估、洗钱类型分析和风险提示等多项改革试点。依据反洗钱监管风险评估结果，中国人民银行对银行业、证券期货业、保险业金融机构开展了有针对性的反洗钱现场检查工作，全年共对1173家金融机构进行了现场检查，对83家违规机构进行处罚。同年3月，中国人民银行发布规章《支付机构反洗钱和反恐怖融资管理办法》，将支付机构纳入反洗钱监管范围,并在上海等五地组织开展了对支付机构的反洗钱现场检查。

2013年1月,中国人民银行印发《金融机构洗钱和恐怖融资风险评估及客户分类管理指引》,明确了金融机构评估洗钱和恐怖融资风险的基本原则、指标体系、风险评估模型及相关要求,引导金融机构建立以客户为中心的洗钱和恐怖融资风险评估标准、评估流程及评估机制,将风险评估结果确定为反洗钱资源配置的基本依据,从而建立了在微观层面开展洗钱风险评估、逐步落实风险为本反洗钱方法的机制。同年,中国人民银行印发《关于开展洗钱类型分析工作的通知》,要求18家全国性银行业金融机构定期分析可疑交易的类型、地区、行业、业务分布情况,关注可疑交易活动的发展趋势和动向,撰写本机构洗钱类型分析报告。同年,中国人民银行印发《金融机构反洗钱风险评估标准》,对金融机构开展反洗钱工作的情况开展评估。

针对高风险机构和业务,中国人民银行各地分支机构对风险较高的机构和业务通过监管谈话、走访和风险提示,提高监管的针对性和有效性。针对高发的外籍人员假护照诈骗、保险业大额分红洗钱、电信诈骗等违法犯罪活动,及时印发《洗钱风险提示》,向金融机构提示洗钱高风险趋势。针对犯罪分子大量囤积银行卡为电信诈骗、非法集资、网络赌博等涉众型犯罪接收和转移资金的案件频发的情况,中国人民银行印发《关于进一步加强银行卡业务反洗钱工作的通知》,指导各商业银行加强发卡环节的源头管理,采取切实措施预防洗钱犯罪。

2016年,中国人民银行再次修订发布新的《金融机构大额交易和可疑交易报告管理办法》,取消了可疑交易识别的强制性标准,鼓励机构自定义标准。2017年,中国人民银行印发《法人金融机构反洗钱分类评级管理办法(试行)》,规范分类评级工作程序和指标体系。2018年9月,中国人民银行发布了《法人金融机构洗钱和恐怖融资风险管理指引》,强调风险为本这一原则,引导金融机构建立洗钱风险管理工作架构,反洗钱分类评级在全国范围内基本实现法人金融机构全覆盖,根据分类评级结果开展监管成为常态。

(三)"风险为本"阶段

2019年4月,FATF公布《中国反洗钱和反恐怖融资互评估报告》,报告指出中国在风险为本方面存在的主要问题。一方面,中国金融机构虽然明白自身的反洗钱义务,但对洗钱风险分析不够充分,工作的针对性和有效性不足。另一方面,中国监管部门对金融机构的风险评估机制不健全,监管措施未体现出与风险相适应的差异性,监管资源不足且投向结构与机构分布不匹配,监管处罚力度不足,等等。

2020年4月15日,美国联邦金融机构检查委员会(FFIEC)发布了《银行保密法/反洗钱检查手册》的修订版本。这次修订的重点涉及检查过程中的4个核心检查程序：一是确定范围和制定计划；二是风险评估；三是合规项目质量；四是形成结论并完成检查。而在欧洲，例如法国的金融审慎监管局以及英国的金融行为监管局也都是与美国货币监理署等监管部门类似，强调义务机构的自我风险识别与评估以及主管当局采取风险为本的监管措施。也是在2020年4月15日，中国人民银行2020年反洗钱工作电视电话会议分析了当前反洗钱工作形势，对今后一段时期反洗钱工作进行了全面部署。会议认为，中国人民银行与反洗钱工作部际联席会议成员单位共同努力，中国互评估报告通过FATF全会审议，《反洗钱法》修改工作正式启动，反洗钱工作纳入国务院金融委议事日程，反洗钱规划协调、监管调查、监测分析工作迈上了新的台阶，担任国际反洗钱组织主席国、深化国际合作等事务也取得积极进展。今后工作一是以《反洗钱法》修改为主线，全面完善反洗钱制度体系；二是在国务院金融委指导下，进一步加强反洗钱协调机制建设；三是坚持问题导向，全力推进国际反洗钱互评估后续整改工作；四是坚持风险为本，强化监管力度，进一步提高反洗钱监管有效性；五是充分发挥反洗钱调查和监测分析工作优势，积极打击洗钱及相关犯罪活动。2020年11月，在上海举行的第十届中国反洗钱高峰论坛上，中国人民银行反洗钱局副局长王静在发表主旨演讲时透露，央行未来将继续加大工作力度，采取多方面措施落实"风险为本"反洗钱监管，并以此推动金融机构反洗钱工作从"规则为本"向"风险为本"转型。

  2020年12月31日，中国人民银行再次发布了《金融机构反洗钱和反恐怖融资监督管理办法（修订草案征求意见稿）》。除了适用范围扩大以及提出了机构自评估报告的时限要求之外，这份征求意见稿也同样折射出了很多未来的监管思路，比如机构分类评级方式的逐渐改变，即通过机构自评估、监管开展的风险评估以及机构日常报告等资料来给予反洗钱义务机构一个风险评级，进而基于风险评级的结论展开后续监管；再比如将日常监管、受理举报投诉等方式，发现违法违规线索的机构作为加强监管的目标，这也意味着机构需要考虑建立一套有效的客群应对机制和员工话术演练，杜绝泄密，切实踏实地完成反洗钱合规的各项任务。2021年1月26日，中国人民银行发布《法人金融机构洗钱和恐怖融资风险自评估指引》及附件《法人金融机构洗钱和恐怖融资风险自评估模板》，旨在指导法人金融机构落实有关洗钱和恐怖融资风险自评估工作要求，将反洗钱义务机构自评估作为一项常态化工作，并要求对于新产品/业务投产前的洗钱风险评估以及运行一定时间的再评估要求，以期指导法人金融机构识别、评估和管理洗钱和恐怖融资风险，优化反洗钱和反恐怖融资资源配置，制定和实施与其风险相称的管理策略、政策和程序，提升反洗钱工作有效性。

【案例材料】

中国人民银行开出千万级罚单

2020年2月14日,中国人民银行公布的行政处罚决定书(银罚字1号—13号)显示,中国民生银行股份有限公司因4项违法违规行为,被罚款2360万元;12名相关责任人亦被处罚,累计罚款45万元。如表7-3所示。

行政处罚决定书显示,民生银行经营过程中存在未按规定履行客户身份识别义务、未按规定保存客户身份资料和交易记录、未按规定报送大额交易报告和可疑交易报告、与身份不明的客户进行交易等行为。这是央行首次对违反反洗钱规定的金融机构开出千万级以上罚单。值得注意的是,按照现行的《反洗钱法》,反洗钱领域最高罚款金额为500万元。不过,由于可以对多个违法违规行为进行累加处罚,造成处罚金额过两千万。

表7-3　银罚字【2020】1号—13号违法类型及行政处罚内容

当事人名称	行政处罚决定书文号	违法行为类型	行政处罚内容
中国民生银行股份有限公司	银罚字〔2020〕1号	1. 未按规定履行客户身份识别义务 2. 未按规定保存客户身份资料和交易记录 3. 未按规定报送大额交易报告和可疑交易报告 4. 与身份不明的客户进行交易	罚款2360万元
王海峰(时任民生银行运营管理部总经理助理、副总经理)	银罚字〔2020〕2号	对民生银行以下违法违规行为负有责任: 1. 未按规定履行客户身份识别义务 2. 与身份不明的客户进行交易	罚款7万元
段兰芳(时任民生银行运营管理部总经理助理)	银罚字〔2020〕3号	对民生银行以下违法违规行为负有责任: 1. 未按规定保存客户身份资料和交易记录 2. 未按规定报送大额交易报告和可疑交易报告	罚款4.5万元
张春方(时任民生银行内控合规部总经理)	银罚字〔2020〕4号	对民生银行以下违法违规行为负有责任: 未按规定履行客户身份识别义务	罚款3.5万元
陈珺(时任民生银行法律合规部总经理)	银罚字〔2020〕5号	对民生银行以下违法违规行为负有责任: 未按规定报送大额交易报告和可疑交易报告	罚款1万元

续表

当事人名称	行政处罚决定书文号	违法行为类型	行政处罚内容
马丽（时任民生银行法律合规部副总经理、内控合规部副总经理）	银罚字〔2020〕6号	对民生银行以下违法违规行为负有责任：与身份不明的客户进行交易	罚款1万元
张国勇（时任民生银行信息科技部副总经理、信息科技部信息管理部总经理）	银罚字〔2020〕7号	对民生银行以下违法违规行为负有责任： 1. 未按规定履行客户身份识别义务 2. 未按规定保存客户身份资料和交易记录	罚款6万元
吴加明（时任民生银行信息科技部信息管理部副总经理）	银罚字〔2020〕8号	对民生银行以下违法违规行为负有责任：未按规定报送大额交易报告和可疑交易报告	罚款3.5万元
陈大鹏（时任民生银行信用卡中心事业部总裁）	银罚字〔2020〕9号	对民生银行以下违法违规行为负有责任： 1. 未按规定履行客户身份识别义务 2. 未按规定报送可疑交易报告	罚款2万元
陈敏华（时任民生银行小微金融事业部副总经理）	银罚字〔2020〕10号	对民生银行以下违法违规行为负有责任： 1. 未按规定履行客户身份识别义务 2. 未按规定报送大额交易报告和可疑交易报告	罚款5万元
杨越（时任民生银行金融市场部总经理）	银罚字〔2020〕11号	对民生银行以下违法违规行为负有责任：未按规定报送大额交易报告和可疑交易报告	罚款2.5万元
陈焕德（时任民生银行公司业务部总经理）	银罚字〔2020〕12号	对民生银行以下违法违规行为负有责任：未按规定履行客户身份识别义务	罚款1万元
贾凤军（时任民生银行直销银行事业部副总经理）	银罚字〔2020〕13号	对民生银行以下违法违规行为负有责任： 1. 未按规定履行客户身份识别义务 2. 未按规定报送可疑交易报告 3. 与身份不明的客户进行交易	罚款8万元

——资料来源：中国人民银行

思考题：金融机构和从业人员受罚的原因有哪些？

第三节 我国反洗钱法律制度框架

一、基础法律框架

中国反洗钱刑事立法起步于20世纪90年代初，从以打击毒品犯罪为核心的刑事立法阶段，到在刑法典中明确规定洗钱罪，并将洗钱罪的上游犯罪从毒品犯罪扩大到黑社会性质的组织犯罪、走私罪；美国"9·11事件"后，将恐怖主义犯罪列为洗钱犯罪的上游犯罪，目前《刑法》洗钱罪的上游犯罪包括毒品犯罪、黑社会性质的组织犯罪、恐怖活动犯罪、走私犯罪、贪污贿赂犯罪、破坏金融管理秩序犯罪和金融诈骗犯罪，一共7类罪。

2003年，国务院决定中国人民银行承担组织协调国家反洗钱工作职责。2003年9月，中国人民银行成立反洗钱局。2003年12月修订的《中华人民共和国中国人民银行法》规定，"指导、部署金融业反洗钱工作，负责反洗钱的资金监测"是中国人民银行的一项法定职责，规定中国人民银行有权对金融机构以及其他单位和个人执行有关反洗钱规定的情况进行检查监督，对违反反洗钱规定的行为，有权给予警告、没收违法所得及罚款。2004年4月，中国人民银行成立中国反洗钱监测分析中心，负责收集分析大额和可疑资金交易报告。同时，中国人民银行加强了反洗钱机构设置和人员配备，所有36个副省级以上分支机构都获批准设立反洗钱处。

2007年《反洗钱法》实施后，秉持打击和预防并重的反洗钱监管理念，《反洗钱法》和《刑法》中关于洗钱犯罪及洗钱上游犯罪的法律规定共同构成反洗钱的基础法律框架，形成监测、识别、追踪、调查、惩处洗钱犯罪及其上游犯罪的完整体系。如表7-4所示。

表7-4　《反洗钱法》和《刑法》构成反洗钱的基础法律框架

《反洗钱法》	《刑法》
立法目的：为了预防洗钱活动，维护金融秩序，遏制洗钱犯罪及相关犯罪，制定本法	立法目的：为了惩罚犯罪，保护人民，根据宪法，结合我国同犯罪作斗争的具体经验及实际情况，制定本法
第二章：反洗钱监督管理	
第三章：金融机构反洗钱义务	
第四章：反洗钱调查	

续表

《反洗钱法》	《刑法》
第五章：反洗钱国际合作	
第六章：法律责任 监管部门不当行为→行政处分 金融机构不当行为→责令限期改正/处分/罚款 构成犯罪的，追究刑事责任→见《刑法》规定	洗钱罪的规定：第191条 洗钱上游犯罪的规定： 毒品犯罪：第347—355条 黑社会性质的组织犯罪：第294条 恐怖活动犯罪：第120条 走私犯罪：第151—157条 贪污贿赂犯罪：第382—396条 破坏金融管理秩序犯罪：第170—191条 金融诈骗犯罪：第192—200条

同时，《中华人民共和国中国人民银行法》、《中华人民共和国反恐怖主义法》、《中华人民共和国境外非政府组织境内活动管理法》、《中华人民共和国海关法》、《最高人民法院关于审理洗钱等刑事案件具体应用法律若干问题的解释》（法释〔2009〕15号）和《最高人民法院关于审理掩饰、隐瞒犯罪所得、犯罪所得收益刑事案件适用法律若干问题的解释》（法释〔2015〕11号）都在法律层面为反洗钱法律框架提供了完善补充，使之成为一个完整的法律框架。

二、重要的制度、办法和规定

随着中国反洗钱监管理念的不断清晰，中国反洗钱体系建设也不断完善。中国反洗钱主要工作部门都建立了相应的反洗钱机构，包括中国人民银行反洗钱局、公安部经济犯罪侦查局、国家外汇管理局检查局、中国反洗钱监测分析中心等，相应的法律制度也配套起来。

《金融机构反洗钱规定》（中国人民银行令〔2006〕第1号，2007年1月1日生效实施）。对中国人民银行、金融机构等组织的反洗钱工作作出了具体规定：中国人民银行"制定或者会同中国银行业监督管理委员会、中国证券监督管理委员会和中国保险监督管理委员会制定金融机构反洗钱规章"（第五条）。"中国人民银行设立中国反洗钱监测分析中心"依法履行"接受并分析人民币、外币大额交易和可疑交易报告"的职责（第六条）。"金融机构应当按照规定建立和实施客户身份识别制度"（第九条），"应当按照规定向中国反洗钱监测分析中心报告人民币、外币大额交易和可疑交易"（第十一条），"应当按照中国人民银行的规定，报送反洗钱统计报表、信息资料以及稽核审计报告中与反洗钱工作有关的内容"（第十七条）。"中国人民银行会同中国银行业监督管理委员会、中国证券监督管理委员会、中国保险监督管理委员会指导金融行业自律组织制定本行业的反洗钱工作指引"（第十二条）。"中国人民银行及其分支机构根据履行反洗钱职责的需要，可以进入金融机构进行检查，询问工作人员，查阅、复制相关文件，检查电子业务数据等"。

《个人存款账户实名制规定》（国务院令第285号，2000年4月1日生效实施），保证个人存款账户的真实性。《人民币银行结算账户管理办法》（中国人民银行令〔2003〕第5号，2003年9月1日生效实施）规范了人民币银行结算账户的开立和使用。《金融机构客户身份识别和客户身份资料及交易记录保存管理办法》（中国人民银行、中国银行业监督管理委员会、中国证券监督管理委员会、中国保险监督管理委员会令〔2007〕第2号，2008年8月1日生效实施）规范了金融机构客户身份识别、客户身份资料和交易记录保存行为。

《金融机构大额交易和可疑交易报告管理办法》（中国人民银行令〔2016〕第3号，2017年7月1日生效实施）和《中国人民银行关于修改〈金融机构大额交易和可疑交易报告管理办法〉的决定》（中国人民银行令〔2018〕第2号，2018年7月26日生效实施）规范了金融机构大额交易和可疑交易报告行为。

《非金融机构支付服务管理办法》（中国人民银行令〔2010〕第2号，2010年9月1日实施）规范了非金融机构支付服务行为；《支付机构预付卡业务管理办法》（中国人民银行公告〔2012〕第12号，2012年11月1日生效实施）规范了支付机构从事预付卡业务行为；《银行卡收单业务管理办法》（中国人民银行公告〔2013〕第9号，2013年月5日生效实施）规范银行卡收单业务；《非银行支付机构网络支付业务管理办法》（中国人民银行公告〔2015〕第43号，2016年7月1日实施）规范非银行支付机构网络支付业务。中国人民银行和原银监会共同发布《银行卡清算机构管理办法》（中国人民银行、中国银行业监督管理委员会令〔2016〕第2号，2016年6月6日生效实施）规范银行卡清算机构管理。

中国人民银行、银保监会、证监会共同发布《互联网金融从业机构反洗钱和反恐怖融资管理办法（试行）》（2019年1月1日生效实施）。该办法适用于在中华人民共和国境内经有权部门批准或者备案设立的，依法经营互联网金融业务的机构。

《中国人民银行关于加强贵金属交易场所反洗钱和反恐怖融资工作的通知》（银发〔2017〕218号，2017年9月26日生效实施）加强了对贵金属交易场所反洗钱和反恐怖融资工作的管理。《中国人民银行办公厅关于加强特定非金融机构反洗钱监管工作的通知》（银办发〔2018〕120号，2018年7月26日生效实施）加强特定非金融机构反洗钱和反恐怖融资工作。特定非金融机构包括：（1）房地产开发企业、房地产中介机构销售房屋、为不动产买卖提供服务；（2）贵金属交易商、贵金属交易场所从事贵金属现货交易或为贵金属现货交易提供服务;(3)会计师事务所、律师事务所、公证机构接受客户委托为客户办理或准备办理以下业务:买卖不动产,代管资金、证券或其他资产,代管银行账户、证券账户,为成立、运营企业筹集资金,以及代客户买卖经营性实体业务;(4)公司服务提供商为客户提供或准备提供以下服务:为公司的设立、经营、管理等提供专业服务,担任或安排他人担任公司董事、合伙人或持有公司股票,为公司提供注册地址、办公地址或通讯地址等。中国人民银行2019年1月1日发布《关于印发〈法人金融机构洗钱和恐怖融资风险管理指引(试行)〉的通知》(银反洗发〔2018〕19号,2019年1月1日生效实施),引导法人金融机构深入实践风险为本方法。

《涉及恐怖活动资产冻结管理办法》(中国人民银行、公安部、国家安全部令〔2014〕第1号,2014年1月10日生效实施)规范了涉及恐怖活动资产冻结的程序和行为。

2020年12月31日,中国人民银行再次发布了《金融机构反洗钱和反恐怖融资监督管理办法(修订草案征求意见稿)》。其中适用范围增加非银行支付机构、从事网络小额贷款业务的小额贷款公司,以及消费金融公司、贷款公司、银行理财子公司等从事金融业务的机构。

上述已经或正在修订以及计划未来增加的部门规章和规范性文件都在不断完善着反洗钱监管体系。从行政主管部门的职责,到对重点金融领域的银行保险业和证券行业的监管职责,再到金融机构内部建立内控制度、建立和实施客户身份识别制度,向反洗钱监测分析中心报告大额交易和可疑交易的责任和义务的规定,反洗钱业务工作和监管责任划分越来越明确清晰,也越来越完整。

我国反洗钱机构框架如图7-1所示。

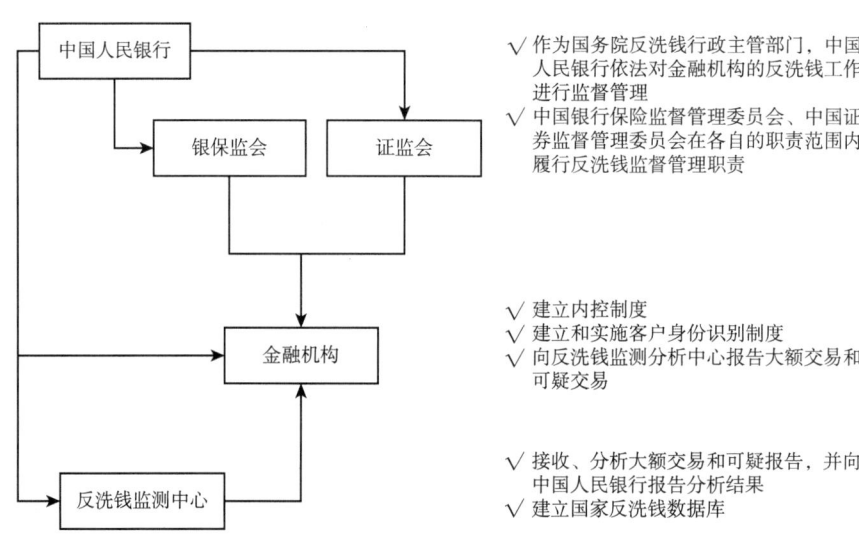

图7-1 反洗钱机构框架

三、《国务院办公厅关于完善反洗钱、反恐怖融资、反逃税监管体制机制的意见》(简称《三反意见》)

经过10多年的发展，我国反洗钱和反恐怖融资监管已经全面覆盖了银行业、证券业、保险业、非银行支付机构和银行卡清算机构，基本实现了对金融领域的全覆盖，金融体系反洗钱工作在识别和协助打击洗钱、恐怖融资及上游犯罪方面的成效逐渐显现。与此同时，洗钱和恐怖融资手法也在不断变化，逐步向一些非金融领域蔓延。

《反洗钱法》在2007年1月1日正式实施，10年之后，根据国内外反洗钱、反恐怖融资和反逃税工作（以下简称"三反"工作）的新形势，按照中央全面深化改革领导小组的部署，中国人民银行、税务总局和公安部作为牵头部门，会同反洗钱工作部际联席会议各成员单位，共同研究制定了《国务院办公厅关于完善反洗钱、反恐怖融资、反逃税监管体制机制的意见》（国办函〔2017〕84号，2017年8月29日生效实施）（以下简称"《三反意见》"）。

《三反意见》从健全工作机制、完善法律制度、健全预防措施、严惩违法犯罪活动、深化国际合作、创造良好社会氛围6个方面，提出了20余项具体措施，包括进一步完善反洗钱工作部际联席会议制度，建立国家洗钱和恐怖融资风险评估机制，密切反洗钱行政主管部门、税务机关与监察机关、侦查机关、行政执法机关、金融监管部门间的协调合作与信息共享，探索建立特定非金融机构反洗钱监管制度，发挥会计师、律师等专业服务机构积极作用，强化反洗钱义务机构主动防控风险意识和能力，拓宽反洗钱监测分析数据信息来源，完善跨境异常资金监控机制，严惩洗钱等违法犯罪活动，深化双边和多边国际合作，加强自律组织管理，提升社会公众反洗钱、反恐怖融资和反逃税意识。为此，中国人民银行对部分非金融行业的洗钱风险开展了持续的监测分析，并借鉴有关国际经验，会同相关主管部门共同研究社会组织、房地产中介机构、珠宝和贵金属经销商、公司注册代理机构以及会计师、律师和公证行业被洗钱和恐怖融资活动利用的潜在风险，探索发挥以上行业机构和从业人员及早发现和识别洗钱、恐怖融资活动专业优势的有效途径。特别是要发挥好会计师事务所、律师事务所、公证处等专业服务机构作为市场经济"守门人"的作用，发挥会计师、律师、公证员专业领域优势，服务和支持反洗钱工作。

《三反意见》提出健全预防措施、有效防控风险，其中最关键的措施就是加强反洗钱监管。反洗钱监管是"三反"工作的重要基础。随着洗钱等非法资金活动的不断演变，反洗钱监管工作必须适应新形势，不断扩大监管范围、创新监管模式、完善监管手段、堵塞

监管漏洞。为此,《三反意见》在加强反洗钱监管方面提出了多项政策措施:

一是强调反洗钱行政主管部门与金融监管部门之间的协调配合,进一步发挥金融监管部门作用,强化对反洗钱义务机构准入环节的合法性审查,加强反洗钱日常合规监管,在行业监管规则中嵌入反洗钱相关要求,构建涵盖事前、事中和事后的完整监管链条。

二是提出适时扩大反洗钱监管范围。统筹考虑监管资源保障,近期要重点研究建立对非营利性组织、房地产中介机构、贵金属销售机构、会计师事务所、律师事务所和公证机构的反洗钱监管制度,探索适应非金融领域的反洗钱监管模式。

三是进一步完善反洗钱监管模式。强化法人监管措施,优化监管政策传导机制,突出反洗钱义务机构法人总部的重要作用,在法人总部层面强化董事、监事、高级管理层的反洗钱履职责任,督促反洗钱义务机构加强自我管理、自主管理,建立对新产品、新业务的洗钱风险评估机制,根据风险水平采取有效防控措施。

四是采取多种方式提升监管工作效率。突出防控风险为本,通过开展国家洗钱风险评估查找高风险领域和薄弱环节,有针对性地加强监管投入,提高监管工作效能,促进监管信息的互通共享。

《三反意见》坚持预防与打击并重,要求严惩违法犯罪活动。按照中央部署,近年来,公安部会同中国人民银行和国家税务总局等部门,持续部署推动打击相关犯罪活动,不断强化犯罪预防和治理工作,形成遏制违法犯罪蔓延的有利态势。一是持续开展预防、打击利用离岸公司和地下钱庄转移赃款专项行动。二是严厉打击涉恐融资犯罪活动。部分重点省份公安机关组织开展了打击涉恐融资犯罪专项行动。同时,公安机关会同中国人民银行,协调金融机构开展健全涉恐资金来源动态监控机制。三是高度重视、强力推动打击涉税违法犯罪工作。税务总局、公安部、海关总署和中国人民银行建立了国务院防范和打击出口骗税部际联席会议制度,联合开展打击骗取出口退税和虚开增值税专用发票专项行动。

至此,《反洗钱法》和《刑法》、《三反意见》、《金融机构反洗钱规定》及其他重要规定和办法以及大量基础性文件共同构成我国反洗钱监管法制框架。如图7-2所示。

随着反洗钱工作的深入,反洗钱工作监管的法制框架也在不断完善和更新。如《关于证券基金期货业反洗钱工作有关事项的通知》(银反洗发〔2019〕20号)就存量客户身份证件过期的后续处理和基金产品代销模式下的客户身份识别以及境外客户身份识别的问题给出了工作指引。2021年1月26日,中国人民银行发布《法人金融机构洗钱和恐怖融资风险自评估指引》及附件《法人金融机构洗钱和恐怖融资风险自评估模板》……更多跨部门、跨行业的监管合作也在不断补充中。

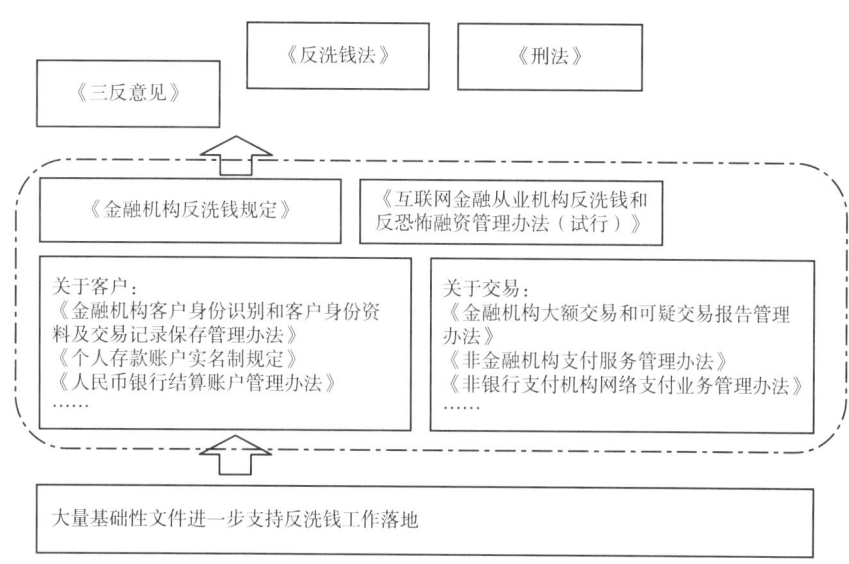

图 7-2 我国反洗钱监管法制框架

资料来源：编者根据现行法律制度文件整理。

【延伸阅读】

反洗钱工作中对有效身份证件的识别方法——关于身份证

有效证件是标识客户身份，体现客户身份信息的重要载体，是反洗钱客户身份识别的重要对象。居民身份证最为常见。

（一）居民身份证的使用对象

对我国居民身份证的使用问题主要是应注意"居住在境内的中国公民"和"在中华人民共和国境内已登记常住户口的中国公民"这两个用语上的区别。

中国公民即具有中华人民共和国国籍的人，其中包括华侨。根据《中华人民共和国归侨侨眷权益保护法》的规定，"华侨是指定居在国外的中国公民"。即华侨也是中国公民。华侨也可能在境内居住，居住包括多种形式，即可能是永久性居住也可能是临时居住。根据财政部和税务总局发布的《关于在中国境内无住所的个人居住时间判定标准的公告》，"在中国境内停留的当天满24小时的，计入中国境内居住天数"，可见只要连续时间超过24小时的都可以算作居住。但根据《居民身份证法》的规定，华侨只有回国定居的"在办理常住户口登记时"才能申领居民身份证。

基于上述分析，居住在境内的中国公民不一定都具有居民身份证，只有在中华人民共和国境内已登记常住户口的中国公民才拥有居民身份证。

（二）视为华侨人员的有效证件

根据国侨办的规定，中国公民虽未取得住在国长期或者永久居留权，但已取得住在国连续5年以上（含5年）合法居留资格，5年内在住在国累计居留不少于30个月，视为华侨。视为华侨即视为在国外定居，根据部分省市常住户口的相关管理规定，对定居国外的中国公民，本人应当向户口所在地公安派出所办理注销户口登记。户口一旦注销也就缺少了取得居民身份证的前提条件。因此，对此类人员，其有效身份证明文件为中国护照。

（三）关于身份证上使用佛教法名和道教法名的问题

根据《公安部关于能否使用道教法名登记户口办理居民身份证有关问题的批复》（公复字〔2010〕8号）和《公安部关于能否使用佛教法名、伊斯兰教经名登记户口办理居民身份证有关问题的批复》（公治〔2007〕50号）的规定，根据佛教和道教教规规定，已出家的佛教徒和道教徒法名与世俗姓名不能并存，因此，已出家的佛教徒和道教徒在登记户口、办理居民身份证时应当使用其本人的佛教、道教法名，并在户口曾用名项目内登记世俗姓名。

对于上述用户在办理业务时，由于其仅是名字发生变化，身份证号并未发生变更，仍应当作为一个主体对待。出现上述情况的，义务机构应当根据《关于切实做好联网核查公民身份信息有关工作的通知（银发〔2007〕345号）》的规定将疑义信息按照规定的报文格式，通过联网核查系统申请核实。

（四）公民实施变性手术后身份确认的问题

根据2002年9月4日《公安部治安管理局关于公民实施变性手术后变更户口登记性别项目有关问题的批复》（公治〔2002〕131号）的规定，"对于申请变更户口登记性别项目的公民，只要其出具国家指定医院为其成功实施变性手术的证明，经县市公安机关审核后，公安派出所应予办理性别项目变更手续。性别项目变更后，应重新编制公民身份号码。其中已领取居民身份证的，公安机关应当予以缴销，并为其重新办理居民身份证"。

根据上述规定，性别变更后当事人的身份证号码同样发生变更，这主要与我国身份证编码规则中存在性别识别项有关。虽然客户的性别和身份证号码发生了变更，但从其自然人属性上讲，主体本身并未发生变化，其民事主体地位并不会因其性别和身份证号码的变更产生原有的民事权利义务关系消灭的问题。因此，义务机构与变更后主体的民事权利义务关系仍然存在，义务机构应将其作为同一主体对待，应归属为同一客户号项下管理。

——资料来源：来自公众号：道琼斯风险合规，2020年2月13日

【职业素养与道德】

真假吴某引出的洗钱案

2017年春,"洗钱分子"和"银行卡买卖者"在浙商银行苏州分行姑苏支行网点上演的一出"黑吃黑",被机智的银行工作人员一眼识破。姑苏支行业务主管陈蕾回忆,客户吴某的出现有点奇怪:"3月21日,他带着本人身份证大老远来开一张浙商银行借记卡,其余什么业务都没办理。姑苏支行是新开设网点,一般新客户都是听口碑过来买理财、办网银,要么通过客户经理牵线来办代发工资。"3月25日,吴某又带着临时身份证来挂失银行卡,要求补办一张新的。3月28日,一个自称"吴某"的人,通过客服热线95527投诉姑苏支行,投诉内容是自己新办的银行卡莫名其妙"被挂失",要追查谁挂失了他的卡。陈蕾说,这个投诉让人诧异,行里立即调看了吴某来行里开卡、挂失的录像,确认来的都是身份证本人:"吴某为什么要自己'投诉自己'呢?"

通过查看台账记录,姑苏支行发现,吴某办卡之后,账户里被转入9145元钱。但在同一天,姑苏支行还有3位新卡客户,卡里也都被转入9145元。这4笔9145元转账均来自另一家商业银行同一持卡人。更奇怪的是,这三位新卡客户的9145元,都于短时间内在台湾地区被取走。只有吴某因为挂失了银行卡,钱仍在账上。值班大堂经理回忆,这3位新客户情况和吴某很像,都不是苏州本地人,无正当职业和固定居所,对办卡目的含糊其辞。

银行工作人员初步判断这可能是"洗钱团伙"和"银行卡倒卖人"之间在"黑吃黑"。一个真吴某,一个假吴某,正在通过各自手段,想要拿到卡里的9145元钱。真吴某,是出卖自己实名银行卡的"银行卡卖家",他携带由洗钱团伙提供的手机号(预留给开户银行),带着身份证去网点办银行卡,然后将手机号和银行卡一并交给洗钱团伙。洗钱团伙则利用这张银行卡以及可接受验证码的手机号洗钱,譬如将国内资金通过境外取现的方式,蚂蚁搬家一样提走。

据当地公安机关提供的信息显示,吴某不满足于卖掉自己银行卡挣到的几百元蝇头小利,看中的却是洗钱者转入他卡里的钱——毕竟银行卡是用他的名字办的,只要他一挂失,洗钱者就无法转移资金,之后他再补办一张新卡,即可坐享其成。

然而,真吴某通过"挂失"拦截9145元资金的行为惊动了"假吴某"(洗钱人),于是"假吴某"通过打95527投诉"银行卡被莫名其妙挂失",想知道是谁在动他们的奶酪。最终,苏州支行对吴某的银行卡作了销户,并将此事移交给当地公安机关做进一步处理。

——资料来源:《经济日报》2017年5月26日

本章小结

1. 《反洗钱法》的出台，在国家立法层面确定了我国"一部门主管，多部门参与和配合"的反洗钱监管体制。

2. 预防与打击并重、"风险为本"是中国反洗钱监管的重要理念。

3. 反洗钱监管不仅需要国内多部门的合作，也需要国际上各国家各部门的合作，中国加入FATF、EAG等国际反洗钱组织，就是为了加强国际合作，同时不断改进自身反洗钱建设。

4. 我国反洗钱监管法制框架：以《三反意见》为指南，以《反洗钱法》和《刑法》为法理依据，以多个办法和规范、文件等为细节支撑的完整法制体系。

5. 《反洗钱法》明确规定金融机构应当建立健全反洗钱内部控制制度，应当设立反洗钱专门机构或者指定内设机构负责反洗钱工作。金融机构应当按照规定建立客户身份识别制度，建立客户身份资料和交易记录保存制度，执行大额交易和可疑交易报告制度。

复习思考题

1. 如何理解"规则为本"与"风险为本"监管理念的区别？
2. 我国金融监管部门在反洗钱监管中各自承担什么责任？
3. 我国开展反洗钱监管国际合作主要有哪些途径？
4. 区块链等技术的发展会为反洗钱监管带来怎样的机遇与挑战？

第八章　反洗钱监督管理和反洗钱调查

【学习目标】

1. 掌握反洗钱非现场监管的内涵与方法。
2. 掌握反洗钱现场检查的内涵与方法。
3. 掌握反洗钱调查的内涵与方法。

【重点难点】

1. 理解依法实施反洗钱监督管理和调查的重要性。
2. 理解反洗钱非现场监管、现场检查与调查之间的区别与联系。

【案例导入】

澳联邦银行因反洗钱不力受罚

2017年，澳大利亚交易报告和分析中心指控澳大利亚联邦银行（澳联邦银行）没有遵守反洗钱和反恐怖主义融资计划的要求，未能阻止不法分子使用澳联邦银行账户洗钱和为恐怖活动融资，并没有进行及时有效监管以及向澳政府报告。

据报道，澳联邦银行的新型智能存款机允许客户最多单笔将200张纸钞存入一个账户，如果使用面值100澳元的纸钞总值将达到2万澳元。监管机构要求上报超过1万澳元的交易，但澳联邦银行并未对新型智能存款机设置客户交易金额上限，而让犯罪集团有机可乘。澳联邦银行承认，有53506笔金额超过1万澳元的"智能存款机"交易未能及时向澳大利亚交易分析与报告中心（AUSTRAC）报告，延迟提交了149个可疑事件报告；2012年10月至2015年10月期间，没有履行对80位可疑客户进行调查的义务，而且许多账户的交易监控没有按要求进行。

2018年，澳联邦银行同意支付7亿澳元（约合34.3亿元人民币）的罚款。受此次事件影响，澳联邦银行前任首席执行官伊恩·纳雷夫宣布退休。2018年4月上任的首席执行官马特·科明向公众道歉，"虽非故意，但我们充分认识到自己所犯错误的严重性"。

——资料来源：人民网新闻，"反洗钱不力 澳大利亚最大银行愿交34亿元罚金"

思考题：监管当局为什么对金融机构违反反洗钱和反恐融资法规采取严格的监管处罚措施？

第一节 我国反洗钱监管概述

一、主要法律法规

1997年，我国修订《刑法》时增加了洗钱罪，履行了我国加入一系列国际公约的义务。此后我国根据打击洗钱和恐怖主义犯罪工作需要，先后多次修订洗钱和资助恐怖活动犯罪的有关条款，逐步完善洗钱和恐怖融资犯罪适用范围。

2007年1月1日正式实施的《反洗钱法》明确了反洗钱的概念、部门职责、反洗钱义务、反洗钱调查和国际合作等内容，基本建立起我国反洗钱的制度框架。

2015年颁布《反恐怖主义法》，规定反恐怖融资监管职责、涉恐资产冻结义务、反恐怖融资国际合作等内容。中国人民银行单独或会同金融监管部门，先后制定并发布了《金融机构反洗钱规定》《金融机构客户身份识别和客户身份资料及交易记录保存管理办法》《金融机构大额交易和可疑交易报告管理办法》等规章和规范性文件，落实金融机构客户身份识别、大额和可疑交易报告、客户身份资料和交易记录保存等反洗钱义务。

二、监管部门

根据我国《中国人民银行法》和《反洗钱法》的规定，中国人民银行是我国反洗钱监督管理工作的行政主管部门；同时，金融监督管理机构以及其他有关部门在各自的职责范围内履行反洗钱监督管理职责。

自 2003 年起，中国人民银行开始承担组织协调国家反洗钱工作职责，逐步形成了"中国人民银行牵头、各成员单位分工负责"的反洗钱工作协调机制。在中国人民银行内部，中国人民银行负责全国性法人金融机构总部的反洗钱监督管理，中国人民银行分支机构负责辖区内地方性法人金融机构总部以及非法人金融机构的监督管理，中国人民银行可以授权法人金融机构所在地的中国人民银行分支机构对全国性法人金融机构总部代行监管职责。

三、监管对象

（一）金融机构

根据 2021 年中国人民银行颁布的《金融机构反洗钱和反恐怖融资监督管理办法》（以下简称《办法》），为督促金融机构有效履行反洗钱和反恐怖融资义务，规范反洗钱和反恐怖融资监督管理行为，本办法适用于在中华人民共和国境内依法设立的下列金融机构：

1. 开发性金融机构、政策性银行、商业银行、农村合作银行、农村信用社、村镇银行。
2. 证券公司、期货公司、证券投资基金管理公司。
3. 保险公司、保险资产管理公司。
4. 信托公司、金融资产管理公司、企业集团财务公司、金融租赁公司、汽车金融公司、消费金融公司、货币经纪公司、贷款公司、银行理财子公司。
5. 中国人民银行确定并公布应当履行反洗钱和反恐怖融资义务的其他金融机构。

金融机构应当按照规定建立健全反洗钱和反恐怖融资内部控制制度，评估机构洗钱和恐怖融资风险，建立与风险状况和经营规模相适应的风险管理机制，搭建反洗钱系统，设立或者指定机构并配备相应人员，有效履行反洗钱和反恐怖融资义务。

（二）特定非金融机构

根据中国人民银行在 2018 年 7 月颁布的关于加强特定非金融机构反洗钱监管工作的通知（银办发〔2018〕120 号），特定非金融机构可以分为：（1）与房地产相关的企业；（2）与贵金属交易相关的企业；（3）独立第三方机构；（4）公司服务提供商等。

（三）其他机构

非银行支付机构、银行卡组织、资金清算中心、从事网络小额贷款业务的小额贷款公司以及从事汇兑业务、基金销售业务、保险专业代理和保险经纪业务的机构适用本办法。

非银行支付机构是指依法取得《支付业务许可证》，获准办理互联网支付、移动电话支付、固定电话支付、数字电视支付等网络支付业务的非银行机构。互联网金融从业机构是指在境内经有权部门批准或者备案设立的，依法经营互联网金融业务的机构。

四、监管原则

中国人民银行对金融机构的反洗钱监管遵循风险为本和法人监管原则，结合实际，合理运用各类监管方法，实现对不同类型金融机构的有效监管。风险为本的监管是指金融机构建立的反洗钱内控制度应当与其面临的洗钱和恐怖融资风险相匹配，监管机构的监管强度应当与金融机构的洗钱和恐怖融资风险相匹配。法人监管是指主要以金融法人机构为监管对象，开展监测、评估、检查等一系列监管行动。

五、监管措施

根据我国《反洗钱法》，国务院反洗钱行政主管部门负责反洗钱的资金监测，监督、检查金融机构履行反洗钱义务的情况，在职责范围内调查可疑交易活动。中国人民银行作为我国反洗钱监督管理工作的行政主管部门，制定或者会同有关金融监督管理机构制定金融机构反洗钱规章，实施反洗钱调查、反洗钱现场检查、反洗钱非现场监管等反洗钱监管措施。国务院有关金融监督管理机构参与制定所监督管理的金融机构反洗钱规章；在审慎监管中要求机构建立健全反洗钱内控制度；在市场准入环节进行反洗钱审查。

【延伸阅读】

对互联网金融从业机构的反洗钱和反恐怖融资监管

2018年10月10日，中国人民银行、中国银行保险监督管理委员会、中国证券监督管理委员会发布《互联网金融从业机构反洗钱和反恐怖融资管理办法（试行）》，并于2019年1月1日起正式生效实施。

背景与意义。近年来，利用互联网金融机构的业务进行洗钱的现象越来越突出，在问题突出的同时监管机构并无明确的法律法规将互联网金融业务纳入反洗钱的业务领域。互联网金融从业机构在不履行反洗钱义务情形下，涉嫌触犯刑法的情形也有发生。因此，中国人民银行牵头制定《互联网金融从业机构反洗钱和反恐怖融资管理办法》，要求互联网金融从业机构履行反洗钱义务，对客户进行识别查明，识别客户行为等，该办法的出台对国家进行反洗钱监管具有重要的意义，也对互联网金融从业机构具有重要的价值导向作用。

监管对象。该办法适用于在中华人民共和国境内经有权部门批准或者备案设立的，依法经营互联网金融业务的机构。互联网金融业务反洗钱和反恐怖融资工作的具体范围由中国人民银行会同国务院有关金融监督管理机构按照法律规定和监管政策确定、调整并公布，包括但不限于网络支付、网络借贷、网络借贷信息中介、股权众筹融资、互联网基金销售、互联网保险、互联网信托和互联网消费金融等。

监管主体。中国人民银行是国务院反洗钱行政主管部门，对从业机构依法履行反洗钱和反恐怖融资监督管理职责。国务院有关金融监督管理机构在职责范围内配合中国人民银行履行反洗钱和反恐怖融资监督管理职责。中国人民银行制定或者会同国务院有关金融监督管理机构制定从业机构履行反洗钱和反恐怖融资义务的规章制度。中国反洗钱监测分析中心负责从业机构大额交易和可疑交易报告的接收、分析和保存，并按照规定向中国人民银行报告分析结果，履行中国人民银行规定的其他职责。中国互联网金融协会协调其他行业自律组织，制定并发布各类从业机构执行本办法所适用的行业规则；配合中国人民银行及其分支机构开展线上和线下反洗钱相关工作，开展洗钱和恐怖融资风险评估，发布风险评估报告和风险提示信息；组织推动各类从业机构制定并实施反洗钱和反恐怖融资方面的自律公约。

网络监测平台。中国人民银行设立互联网金融反洗钱和反恐怖融资网络监测平台，使用网络监测平台完善线上反洗钱监管机制、加强信息共享。中国互联网金融协会建设、运行和维护网络监测平台，确保网络监测平台及相关信息、数据和资料的安全、保密、完整。金融机构、非银行支付机构以外的其他从业机构应当通过网络监测平台进行反洗钱和反恐怖融资履职登记。

监督检查。从业机构应当依法接受中国人民银行及其分支机构的反洗钱和反恐怖融资的现场检查、非现场监管和反洗钱调查，按照中国人民银行及其分支机构的要求提供相关信息、数据和资料，对所提供的信息、数据和资料的真实性、准确性、完整性负责，不得拒绝、阻挠、逃避监督检查和反洗钱调查，不得谎报、隐匿、销毁相关信息、数据和资料。

第二节

反洗钱非现场监管

一、反洗钱非现场监管的概念与目标

反洗钱非现场监管是指中国人民银行及其分支机构依法收集金融机构报送的反洗钱信息，评估其洗钱和恐怖融资风险以及遵守反洗钱法律法规的状况，根据评估结果采取相应监管措施的行为。

非现场监管和现场检查是反洗钱和打击恐怖融资监管的两大基石，缺一不可。非现场监管是针对每一家金融机构的动态持续的过程，现场检查是在特定时间段内对特定机构采取的监管行动。非现场监管旨在实现以下目标：一是对单家金融机构在反洗钱和反恐融资方面的合规性进行分析和审查，包括在市场准入中对反洗钱合规性的审查；二是对单家金融机构的洗钱和恐怖融资风险进行评估；三是确定现场检查的对象和范围。

二、反洗钱非现场监管的流程

（一）金融机构报送反洗钱信息

对金融机构的反洗钱非现场监管，起点就是获取有关机构的相关信息，以帮助监管机构分析单个机构的洗钱风险以及可能产生系统性风险的薄弱环节，并根据风险因素采取相应的风险管理措施。监管机构需要获得金融机构报送的定性和定量信息、具体的反洗钱与反恐融资信息、银行治理以及内部控制的信息等。

1. 反洗钱定期报告。根据《金融机构反洗钱监督管理办法（试行）》，中国人民银行建立了金融机构反洗钱定期报告制度，金融机构需指定专人向负责监管的中国人民银行或其分支机构报送反洗钱工作报告及其他信息资料，如实反映反洗钱工作情况。反洗钱报告机构应当对相关信息的真实性、完整性、及时性负责。

金融机构应撰写反洗钱年度报告，如期向中国人民银行或其分支机构报告以下内容：反洗钱工作的整体情况及机构概况；反洗钱工作机制建立情况；反洗钱法定义务履行情况；反洗钱工作配合与成效情况；其他反洗钱工作情况、问题及建议。

法人金融机构的反洗钱年度报告内容应当覆盖本机构总部和全部分支机构；非法人金融机构的反洗钱年度报告内容应当覆盖本级机构及其所辖分支机构。金融机构有境外分支机构或控股附属机构的，由其境内金融机构总部按年度向中国人民银行或者所在地中国人民银行分支机构报告境外分支机构或控股附属机构接受驻在国家（地区）反洗钱和反恐怖融资监管的情况。

2. 及时报告事项。除了定期报告事项，金融机构发生下列情况的，应当及时（发生后 10 个工作日内）向中国人民银行或其分支机构报告：主要反洗钱和反恐怖融资内部控制制度新增或者修订；反洗钱和反恐怖融资工作机构、主要负责人调整或者反洗钱和反恐怖融资岗位人员发生较大调整的；涉及反洗钱和反恐怖融资工作的重大风险事项；开展洗钱和恐怖融资风险自评估或者其他相关风险分析的；境外分支机构和控股附属机构受到当地监管当局或者司法部门开展的与反洗钱和反恐怖融资相关的执法检查、行政处罚、刑事调查或者其他重大风险事件；其他由中国人民银行明确要求报告的反洗钱和反恐怖融资事项。

3. 自评估报告。金融机构应当建立风险自评估制度，按照风险为本原则，定期对本机构内外部洗钱风险进行分析研判，评估本机构风险防控机制的有效性，查找风险漏洞和薄弱环节，采取有针对性的风险应对措施。金融机构应当及时向中国人民银行或其分支机构报告风险自评估结果和资料。法人金融机构的风险评估应包括其境外分支机构。对非法人金融机构的自评估不作硬性要求，鼓励有条件的机构自主开展自评估。

法人金融机构应保证风险评估的时效性，合理确定评估的时间频率。在产品和业务发生较大变化、内控制度有重大调整，或者反洗钱监管政策发生重大变化等情况下，应主动开展风险评估。法人金融机构也可针对特定的产品和业务开展专项风险评估，并报告中国人民银行。

（二）监管机构建立机构监管档案，实施动态监管

中国人民银行及其分支机构以每一家金融机构为主体，对金融机构反洗钱工作信息和监管活动信息建立监管档案，保存下列信息，实施动态监督管理：金融机构报送的信息、中国人民银行在实施反洗钱监管过程中产生的信息，以及其他渠道获取的重要信息。

中国人民银行在实施反洗钱监管过程中产生的信息包括中国人民银行对义务机构采取监管走访、约见谈话、质询、风险评估等监管措施所形成的各类文书和报告等。金融机构报送的信息包括反洗钱制度文件、反洗钱工作信息、反洗钱事件报告以及金融机构报送的其他工作资料。反洗钱制度文件主要为金融机构反洗钱工作内控制度、业务操作规程、考核办法及反洗钱组织架构等文件。反洗钱工作信息主要为金融机构按要求开展反洗钱日常工作产生的反洗钱年度报告及附表、反洗钱工作总结及计划、反洗钱内部审计及内部检查

报告等信息资料。反洗钱事件报告主要为金融机构重大事项以及相关案情报告等。金融机构报送的其他工作资料包括反洗钱工作调研信息文章、工作动态、反洗钱工作问题及建议等其他渠道获取的重要信息。

反洗钱监管档案可用于反洗钱风险评估、分类评级及其他日常监督管理工作。反洗钱监管档案保存期限至少为5年。中国人民银行内部其他部门对反洗钱监管档案的查阅须经反洗钱部门主要负责人签字后方可登记查阅。中国人民银行以外的单位原则上不能查阅档案。

随着信息技术的普及应用，中国人民银行及其分支机构建立并利用反洗钱管理信息系统建立反洗钱监管档案，按照技术手册和业务制度规范操作，准确及时记录反洗钱监管活动信息，充分发挥系统功能，共享监管信息，完善监管措施，提升监管工作效率。

（三）监管机构对金融机构定期评估，实施分类监管

1. 评级概况。中国人民银行及其分支机构以金融机构反洗钱监管档案为依托，结合现场检查、约见谈话等情况，参考日常监管中获得的其他信息，选择关键、鲜明、客观的评价指标，按年度对金融机构反洗钱工作的合规性与有效性进行考核评级。考核评级期间为每年1月1日至12月31日。

年度考核评级时，中国人民银行对每家金融机构监管档案中加减分事项按照指标权重计算分数，进行百分换算，得出每家机构的年度考核结果；分银行、证券、保险、其他类排列名次，确定金融机构考评等级。等级至少分为A、B、C三级考核评级，其中A级（80—100分）为优良，B级（60—80分）为正常，C级（60分以下）为较差。在对法人金融机构的考核中，等级分为A（AAA、AA、A）、B（BBB、BB、B）、C（CCC、CC、C）、D、E共5类11级。

对非法人金融机构开展反洗钱分类评级工作，可以根据当地具体情况调整评级标准和指标，简化评级流程。对非银行支付机构、银行卡清算机构、资金清算中心等从事支付清算业务的机构及从事汇兑业务和基金销售业务的机构也适用年度评级的办法。

2018年，反洗钱分类评级在全国范围内基本实现法人金融机构全覆盖，中国人民银行共对4620家法人机构、38058家非法人机构开展分类评级，并向银保监会、证监会通报评级结果，根据分类评级结果开展监管成为常态。

2. 评级指标。评级指标包括设计指标、执行指标和检验指标。设计指标主要评价金融机构洗钱风险控制体系建设、工作机制运作等情况，包括制度完善程度、机制合理性、技术保障能力、人员配备与资质情况等内容。执行指标主要评价金融机构反洗钱义务履行、对高风险客户和高风险业务管理措施、自主风险管控能力等情况，包括客户身份识别、客户资料和交易记录保存、大额交易和可疑交易报告、对高风险客户的特别措施、对

高风险业务的针对性措施、宣传培训、自主管理与审计等内容。检验指标主要评价金融机构洗钱风险防控效果、接受及配合中国人民银行及其分支机构监管等情况，包括配合行政调查、接受现场检查及被处罚情况、配合监管工作情况、洗钱风险防控成果、有无重大违规事项、基层行评价、专业监管部门评价等内容。

在对法人金融机构的评级中，如机构在评级期间违反反洗钱法律法规情节严重，且未积极整改致使反洗钱合规状况持续恶化的，直接评定为D类机构。直接评定为E类机构的情形包括：发生重大风险事件、违规事件或存在重大风险隐患，造成恶劣社会影响；违反保密规定，出现失密、泄密情况，导致严重后果；不配合中国人民银行反洗钱监管、调查工作，拒绝提供信息资料；提供信息资料存在重大事项隐瞒、重大信息遗漏、虚假陈述或误导性陈述，情节严重。

3. 分类监管。中国人民银行根据考核评级结果对金融机构实施差异化的分类监管，对评级等级较差的机构实施监管措施的频率和强度一般高于评级等级更优的机构。在考核评级中发现金融机构反洗钱工作存在突出问题的，中国人民银行将对其下发《反洗钱监管意见书》，进行风险提示，要求其采取必要的整改措施；发现金融机构涉嫌违反反洗钱规定且情节严重的，将开展现场检查。在随机抽查的现场检查中，对A类机构随机抽查的比例应当低于B类及以下机构，对B类机构随机抽查的比例应当低于C类及以下机构，依此类推。值得注意的是，金融机构评级结果只能用于中国人民银行及其分支机构开展反洗钱监管，不得用于其他目的，金融机构不得擅自将评级结果对外披露或用于广告、宣传、营销等商业目的。

（四）非现场监管中的其他监管措施

中国人民银行在非现场监管中还灵活运用其他多种监管措施，以2018年为例，中国人民银行分支机构全年共质询义务机构922家，对2190家义务机构开展约见谈话，对4827家义务机构进行监管走访。

1. 电话或书面质询。中国人民银行及其分支机构对法定监管事项存在疑问需要进一步确认的，可以通过电话或者书面质询的方式向金融机构进行确认和核实。采取书面质询方式的，中国人民银行下发《反洗钱监管通知书》，送达被质询机构，金融机构应当自被告知或者收到《反洗钱监管通知书》之日起5个工作日内予以答复。

2021年颁布的《金融机构反洗钱和反恐怖融资监督管理办法》第二十七条规定，中国人民银行及其分支机构可以根据金融机构合规情况和风险状况采取监管提示、约见谈话、监管走访等措施。在监管手段方面，增加《监管提示函》，删除质询（含电话和书面）。第三十三条强调反洗钱持续监管要求，中国人民银行及其分支机构应当持续跟踪金融机构对监管发现问题的整改情况，对于未合理制定整改计划或者未有效实施整改的，可以启动执法检查或者进一步采取其他监管措施。

2. 警示谈话。中国人民银行及其分支机构根据履行反洗钱职责的需要，可以约见金融机构董事、高级管理人员，针对重要问题进行警示谈话，或者要求其就金融机构履行反洗钱义务的重大事项作出说明。

3. 监管走访。中国人民银行及其分支机构针对反洗钱法定监管事项中的突出问题，或者为核实和了解某个方面的重点情况，可以通过监管走访的方式，深入金融机构开展实地调研和政策指导。在开展监管走访时，中国人民银行反洗钱工作人员不得少于2人，并出示合法证件。对监管走访中发现的问题，中国人民银行将提出监管指导意见，并开展必要的政策辅导。监管走访结束后，中国人民银行或其分支机构反洗钱工作人员应当填写《反洗钱监管记录》。

4. 借助外部审计开展反洗钱监管。借助外部审计开展反洗钱监管是一些国家反洗钱监管框架的重要组成部分，如德国，其对银行的反洗钱和反恐融资监管就建立在外部审计机构对银行的反洗钱审计之上。德国的法规规定了审计机构在开展银行反洗钱审计时必须实施审计的项目，同时赋予监管部门针对单家银行提出个性化的反洗钱外部审计要求的权利。在一些业务领域，如银行跨境业务领域，德国监管当局主要依靠审计报告的质量来评估银行的洗钱风险水平、风险管理能力，以及相关控制措施的有效性。此外，个别国家如安道尔，由于监管能力和资源的不足，则完全依赖外部审计来监测金融机构的反洗钱和反恐融资合规性。

我国某省反洗钱监管部门曾开展过社会第三方反洗钱监管审计服务试点。被审计机构是某村镇银行，该村镇银行的上级单位委托某会计师事务所承担审计任务，审计结果向监管部门负责，该会计师事务所同时还承担该村镇银行的会计财务信息的审计服务。第三方反洗钱监管审计的做法目前在我国仍处于试点阶段，因为我国反洗钱监管部门目前没有法律依据可以利用第三方机构的审计报告等工作成果。

三、反洗钱非现场监管的特征

第一，对金融机构的反洗钱非现场审慎监管是连续的。中国人民银行对金融机构的反洗钱非现场监管是一个循环往复的动态过程，这一持续监管的基础是信息的更新，既包括金融机构上报信息的持续更新，也包括监管机构从其他渠道获取的信息更新，以及在监管过程中产生的监管信息更新，人民银行的年度考核评级结果计入反洗钱监管档案转入下年度管理。

第二，对金融机构的反洗钱非现场审慎监管是普遍的。从理论上讲，所有金融机构，无论类型与大小，都是某个金融体系的一部分，都将接受人民银行的反洗钱非现场监管。

第三，非现场监管本身具有一定局限性。非现场监管可以帮助监管部门评估金融机构洗钱风险，增强现场检查的针对性，但是，监管部门对金融机构上报的信息的准确性和完整性并不能通过非现场手段得到完全验证，因此，现场检查在反洗钱监督管理中发挥着关键作用。

第三节　反洗钱现场检查

一、对反洗钱现场检查内涵的理解

根据履行反洗钱职责的需要，监管机构可以按照法定程序，对金融机构履行反洗钱义务的情况开展现场检查。现场检查是反洗钱监督管理的重要组成部分，发挥着查错纠弊、校验核实、评价指导、警示威慑等作用。现场检查可以由中国人民银行及其分支机构开展，也可以由银保监会及其派出机构等金融监管机构开展，或由中国人民银行与金融监管部门共同开展。

（一）法规依据

监管机构开展反洗钱现场检查，应当依照现行反洗钱法律法规规章，主要遵循《中国人民银行执法检查程序规定》《中国银保监会现场检查办法（试行）》等关于现场检查的法规组织实施。涉及行政处罚的，依照《中华人民共和国行政处罚法》和监管部门的《行政处罚程序规定》的规定执行。

（二）检查对象

监管机构的监管资源是有限的，因此，反洗钱现场检查的重点金融机构包括涉及洗钱案件的机构、风险因素较多的机构、工作情况不明的机构，以及反洗钱工作有效性偏低的机构。

（三）检查内容

对法人金融机构的现场检查侧重于反洗钱制度建设、组织架构与岗位设置、系统设计与开发、反洗钱机制有效性，注重发现和解决风险较高的制度性、系统性、执行性问题，注重从总体上把握和推动金融机构反洗钱工作的合规性与有效性。对非法人金融机构现场检查侧重于反洗钱制度的落实与执行情况、反洗钱措施的有效性、可疑交易报告质量、配合中国人民银行反洗钱工作情况等。

（四）检查配合

被查机构及其工作人员应当配合现场检查工作，保证提供的有关文件资料及相关情况真实、准确、完整、及时。对于被查机构及其工作人员存在不配合检查、不如实反映情况或拒绝、阻碍检查等行为的，监管部门可以根据情节轻重，对相关机构和个人依法采取监管措施和行政处罚。被查机构及其工作人员未经监管部门同意，不得将检查情况和相关信息向外透露。

（五）检查处罚

反洗钱检查后的处罚为行政处罚。我国法规规定的行政处罚的种类包括警告、罚款、没收违法所得、没收非法财物、责令停产停业、暂扣或者吊销许可证、暂扣或者吊销执照、行政拘留，以及法律、行政法规规定的其他行政处罚。2019 年，中国人民银行系统反洗钱部门共检查义务机构 1744 家，针对违反《反洗钱法》规定的行为，依法处罚机构 525 家，罚款 2.02 亿元；处罚个人 838 人，罚款 1341 万元。

二、反洗钱现场检查的流程

（一）检查准备阶段

1. 检查立项。监管机构在了解和分析所监管的金融机构反洗钱工作情况的基础上，确定被检查的金融机构。确定被检查机构之后，进行检查立项。立项应遵循科学、合理和可行的原则，根据金融机构的依法合规情况、考核评级结果、洗钱风险状况和以往检查情况等，结合随机检查，确定现场检查的频率、范围和重点。

2. 成立检查组。监管机构在实施现场检查前组成检查组，根据检查任务，结合检查人员业务专长，合理配备检查人员。检查组实行组长负责制。检查组组长可以在检查组成员中确定主查人，负责现场检查工作的具体组织和实施。实施现场检查时，检查组成员不得少于 2 人。

3. 制定检查方案。检查组根据检查项目需要，可以开展查前调查，收集被查机构检查领域的有关信息，并进行检查分析和模型分析。可以根据检查工作实际需要向被查单位发出《检查前问卷》，收集所需信息，初步判断收集信息的真实性，并召集检查组成员对掌握的所有资料进行深入分析，对被查单位管理状况作出初步判断，提出可能存在的问题，分析结果应作为制定检查方案的重要依据。

具体而言，为制定现场检查方案，检查组一般会综合分析4方面的信息，从而确定检查范围和重点。一是金融机构的反洗钱与打击恐怖融资风险评估，了解该机构的高风险领域，并依据风险评估确定审查范围，配备所需的技术专家。例如，如果某银行大量开展国际业务，检查组就需要将重点放在跨国交易、电汇、国外代理账户关系等问题上，并需要具备相关工作经验的检查人员。对开展私人银行业务的银行，检查范围也将有所不同，必须将私人银行业务纳入检查范围，同时检查组将配备该领域的专家。二是金融机构以往的现场检查和非现场监管文件，关注已发现的任何问题或不足之处。三是所有可用的非现场监测数据，包括新闻报道等公开信息。四是该机构所有内部审计报告和相关外部审计报告，以及对审计发现问题的整改情况报告。

现场检查人员根据现场检查的立项，在全面深入分析被查机构的相关资料，与被查机构的非现场监管人员充分商讨的基础上，订立清晰明确的检查方案，包括具体的检查目标、检查任务、检查重点、检查程序和总体安排等。根据检查方案，组织检查人员进行培训，学习法规及方案，通报被查机构相关情况等。

4. 下发检查通知。现场检查前应向被检查金融机构下发书面的《现场检查通知书》，告知被查机构有关事项，以便其做好准备。

5. 特殊类型的现场检查的查前准备。

（1）飞行检查。又称突击检查，检查人员在进入银行检查之前不会向金融机构管理层发出事先通知。飞行检查的优势明显，即正在进行的违规活动无法事先隐藏，检查人员更容易发现机构的违规问题。然而，这种方法也有缺点，如检查效率较低，因为金融机构及其管理层未能事先准备检查所需的资料，临时组织资料需要时间，且一些关键岗位人员可能也无法立刻满足检查组的问询需求。

（2）对境外分支机构的现场检查。对于在海外设立了分公司或子公司的金融机构，我国监管部门也会有计划地对这些境外分支机构开展反洗钱与反恐融资现场检查，以确保境外机构遵守我国的反洗钱相关法规。此类检查前需获得分支机构所在国的许可，在获得许可之前两国（或地区）通常已经签订了谅解备忘录，允许母国机构在分支机构所在国进行现场检查。

（二）检查实施阶段

1. 进驻与进点会谈。检查组应向被查机构出示《执法证》和《现场检查通知书》，按

《现场检查通知书》确定的时间进驻被查机构。检查组与被查机构举行进场会谈，会谈由检查组组长主持。会谈内容包括：宣读《现场检查通知书》，说明检查的目的、内容、时间安排以及对被查单位配合检查工作的要求；听取被查机构的反洗钱工作介绍；宣布现场检查工作纪律和有关规定，告知被查机构对检查人员履行监管职责和执行工作纪律、廉政纪律情况进行监督。

现场检查时，检查人员不得少于两人，并应出示《执法证》和《检查通知书》；检查人员少于两人或者未出示《执法证》和《检查通知书》的，金融机构有权拒绝检查。

2. 现场检查工作。检查过程中，检查人员可以查阅与检查事项有关的文件资料和信息系统、查看经营管理场所、采集数据信息、测试有关系统设备设施、访谈或询问相关人员，并可以根据需要，收集原件、原物，进行复制、记录、录音、录像、照相等。对可能被转移、隐匿或者毁损的文件、资料，可以按照有关法律法规进行封存。根据工作需要，可以采取线上检查、函询稽核等新型检查方法。线上检查是运用信息技术和网络技术，分析筛查疑点业务和机构并实施穿透式检查。函询稽核是对重大风险或问题通过下发质询函等方式检查核实的活动。检查组应当全面、客观、完整地记录检查工作的情况，并制作《检查工作底稿》。检查过程应做到检查事实清楚、问题定性准确、责任认定明晰、定性依据充分、取证合法合规。

（1）现场检查的主要内容。根据现场检查范围和内容的不同，现场检查可以分为全面现场检查和专项现场检查。对金融机构的反洗钱全面现场检查将检查以下内容：金融机构的洗钱风险评估、客户审查、持续监测及可疑交易报告、反洗钱政策与程序、反洗钱组织与人员情况、打击恐怖融资情况，以及打击资助武器扩散的情况。专项现场检查则针对某一特定领域开展现场检查。

在金融机构的洗钱风险评估部分，以对商业银行反洗钱现场检查中的风险评估内容为例，检查组需通过检查判断三大问题：一是银行是否建立了反洗钱风险评估制度，风险评估应至少包括地域、客户、产品、交易或支付渠道等维度；二是银行是否建立了与其风险状况相适应的风险管理措施以降低风险，对于固有风险评估为较高风险的领域，是否制定了明确的风险缓释措施；三是银行是否合理编制风险评估报告并按要求上报。在这三大问题之下，又可以分立出若干小问题，逐一进行检查。

在客户审查部分，检查内容包括金融机构在以下方面的制度、流程与实际操作是否符合相关法规要求，是否与其洗钱风险水平相匹配：客户身份识别、受益人身份识别、客户姓名及名称的核验、客户洗钱风险评估与持续的客户审查、强化审查措施、政治敏感人物，以及婉拒客户建立业务关系等。

在持续监测及可疑交易报告部分，检查内容包括金融机构是否根据其规模、地域分布、业务特点、客户特征及交易特征，并参照自身的洗钱风险评估或日常交易信息等，构建了以客户为单位的交易监测体系；是否能发现、识别、分析并判断可疑交易；是否能及时、准确、完整地报送可疑交易；是否能在识别出可疑交易后采取后续风险控制措施；是否能依规申报大额交易等。

在反洗钱政策与程序部分，检查机构是否制定了洗钱风险管理政策和程序，包括但不限于反洗钱内部控制制度（含流程和操作指引）、洗钱风险管理的方法、应急计划、反洗钱措施、信息保密和信息共享等内容，洗钱风险管理政策和程序是否经董事会审批；重点验证机构反洗钱内控制度的有效性，特别是在高风险业务领域，如商业银行的汇款业务、代理行业务、电子银行业务、电子支付业务等。

在反洗钱组织与人员部分，检查机构是否在聘用员工和任命高级管理人员过程中采取了审慎的反洗钱审查；是否对员工进行了充分的反洗钱培训；是否为反洗钱部门配备了与其业务相匹配的充足的反洗钱人员。

（2）现场检查中的调查取证。现场检查中对发现的问题应进行取证，检查取证是检查处罚的主要依据，取证过程应合法合规，对需要调查取证的问题，要取得充分的证据。取证材料包括被查单位有关凭证、报表和反洗钱工作档案等原件或复印件，复印件应当与原件核对一致后，由被检查的金融机构盖章。取证时检查组应不少于两人在场。

在收集证据时，可以采取抽样取证的方法；在证据可能灭失或者以后难以取得的情况下，经上级批准，可以先行登记保存，并应当在规定时间内作出处理决定，在此期间，当事人或者有关人员不得销毁或者转移证据。

（3）现场检查中的履职回避。存在影响或者可能影响依法公正履行职责情况的，现场检查人员应当按照履职回避的相关规定予以回避，并且不得参加相关事项的讨论、审核和决定，不得以任何方式对相关事项施加影响。被查机构认为检查人员与其存在利害关系的，有权申请检查人员回避。

3. 结束现场作业。原则上对金融机构的现场检查应该按照规定的时间结束现场检查工作。检查组组长确认可以退出被查单位现场后，将退出现场作业的时间告知被查单位，进行现场作业清理，向被查单位办理调阅资料、借用物品等的归还手续，退出检查现场。如有必要再次进场，需提前通知被查单位。

（三）检查报告阶段

检查组通过事实确认书、检查事实与评价等方式，就检查过程中发现的问题与被查机构充分交换意见，被查机构应当及时认真反馈意见。之后，监管部门应当制作《现场检查意见书》，送达被检查机构。《现场检查意见书》的内容包括检查情况、检查评价、改进意见与措施。

1. 事实确认。检查人员通过编制《现场检查事实确认书》向被查单位确认事实和问题，事实确认书只记录检查事实，不作任何定性评价，可视需要附取证材料。

主查人在掌握全部现场检查工作情况和审阅检查人员全部《现场检查工作底稿》的基础上，确定需要被查单位签字确认的检查事实项目，由检查人员根据《现场检查工作底稿》编写《现场检查事实确认书》。

《现场检查事实确认书》经主查人逐一审核签字后，交被查机构相关负责人逐一签具明确意见，并签字或盖章予以确认。被检查人在《现场检查事实认定书》上签字确认前对《执法检查事实认定书》有异议的，应当在5个工作日内提出陈述和申辩意见；逾期未提出陈述和申辩意见，又不在《执法检查事实认定书》上签字确认的，不影响检查组对有关事实的认定；被检查人陈述和申辩的事实和理由成立的，检查组应当采纳。

《现场检查事实确认书》所附取证材料如果能充分证明认定事实成立，但未获被查单位签字确认的，检查组可视情况封存取证材料原件，以避免被查单位篡改或销毁原件。

2. 事实与评价。检查组基于检查发现，撰写《检查事实与评价》，其中包括事实和评价。事实的表述应当真实准确，有详细、充分的数据和文字资料支持，可包括检查前问卷、会谈记录、工作底稿、取证材料等情况。评价要对照适用法律、行政法规和规章作出评述，做到定性准确、有理有据、客观公正，每一条评价都必须有事实支撑。

《检查事实与评价》形成之后，检查组可以通过会谈或书面形式，请被查单位就有关问题和事实的真实性、准确性及评价结论提出意见，必要时就有关问题交换意见。被查单位在规定的时间内反馈书面意见，逾期未反馈意见的，视为对《检查事实与评价》无异议。

3. 现场检查报告。《现场检查报告》应当以检查事实与评价为基础，主要应包括实施检查的基本情况；被查单位的基本情况；检查出的问题与事实及检查组作出的评价；根据法律法规和有关规章的规定，提出拟作出的行政处罚的建议，以及拟提出的整改意见和监管要求等。

（四）检查处理

1. 不涉及行政处罚。针对检查中发现的问题，对于不涉及实施行政处罚及其他监管措施的，由监管部门出具《现场检查意见书》，对被查金融机构通报检查事实、作出检查评价、提出整改或处理意见。对于检查中发现的问题，应当在检查意见书中责令被查机构限期改正。检查组负责起草《现场检查意见书》，上报检查组所属机构审批后，按法定程序送达被查单位。

被检查机构在收到《现场检查意见书》后，应在规定的时间内向监管机构报告整改方案，包括整改计划、整改措施、整改时限以及整改责任人等。在整改方案获得监管部门认可之后，被检查机构进入整改阶段，并视执行整改方案的进度情况分阶段或一次性报告监管部门。

2. 涉及行政处罚。如检查发现被检查机构或人员有违反法律、行政法规或者监管部门规章规定的行为，并且依法应当由监管部门给予行政处罚的，应当依照《中华人民共和国行政处罚法》和监管部门的《行政处罚程序规定》处理。在检查中发现被检查机构或人员有违法行为，并且应当由其他部门查处的，应当依法移送有关部门处理。

（五）档案整理

检查档案是现场检查结果的体现，其作用主要有两个方面：一是便于后续检查时查询；二是便于对被查机构反洗钱状况进行持续的判断与分析。

现场检查档案包括现场检查工作方案、现场检查通知书、检查工作底稿、检查取证记录、检查事实确认书、谈话记录、检查意见书、资料调阅清单等。如后续处理有行政处罚的，还应包括行政处罚告知书、行政处罚决定书。

（六）对后续整改的监督

监管部门将根据现场检查提出的整改意见和整改时间要求，以及被查单位报送的整改方案，及时跟进被查单位的具体整改情况，包括整改措施、整改进度和整改效果等。被查单位整改情况将反映到对该机构的风险评级和评价中。

原则上由承担现场检查任务的部门负责对被查机构整改情况进行评价。评价过程中，可以查阅被查机构的整改报告、要求被查机构补充相关材料、约谈被查机构相关人员、听取相关监管部门意见，必要时可以通过后续检查、稽核调查等方式进行。被查机构未按要求整改的，监管部门可以按照法规采取进一步监管措施或进行行政处罚。

三、现场检查的法律事务

中国人民银行及其分支机构、银保监会和证监会及其派出机构，这些监管当局的现场检查是具体的金融行政行为，是行政执法检查的一种手段。因此，任何现场检查都必须符合法律法规的有关规定。现场检查的法律效力必须具备以下 4 个条件，否则会被视为无效，没有法律约束力，甚至会引起针对监管部门自身的行政诉讼，在相关的行政诉讼中，法院将判断监管部门的具体行政行为是否合法，即具体行政行为是否证据确实，适用法律、法规是否正确，是否符合法定程序，是否超越职权、滥用职权。

（一）现场检查的主体合法

现场检查的主体必须得到有关法律法规或有权法律主体的授权或转授权。中国人民银行及其分支机构具有对金融机构的现场检查主体资格，银保监会及其派出机构具有对银行业和保险业金融机构进行现场检查的主体资格，且均可依法作出金融行政处罚。各主体均只能在法律或有权法律主体授权的范围内开展现场检查。

（二）现场检查适用的法律法规和规章要准确

适用法律法规和规章要准确，第一，被检查对象应由法律法规和规章规定为监管主体的监管对象。但是，对非法金融活动的查处不受这一规则限制。第二，对现场检查查出的问题必须要有确凿的证据，即对查证事实的认定要清楚准确，尤其是现场检查发现的问题涉及行政处罚时更应如此。证据与结论之间必须具有充分严密的逻辑关系。第三，现场检查作出行政处罚时适用的法律法规和规章条文要准确，裁量要适度。法律适用遵循"上位法优于下位法"、同一层次的法律"后法优于前法"，以及"法不溯及既往"等原则。

所谓"上位法"是指效力层次较高的法律法规，"下位法"是指效力层次较低的法律法规，"上位法优于下位法"是指不同效力的法律规范对相同问题的规定不一致时，应当适用层次较高的法律依据。从目前我国反洗钱立法情况看，全国人大及其常委会制定的规范性文件为反洗钱法律；国务院制定的反洗钱规范性文件为行政法规；中国人民银行、银保监会、证监会制定的规范性文件为部门规章，其余为其他规范性文件。从法律效力上看，法律的效力大于法规，法规的效力大于规章，规章的效力大于其他规范性文件。

"后法优于前法"是指同一效力等级的法律规定前后之间出现不一致时，应适用颁布时间在后的法律依据。"法不溯及既往"是指法律规范不适用于其制定前发生的行为。

（三）现场检查的程序必须合法

现场检查要有效，必须遵循法定的步骤。无论是中国人民银行，还是银保监会，在开展现场检查尤其是涉及行政处罚时必须符合《中华人民共和国行政处罚法》规定的"一般规定"。按照规定，监管部门在作出行政处罚决定之前，应当告知当事人作出行政处罚决定的事实、理由及依据，并告知当事人依法享有的陈述和申辩的权利。如果不履行告知义务，或者拒绝听取当事人陈述、申辩的，行政处罚决定不能成立。

听证是行政机关在作出重大处罚决定前的重要程序。行政机关在作出不利于当事人的行政决定之前，要给当事人一个了解情况、陈述意见、为自己辩护的机会和场合。例如，在作出责令停业整顿、吊销经营金融业务许可证、较大数额罚款等行政处罚之前，要告知当事人有要求听证的权利。当事人提出听证申请，监管部门必须组织听证，否则就是程序违法，所作出的行政处罚决定无效。

（四）现场检查的形式要合法

现场检查的形式合法是指现场检查过程中形成的法律文书，如《行政处罚通知书》《行政处罚告知书》等一系列文书，无论采取固定格式还是非固定格式，无论文书的名称如何变化，都必须具有法律、法规和规章所规定的基本要素，否则，作出的现场检查行为无效。

【延伸阅读】

现场检查对反洗钱合规人员的访谈示例

在你所在的机构，反洗钱合规人员、反洗钱管理人员以及内部审计的职责是否明确界定？描述报告路线，合规人员向谁汇报？合规人员的职责范围是什么？是否设置了合规热线，以便员工可以举报与反洗钱与打击恐怖融资相关的问题而不必害怕遭到报复？合规人员是否监控反洗钱与打击恐怖融资合规方案的定期更新？合规人员是否在必要时协调和执行反洗钱与打击恐怖融资质询和/或调查？有多少资源可用于反洗钱与打击恐怖融资合规？合规人员是否被赋予执行适当反洗钱与打击恐怖融资合规检查的职责？

——资料来源：沙塔内，等. 防止洗钱及恐怖融资 银行监管实用指南 [M]. 严旭，译. 北京：中国金融出版社，2009

第四节 反洗钱调查

一、反洗钱调查概述

（一）反洗钱调查的含义

根据我国《反洗钱法》的规定，国务院反洗钱行政主管部门或者其省一级派出机构发现可疑交易活动，需要调查核实的，可以向金融机构进行调查，金融机构应当予以配合，如实提供有关文件和资料。根据《金融机构反洗钱规定》，中国人民银行依法履行的职责包括：在职责范围内调查可疑交易，向侦查机关报告涉嫌洗钱犯罪的交易活动等；中国人民银行或者其省一级分支机构发现可疑交易活动需要调查核实的，可以向金融机构调查可疑交易活动涉及的客户账户信息、交易记录和其他有关资料，金融机构及其工作人员应当予以配合。

中国人民银行及其省一级分支机构通过反洗钱调查，在预防和打击洗钱犯罪、维护金融秩序和国家安全方面发挥了重要作用。以 2018 年为例，中国人民银行各地分支机构共发现和接收重点可疑交易线索 13467 份，筛选后共对 1086 份线索开展反洗钱调查 7564 次，向侦查机关移送线索 3648 起。在新冠肺炎疫情期间，截至 2020 年 3 月 15 日，各级中国人民银行反洗钱部门共收到金融机构、支付机构上报的涉疫情诈骗、非法贩卖野生动物等重点可疑交易报告 28 份，针对线索开展反洗钱调查 117 次，向公安机关移送线索 19 起，协助破获案件 23 起，这些反洗钱专项监测和调查工作，为国家疫情防控撑开了一张资金"安全网"。

（二）对反洗钱调查的理解

第一，在反洗钱领域，"反洗钱调查"一般专指针对可疑交易活动的调查，并不包括其他类型的调查，如专题研究调查或行政处罚前的取证调查等活动。

第二，调查主体范围限定为"国务院反洗钱行政主管部门或者其省一级派出机构"，即中国人民银行总行、上海总部、分行、营业管理部、省会（首府）城市中心支行、副省级城市中心支行。因此，中国人民银行地市（州）中支和县（市、区）支行认为辖内可疑交易活动需调查核实的，需逐级报请中国人民银行省一级分支行调查。

第三，调查对象范围限定为"金融机构"，未明确对部分特定非金融行业的调查权。例如，对于反洗钱国际标准明确提出要求的房地产中介、贵金属和珠宝玉石销售、公司服务等行业及其他存在较高风险的特定非金融行业，目前中国人民银行对其开展反洗钱调查尚缺乏明确的制度依据。

二、反洗钱调查的内容与方式

（一）调查的内容

中国人民银行及其省一级分支机构发现下列可疑交易活动，需要调查核实的，可以向金融机构进行反洗钱调查：金融机构按照规定报告的可疑交易活动；通过反洗钱监督管理发现的可疑交易活动；中国人民银行地市中心支行、县（市）支行报告的可疑交易活动；其他行政机关或者司法机关通报的涉嫌洗钱的可疑交易活动；单位和个人举报的可疑交易活动；通过涉外途径获得的可疑交易活动；其他有合理理由认为需要调查核实的可疑交易活动。

中国人民银行总行负责对下列可疑交易活动组织反洗钱调查：涉及全国范围的、重大的、复杂的可疑交易活动；跨省的、重大的、复杂的可疑交易活动，中国人民银行省一级分支机构调查存在较大困难的；涉外的可疑交易活动，可能有重大政治、社会或者国际影响的。中国人民银行省一级分支机构负责对本辖区内的可疑交易活动进行反洗钱调查。

实施反洗钱调查时，应当调查如下情况：被调查对象的基本情况；可疑交易活动是否属实；可疑交易活动发生的时间、金额、资金来源和去向等；被调查对象的关联交易情况；其他与可疑交易活动有关的事实。

（二）调查的方式

反洗钱调查分为现场调查和书面调查。现场调查可直接询问金融机构相关人员，直接查阅档案资料，有利于深入了解情况，时效性也更强，但其遵循的程序更为复杂，且人力、交通、时间成本较高。书面调查程序相对简单，耗费人力也相对较少，但不能面对面询问金融机构工作人员，因而在信息获取上不如现场调查有效。在实际操作中，书面调查被广泛使用。

三、反洗钱调查的程序

根据《反洗钱法》的规定，反洗钱行政主管部门或其省一级派出机构在反洗钱调查中，必须依照法定程序开展调查。

调查可疑交易活动时，调查人员不得少于两人，并出示合法证件和国务院反洗钱行政主管部门或者其省一级派出机构出具的调查通知书。调查人员少于两人或者未出示合法证件和调查通知书的，金融机构有权拒绝调查。调查人员与被调查对象或者可疑交易活动有利害关系，可能影响公正调查的，应当回避。对重大、复杂的可疑交易活动进行反洗钱调查前，调查组应当制定调查实施方案。

调查可疑交易活动，可以询问金融机构有关人员，要求其说明情况。询问时应当制作询问笔录。询问笔录应当交被询问人核对。记载有遗漏或者差错的，被询问人可以要求补充或者更正。被询问人确认笔录无误后，应当签名或者盖章；调查人员也应当在笔录上签名。

调查中需要进一步核查的，经国务院反洗钱行政主管部门或者其省一级派出机构的负责人批准，可以查阅、复制被调查对象的账户信息、交易记录和其他有关资料；对可能被转移、隐藏、篡改或者毁损的文件、资料，可以予以封存。调查人员封存文件、资料，应当会同在场的金融机构工作人员查点清楚，当场开列清单一式两份，由调查人员和在场的金融机构工作人员签名或者盖章，一份交金融机构，一份附卷备查。

经调查仍不能排除洗钱嫌疑的,应当立即向有管辖权的侦查机关报案。客户要求将调查所涉及的账户资金转往境外的,经国务院反洗钱行政主管部门负责人批准,可以采取临时冻结措施。侦查机关接到报案后,对已依照前款规定临时冻结的资金,应当及时决定是否继续冻结。侦查机关认为需要继续冻结的,依照刑事诉讼法的规定采取冻结措施;认为不需要继续冻结的,应当立即通知国务院反洗钱行政主管部门,国务院反洗钱行政主管部门应当立即通知金融机构解除冻结。临时冻结不得超过 48 小时。金融机构在按照国务院反洗钱行政主管部门的要求采取临时冻结措施后 48 小时内,未接到侦查机关继续冻结通知的,应当立即解除冻结。

【延伸阅读】

反洗钱现场调查附表

附 1

中国人民银行(＿＿＿＿＿＿＿)
反洗钱协助调查申请表

拟调查金融机构	
拟调查对象	
拟调查对象涉及区域	
可疑交易活动事实描述及初步分析意见	
申请跨辖区调查的理由和要求	
反洗钱部门负责人意见	(公 章) 年 月 日
总行反洗钱局意见	(公 章) 年 月 日

附2

中国人民银行（　　　　　　）
反洗钱调查审批表

编号：

<table>
<tr><td rowspan="10">反洗钱调查申请内容</td><td>拟调查可疑交易活动名称</td><td></td></tr>
<tr><td>可疑交易活动信息来源</td><td></td></tr>
<tr><td>调查依据</td><td>《中华人民共和国反洗钱法》第23—26条
《金融机构反洗钱规定》第21—23条</td></tr>
<tr><td>拟调查金融机构名称</td><td></td></tr>
<tr><td>拟调查内容</td><td></td></tr>
<tr><td>拟调查方式</td><td></td></tr>
<tr><td>拟调查时间</td><td>　年　月　日——　　年　月　日</td></tr>
<tr><td>拟定调查组成员</td><td>组长：
调查组成员：</td></tr>
<tr><td>拟采取调查措施</td><td></td></tr>
<tr><td>其他事项</td><td></td></tr>
<tr><td>申请人</td><td>反洗钱部门负责人签字</td><td>　　　　　　　　　　　　　　　　年　月　日</td></tr>
<tr><td>审批人</td><td>行（部）领导审批签字</td><td>　　　　　　　　　　　　　　　　年　月　日</td></tr>
</table>

附3

附3-1（适用于现场调查）

中国人民银行（　　　　　　）
反洗钱调查通知书

（　）银调〔　〕第　号

_____：

依据《中华人民共和国反洗钱法》第二十三条至二十六条、《金融机构反洗钱规定》第二十一条至二十三条的规定，兹指定下列人员对_____可疑交易活动进行反洗钱调查，请你单位予以配合，并按要求完成调查事项。

调查组组长：_____　　联系电话：_____

调查组成员：

有权采取的调查措施：

调查要求：

根据《中华人民共和国反洗钱法》和《金融机构反洗钱规定》的规定，请你单位及有关人员对本调查事项予以保密；如实提供有关文件和资料，并对所提供文件和资料的真实性和完整性承担法律责任。

特此通知。

（公　章）

年　月　日

附3-2（适用于书面调查）

中国人民银行（_____）
反洗钱调查通知书

（　　）银调〔　　〕第　号

_____：

依据《中华人民共和国反洗钱法》第二十三条至二十六条、《金融机构反洗钱规定》第二十一条至二十三条的规定，我行（部）决定对_____可疑交易活动进行反洗钱调查，请你单位予以配合，如实提供下列文件和资料：

1.……

……

请你单位在____年__月__日前将上述文件和资料反馈我行（部）；

根据《中华人民共和国反洗钱法》和《金融机构反洗钱规定》的规定，请你单位及有关人员对本调查事项予以保密；如实提供有关文件和资料，并对所提供文件和资料的真实性和完整性承担法律责任。

特此通知。

联系人：　　　　联系电话：

（公　章）

年　月　日

附 4

中国人民银行（_____）
反洗钱调查询问笔录（首页）

编号：

询问时间：____年____月____日____时____分至____时____分

询问地点：

调查询问人员：_____ 记录人员：_____

询问事由：

被询问人基本情况：

姓名：_____ 性别：_____ 职务：_____

工作岗位：

在场人员：

询问内容：

询问笔录首页，共_____页。

调查询问人员（签名）：_____ 记录人员（签字）：_____

被询问人（签名或者盖章）：

中国人民银行（_____）
反洗钱调查询问笔录用纸

编号：

询问笔录第_____页，共_____页。

调查询问人员（签名）：_____ 记录人员（签字）：_____

被询问人（签名或者盖章）：

附5

中国人民银行（_____）
反洗钱调查封存清单

编号：

根据《中华人民共和国反洗钱法》第二十五条的规定，经我行（部）负责人批准，本调查组从____年____月____日起对以下文件、资料予以封存。封存期间，你单位及有关人员不得擅自转移、隐藏、篡改或者毁损被封存的文件、资料。

调查组组长签名：

金融机构相关负责人签名：

序号	封存文件、资料名称	数量	备注
1			
2			
3			
……			

以上文件、资料已经在场调查人员和金融机构工作人员共同查点清楚，并已按要求封存。

调查人员（签名或者盖章）：

金融机构工作人员（签名或者盖章）：

注：本清单一式两份，调查组和金融机构各保存一份。

附6

中国人民银行（_____）
临时冻结申请表

一、反洗钱调查的基本情况		
申请临时冻结时间	年 月 日 时	
被调查金融机构		
被调查对象		
可疑交易账户	户　名	账　号

二、申请临时冻结说明

三、申请临时冻结账户清单		
序号	金融机构名称	申请临时冻结账户（号）
1		
……		

四、调查组组长（签名）及联系方式（电话）
年　月　日

五、调查组所在人民银行分支机构负责人意见
年　月　日

六、总行反洗钱局负责人意见
年　月　日

七、总行负责人审批意见
年　月　日

附7

中国人民银行

临时冻结通知书

银冻〔 〕第 号

_____：

为防止客户将调查所涉及的账户资金转往境外，根据《中华人民共和国反洗钱法》第二十六条规定，我行现决定对开立在你单位的下列账户内的资金予以临时冻结，请按要求予以执行。

序号	临时冻结账户（号）	备注
1		
……		

临时冻结要求：

1. 临时冻结期限为48小时，自你单位接到《临时冻结通知书》之时起计算。

2. 你单位收到我行解除临时冻结通知书或者在采取临时冻结措施后48小时内未收到侦查机关继续冻结通知的，应立即解除临时冻结。

特此通知。

（中国人民银行公章）

年 月 日

注：本通知书一式两份，一份交金融机构，一份由中国人民银行留存。

附8

中国人民银行

解除临时冻结通知书

银解冻〔 〕第 号

_____：

根据《中华人民共和国反洗钱法》第二十六条规定，我行现决定对《临时冻结通知书》（银冻〔 〕第 号）进行解除，请立即予以执行。

特此通知。

（中国人民银行公章）

年 月 日

注：本通知书一式两份，一份交金融机构，一份由中国人民银行留存。

附9

中国人民银行（_____）
反洗钱调查报告表

编号：

一、反洗钱调查的基本情况		
调查时间	年　月　日—　年　月　日	
被调查金融机构		
被调查对象		
可疑交易账户	户　名	账　号
调查方式	□现场调查　　□书面调查　　□综合调查	
强制措施		
已取得的有关文件和资料清单（复印件附后）		

二、可疑交易活动事实描述

三、可疑交易活动调查处理意见

四、调查组组长（签名）
年　　月　　日

五、反洗钱部门负责人意见
年　　月　　日

六、行（部）领导审批意见
年　　月　　日

附10

中国人民银行（_____）
解除封存通知书

（　）银解封〔　〕第　号

_____：

根据《中华人民共和国反洗钱法》第二十五条规定，我行（部）反洗钱调查组于____年__月__日对下列文件、资料进行了封存。现反洗钱调查工作已经结束，我行（部）决定从即日起对下列文件、资料解除封存。

序号	解除封存文件、资料名称	数量	备注
1			
2			
3			
4			
5			
……			

特此通知。

（公　章）

年　月　日

注：本通知书一式两份，一份交金融机构，一份由出具本通知书的中国人民银行或者其省一级分支机构留存。

【职业素养与道德】
银行从业人员泄密受到反洗钱处罚

2018年1月初,中国人民银行西安分行在与某商业银行陕西省分行合规人员的日常工作联系中,得知该行发生了员工向客户泄露反洗钱信息事件,且未按要求将该重大事项及时向中国人民银行报告。中国人民银行西安分行就此成立检查组,于1月17日至19日对该行反洗钱保密义务履行情况开展专项现场检查。

2017年4月,客户石某(北京某网络科技公司法人)到该商业银行陕西省分行某支行申请办理个人住房贷款,分行在业务审批过程中发现石某在本行反洗钱系统中被列为高风险客户,拒绝客户贷款申请。在石某多次打电话询问拒贷原因时,该行员工李某向其透露了"石某被本行反洗钱系统列为高风险客户"的真实情况。后石某因涉罪被国家安全部门抓获,该商业银行陕西省分行才得知石某交代了李某向其透露反洗钱风险等级的情况。

针对该商业银行陕西省分行员工违反反洗钱保密规定,向客户泄露反洗钱有关信息的违法行为,中国人民银行西安分行依据《反洗钱法》第三十二条第五款,对该行罚款20万元,对直接责任人员李某罚款1万元,并责令该行加强对员工反洗钱保密义务的培训和涉密工作管理。

《反洗钱法》第三十二条规定,金融机构有下列行为之一的,由国务院反洗钱行政主管部门或者其授权的设区的市一级以上派出机构责令限期改正;情节严重的,处20万元以上50万元以下罚款,并对直接负责的董事、高级管理人员和其他直接责任人员,处1万元以上5万元以下罚款。第三十二条第五款为"违反保密规定,泄露有关信息"。

启示:金融机构应对员工开展有效的反洗钱和保密培训,应提升管理做好因反洗钱原因而拒绝提供金融服务的备答口径。金融机构员工应学习掌握反洗钱法规要求,避免因泄密而受到反洗钱处罚。

本章小结

1. 中国人民银行是我国反洗钱监督管理工作的行政主管部门,金融监督管理机构以及其他有关部门在各自的职责范围内履行反洗钱监督管理职责。反洗钱监管包括反洗钱非现场监管、反洗钱现场检查,以及反洗钱调查。

2. 对金融机构的反洗钱非现场监管是指中国人民银行及其分支机构依法收集金融机构报送的反洗钱信息,评估其洗钱和恐怖融资风险以及遵守反洗钱法律法规的状况,根据评估结果采取相应监管措施的行为。对金融机构的监管评估是非现场监管的核心环节。

3. 对金融机构履行反洗钱义务的现场检查,是反洗钱监督管理的重要组成部分,发挥着查错纠弊、校验核实、评价指导、警示威慑等作用。现场检查重点检查机构反洗钱制度和机制的完备性和有效性,反洗钱工作执行的合规性。现场检查必须依法实施。

4. 国务院反洗钱行政主管部门或者其省一级派出机构发现可疑交易活动,需要调查核实的,可以向金融机构进行调查,金融机构应当予以配合,如实提供有关文件和资料。

 复习思考题

1. 如何理解必须依法开展反洗钱现场检查?
2. 如何开展对金融机构的反洗钱风险评估?
3. 反洗钱调查与反洗钱现场检查有什么区别?
4. 如何理解反洗钱非现场监管与反洗钱现场检查的区别与联系?

第九章　反洗钱与反恐融资经验借鉴

【学习目标】

1. 了解美国反洗钱与反恐融资的主要法律框架与监管路径。
2. 了解欧盟六个反洗钱指令主要内容的变化过程。
3. 了解中国香港和新加坡的反洗钱与反恐融资的主要法律框架与监管路径。

【重点难点】

1. 掌握美国反洗钱与反恐融资的主要法律法规。
2. 掌握欧盟第四、第五、第六个反洗钱指令的主要内容变化。
3. 掌握英国、中国香港和新加坡反洗钱与反恐融资的主要法律框架。

【案例导入】

美国的"长臂管辖权"

美国的"长臂管辖权"是指美国法院在某些情况下拥有可以将管辖权延伸至域外（指州外乃至国外）的权力。当被告的住所不在法院所在的州，但和该州有某种最低限度的联系，而且所提权利要求的产生又和这种联系有关时，就该项权利而言，该州对于该被告有属人管辖权（虽然他的住所不在该州），可以在州外对被告发出传票。伊利诺伊州于1955年制定的长臂管辖权法是最早的长臂管辖权法，后续多个州也颁布了类似的法律。比较有代表性的是美国统一私法协会制定的《统一联邦和州示范法》的有关规定，对美国大多数州的长臂管辖权实际上起到了真正意义上的指导示范作用。20世纪70年代，"长臂"又借着"海外反腐败"出海扩张，《国家紧急经济权利法》（IEEPA）和《反海外腐败法》（FCPA）相继颁布，规定美国的个人或公司通过贿赂国外政府官员来获得或保持业务，或使其他人获利，即为非法行为。自1998年起，反腐败条款也适用于贿赂美国的国外公司或个人。90年代，美国还颁布了许多针对具体国家或事件的特定制裁法律。这些立法的官方目的是，禁止任何企业与美国的敌对国进行贸易往来。最著名的就是1996年颁布、针对古巴的《赫尔姆斯—伯顿法》，以及同年颁布、针对伊朗和利比亚的《达马托法》。根据这些法律，美国可对违法企业处以罚款，数额或高达几十亿美元，甚至将他们完全逐出美国市场。1997年美国司法部颁布的《反托拉斯法国际实施指南》中规定："如果外国的交易对美国商业发生了重大的和可预见的后果，不论它发生在什么地方，均受美国法院管辖。"

长臂管辖权的立法基本包括两大类。一类是特别指明了适用此种管辖权的争议类别，如"商业交易""侵权行为"等，规定只有当权利要求涉及所指明的类别时，才可适用此种管辖权。另一类长臂管辖权法规不指明或不列举长臂管辖权所涉及的各种活动，而是规定只要符合正当程序和效果原则要求即可行使长臂管辖权。"效果原则"即主张只要某一发生在国外的行为在本国境内产生了所谓的"效果"，不管行为人是否具有本国国籍或住所，也不论该行为是否符合当地法律，只要这种效果或影响的性质使美国行使管辖权不是完全不合理，对因此种效果而产生的诉因，美国法院便可行使管辖权。表9-1所示的是国外银行因长臂管辖权而在美国受到的处罚。

表9-1　　　　　　　　　　国外银行因美国长臂管辖权受到的处罚

起始时间	银行名称	处罚金额	案　件	所属国家
2010年8月	巴克莱银行	2.9亿美元	美国指控其违反对古巴、伊朗、利比亚、苏丹和缅甸实施的金融制裁规定	瑞士
2012年6月	荷兰ING集团	6.19亿美元	美国司法部指控其通过销毁交易数据等方式隐瞒对古巴、伊朗等受制裁国家提供的金融服务	荷兰
2012年8月	渣打银行	6.67亿美元	纽约金融服务局指控其涉嫌从事伊朗洗钱活动10年，除认缴罚款外还需全面整改	英国
2012年12月	汇丰银行	19.2亿美元	美国司法部指控其为伊朗、缅甸等转移资金，除缴纳罚金还需在5年内全面整改反洗钱体系	英国
2014年6月	巴黎银行	89.7亿美元	2004—2012年间利用美国金融体系为伊朗、古巴、苏丹转移巨额资金，除缴纳罚款外，没收资金，暂停涉案机构美元清算业务1年	法国
2014年8月	渣打银行	3亿美元	纽约金融服务局指控其违反反洗钱承诺	英国
2015年3月	德国商业银行	17亿美元	美国司法部、OFAC、纽约金融服务局指控其帮助古巴等转移资金及洗钱	德国
2015年10月	法国农业信贷银行	7.87亿美元	为苏丹、伊朗、缅甸等提供美元清算服务，并规避美国制裁措施，欺骗监管机构	法国

续表

起始时间	银行名称	处罚金额	案 件	所属国家
2017年2月	德意志银行	6.3亿美元	纽约金融服务局和英国金融行为监管局指控其2011—2015年有为俄罗斯洗钱嫌疑	德国
2018年11月	法国兴业银行	13亿美元	美国多部门指控其违反对伊朗古巴等国制裁,转移非法资金	法国
2018年11月	法国社会保障银行	13.4亿美元	2004—2010年违反美对银行利比亚苏丹古巴的经济制裁,进行130亿美元交易	法国
2019年4月	渣打银行	11亿美元	美国多部门指控其与伊朗等进行交易	英国
2019年4月	裕信银行	13亿美元	美国司法部等指控其违反对伊朗等国制裁,利用德国分支机构为受制裁国家非法转移资金	意大利

——资料来源:北京法院网-法院文化,云锋金融

第一节 美国反洗钱与反恐融资经验

一、主要法律制度

(一)《银行保密法》

美国关于反洗钱的主要立法是 1970 年《银行保密法》(Bank Secrecy Act, BSA),也称为 1970 年货币和涉外交易财务记录法①。该法案是美国惩治金融犯罪法律体系的核心立法,后续一系列法案的出台,包括《美国爱国者法案》,都是为了补充、修订《银行保密法》,以弥补其漏洞、增强其实施力度。《银行保密法》的立法目的是遏制使用秘密的外国银行账户,并通过要求受监管机构提交报告和保存记录的方式来识别进出美国或存入金融机构的货币和金融工具的来源、数量及流向,从而为执法部门提供审计线索②。

《银行保密法》共包含 20 章,主要内容是规定金融机构有义务向金融犯罪执行网

---

① 31 U.S.C. (United States Code 美国法典) §5311-5326; 5328-5332.
② 31 U.S.C. §5311.

（Financial Crimes Enforcement Network，FinCEN）提交各种类型的记录和报告，包括涉及货币交易、外汇、金融工具的汇入汇出等相关报告①。它要求金融机构报告货币（现金或代币）由一个人或代表一个人进行的超过 10000 美元的交易，以及一天中总计超过 10000 美元的多种货币交易都必须记录在货币交易报告（Currency Transaction Report，CTR）中。该法案还赋予了财政部要求特定的美国国内或国外的金融机构满足特定报告要求的权力，例如报告某账户的实际权益受益人等②。同时，该法案明确禁止以逃避报告义务为目的对交易结构的调整③。违反《银行保密法》的后果非常严重，金融犯罪执行网对违法者可向法院申请禁令、提起民事或刑事诉讼，实施包括罚款、罚金、监禁等民事、刑事处罚④。

美国对于"金融机构"的定义，包括以下一种或多种身份开展业务的任何组织⑤：

（1）银行（银行信用卡系统除外）；

（2）证券经纪人或交易商；

（3）货币服务业务组织；

（4）电报公司；

（5）赌场；

（6）卡牌俱乐部；

（7）受任何州或联邦银行监管机构监督的组织。

（二）《美国爱国者法案》

2001 年 "9·11" 恐怖主义袭击之后，乔治·布什总统于 2001 年 10 月 26 日签署了《通过提供拦截和阻止恐怖主义所需的适当工具以团结和强化美国法案》（因其英文首字母缩写为"美国爱国者"一词，该法案也被简称为《美国爱国者法案》，USA PATRIOT Act），极大地修订了《银行保密法》。

《美国爱国者法案》由 10 个章节组成。其中第三章 "2001 年国际反洗钱和反恐怖主义融资法案"对《银行保密法》中的反洗钱相关规定作了重大修订，包括要求金融机构从政策、程序和风控措施方面制定反洗钱方案，指定合规官员，对内部人员进行培训，对

---

① 31 U.S.C. § 5312–5316.

② 31 U.S.C. § 5318.

③ 31 U.S.C. § 5324.

④ 31 U.S.C. § 5320–5322.

⑤ 有关"金融机构"的监管定义，参见 31 CFR 1010.100（t）（以前称为 31 CFR 103.11（n）），CFR 即 Code of Federal Regulations，美国联邦法规的缩写。

反洗钱方案进行独立测试，并基于风险对客户活动和信息进行持续的监测和更新①。在诸多条款中，该法案第 352 条是最重要的条款之一。它要求金融机构制定反洗钱方案，包括 4 个方面：制定书面的内部政策、程序和控制措施；任命反洗钱合规官员；实施对承担反洗钱职责的员工持续培训的计划；对反洗钱方案进行独立测试②。

《美国爱国者法案》中所指的金融机构包括存储机构（如零售银行、商业银行、私人银行、信用合作社、储蓄所和储蓄机构），金融服务商（例如汇票或旅行支票的发行人或卖家、支票兑换商、预付费服务提供商或卖家、货币兑换商）、大宗商品、共同基金、保险公司等领域的经纪商、期货商以及介绍经纪商等③。

另外，作为反洗钱系统的一部分，《美国爱国者法案》加强了传统的了解客户（Know Your Customer，KYC）流程，使之更为严格。例如，法案要求银行实施客户识别计划（Customer Identification Plan，CIP），并向联邦执法机构和财政部提交可疑活动报告（Suspicious Activity Report，SAR）。其中可疑活动包括：任何交易总额在 5000 美元或以上，涉嫌洗钱、恐怖融资活动或规避《银行保密法》的交易；任何交易总额在 5000 美元或以上，犯罪嫌疑人已被识别的交易；金融机构内部的任何可疑内幕交易（无金额限制）；任何潜在犯罪交易金额为 25000 美元或以上的交易，无论是否已发现潜在犯罪嫌疑人④。

根据此规定，以上涉嫌违法交易发生后，金融机构必须提交可疑活动报告，并提供有关交易嫌疑人的信息、可疑活动的类型、涉及的美元金额、任何对金融机构造成的损失，以及有关金融机构的信息。尽管《美国爱国者法案》并未直接规定客户尽职调查的相关要求，但其要求金融机构提交可疑活动报告的效果实质上是要求金融机构进行客户尽职调查。

（三）其他联邦立法及国际准则

除了《美国爱国者法案》的第三章对《银行保密法》进行了修订之外，其他关于反洗钱的法律也相继颁布，或修订或增强了《银行保密法》的相关规定，从而建立了更为完善的反洗钱体系。包括但不限于以下：

《1986 年洗钱控制法》（The Money Laundering Control Act of 1986）将洗钱纳入联邦犯罪的范畴，在对违反《银行保密法》的惩处方式上增加了没收财产。根据该法案，规定对

---

① 《美国爱国者法案》原文地址：https://www.gpo.gov/fdsys/pkg/PLAW-107publ56/pdf/PLAW-107publ56.pdf.
② 详见脚注 8《美国爱国者法案》的第 352 条 Id., §352.
③ 同上。
④ 12 CFR 163.180（3）（美国联邦法规的一个条款）.

以下任何知情的人处以处罚和刑罚：（1）从事犯罪所得财产的金融交易；（2）从事金融交易以掩盖犯罪来源财产，或掩盖犯罪来源财产的来源或所有权；（3）作为掩盖犯罪来源财产或掩盖犯罪嫌疑人计划的一部分，从美国某地方运输或试图将货币或资金运输到美国或通过美国运到之外的地方。这实际上也是明确了美国法律对洗钱罪的定义，并且规定银行应该建立和保持政策、规章及程序，以确保遵守《银行保密法》[①]。

《1992年Annunzio-Wylie反洗钱法》（Annunzio-Wylie Anti-Money Laundering Act）加强了对违反《银行保密法》的制裁，要求金融机构提交可疑活动报告及电汇的记录，并且建立了银行保密法咨询小组[②]。

《1994年反洗钱法》（The Money Laundering Suppression Act of 1994）要求银行监管机构审查和加强金融机构关于反洗钱培训和考核程序，向执法机构通报涉嫌违法的案例，建立了对从事货币汇兑业务公司的联邦注册要求，并将无照运营货币汇兑业务和为逃避监管的现金货币架构交易定为违反联邦法规的罪行[③]。

《1998年反洗钱和金融犯罪策略法》（The Money Laundering and Financial Crimes Strategy Act of 1998）要求美国财政部及其他相关部门机构建立一个全国性的反洗钱策略，并设立了洗钱和相关金融犯罪高发区域工作组，在联邦、州和地方各级洗钱的流行区域加强执法工作[④]。洗钱和相关金融犯罪高发区域既可以是地域性的，也可以是基于社会经济或产业划分。

《2004年情报改革和防恐法案》（The Intelligence Reform & Terrorism Prevention Act of 2004）授权财政部在对于打击洗钱和恐怖主义融资来说"合理必要"的前提下，制定规章要求相关金融机构报告跨境电子转账的记录[⑤]。

此外，2017年5月，美国参议院还通过了《打击洗钱、恐怖主义融资和造假法案》（Combating Money Laundering, Terrorist Financing, and Counterfeiting Act of 2017），试图通过消除诸如虚拟货币等立法空白和风险，加强现有的反洗钱和打击恐怖主义融资的法律监管[⑥]。

---

① 《1986年洗钱控制法》原文地址：https://www.congress.gov/bill/99th-congress/house-bill/5077。
② 《1992年Annunzio-Wylie反洗钱法》原文地址：https://www.gpo.gov/fdsys/granule/STATUTE-106/STATUTE-106-Pg3672/content-detail.html。
③ 《1994年反洗钱法》原文地址：https://www.congress.gov/bill/103rd-congress/house-bill/3235。
④ 《1998年反洗钱和金融犯罪策略法》原文地址：https://www.congress.gov/bill/105th-congress/house-bill/1756。
⑤ 《2004年情报改革和防恐法案》原文地址：https://www.gpo.gov/fdsys/pkg/PLAW-108publ458/pdf/PLAW-108publ458.pdf。
⑥ 《打击洗钱、恐怖主义融资和造假法案》原文地址：https://www.congress.gov/bill/115th-congress/senate-bill/1241/text。

2011年3月1日，金融犯罪执行网将其法规从美国联邦法规31 CFR第103部分转移到31 CFR第10章，作为不断努力提高其监管效率和有效性的一部分。31 CFR第10章由普遍适用的法规和行业特定的法规组成。由于只是进行了转移和重组，因此并未对基础法规进行实质性更改[①]。

在国际合作方面，美国也是金融行动特别工作组（FATF）1989年成立时的创始成员国，接受FATF的评估与建议。

二、金融犯罪执行网的反洗钱监管

根据美国财政部第105-08号命令，1990年金融犯罪执行网成立，成立之初的主要任务是提供一个政府间的多元情报及分析网络，以支持对美国的国际洗钱及其他金融犯罪的侦查、调查和起诉，属于财政部办公室。1994年美国财政部授予金融犯罪执行网国际领导角色；1994年5月，美国财政部备忘录授予金融犯罪执行网打击国内和国际洗钱活动的权力。财政部助理部长将财政部执法办公室的执法职能授予了金融犯罪执行网[②]。金融犯罪执行网于2001年因《美国爱国者法案》的要求被正式纳入美国财政部，成为其重要下属机构。随着美国反洗钱制度的发展，今天的金融犯罪执行网已经成为财政部最主要的监督和实施关于洗钱预防和侦查政策的机构。

一方面，金融犯罪执行网与金融界合作，以制止和发现洗钱活动。金融犯罪执行网使用反洗钱法律，例如《银行保密法》，要求银行和其他金融机构进行报告和记录保存。该记录保留了调查人员跟踪罪犯及其资产时要遵循的财务线索。该法还要求报告可能触发调查的可疑货币交易。在2019财年，超过9.7万家美国金融机构提交了超过2000万份BSA报告（《银行保密法》要求提供的报告），为旨在侦查和防止洗钱以及其他金融犯罪和恐怖主义的机构提供了大量潜在有用的信息。

另一方面，金融犯罪执行网为执法部门提供情报和分析支持，并致力于最大限度地增强执法机构之间的信息共享。金融犯罪执行网的工作集中于将根据BSA报告[③]（自2013年4月1日起，金融机构必须使用新的FinCEN报告，这些报告只能通过BSA电子归档系统以电子方式获得）的信息与其他政府和公共信息相结合。然后，此信息将披露给执法界中金融犯罪执行网的客户。这些报告（见表9-2）帮助他们开展调查并计划打击洗钱的

---

① 第10章的原文地址是 http：//www.ecfr.gov/cgi-bin/。
② 详见金融犯罪执行网官方信息 https：//www.fincen.gov/ and Treasury's website at https：//www.treasury.gov/about/history/Pages/fincen.aspx。
③ 具体报告形式可以参见 https：//bsaefiling.fincen.treas.gov/FilingInformation.html。

新策略。FinCEN 对 CTR 报告的普及教育材料如图 9-1 所示。

表 9-2　　　　　　　　　　FinCEN 要求提交的各种报告

报告名称	报告内容
FinCEN SAR report（表格 111）	可疑交易活动报告
FinCEN CTR report（表格 112）	货币交易报告
FinCEN DOEP report（表格 110）	免除 CTR 的报告（针对符合条件的客户）
FinCEN RMSB report（表格 107）	货币服务业务报告
FBAR report（表格 114）	外国银行账户报告
FinCEN 8300 report（表格 111）	超过 10000 美元的货币交易报告

信息来源：金融犯罪执行网 https://www.fincen.gov

图 9-1　FinCEN 对 CTR 报告的普及教育材料

信息来源：金融犯罪执行网

【案例材料】

结构化金融交易

2017年2月16日,美国康涅狄格州地区检察官表示,现年56岁的Da Ying今天在布里奇波特的美国地方法官面前认罪,承认为了逃避报告要求从事结构化金融交易。

根据法院文件和法庭陈述,2011年4月至2012年3月,YING居住在康涅狄格州法明顿期间,将或计划将50笔少于10000美元的现金存款存入其和其妻子在康涅狄格州的4家银行的6个账户中。现金存款总计464400美元,存款经常在同一天不同的银行或连续几天在同一家或不同的银行进行。YING知道银行必须为超过10000美元的货币交易发布报告,而他的交易活动旨在逃避交易报告要求。

联邦法律要求所有金融机构针对超过10000美元的货币交易提交货币交易报告。为了逃避提交报告的要求,个人通常会设计其货币交易,以使任何一笔交易都不会超过10000美元。结构化涉及重复存入或提取少于10000.01美元限额的现金,或将超过10000美元的现金交易拆分为较小的现金交易,以避免报告要求。即使存入的资金来自合法手段,以这种方式进行的金融交易仍违反联邦刑法。

作为该案解决的一部分,YING同意政府没收他在康涅狄格州存入款项中的175938美元作为民事赔偿。他还同意向国税局支付113195美元的未缴联邦税,以及2009年、2010年和2011年的罚款和利息。

——资料来源:美国司法部网站,https://www.justice.gov

思考题:在美国进行合法用途的存钱和取钱时要注意什么?

第二节

欧洲反洗钱与反恐融资经验

一、欧盟反洗钱指令

(一) 第一个反洗钱指令

1992年,根据《马斯特里赫特条约》,欧盟正式成立并不断发展。欧盟的法律凌驾于各成员国国家法律之上,在欧洲立法体系中占据极其重要的位置。在反洗钱立法方面,欧盟一直非常积极,很多国家都是金融行动特别工作组(FATF)的创始成员国和重要成员。由于欧盟委员会不直接从事金融机构的管理和反洗钱规定的具体执行,欧盟的反洗钱举措主要集中在制定或发布一系列关于反洗钱的公约、指令和法律文件。

从欧盟反洗钱立法的发展来看,欧盟最早关于反洗钱的法律文件是欧盟委员会在1990年11月通过的《关于搜查、查封和没收犯罪收益公约》(即《斯特拉斯堡公约》)。这个公约是欧盟为执行联合国1988年《维也纳公约》而通过的欧盟成员国之间的一项公约。这个公约构成了欧盟反洗钱立法的基础。

为了贯彻联合国《维也纳公约》、欧盟《斯特拉斯堡公约》以及1989年成立的FATF所出台的建议,欧盟理事会在1991年6月10日制定并发布了第一个反洗钱指令("指令"是制定所有欧盟国家必须实现的目标的立法行为。但是,各国应自行制定有关如何实现这些目标的法律[1]),即《关于防止利用金融系统进行洗钱活动的指令》[2]。在该指令中,洗钱的上游犯罪(即清洗其收益可以构成洗钱的犯罪)主要沿用了《维也纳公约》中的规定,即毒品犯罪以及由各成员国所认为必要的其他犯罪。指令所规定的反洗钱义务主要适用于信贷和金融机构。各成员国也可将其适用于可能被洗钱分子利用的其他行业。该指令明确规定,各成员国应保证本指令规定的洗钱在各国得到禁止;各成员国应保证其信贷和金融机构在业务活动中要求客户提供身份证明,在交易金额达到15000欧元或者发现有洗钱怀疑时对客户身份进行验证,并将可疑交易向有关当局报告;各金融机构对交易记录资料的保存期限不得低于5年;各成员国应当监督其信贷和金融机构建立有效的内部控制制度,对工作人员进行反洗钱法律培训;各成员国最迟应于1993年6月底前,遵照本指令制定本国必要的法律和法规。这一指令生效之后,欧盟各成员国相继在各自国家中制定了反洗钱方面的法律法规。

(二) 第二个反洗钱指令

2001年,欧盟议会和欧盟理事会着手对第一个反洗钱指令进行修订,以使欧洲反洗钱的立法与国际最佳做法接轨。同年12月4日,欧盟通过了第二个反洗钱指令[3]。与第一个指令相比,第二个指令的修订主要有两点,一是拓宽了洗钱上游犯罪的范围,从毒品犯罪扩大到所有的严重犯罪。其中严重罪行应至少包括毒品犯罪、有组织犯罪活动、严重欺

---

[1] 欧盟委员会关于指令(directive)的官方解释 https://europa.eu/european-union/law/legal-acts_en#directives。
[2] 指令英文版原文可参见 https://eur-lex.europa.eu/legal-content/EN/TXT/PDF/?uri=CELEX:31991L0308&qid=1612843019504&from=EN。
[3] 指令英文版原文可参见 https://eur-lex.europa.eu/resource.html?uri=cellar:57ce32a4-2d5b-48f6-adb0-c1c4c7f7a192.0004.02/DOC_1&format=PDF。

诈、腐败以及其他以重罪论处的罪行。二是扩大了履行反洗钱义务的机构适用范围,从银行、货币兑换所、人寿保险公司、投资公司、汇款服务机构、共同投资计划、信贷机构等金融机构扩大到包含律师、会计师、审计师、房地产商、珠宝交易商、拍卖师和赌博业主等非金融机构和行业。此外,第二个指令还要求各成员国根据欧盟理事会2000年10月17日《关于协调各成员国金融情报机构在交流情报方面的合作的决定》,促进各国金融情报部门之间的合作。

(三) 第三个反洗钱指令

2005年,根据FATF最新修订的"40+9"条建议,欧盟发布了第三个反洗钱指令①。与第二个反洗钱指令相对照,第三个反洗钱指令主要在3个方面进行了修订。一是再次调整了对严重犯罪的定义,将恐怖主义融资犯罪包括到严重犯罪的范畴。根据第三个反洗钱指令,严重犯罪包括所有可判处最高1年以上有期徒刑的罪行,或可判处最低6个月以上有期徒刑的罪行。二是将反洗钱的义务适用范围进一步延展至信托机构及公司服务提供机构(即代理设立、管理公司的机构)。三是对适用机构应履行的客户尽职调查义务进行了更为详尽的规定。新规定包括:(1)应建立清晰的风险敏感型措施;(2)必须识别实际受益人或所有人身份;(3)对第三方引荐业务同样应履行客户尽职调查义务。

(四) 第四个反洗钱指令

2015年5月,欧洲议会核准通过了第四个反洗钱指令②,并期望通过此举促进反恐斗争的进行。这次指令中反洗钱措施主要包括以下内容:各成员国政府必须掌握公司受益所有权的详细注册资料;进行金融交易的公司或者机构必须提供更为清晰准确的收款人或受益人信息;贵金属及钻石供应商必须跟踪所售出物品的去向。

另外,根据欧洲议会通过的指令,政府机构、具有"合法利益"的相关方(主要是指负责调查报道的新闻媒体记者)有权获取公司受益所有者的注册资料。此举的目的在于打击那些利用匿名离岸公司或者账户实施金融犯罪的行为。同时,相关措施也将重点关注成员国领导人、政府官员、法官、议员的腐败受贿行为。基于欧洲议会的要求,欧盟成员国必须在第四个反洗钱指令通过后的两年内,即最晚应当在2017年6月26日前,将相关的反洗钱措施列入本国法律之中。

---

① 指令英文版原文可参见 https://eur-lex.europa.eu/LexUriServ/LexUriServ.do?uri=OJ:L:2005:309:0015:0036:EN:PDF。

② 指令英文版原文可参见 https://eur-lex.europa.eu/legal-content。

(五) 第五个反洗钱指令

2018年5月,欧盟第五个反洗钱指令[①]正式生效,给予成员国18个月的时间,即最晚应于2020年1月前将其转化为本国法律。新指令主要包括以下要求:

第一,通过引入对所有公司、信托和法律有安排的实际受益人进行注册,提高对实际受益人透明度的关注。该指令要求各成员国各自建立一个集中和自动化的银行和支付账户持有人的中央登记册,并且中央登记册将向公众开放,无须显示合法利益需要(如执法部门搜查令等)就可以查看它们,这也将进一步提高注册表中所含信息的准确性。根据该指令,有义务的实体必须报告注册表信息与他们在客户尽职调查或了解你的客户(KYC)流程中发现的信息之间的差异。

第二,强调信息分享。该指令要求成员国必须确保在本国领土注册的公司和其他法律实体受益所有权信息准确完整,方便国家金融情报部门和主管当局使用,还要求金融情报机构确保彼此之间及时共享信息。为了确保有效登记和监测受益所有权信息,加强会员国之间合作,利用欧洲中央平台(欧洲议会和理事会的指令(EU)2017/1132(1)[②]规定,要建立一个欧洲中央平台,用于连接各成员国的中央登记册)将拥有受益所有权信息的成员国中央登记册进行互连。另外,该指令进一步增强了金融情报机构向义务实体索取信息的能力,即使之前没要求可疑交易报告,国家金融情报机构也可以要求其他金融情报机构提供信息,甚至可以通过授权义务实体简单地转发信息来迅速交换信息。

第三,取消电子货币产品(预付卡)的匿名性,尤其是在线使用时。匿名预付费卡容易受到犯罪分子的滥用,在线使用使虚拟货币和法定货币之间的交换服务提供商以及托管数字钱包提供商必须遵守客户尽职调查的要求,对于任何超过150欧元的通用匿名预付费卡以及金额超过50欧元的某些远程支付交易,都必须采用客户尽职调查的措施。欧盟以外发行的任何预付费卡仅在签发国遵守反洗钱规定的情况下才能在联盟边界内使用。

第四,将反洗钱和反恐融资规则扩展到虚拟货币、税收相关服务和艺术品交易。该指令扩大了现有反洗钱和反恐融资的适用范围,覆盖到负责提供、存储和转移虚拟货币的服务实体,以及在艺术品交易中向已经受第四个指令约束的审计师、外部会计师和税务顾问提供类似服务的个人。这些新参与者必须识别其客户,并向金融情报部门报告任何可疑活动。

第五,提高评估高风险第三国的标准并改进对涉及这些国家的交易的检查。该指令增

[①] 指令英文版原文可参见 https://eur-lex.europa.eu/legal-content。
[②] 同上。

强了新的标准来评估高风险的第三国，包括实际受益人的透明度。会员国将必须确保与在反洗钱和反恐融资方面有战略缺陷的国家有金融交易时，都必须系统性地加强控制。

（六）第六个反洗钱指令

第六个反洗钱指令[①]于2018年11月12日由欧盟官方发布，成员国必须在2020年12月之前将该指令转化为国内法，这一努力将使整个欧盟经济集团的反洗钱和反恐融资措施标准化，使上游犯罪可以获得洗钱指控和相关的刑事制裁，是第五个反洗钱指令在刑法方面的补充。根据该指令，符合要求的欧盟国家将采用22种上游犯罪的清单，可以附加洗钱指控，包括"假冒产品和盗版产品"，走私和网络犯罪。这也是第一次，成员国必须宣布所谓的"自洗钱"为非法（成员国应确保某些类型的洗钱活动，如果由产生该财产的犯罪活动的肇事者——"自洗钱"实施，也应受到惩罚）。

关于刑事责任，该指令还明确指出，对上游犯罪定罪不是洗钱案件的必要先决条件，在世界上任何地方犯下的上游犯罪都可以在国内洗钱案件中引用，前提是该行为被成员国以法律形式规定出来。指令明确对洗钱活动规定了至少4年的最高监禁。同时，法院还可以采取更多措施，例如罚款、进行司法清算、永久禁止从事商业活动、充公没收收益等。指令还强调在跨境案件中加强执法合作。

从1991年到2018年，欧盟一共发布了6个反洗钱指令，是欧盟各成员国反洗钱立法的重要支柱。欧盟反洗钱法令设立了各成员国反洗钱法律应遵循的最低要求，欧盟各成员国有义务根据指令发布更为详尽的国家立法或其他行政法规。各成员国家法律可以采取或保留更为严格的规定。此种构架导致的结果是，欧洲各国反洗钱立法规定因各国特点而各有不同，但本质上是一致的，即必须遵守欧盟反洗钱指令。

二、德国

《德国刑法典》《德国反洗钱法》《德国信贷机构法》是德国洗钱风险评估体系建立的法律基础。根据《德国反洗钱法》，与毒品贩运、欺诈、伪造、贪污和加入恐怖组织有关的洗钱定为犯罪，德国金融机构要建立以风险评估为基础的客户尽职调查、资金监测和可疑交易报告等防范洗钱风险的措施和制度，并通过制定一系列识别洗钱风险的标准（覆盖业务品种、风险类型等各方面）对洗钱风险进行评估。银行必须向海关总署金融情报部门以及州检察官报告涉嫌洗钱的行为。同时，德国的反洗钱与反恐融资法律

---

① 指令英文版原文可参见 https://eur-lex.europa.eu/legal-content/EN。

法规也会相应地根据欧盟反洗钱指令进行修改和完善，2020年9月，德国修订并公布了最新的《反洗钱法》①。

联邦金融监管局是德国的金融监管机构，成立于2002年，主要任务是确保德国金融系统的完整性和稳定性，是德国反洗钱和反恐融资领域最权威的监管机构。联邦金融监管局对金融机构进行监管，防止出于洗钱、恐怖分子融资和其他刑事犯罪目的滥用金融系统对金融系统的破坏，要求金融机构采取基于风险的措施并满足反洗钱的要求。

受联邦金融监管局洗钱监管的金融部门机构不仅包括信贷机构、金融服务机构和支付机构，还包括人寿保险企业、德国资产管理公司以及出售或转换电子货币的个人和公司。联邦金融监管局确保受其监管的公司和个人履行为此目的采取的任何法定义务。这些义务来自《反洗钱法》《银行法》《保险监督法》《支付服务监督法》或投资法规等②。

自2003年以来，联邦金融监管局将所有与这些任务有关的职责捆绑在预防洗钱部下，该部门对《反洗钱法》第50条规定的所有机构、公司和个人进行洗钱监督。该部门还负责监督法律法规的实施，以防止实施《银行法》第25h条所指的其他刑事犯罪。

同年，德国建立了属于联邦刑事调查局的金融情报部门，2017年，金融情报部门由海关总署主管。金融情报部门的核心职责是分析和评估已归档的可疑活动报告。在这方面，它也可以无限制地访问检察机关、公共金融机构和公共行政机构的数据。此外，它有权将可疑交易暂停长达一个月。金融情报机构将决定是否需要将此案移交给检方。金融情报机构还协调与外国当局的国际合作。

【延伸阅读】

德国不想继续当洗钱天堂　祭出最严法律重点打击房地产市场

德国《南德意志报》网2019年8月报道，一户家庭想要出售其在德国某大城市市郊的餐馆，售价60万欧元。不一会儿，一名房产经纪人闻讯赶来。双方达成一致并且约好了去公证处的时间。在公证处还要确定付款方式，这时只见买家把一个公文包放到了桌子上，公文包里全是钞票，是的，买家想要现金支付。这样的事情在德国并不算稀奇，而且还是合法的，虽然有些人会把它和洗钱联系在一起。按照常理推断，60万欧元，守法公民应该会通过银行转账完成支付，谁会拿着这么多钱满城跑？守法的地产销售商也不太会接受现金支付的，至少他无法立刻判断，是否所有钞票都是真的。

---

① 2020年9月德国发布的《反洗钱法》英文版可参见 https：//www.bafin.de/SharedDocs/Downloads/EN。
② 德国联邦金融监管局官方信息 https：//www.bafin.de/EN。

面对"为什么不禁止现金购房"的问题，德国财政部长奥拉夫·肖尔茨表示，现金是受欢迎的，并且是理所应当的。他表示，如果房产经纪人发现了可疑的洗钱行为，可以向当地金融情报机构报案。但其实肖尔茨也知道，相关机构已经堆了4.6万份没有处理的洗钱举报文件。一次对洗钱的调查能够持续数月之久，而到那时，洗过的钱早就消失得无影无踪了。

正因如此，德国正在成为洗钱者最喜欢的国家。意大利巴勒莫的反黑手党人士Roberto Scarpinato 称："如果我是黑手党，肯定会在德国投资的。"这听起来很令人费解：一个法制健全的国家，恰恰受到犯罪组织的青睐。如果有人在德国想出售房子或者餐馆，无须担心会有管理部门对自己的房产进行刁难，此外，执法部门在没收犯罪分子财产时亦有困难。

在意大利，由于法律的保障，没收不法财产执行起来要比德国严厉得多。所以意大利的黑手党家族才会把钱转移到德国北部，在此经营生意、洗钱。德国哈勒大学（Martin – Luther Universität Halle – Wittenberg）的一项关于地下不法行业的研究结果显示，在德国，每年的洗钱数额达1000亿欧元，仅房地产市场交易的黑钱就达200亿欧元。

财政部长肖尔茨说"洗钱是我国面临的一个严重问题"，"我们必须改变这一状况"，"在打击洗钱方面采取最严格的国际标准"。德新社、法新社报道，联邦财政部长肖尔茨向冯克媒体集团旗下的报刊表示，根据新出台的法律，更多的职业、行业有义务向有关部门报告洗钱嫌疑，"尤其是对房地产市场我们必须仔细关注"。这位政治家还计划规定让贵金属交易商或拍卖行提高防范措施和透明度。

据透明国际估计，目前所有洗钱犯罪活动中，通过投资房地产的形式进行洗钱的占15%至30%。在柏林和勃兰登堡州，已经有77个涉嫌通过洗钱购买的房地产被没收。

肖尔茨强调指出，联邦反洗钱单位应该能够更方便地获得其他部门的调查数据。隶属于德国海关总署的反洗钱情报中心已经拥有可以开展工作的必要手段。肖尔茨说，现在他们拥有了"与其他机构更好地进行合作"的新的权限和可能性。

两年前，原隶属联邦刑事局的反洗钱情报中心被改为由海关负责。但是，该机构在很长一段时间内，都未能及时向相关调查人员移交涉嫌洗钱或恐怖主义融资的案件。甚至在一年之后，德国联邦议院财政委员会也谈到洗钱"对国内安全构成相当大的风险"以及反对派政治家称洗钱问题已经是一个"安全灾难"和"滴答作响的定时炸弹"。

财政部长肖尔茨承认，德国需要在这方面"赶上去"。不过现在对洗钱的打击力度"不断加大"。

三、英国

英国是世界上最早通过刑事立法对洗钱活动予以惩治的国家，法律体系涵盖了刑事立法和预防性立法，内容充实、体系完整，为打击洗钱活动提供了完备的法律依据。在财政部和内政部"双牵头"模式下，英国建立了"监管范围广、行业自律组织作用突出、部门协调配合顺畅、情报信息共享利用率高"的工作机制，使其反洗钱预防与打击结合较好[1]。

如表9-3所示，财政部和内政部负责反洗钱政策制定及监管协调；税务海关总署和警署等行政司法机构负责反洗钱执法；金融行为监管局专司金融业反洗钱监管之职；英国金融情报中心负责反洗钱情报收集、分析及移送；以反洗钱联合指导小组为代表的反洗钱行业自律组织，在各种领域内推广反洗钱的最佳实践经验、操作准则和业务规范。这种组织架构使政府管理与民间自律、政策制定与实务操作、打击犯罪与防范风险有效地结合起来，形成了对金融业和特定非金融行业的全面监管[2]。

表9-3　　　　　　　　　　英国反洗钱体系

职能	部门
政策制定及监管协调	财政部、内政部
监管	金融行为监管局、税务海关总署、英国反洗钱行业自律组织
执法	警察部门、税务海关总署、国家打击犯罪局、皇家监控局、资产没收局
情报工作	英国金融情报中心、联合反洗钱情报小组（均属于国家打击犯罪局分支机构）
行业自律	联合反洗钱指导小组、法律行业、会计师行业协会等

英国的反洗钱法律是以可疑交易报告为基础的[3]。英国法律规定了两种不同的可疑交易报告，或者说是两类不同的提出报告的义务，根据这两种不同的报告形式，一个可疑交易报告既可以提交给执法机构，也可以提交给特定企业、组织（例如金融机构）的专职反洗钱官员。该专职反洗钱官员的职责是决定是否将这些可疑交易报告提交给执法机构。英国法律不仅规定了两种不同的交易报告形式，也规定了两种不同的法律责任。

第一种交易报告由《1988年刑法》规定。例如，当一个律师怀疑客户要求把资金存入该律师自己的账户是为了隐藏资金的非法来源时，他就负有在开始此交易前向执法机关

---

[1] 石彦杰. 英国反洗钱工作机制对我国的借鉴与启示 [J]. 征信, 2019 (2): 73-78.
[2] 同上.
[3] 胡明. 反洗钱法律制度研究 [D]. 重庆：重庆大学, 2016.

提交可疑交易报告的义务。如果确实有合理原因造成报告人无法在交易开始前提交可疑交易报告，他可以在交易后马上报告。如果该律师没有履行交易报告，则会因为将资金存入账户而被判定犯有洗钱罪。第二种交易报告不是提交报告人自己被洗钱所利用，而是报告其他人可能进行的洗钱活动。这种交易报告是由《1994年毒品走私法》和《2000年反恐怖法案》规定的，在这两个法案中，规定了当有反洗钱义务的特定人明知或有足够理由相信另外的人正在清洗与毒品走私或恐怖活动有关的资金而不报告时，将要面临不提供报告的指控。

另外，《1993年反洗钱规则》要求金融机构在其内部设立机构，使可疑交易报告能够及时准确地送达金融情报机构（最初由1992年成立的国家刑事情报局[①]负责，功能是收集和分析情报数据，以便为国家警察部队提供洞察力和情报，其作用随后被2006年成立的重大有组织犯罪署接管，2013年10月，英国新的国家打击犯罪机构国家打击犯罪局[②]正式成立，是目前英国的金融情报机构）。金融机构的所有员工都有报告洗钱嫌疑的法律义务，每个金融机构都要保证所有员工都知道该就洗钱嫌疑向谁报告，并且有明确的报告机制。金融机构将此情况提交给执法机构，执法机构将会对提交的报告作出回复，要求金融机构终止或继续此可疑交易。为了防止可疑报告的情况被泄露，尤其是被可疑报告中涉及的人所知晓，《犯罪所得法案》把泄露可疑报告的行为规定为犯罪。法律规定，当一个人知道或怀疑可疑交易报告已经被提交给了执法机构，如果他故意泄露该可疑交易报告已经被提交或报告的内容，并且给由提交报告所引起的调查带来阻碍或影响时，便构成犯罪行为。当这种泄露交易报告并没有造成对调查的实质性影响时，则并不构成犯罪。例如，在刑事案件的调查中公布了这些交易报告的内容就不一定会对调查造成影响。同样，如果公布了很久以前提交的交易报告，产生负面效果的概率也不大。这项规定在一定程度上保证了调查的顺利进行，但同时也给报告义务主体出了一个难题，既要通过向客户询问来了解客户信息以达到履行可疑交易报告的目的，又要避免在向客户的了解询问过程中引起客户的怀疑。针对这种两难境地，《犯罪所得法案》要求报告义务主体可以与国家刑事情报局联系，向其咨询应对措施。

金融情报机构负责收集、分析和调查与犯罪收益、恐怖融资有关的可疑行为报告，并为监管机构、执法部门等提供信息服务。金融情报机构向相关部门开放。如：税务海关总署在该机构派驻了情报分析团队，分析可疑行为报告并将分析结果用于税务犯罪调查。为了加强金融行业与执法机关之间交换和分析金融情报，提升金融情报的利用效率，确保可

[①] 原国家刑事情报局官网 https：//www.gov.uk/government/organisations/national-criminal-intelligence-service。
[②] 国家打击犯罪局官网 https：//nationalcrimeagency.gov.uk/。

疑交易报告体系的有效运行，英国成立了可疑交易报告委员会和联合反洗钱情报小组。联合反洗钱情报小组成员包括政府部门、执法部门以及英国10家大型商业银行。小组成员共同商议确定可疑行为报告标准，并就特定线索定期开会研究，最终分析结果供执法部门使用。由于在情报分析阶段执法部门都有参与，从发现可疑交易线索开始到调查、起诉、资产没收整个执法过程大大缩短，因此有利于提高打击洗钱犯罪的效率。

第三节
中国香港反洗钱与反恐融资经验

一、法制框架方面

中国香港是国际重要的金融中心和自由港，拥有庞大的外汇、证券、期货和保险市场，是亚洲最大的资产和财富管理中心之一。中国香港在特定非金融业务和专业服务业、房地产、贵金属和宝石经销领域也拥有大量交易。作为一个拥有600多家银行、保险、证券机构的国际金融中心，中国香港一直致力于打击洗钱和恐怖融资活动。自1989年制定《贩毒（追讨得益）条例》[①] 起，已经建立起较为完善的预防和打击洗钱、恐怖融资活动的法律体系与组织架构，并获得卓越的成效。

中国香港的反洗钱与反恐融资的战略目标是维持健全的反洗钱与反恐融资制度，该制度应：（1）符合国际反洗钱与反恐融资标准；（2）阻止和发现通过金融系统或其他途径流入和流出领土的非法资金；（3）打击洗钱与恐怖主义融资，并有效地限制和没收非法收益；（4）减少中国香港金融和非金融部门的洗钱与恐怖主义融资漏洞；（5）在对企业和个人实施合规义务方面采用风险为本的方法；促进强大的外部和国际合作以打击全球洗钱与恐怖主义融资威胁；（6）促进私营部门利益相关者对反洗钱与反恐融资的认识并增强其能力[②]。

1989年发布的《贩毒（追讨利益）条例》（2002年最新修订）是打击清洗黑钱的主要武器，目的是追查、冻结、没收贩毒收益，防止毒贩清洗黑钱，该条例与1994年发布

[①] 该条例2002年修订中文版可参见 https：//www.elegislation.gov.hk。
[②] 信息来自 FATF 2019 年 9 月发布的 2018 年 11 月对中国香港进行的评估报告 http：//www.fatf-gafi.orgl。

的《有组织及严重罪行条例》（2002年最新修订）[①] 都是中国香港打击清洗黑钱的法律基础。而2002年发布的《联合国（反恐怖主义措施）条例》（2018年最新修订）[②] 全面实施了联合国安理会第1373号决议的强制执行部分，以及金融行动特别工作组（FATF）提出的特别建议，规定严禁在中国香港境内的人向恐怖分子提供资金或收集资金，并规定必须对怀疑是恐怖分子的财产作出披露。

预防性反洗钱与反恐融资的措施主要在《反洗钱和反恐融资条例》中规定，并由与金融法规有关的其他条例加以补充，包括《银行业条例》《证券和期货条例》《保险条例》《支付系统及储值支付工具条例》《放债人条例》《法律执业者条例》《专业会计师条例》等。公司成立和实际受益人制度是通过《公司条例》执行的。

二、部门协作执法方面

反洗钱与反恐融资中央协调委员会提供了一个很好的平台，监督并协调反洗钱与反恐融资政策和主要举措。中国香港财政司财经事务及库务局是中国香港反洗钱主管部门，向反洗钱与反恐融资中央协调委员会提供秘书支持；协调提供反洗钱与反恐融资中央协调委员会认可的反洗钱与反恐融资政策、策略和立法计划的努力；并监督金融部门反洗钱与反恐融资制度的有效性以及对FATF标准的遵守情况；安全局负责与安全相关的政策，维护法律和秩序，总体反恐战略，包括指导部门间反恐。商务和经济发展局监督联合国安理会制裁的执行情况。

中国香港警务处拥有调查香港特别行政区所有罪行的一般权力，包括反洗钱与反恐融资罪行。海关负责调查与海关有关的违法行为（例如走私货物、侵犯知识产权、海关欺诈、贩毒等）以及相关的洗钱实施。廉政公署负责调查贪污及相关的反洗钱。税务局评估税收并打击国内逃税行为，并为海外税务机关提供帮助。司法部在调查过程中向执法部门提供法律咨询，起诉反洗钱与反恐融资犯罪，处理限制和没收犯罪收益和工具。

联合金融情报部门是一个独立的金融情报机构，由中国香港警务处和海关联合运营，其主要职责是接收、分析和传递可疑交易报告，同时这个机构还产生金融情报产品进行运作和战略分析。它的外部信息渠道如表9-4所示。

[①] 该条例2002年修订中文版可参见 https://www.elegislation.gov.hk/hk/cap455。
[②] 该条例2018年修订中文版可参见 https://www.elegislation.gov.hk/hk/cap575。

表9-4　　　　　　　　　联合金融情报部门的外部信息渠道

部门/机构	具体信息	获取渠道
移民署	人事登记/中国香港身份证及旅行证件/婚姻、出生及死亡登记/旅行记录	信/备忘录
交通部门	车辆和驾驶执照信息	直接在线
土地登记	财产的所有权和相关记录	直接在线
公司注册处	公司基本和合法的所有权信息和相关记录	直接在线
中国香港赛马会	投注记录	信/备忘录
中国香港保险经纪联会及专业保险经纪协会	授权保险经纪人	直接网站信息
中国香港房屋委员会	公共租赁信息	信/备忘录
中国香港金管局	持牌银行、受限制持牌银行及接受存款公司	直接网站信息
中国香港证监会	经证监会发牌或注册在中国香港经营业务的证券、期货及杠杆外汇中介人	直接网站信息
中国香港保监局	注册获委任保险代理	直接网站信息
中国香港税务局	根据《税务条例》第88条获豁免缴税的慈善机构及公众性质的信托的名单	直接在线/网站信息
金钱服务监理局	授权的金钱服务经营商	直接网站信息
社会福利署	社会保险记录	直接在线
中国香港联合交易所	上市公司股权信息及权益披露情况	直接在线
电话和互联网服务提供商	电话和互联网用户信息	经由指定警队间接电子传送

三、行业监督管理方面

中国香港金融管理局（金管局）监督授权机构和储值支付工具持牌人；证券和期货事务监察委员会（证监会）监督许可公司和其他参与证券和期货交易的被许可人；保险业监督局（保监局）监督保险机构（即从事长期业务或提供咨询服务的授权保险公司，指定的保险代理人和授权的保险经纪人）；海关的货币服务监督局监督货币兑换商和汇款代理人；公司注册处保留公司注册并执行法定和实益拥有权要求。地产代理监管局监督房地产经纪人；中国香港会计师公会监督会计专业人士；中国香港律师会监督法律专业人士。在业务统筹方面，有多个平台，包括证监会与警务处之间打击证券相关金融罪行的谅解备忘录，警务处与金管局之间的年度联络会议，廉政公署分别与警务处和海关举行的业务联络小组会议,廉政公署—银行业运作联络网络,廉政公署与金管局及证监会之间的联络会议,以及打击海上走私活动的海关海事联合专责小组等①。

四、机构预防措施方面

自 2012 年《反洗钱条例》颁布以来,中国香港的金融机构须定期在机构层面评估洗钱与恐怖主义融资的风险,以制定与这些风险相适应的反洗钱与反恐融资政策、程序和控制措施。属于国际金融集团的大型银行和金融中介机构已经建立了内部系统和控制措施,特别是大型国际银行已经采取了"三道防线"(业务、合规和审计)的方法,对客户进行更严格的审查,例如获取更多信息,更频繁地重新审核,在实施适当的洗钱与恐怖主义融资风险缓解措施方面发挥了领导作用。证券和保险部门的情况与银行业非常相似,包括如何在这些机构内促进反洗钱与反恐融资。证监会在 2017 年实施了主管经理体制,进一步提高了人们对高级管理层的责任、监管义务和潜在负债的意识。

关于持续监测,大型金融机构,特别是国际金融集团的成员,一般都建立了交易监测系统,以生成警报,以供专门人员跟进。对于高风险客户和情况,警报阈值更加严格。较小的金融机构,特别是银行业以外的金融机构的监控措施相对较不发达。这些小的金融机构倾向于设定参数来监测交易。

第四节

新加坡反洗钱与反恐融资经验

一、法制框架方面

新加坡的法律制度植根于英国普通法传统,并以司法判例为特征。司法机关与立法机关和行政机关是政府的三大宪法支柱。新加坡的完整司法权归属于新加坡宪法的最高法院(上诉法院和高等法院)以及下级法院(治安法院和地方法院)。最高法院是上诉法院,该法院审理高等法院和州法院的民事和刑事上诉。新加坡是世界上国内犯罪率最低的国家

---

① 信息来自 FATF 2019 年 9 月发布的 2018 年 11 月对中国香港进行的评估报告 http://www.fatf-gafi.org/publications。

之一,新加坡在反洗钱与反恐融资中的风险大部分来自海外犯罪。新加坡既是全球主要金融中心,又是国际贸易和运输枢纽,因此很容易成为海外非法资金的过境点。新加坡在2013年7月1日将税收违法所得洗钱定为犯罪,使其符合FATF的要求。

(一) 部门和协调委员会方面

反洗钱与反恐融资指导委员会是国家反洗钱/打击恐怖融资组织的协调机构,包括内政部常任秘书、财政部常任秘书和新加坡金融管理局董事总经理。机构间委员会支持反洗钱与反恐融资指导委员会,作为协调国家反洗钱与反恐融资政策实施的主要运营机构,它由新加坡主要的反洗钱与反恐融资机构组成,包括政策制定者、金融情报部门、执法部门、主管、海关和税务部门、情报部门以及司法部长办公室。

部际反恐怖主义委员会成立于2001年,是在总检察长以及外交和法律部的主持下成立的,确保新加坡完全履行其国际义务,并增强新加坡执行打击国际恐怖主义措施的国家能力。出口控制部际委员会对所有出口控制事项提供政府整体政策监督,并作为新加坡实施出口管制的政策和运营协调机制。内政部负责维护新加坡的法律和秩序以及内部安全。关于反洗钱政策/制度,该部负责有关立法,主要是《反腐败、贩毒和其他严重犯罪法》以及《反恐法》。财政部是新加坡税务局、会计和企业监管局的主管部门,财政部主要监管法规是《公司法》《商业登记法》和《会计师法》。法律部负责通过政策、法律和服务促进司法、法治、经济和社会的提升。总检察院是负责立法起草和改革的独立国家机构,就所有国内和国际法律事务向政府提供咨询;起诉罪犯,并提出申请以防止犯罪收益的散布。总检察院还是新加坡刑事司法互助的中央权威[1][2]。

(二) 刑事司法和行动机构方面

商业事务部是新加坡警察部队的专门部门,专门处理与商业犯罪有关的事务。洗钱与恐怖主义融资调查的职能在商业事务部的金融调查组之下。金融调查组的关键作用是为了确保对所有洗钱与恐怖主义融资案件进行适当的调查,并提供与之有关的跨辖区协助。

国内安全局属于内政部,有一个专门的调查小组,负责收集和分析所有与恐怖主义有关的活动,包括特遣队活动的情报。国内安全局的调查小组与商业事务部的反恐怖融资处

---

[1] 2019年10月FATF发布的对新加坡评估跟踪报告 http://www.fatf-gafi.org/publications/mutualevaluations/documents/fur-singapore-2019.html。

[2] 2016年9月FATF发布的2015年12月对新加坡的评估报告 http://103.95.217.6/www.fatf-gafi.org/media/fatf/documents/reports/mer4/MER-Singapore-2016.pdf。

就恐怖主义融资评估密切合作。

中央麻醉品局负责根据《利益没收法》的要求，执行扣押毒品等资产。中央麻醉品局的金融调查小组以没收从毒品贩运中获得的所有利益的角度，调查毒品贩子的财务状况。

腐败行为调查局是总理办公室下属的一个部门，负责就贿赂犯罪执行《利益没收法》并调查相关的洗钱行为。

可疑交易报告办公室是新加坡的金融情报部门，根据《利益没收法》建立和运作。目前，可疑交易办公室位于商业事务部下属的情报组。

二、行业监管法律法规

1970年，新加坡议会通过了《新加坡金融管理局法》，并于1971年1月1日成立了新加坡金融管理局（金管局）。《新加坡金融管理局法》赋予新加坡金融管理局监管新加坡金融服务业的权力。除了被授权担任政府的银行和金融代理人，金管局还被委托促进货币稳定，以及有利于经济增长的信贷和汇率政策，即担任新加坡央行的角色[1]。

2002年9月，新加坡通过《恐怖主义（制止资助）法案》，是以立法的形式制止向恐怖主义提供资助，使《制止向恐怖主义提供资助的国际公约》及其有关事项生效的法令[2]。

2011年9月，金管局发布《金融机构维护新加坡金融体系完整性的指南》，要求金融机构应防止其业务被用来促进任何非法活动。如果他们有理由怀疑将任何资产转移到新加坡是非法的，则应提交可疑交易报告，并在适当情况下中止业务关系[3]。

2013年1月，金管局发布《TCA-N04号公告——关于可疑活动和欺诈事件的报告》，要求持牌信托公司和免于登记的私人信托公司发现任何可疑活动或欺诈事件后，必须在5个工作日内向金管局提交F1（"可疑活动和欺诈报告"）表格[4]。同月，金管局发布《123号公告——关于可疑活动和欺诈事件的举报》，要求保险公司举报可疑活动和欺诈事件[5]。

2015年5月，金管局发布《直接人寿保险公司AML/CFT控制指南》，指导直接人寿

---

[1] 法案原文英文版可参见 https://www.mas.gov.sg/regulation/acts/mas-act。
[2] 法案原文英文版可参见 https://sso.agc.gov.sg/Act/TSFA2002。
[3] 指南原文英文版可参见 https://www.mas.gov.sg/regulation/guidelines/guidelines-on-safeguarding-the-integrity-of-the-singapore-financial-system。
[4] 报告原文英文版可参见 https://www.mas.gov.sg/-/media/MAS/Notices/PDF/Notice-TCAN04.pdf。
[5] 报告原文英文版可参见 https://www.mas.gov.sg/regulation/notices/notice-123。

保险公司加强控制以防止洗钱和资助恐怖主义的行为①。同年10月，金管局发布《贸易融资和往来银行反洗钱/打击资助恐怖融资控制指南》，为银行和金融公司提供有关贸易融资和代理银行中反洗钱与反恐融资控制的指南②。同年11月，金管局发布《关于反洗钱和反恐融资的第824号公告——对金融公司》《第626号通知：防止洗钱和打击融资融资——银行》《第626A号通知：防止洗钱和打击资助恐怖主义行为——信用卡或签账卡被许可人》《向资本市场中介机构发布的SFA 04－N02通知——关于防止洗钱和打击资助恐怖主义》和《TCA－N03通知——预防洗钱和打击恐怖主义融资——信托公司》，要求在新加坡经营的金融公司、资本市场中介机构、信托公司必须采取强有力的控制措施，以检测和阻止通过新加坡金融系统的非法资金流。这些控制措施包括需要识别和了解其客户（包括实际受益人）、进行定期账户审查以及监视和报告任何可疑交易。具体要求包括：风险评估和风险缓解；客户尽职调查；借助第三方；对应的银行业务和电汇；保持记录；可疑交易报告；内部政策、合规性、审计和培训③。同月，金管局发布《第314号通知——防止洗钱和打击恐怖主义筹资——人寿保险公司》，对直保公司提出进行尽职调查并以高道德标准开展业务的要求，以防止洗钱和恐怖主义融资。

2016年5月，新加坡政府发布数字平台"MyInfo"。政府推出该平台的目的是"将当前的工作以数字化方式整合，以消除目前的不便和混乱，使人们更容易与政府打交道"。"MyInfo"将每个新加坡公民散在各个政府机构间的个人信息整合成单一档案，用户也可以决定加入额外的信息，如收入、教育水平、就业和家庭数据。当人们需要填写不同形式的政府表单时，他们不需要填写重复的内容。

2016年9月，金管局专门成立反洗钱部，协调相关事宜，确保监管有效。此外还将成立执行部，确保反洗钱与反恐融资政策得到有效执行，以震慑违法行为。2018年1月，金管局反洗钱部发布《使用MyInfo和客户尽职调查措施处理非面对面的业务关系指南》，提供有关金融机构使用MyInfo作为已验证身份信息来源的指南，重点介绍了使用非面对面验证措施的注意事项。2018年10月，金管局发布《提供数字咨询服务的准则［CMG－G02］》，这些准则适用于所有提供数字咨询服务的金融机构。根据《金融顾问法》和《证券与期货法》的规定，对于适用于数字顾问的许可和其他相关要求，包括：算法的管理和监督、技术风险管理、反洗钱和反恐融资和披露有关信息等。2019年5月，金管局发布

---

① 报告原文英文版可参见 https：//www.mas.gov.sg/regulation/guidance/direct－life－insurers－－－guidance－on－amlcft－controls。
② 报告原文英文版可参见 https：//www.mas.gov.sg/regulation/external－publications/guidance－on－amlcft－controls－in－trade－finance－and－correspondent－banking。
③ 报告原文英文版可参见 https：//www.mas.gov.sg/regulation/notices/notice－824。

《防止洗钱和打击资助恐怖主义行为准则——直保业务、再保险业务和直保业务（意外与健康政策）》，这些准则适用于所有保险公司。该准则分为 4 个关键领域：管理监督、政策和培训；客户尽职调查和筛选程序；记录保存和文件记录；评估和报告可疑交易。2019 年 12 月，金管局发布 PSN01 号公告和 PSN02 号公告，对支付服务提供商提出在反洗钱和反恐融资方面的要求。

三、预防措施方面

金融领域有健全的许可控制，金管局和公众受托人办公室会审核申请并持续不断地对董事、主要股东、实际受益人和公司任命的主要人员进行各种检查。金管局深度参与的国家风险评估系统可以识别金融系统中的漏洞，包括无牌放贷、外国腐败、税收违法和基于贸易的洗钱风险进行某种程度的检查。金管局对每个部门的反洗钱与反恐融资风险进行了分类，根据现金等诸多因素，在对固有风险进行评分（低/中/高）之前，研究了洗钱和恐怖主义融资对每个部门的威胁。通常针对的是高风险客户的强度、规模和数量得出进一步的评级，将其综合起来可得出该子行业的整体风险评分，并采取进一步的行动。每个受金管局监督的金融机构都分配有联络点/关系经理，经理都接受了反洗钱与反恐融资的基础培训，包括课堂培训和实践培训，以及年度培训课程。

对于专业机构和人员（赌场、房地产经纪人、会计师、律师等），也已实施反洗钱与反恐融资监管，同时还扩大到典当等行业，特别是在处理贵金属和宝石方面，也要求具有可疑交易报告和货币交易报告措施。

【职业素养与道德】

中国香港海关侦破史上最大洗黑钱案　涉 30 亿港元拘捕 6 人

据《人民日报》2020 年 9 月 14 日报道，中国香港海关 14 日公布，日前采取代号为"猎影"的执法行动，成功侦破一宗怀疑清洗黑钱的案件，案中涉及逾 30 亿港元来历不明的款项，是中国香港海关处理同类型案件中的历来最高金额。

海关有组织罪案调查科高级监督胡伟军会见传媒时表示，行动中共拘捕 6 名本地人士，包括 4 男、2 女，年龄介乎 25 岁至 62 岁，其中 5 人属于同一家庭，他们涉嫌自 2018 年起先后开立 100 余个银行个人账户，处理 6000 多宗不寻常的大额交易，涉及来历不明的款项超过 30 亿港元。

胡伟军表示，被捕人士中还包括一名本地找换店持牌人，海关在其找换店内检获支票本、公司商业登记证、银行账单等大量证物，怀疑多间公司及不知名人士以找换店做掩饰清洗黑钱，以逃避海关监管。

据了解，所有被捕人士的银行账户及存款、物业等已被冻结，涉案找换店牌照也被即时吊销。由于案件仍在调查中，未来不排除有更多人被捕。

中国香港海关重申，清洗黑钱乃严重罪行，最高刑罚可被判罚款 500 万港元及监禁 14 年。胡伟军提醒市民，不要替他人开立银行账户或借出银行账户供他人使用，以免账户被用作非法用途。

思考：作为金融行业从业者，该如何提醒身边的人，避免洗钱犯罪？

本章小结

1. 美国的《银行保密法》是美国惩治金融犯罪法律体系的核心立法，美国金融机构的定义不仅包括银行、证券经纪人或交易商、货币服务业务组织、电报公司，也包括卡牌俱乐部、赌场以及受任何州或联邦银行监管机构监督的组织。美国对洗钱罪的定义包括：从事犯罪所得财产的金融交易；从事金融交易以掩盖犯罪来源财产，或掩盖犯罪来源财产的来源或所有权；或作为掩盖犯罪来源财产或掩盖犯罪嫌疑人计划的一部分，从美国某地方运输或试图将货币工具或资金运输到美国或通过美国运到之外的地方。金融犯罪执行网是美国最主要的监督和实施关于洗钱的预防和侦查政策的机构。

2. 欧盟先后颁布6个反洗钱指令，是欧盟各成员国反洗钱立法的重要支柱，是各成员国反洗钱法律应遵循的最低要求，欧盟各成员国有义务根据法令发布更为详尽的国家立法或其他行政法规。

3. 英国的反洗钱与反恐融资体系以财政部和内政部牵头，金融行为监管局、税务海关总署和英国反洗钱行业自律组织监管，警察部门、税务海关总署、国家打击犯罪局、皇家监控局、资产没收局负责执法。英国金融情报中心和联合反洗钱情报小组（均属于国家打击犯罪局分支机构）是反洗钱与反恐融资的主要情报机构。

4. 中国香港和新加坡都是在委员会整体协调下，多部门共同协作执法，特别是对赛马会、赌场、典当、律师、会计师等专门行业进行了反洗钱与反恐融资的管理。

 复习思考题

1. 从欧盟6个反洗钱指令的发展过程看,反洗钱与反恐融资发展的趋势是怎样的?

2. 美国、德国、英国、中国香港、新加坡等反洗钱与反恐融资经验,对我国有什么启示?

3. 不同国家(地区)把反洗钱与反恐融资的监管工作放在不同部门,反洗钱与反恐融资的情报工作也放在不同部门,各有什么优势?

4. 新加坡的MyInfo系统适用于中国吗?

第十章　反洗钱国际组织与国际合作

【学习目标】

1. 掌握全球性反洗钱国际合作组织的职能。
2. 了解区域性反洗钱国际合作组织的运作。
3. 掌握反洗钱国际合作的形式。

【重点难点】

1. 反洗钱国际公约。
2. 反洗钱和反恐融资的国际评估方法。

【案例导入】

李华波跨境洗钱案

2015年5月9日，潜逃新加坡4年的"红色通缉令"2号疑犯——江西省鄱阳县财政局经济建设股原股长李华波被遣返回国。

2006年10月至2010年12月，李华波涉嫌利用职务之便，伙同他人通过私盖伪造的公章、提供虚假对账单等手段，将9400余万元公款转至个人账户。李华波个人分得约7200万元，其中2900余万元被转移至新加坡，其余款项被其用于到澳门赌博、个人消费等。

2009年12月，他利用虚假身份申请办理移民新加坡的手续。2011年1月获得新加坡永久居民资格，2月潜逃海外。2011年2月最高检通过公安部向国际刑警组织请求对李华波发布红色通缉令。此后，我国分别由最高检、公安部牵头，8次派出工作组赴新加坡开展执法合作。2012年9月，新加坡总检察署以3项"不诚实接受偷窃财产罪"指控李华波。2012年11月，中国检察机关侦查人员首次在境外刑事法庭出庭作证，将28组证明李华波在中国犯有贪污罪并将部分赃款转移到新加坡的证据材料一一呈交给法庭。2013年8月，新加坡法院一审判决认定新加坡总检察署对李华波的所有指控罪名成立，判处李华波15个月监禁，同时判决将指控的18.2万新元赃款归还中国。

2014年8月29日，上饶市中级人民法院开庭审理了李华波违法所得没收一案。该案件成为我国检察机关运用违法所得没收程序、追缴潜逃境外腐败分子涉及赃款的第一起案例。2015年3月，法院一审裁定认为，李华波将其所贪污公款中的2953万元转移至新加坡，被新加坡警方查封的李华波夫妇名下的财产，以及李华波在新加坡用于"全球投资计划"项目投资的150万新元，均系违法所得，依法均应予以没收。李华波最终也选择了回国投案自首。

——资料来源：曹作义. 反洗钱最新案例精选［M］. 北京：光明日报出版社，2016

思考题：如何跨境追逃追赃？

第一节 全球性反洗钱国际组织

一、联合国（The United Nations）

联合国毒品与犯罪办公室（The UN Office on Drugs and Crime，UNODC）负责联合国控制和防范洗钱行为的协调工作。该办公室实施了一个全球反洗钱项目（GPML），旨在通过研究和技术合作提高国际反洗钱工作的有效性。GPML不但向各国政府提供反洗钱方面的技术支持，还负责国际反洗钱信息网络（IMoLIN）和反洗钱信息库（AMLID）的管理工作。

国际反洗钱信息网络是根据1996年各主要反洗钱国际组织签署的协议创建的一个信息共享平台，各国和国际反洗钱机构都可以通过这个平台共享信息。IMoLIN提供各国有关反洗钱的法规信息，所有的互联网用户都可以免费登陆这一网络，但反洗钱信息库则是有安全保护的数据库。

2001年"9·11"事件之后，联合国安理会在打击恐怖主义活动中发挥了积极作用，并对恐怖融资予以特别关注。安理会发布了第1373号（2001）决议，要求所有成员国采取广泛的措施来抑制恐怖主义活动。这一决议特别强调了恐怖融资和其他直接或间接向恐怖主义提供资助的问题。根据这一决议还成立了打击恐怖主义委员会（Counter - Terrorism Committee，CTC），该委员会负责监控决议的执行情况，并通过自评程序和报告机制评估各国的合规状况。为了打击各种类型的恐怖主义，1373号决议强制要求所有的联合国成员国都实行这一决议。决议对各成员国要求如下：拒绝给予恐怖集团任何形式的资助；禁止向恐怖分子提供庇护所、生活供给或支持；与他国政府分享有关任何集团进行或策划恐怖主义行动的信息；与他国政府在调查、侦查、逮捕和起诉恐怖犯罪中进行合作；在国内法中把主动和被动向恐怖主义提供资助刑罚化，并予以量刑；尽快签署与恐怖主义有关的国际公约或国际协议。

一些在联合国的支持下创立的国际公约，对反洗钱与反恐融资具有非常重要的意义，它们包括：《联合国禁止非法贩运麻醉药品和精神药物公约》（1988），这一公约最重要的贡献是界定了洗钱的定义，这一定义已经在国际范围内得到广泛认可，同时，这一公约还包括了一些国际合作方面的细节条款；《联合国打击跨国有组织犯罪公约》（2000），一般又被称作《巴勒莫公约》，该国际公约第一次全面关注有组织犯罪行为，并将预防和控制反洗钱的标准法律化；《联合国反腐败公约》（2003），该公约在打击腐败方面迈出了关键性一步，是此领域内第一个全面的公约，特别关注没收腐败犯罪收益，并整理了一整套借助规章和刑律预防和控制洗钱犯罪的手段，公约还详细说明了查封、没收和归还腐败收益的方法；《联合国制止向恐怖主义提供资助的国际公约》（1999），这是第一个关于恐怖融资的国际公约，根据安理会1373号决议和金融特别行动工作组的特别建议，目前，各成员国都被要求签署这一公约并保证该公约在本国的切实履行。

二、世界银行（The World Bank）和国际货币基金组织（The International-al Monetary Fund）

2002年7月，世界银行和国际货币基金组织董事会决定把FATF《40条建议》增加到世界银行和基金组织的相关标准和准则中来，并依据增加后的标准与准则的执行情况作出考察报告。这一决定使FATF《40条建议》成为公认的控制与预防洗钱活动的国际标准，同时世界银行和国际货币基金组织还在其对各国金融系统的评估项目中增加了针对《40条建议》的合规程度的评估指标。自此，世界银行和国际货币基金组织扩大了其在反洗钱与反恐融资方面的参与。

作为技术援助工作的一部分，世界银行和国际货币基金组织还组织了一系列的全球政策对话，这一对话活动提高了世界范围内对洗钱与恐怖融资控制和预防的意识。世界银行和国际货币基金组织还开发了一个技术援助数据库以协调各有关组织的技术援助工作，加强信息交流、鉴别优先需求、弥补技术援助实施中的空白,以及加强区域组织在地区内展开技术援助的能力。

三、反洗钱金融行动特别工作组（Financial Action Task Force on Money Laundering，FATF）

（一）组织概况

金融行动特别工作组（Financial Action Task Force On Money Laundering，FATF）是国际社会专门致力于打击和防范洗钱和恐怖主义融资的国际组织，于1989年7月16日根据西方七国集团的经济宣言建立。截至2020年3月末，FATF拥有阿根廷、俄罗斯、澳大利亚、美国、法国、欧盟和海湾合作委员会等39个成员国和成员组织，1个观察员国家印度尼西亚，另有亚太反洗钱组织（APG）、欧亚反洗钱和反恐融资组织（EAG）等9个区域性组织，以及国际刑警组织、世界银行、国际货币基金组织等20多个国际组织和机构作为FATF观察员。中国于2007年6月成为FATF正式成员。

FATF是目前全球最有影响力的专业反洗钱国际组织。FATF的主要任务是制定打击洗钱、恐怖融资、扩散融资的国际标准，并促进有关立法、监管、行政措施的有效实施。FATF还与其他国际利益相关方密切合作，识别国家层面存在的薄弱环节，保护国际金融体系免遭滥用。具体而言，FATF的工作集中在3个方面，一是向全球所有国家和地区推广反洗钱信息，并通过扩大会员、在不同地区发展区域反洗钱组织和与其他有关国际组织密切合作，促成全球反洗钱网络的建立；二是监督FATF成员国执行《40条建议》，要求所有成员单位开展年度自我评估，并统一组织实施互相评估，监督各成员执行《40条建议》的情况；三是关注洗钱和反洗钱措施的发展趋势，搜集关于洗钱犯罪发展趋势的信息，以便及时修改《40条建议》，以有效控制洗钱犯罪。

FATF的决策机构为FATF全会，该会议每年召开3次。FATF秘书处为FATF和FATF主席提供支持，由总部位于法国巴黎的经济合作与发展组织（OECD）提供日常服务和办公地点。

（二）主要的反洗钱成果

自1990年起，FATF提出、制定并发布了一系列关于反洗钱和反恐融资的"FATF建议"，并分别在1996年、2001年、2003年和2012年对"FATF建议"进行了修订。2012年2月FATF全会讨论通过新的"FATF建议"——《打击洗钱、恐怖融资、扩散融资国际标准：FATF建议》。建议的核心内容是提高整个金融系统在反洗钱工作中的作用，其指导思想是：鉴于金融机构在一个国家的支付体系以及金融资产托收和转移过程中的独特作用，金融机构已经成为监测犯罪资金流动的核心领域。根据这一指导思想，金融机构应该：了解客户和收益人的真实身份，建立足够的记录保存系统，并承担识别异常金融交易的勤勉义务，制定和实施可行的反洗钱内部控制制度。"FATF建议"是国际反洗钱和反恐融资领域中权威性的指导文件，是国际公认的反洗钱与反恐融资国际标准，被全球大部分国家或地区采用，在各国立法以及国际反洗钱法律制度的发展过程中发挥了重要的指导作用。

FATF建立了"不合作国家和地区"（NCCT）名单制度。2000年，FATF公布了不合作国家和地区的25条标准，同年公布了第一批不合作国家和地区名单。一旦进入不合作国家和地区名单，如果不采取有效措施，该国家或地区就面临着FATF的反措施，在吸引外资、国际结算等方面都将受到限制，从而蒙受经济损失。23个国家或地区曾被列入NCCT名单，2000年15国（地区），2001年8国（地区）。自2006年以来，没有国家或地区被列为NCCT国家。

FATF持续发布反洗钱"黑名单"和"灰名单"。反洗钱"黑名单"是指高风险辖区名单。一个国家或地区被FATF认定为高风险，是因为其在应对洗钱、恐怖融资和扩散融资方面存在重大战略和制度缺陷。对于所有被认定为高风险的国家或地区，FATF呼吁并敦促其成员国家（地区）和所有国家（地区）加强尽职调查，在最严重的情况下，FATF呼吁各国采取反制措施，以保护国际金融体系免受来自这些国家或地区的持续性的洗钱、恐怖融资和扩散融资风险威胁。例如，2020年2月，FATF公布的高风险辖区名单里包括朝鲜和伊朗两个国家。

反洗钱"灰名单"是指加强监控辖区名单。被列入加强监控名单的国家或地区正在与FATF积极合作，以解决本国或本地区在应对洗钱、恐怖融资和扩散融资方面的战略缺陷。当FATF将这些国家或地区放入加强监控名单时，这意味着该国或该地区已承诺在商定的时限内迅速解决已发现的战略缺陷，并接受更强化的监督。FATF不要求对这些国家或地区应用增强的尽职调查，但鼓励其成员在进行风险分析时考虑到相关信息。例如，2020年2月，FATF把特立尼达和多巴哥从"灰名单"中移除，同时将阿尔巴尼亚、巴巴多斯、牙买加、毛里求斯、缅甸、尼加拉瓜和乌干达新加入其中。因此，2020年2月的"灰名单"国家包括巴哈马群岛、巴巴多斯、博茨瓦纳、柬埔寨、加纳、冰岛、牙买加、毛里求斯、蒙古、缅甸、尼加拉瓜、巴基斯坦、巴拿马、叙利亚、乌干达、也门和津巴布韦。

四、巴塞尔银行监管委员会（The Basel Committee for Banking Supervision）

（一）组织概况

巴塞尔银行监管委员会由十国集团的中央银行行长于1974年组建，每年召开4次全会，另设技术工作组和任务工作组以更高的频率召开会议。截至2020年4月，巴塞尔银行监管委员会成员包括来自28个国家和地区的45家中央银行或银行监管当局。中国于2009年加入巴塞尔银行监管委员会。

40多年来，巴塞尔委员会先后发布了一系列银行监管和风险管理的原则、指引和稳健做法，包括3个版本的巴塞尔协议、有效银行监管核心原则等重要的银行监管制度，并为全球监管当局分享交流监管技术和经验提供了重要平台，增强了全球银行监管标准的一致性。虽然巴塞尔银行监管委员会发布的监管文件对各经济体不具有法律约束力，但为各经济体改进银行监管提供了重要标杆和参考，巴塞尔银行监管委员会实际上已经成为银行监管国际标准的制定机构。

（二）主要的反洗钱规定

2005年，巴塞尔银行监管委员会与国际保险监督官协会以及国际证监会组织共同发布了《打击洗钱和恐怖主义融资的倡议》，为业界设定了在反洗钱和反恐融资领域的良好实践标准。

2009年5月，巴塞尔银行监管委员会发布了《关于跨境电汇支付信息的透明度和尽职调查指引》。

2014年1月，巴塞尔银行监管委员会在之前发布的多个指引基础上整合发布了《洗钱与恐怖融资风险管控良好实践的指引》，并于2017年修订。该指引包含并替代了1998年《关于防止犯罪分子为洗钱目的而利用银行体系的原则说明》、2003年《开户和客户识别指引》，以及2004年《"识别你的客户"风险并表管理指引》。2020年2月，巴塞尔银行监管委员会再次就该指引的部分内容征求公众意见，计划再次修订。

《洗钱与恐怖融资风险管控良好实践的指引》就银行将管理洗钱和恐怖融资风险纳入全面风险管理提供了良好实践的标准，并就银行监管当局的审慎监管提供指引。该指引包括3部分内容，分别为洗钱和恐怖融资风险管控良好实践的核心要素、集团层面和跨境背景下的反洗钱与反恐怖融资以及监管者的职责。此外，指引还包含了4个重要的附件，分别为附件一"通过其他银行、金融机构或第三方实施客户尽职调查"、附件二"代理行"、附件三"相关的FATF建议"，以及附件四"开立账户一般指引"。

五、国际保险监督官协会（The International Association of Insurance Supervisors，IAIS）

（一）组织概况

国际保险监督官协会成立于 1994 年，截至 2020 年 4 月共有 214 个成员，其中包括 151 个各国监管机构会员，56 个美国全国保险监督协会（NAIC）会员，以及 7 个国际组织会员即世界银行、国际货币基金组织、国际清算银行、欧盟、经济合作发展组织、亚洲发展银行，以及倡议保险普及化组织。IAIS 的宗旨是制定保险监管原则与标准，提高成员国监管水平。2000 年，原中国保监会加入 IAIS。

具体而言，IAIS 在 3 个方面发挥着重要作用：第一，制定国际保险监管规则。IAIS 通常以成员国表决的方式通过保险监管规则和标准。这些规则具有较高的权威性，被当作国际保险监管文件范本，影响着国际保险业的发展方向。第二，发布国际保险最新动态。IAIS 汇集世界各国保险业信息，掌握各国保险监管情况，能够在第一时间发布国际保险行业动态信息，预测国际保险发展趋势。其各技术委员会搜集掌握的情况成为国际保险业各专门领域最新趋势的指南。第三，提供国际保险界交流平台。IAIS 每年在全球组织近 60 场各种会议，为成员国提供沟通交流的平台。各国保险监管当局和国际保险业界代表可借助这个平台发表看法，密切联系，增进了解。

（二）主要的反洗钱规定

IAIS 2004 年针对保险行业发布《反洗钱和打击恐怖主义融资指引》，替代了其 2002 年发布的《保险监管机构及经营机构反洗钱指引》。指引对保险业中的洗钱和恐怖主义融资进行了界定，明确了反洗钱和反恐融资应采取的控制措施和流程，规定了监管机构的职责。指引还在附件中列出了利用保险业洗钱的具体案例。指引考虑到了再保险业务的特殊性，认为要求再保险公司对投保人或保单受益人进行审查缺乏可操作性，再保险公司只要履行以下义务即可，即确保：（1）再保险分出人拥有签发保单的许可或授权；（2）再保险分出人保证或以其他方式确认其已履行了反洗钱义务。

同时，IAIS 将反洗钱和反恐融资的要求纳入了保险监管核心原则（ICP）。核心原则第 22 条（ICP22）"反洗钱与打击恐怖主义融资"，在遵循 AFTF《人寿保险业风险为本方法指引》的基础上，针对保险业监管机构是否是指定的反洗钱和反恐融资主管部门这两种情况，分别列出了保险监管机构的核心职责和监管方法。在其 2013 年发布的《保险监管核心原则、标准、指南和评估方法》中，IAIS 要求各国监管机构将发行或销售寿险产品以及投资连接型保险产品的保险机构纳入反洗钱监管范畴，但同时明确，各国监管机构可根据反洗钱风险评估结果，考虑是否以及何种程度上将保险监管核心原则（ICP）及相关标准和指南适用于非寿险领域。

六、艾格蒙特集团（The Egmont Group）

（一）组织概况

艾格蒙特集团成立于1995年，当时部分国家的金融情报中心（Financial Information Unit，FIU）在比利时布鲁塞尔的艾格蒙特召开了第一次会议，成立了一个非正式组织，组织的名称也因会议地点而得名。经过20多年的发展，艾格蒙特集团已经由一个"俱乐部"式的非正式组织发展成为全球最有影响的反洗钱国际组织之一。截至2020年3月末，艾格蒙特集团是164家金融情报中心的联合体，负责颁布与金融情报中心相关的解释、指引、最优做法、倡议声明和指南等文献，为在反洗钱和反恐怖融资方面安全交流专业知识和金融情报提供平台，为各国金融情报中心的建设和国际交流指明方向，为世界金融情报网络的完善奠定基础。截至2020年3月末，中国未加入艾格蒙特集团。

（二）主要的反洗钱规定

2013年7月，艾格蒙特集团金融情报机构负责人联席会通过《艾格蒙特集团金融情报机构活动与情报交流行动指南》，并于2017年2月修订。该指南首先从情报交流渠道、金融情报机构间的谅解备忘录、提出请求的金融情报机构、接受请求的金融情报机构、联络与多边合作、对等原则、对角合作（diagonal cooperation）7个方面对金融情报机构国际合作与情报交流提出指引，并从加强恐怖主义融资情报交流，接收功能，分析功能，分析类型，情报收集、评估、验证、整合与分析，从报告主体获取情报的能力，接触其他来源情报的能力7个方面对金融情报机构的其他活动提出指引。

2014年6月，艾格蒙特集团金融情报机构负责人联席会通过《艾格蒙特集团金融情报机构支持与合规流程》，从目的、与合规流程有关的支持机制、金融情报机构之间的争端机制（非正式的）、调解流程（非正式的）、合规流程（正式的）、不合规的标准、合规程序、艾格蒙特集团金融情报机构负责人联席会采取的制裁及其他措施、过渡条款9个方面，对艾格蒙特集团金融情报机构情报交换国际合作原则的支持与合规流程提出了具体规定。

2011年2月，艾格蒙特集团发布《企业范围的可疑交易报告共享——问题与路径》，从核心概念的界定、艾格蒙特集团可疑交易报告共享调查、可疑交易报告跨境共享的风险与益处、调整可疑交易报告企业范围跨境共享机制应考虑的主要问题等方面进行探讨，并提出各国推进可疑交易报告跨境共享的路径建议：一是涉犯罪类可疑交易报告跨境共享模式；二是仅与满足可疑交易报告目的的法域共享可疑交易报告模式；三是仅允许满足条件的银行开展企业范围的跨境可疑交易报告共享模式；四是允许向总部分享可疑交易报告模式；五是多边或双边协议模式；六是混合模式。

2013年，艾格蒙特集团发布《金融情报机构埃蒙特集团宪章》，并在2018年进行了修订。该宪章阐述了集团的宗旨、结构和预算等基本信息，对金融情报机构间的国际合作与情报互换原则提出了概括规定，也明确了加入本集团的程序要求。

七、沃尔夫斯堡集团

（一）组织概况

沃尔夫斯堡集团是由13家全球性银行于2000年组成的企业间协会，包括桑坦德银行、美国银行、三菱东京UFJ银行、巴克莱银行、花旗银行、瑞士信贷、德意志银行、高盛、汇丰银行、摩根大通、法国兴业银行、渣打银行和瑞士银行。沃尔夫斯堡集团的宗旨在于制定金融服务业标准，为金融机构在了解你的客户、反洗钱和反恐融资方面的政策流程提供指引。集团作为企业间协会，发布的指引并无法律约束力，但有助于协助各成员以及整个金融行业有效管理自身的洗钱和恐怖融资风险。

（二）主要的反洗钱文件

2000年10月，发布《沃尔夫斯堡私人银行反洗钱原则》，2002年和2012年进行了两次修订。该原则建议对私人银行客户采取更全面的反洗钱措施，包括客户身份识别、增强尽职调查等；要求银行必须只接受财富或资金来源具有合法性的客户；强调账户受益人非客户本人时，需识别全部账户资金受益人的身份等。

其他主要的文件还包括2002年发布的《抑制恐怖主义融资的声明》《代理行反洗钱原则》；2006年发布的《共同基金和其他集合投资工具反洗钱指引》；2011年发布的《预付卡和储值卡指引》《反腐败指引》《贸易金融原则》；2014年发布的《移动和互联网支付指引》等；2016年发布的《SWIFT关系管理应用的尽职调查》；2017年发布的《政治相关人物指引》《代理行尽职调查问卷》；2019年发布的《制裁筛检指引》等。

近年来，沃尔夫斯堡集团开始和覆盖面更广的金融行业组织合作，其原则也从全球大型银行的自律标准，逐步发展为更多金融机构遵循或参考执行的原则。例如，沃尔夫斯堡集团和金融与贸易银行家协会（BAFT）以及国际商会（ICC）合作，于2017年和2019年两次更新了《贸易金融原则》，阐述了与贸易金融活动相关的金融犯罪风险管理的标准，金融犯罪包括洗钱、腐败、恐怖主义融资、资助大规模杀伤性武器扩散等。《贸易金融原则》覆盖面的大幅扩大有助于提升全球贸易金融领域防范金融犯罪的合规水平。

第二节

区域性反洗钱组织

金融行动特别行动组和各地区FATF式的区域性反洗钱组织（FATF – Style Regional Bodies，FSRBs）共同组成了一个全球网络，打击洗钱、恐怖主义融资和大规模杀伤性武器扩散融资。区域性反洗钱组织包括：亚太反洗钱组织（APG）、欧亚反洗钱与反恐融资组织（EAG）、欧洲理事会评估反洗钱措施特设专家委员会（MONEYVAL）、加勒比反洗钱金融行动特别工作组（CFATF）、东南非洲反洗钱组织（ESAAMLG）、拉丁美洲金融行动特别工作组（GAFILAT）、中东北非金融行动特别工作组（MENAFATF）、西非政府间反洗钱行动组（GIABA），以及中非政府间反洗钱行动组（GABAC）。

金融行动特别行动组和区域性反洗钱组织的关系。2018年3月，FATF发布关于FATF和FATF式的区域性反洗钱组织（FSRBs）的高级原则和目标。高级原则包括以下5个方面：一是标准制定。明确FATF是反洗钱和反恐怖融资标准的唯一制定机构，也是标准的维护和仲裁机构。二是技术支持。FSRBs应为成员的反洗钱和反恐怖融资工作提供必要的技术支持。三是统一的目标和合作伙伴关系。FATF和FSRBs的共同目标是促进构建有效的全球反洗钱和反恐怖融资体系。四是互惠。FATF和FSRBs工作的基础是构建相似的组织机制，互相参与和认可对方的工作。五是维护FATF的共同利益。目标包括以下3点：一是明确权利和义务，包括提供文件访问、参与重要事项和互评估、参加会议、提供协助、同行评审等。二是构建管理组织结构，包括说明成员和观察员纳入原则和数量要求、明确各主体的使命和背书事项、明确各组织的机构设置要求、确定财务程序和预算安排等。三是维护FATF声誉，包括按规定开展互评估、了解所在地区的洗钱和恐怖融资风险并开展趋势类型分析。

一、亚太反洗钱组织（APG）

亚太反洗钱组织（Asia/Pacific Group on Money Laundering，APG）成立于1997年，秘书处设在澳大利亚悉尼。组织目前拥有41个成员，8个观察员国家和32个国际组织观察员。中国是其13个创始成员国之一。

亚太反洗钱组织主要有5项职能：一是互评估，通过互评估项目判断成员国遵守国际反洗钱和反恐融资标准的程度；二是技术援助和培训，为亚太地区国家组织培训，提升各国反洗钱合规的水平；三是类型研究，即反洗钱方法、技术和趋势研究，协助决策者、立法者、执法者以及公众识别并应对新的趋势、方法、风险和脆弱性；四是参与国际反洗钱事务，主要是参与FATF的工作组、全会等一系列活动；五是与私营部门接触，主要是通过积极接触金融机构和非金融机构、非政府组织、培训机构以及高等院校，提升亚太地区公众和专业人士对国际反洗钱事务的认知和理解。此外，组织还协助成员国对国内协调机制提出建议，以更好地调动和利用资源来打击洗钱和恐怖主义融资。

例如，在2018年，APG发布了关于库克群岛、印度尼西亚和缅甸的互评估报告，发布了《2018年洗钱类型报告》。该类型报告介绍了当时亚太地区与洗钱和恐怖融资相关的主要上游犯罪及典型案例：如恐怖融资和支持反政府武装是阿富汗和孟加拉地区的主要威胁，贪腐洗钱在巴基斯坦和泰国比较突出，毒品走私洗钱在阿富汗、日本和泰国较为突出，诈骗与传销在日本和泰国比较典型，走私活动是中国香港的主要洗钱威胁，暴力团伙洗钱在日本非常突出。同时，该报告还指出了未来的洗钱趋势：一是诈骗犯罪将在文莱持续泛滥；二是斐济出现利用伪造银行对账单和雇佣信进行欺诈的趋势；三是中国澳门出现了汇款诈骗的新趋势；四是泰国出现了利用金融科技和加密货币作为犯罪渠道的新趋势。

二、欧亚反洗钱与反恐怖融资组织（EAG）

欧亚反洗钱与反恐怖融资组织（Eurasian Group on Combating Money Laundering and Financing of Terrorism，EAG）于2004年10月由中国、俄罗斯、哈萨克斯坦、塔吉克斯坦、吉尔吉斯斯坦、白俄罗斯6国在莫斯科共同发起成立，后又吸纳乌兹别克斯坦、土库曼斯坦和印度3国，成员数达到9国。同时，欧亚反洗钱与反恐怖融资组织还有15个观察员国家和22个国际组织观察成员。

欧亚反洗钱与反恐怖融资组织的主要目标是在地区层面确保有效的反洗钱和反恐融资互动和合作，推进地区各国遵守并执行反洗钱和反恐融资国际标准。主要任务包括：协助成员国执行 FATF 建议；开展打击洗钱和恐怖融资的联合行动；对成员国执行 FATF 建议的情况进行评估；协调国际合作和技术援助项目；分析反洗钱和反恐融资趋势，交流反洗钱良好实践。

三、欧洲理事会评估反洗钱措施特设专家委员会（MONEYVAL）

欧洲理事会评估反洗钱措施特设专家委员会（The Committee of Experts on the Evaluation of Anti – Money Laundering Measures and the Financing of Terrorism, MONEYVAL）成立于 1997 年，是欧洲委员会下的常设监管机构，主要职责在于评估本地区国家遵守反洗钱反恐融资国际标准的程度，并向各国当局提出改进反洗钱体系有效性的建议。MONEYVAL 评估的对象包括 3 类，第一类是非 FATF 成员的欧洲委员会成员国，第二类是虽然加入了 FATF，但仍继续要求由 MONEYVAL 评估的欧洲委员会成员国，第一类和第二类国家共 28 个。第三类是其他一些特殊辖区，如以色列、圣座（包括梵蒂冈），皇家属地泽西、根西和曼岛，以及英国海外领土直布罗陀。

在评估之外，MONEYVAL 也和其他区域性反洗钱组织一样，开展技术援助和培训，类型研究等活动，推动地区各国反洗钱体系的完善和水平的提升。MONEYVAL 近年来发布的类型报告包括《有组织犯罪所得的洗钱类型报告》《利用在线赌博实施洗钱或为恐怖主义提供资金的类型报告》《延缓金融交易和监测银行账户的类型报告》《犯罪资金的线上流动：方法、趋势和多利益相关方对抗》等。

四、加勒比地区反洗钱金融行动特别工作组（CFATF）

加勒比地区反洗钱金融行动特别工作组（The Caribbean Financial Action Task Force, CFATF）成立于 1992 年，是最早的 FATF 式区域反洗钱组织，成员为加勒比海地区的 25 个国家，包括全球著名的离岸中心开曼群岛、安提瓜和巴布达、巴哈马、百慕大、维京群岛，以及伯利兹等。

加勒比地区反洗钱金融行动特别工作组的宗旨是确保该地区正确实施和执行国际反洗钱与反恐融资标准。和其他 FATF 式区域组织一样，加勒比地区反洗钱金融行动特别工作组的一个核心职能是通过自评和互评监测其成员国际标准的执行情况。该工作组的第二项职能是就该地区的洗钱和恐怖融资的类型开展技术分析，并公布类型报告，包括近年来每年公布的本地区洗钱和恐怖主义融资案例集，其中特别包含利用壳公司进行洗钱的案例。第三项职能负责协调本地区的反洗钱技术援助和培训事宜。

在 FATF《40 条建议》的基础上,加勒比地区反洗钱金融行动特别工作组 1999 年修订了其原有的 19 条反洗钱建议作为补充,这 19 条建议主要针对该地区特有的洗钱和恐怖融资风险特征而定。

五、东南非洲反洗钱组织（ESAAMLG）

东南非洲反洗钱组织（The Eastern and Southern Africa Anti－Money Laundering Group，ESAAMLG）成立于 1999 年,是东南非地区的 FATF 式区域反洗钱组织。该组织目前有 18 个成员国,即安哥拉、博茨瓦纳、埃斯瓦蒂尼、埃塞俄比亚、肯尼亚、莱索托、马达加斯加、马拉维、毛里求斯、莫桑比克、纳米比亚、卢旺达、塞舌尔、南非、坦桑尼亚、乌干达、赞比亚和津巴布韦。国际观察员包括英联邦秘书处、东非共同体、FATF、国际货币基金组织、世界银行、英国和美国及澳大利亚交易报告和分析中心等国家和组织。东南非洲反洗钱组织的主要目标是确保在本地区实施 FATF 建议,实施其他国际协议和倡议中的反洗钱举措,实施打击恐怖融资和大规模杀伤性武器扩散融资的各项措施。

东南非洲反洗钱组织的决策机构为其下设的部长委员会,由各成员国派出至少一名部长级代表组成,委员会决定本组织的战略方向,批准各类工作项目,委员会主席由各国代表轮流担任。

东南非洲反洗钱组织还下设一个工作组（Task Force）,由各成员国负责反洗钱和反恐融资事务的立法、司法或金融高官组成,负责所有技术层面事务,并向部长委员会提出建议供其讨论批准。工作组每年召开两次会议,讨论与 FATF 标准相关事宜、互评估报告、类型研究报告、技术援助和培训事宜,以及进展报告等。工作组下设若干个工作小组,分别为评估和合规小组,风险、趋势和方法小组,风险、合规和普惠金融小组,技术援助和培训协调论坛,金融情报部门论坛,以及预算、财务和审计委员会。此外,东南非洲反洗钱组织还设有一个指导委员会,为该组织提供各种决策咨询建议。

六、拉丁美洲金融行动特别工作组（GAFILAT）

拉丁美洲金融行动特别工作组（The Financial Action Task Force of Latin America，GAFILAT）前身为南美金融行动特别工作组（GAFISUD）,成立于 2000 年,初始成员国为 9 个南美国家。2001 年,GAFISUD 将反恐怖融资纳入其工作范围。2014 年,在吸纳了所有的拉丁美洲国家后,GAFISUD 更名为 GAFILAT,即拉丁美洲金融行动特别工作组。

拉丁美洲金融行动特别工作组致力于在本地区推动 FATF 建议等反洗钱反恐融资国际

标准的实施。鉴于组织成员多为发展中国家，拉丁美洲金融行动特别工作组除了互评估、类型研究、技术援助和培训等职责之外，还通过法律方面的技术援助，推动各成员国建立并完善反洗钱和反恐融资的法律体系、可疑交易报告制度、调查和执法机制等。

七、中东北非金融行动特别工作组（MENAFATF）

中东北非金融行动特别工作组（Middle East and North Africa Financial Action Task Force，MENAFATF），总部设在巴林，成立于 2004 年 11 月。创始成员国包括 14 个国家，即阿尔及利亚、巴林、埃及、约旦、科威特、黎巴嫩、摩洛哥、阿曼、卡塔尔、沙特阿拉伯、叙利亚、突尼斯、阿拉伯联合酋长国和也门。目前，该组织成员扩展到了 21 个国家。观察员包括法国、英国、美国、西班牙、澳大利亚、德国 6 个国家以及世界银行、国际货币基金组织等 10 个国际组织。

中东北非金融行动特别工作组的职能聚焦于 3 个领域：互评估、类型研究以及技术援助和培训教育。在互评估方面，目前工作组正在进行本地区实施 AFTF 建议的第二轮互评估。在类型研究方面，2019 年，工作组发布了两份类型报告，分别为《关于洗钱和腐败的类型报告》和《社交媒体和恐怖主义融资》。

八、西非政府间反洗钱行动组（GIABA）

西非政府间反洗钱行动组（The Inter-Governmental Action Group against Money Laundering in West Africa，GIABA）成立于 2000 年，是西非经济共同体为反洗钱而设立的专门机构。目前，该组织成员包括西非经济共同体的 16 个成员国，即贝宁、布基纳法索、佛得角、科特迪瓦、冈比亚、加纳、几内亚、几内亚比绍、利比里亚、马里、尼日尔、尼日利亚、圣多美和普林西比、塞内加尔、塞拉利昂和多哥。

西非政府间反洗钱行动组的职能聚焦于 3 个领域：互评估、类型研究以及技术援助和培训教育。在互评估方面，目前该组织正在进行本地区实施 FATF 建议的第二轮互评估。在类型研究方面，2018 年发布了两份类型报告，分别为《非法金融流动：西非非法贸易经济》《西非的了解你的客户/客户尽职调查措施和普惠金融》。该组织在其 2019 年年报中表示，组织仍面临很多挑战，例如互评估专家的能力与 FATF 评估方法对专家的要求还有差距，特别是在评估系统有效性方面；成员国接受技术援助的能力较弱；秘书处牵头开展互评估的资源和能力不足。

九、中非政府间反洗钱行动组（GABAC）

中非政府间反洗钱行动组（The Task Force on Money Laundering in Central Africa, GABAC）成立于2000年，隶属于中非国家经济和货币共同体，成员国包括喀麦隆、中非共和国、乍得、刚果共和国、刚果民主共和国、赤道几内亚和加蓬。该组织旨在打击洗钱和恐怖主义融资活动，评估各成员国实施反洗钱国际标准的情况，协调技术援助和培训，推动反洗钱国际合作。该组织的成员还包括中非国家银行行长、中非国家经济和货币共同体主席、中非警察总长委员会主席，以及中非银行委员会秘书长。

第三节 反洗钱国际合作

一、国际公约

FATF要求各国应当立即采取行动，加入并全面实施《维也纳公约》（1988年）、《巴勒莫公约》（2000年）、《联合国反腐败公约》（2003年）和《制止向恐怖主义提供资助的国际公约》（1999年）。FATF鼓励各国批准并实施其他有关国际公约，如《欧洲委员会打击网络犯罪公约》（2001年）、《泛美反恐公约》（2002年），以及《欧洲委员会关于打击洗钱，调查、扣押和没收犯罪收益及打击恐怖融资公约》（2005年）等。下文将重点介绍FATF要求各国加入并实施的四大国际公约。

（一）《维也纳公约》

1988年，联合国在维也纳通过《联合国禁止非法贩运麻醉药品和精神药物公约》（简称《维也纳公约》），1990年11月1日生效。中国于1988年12月20日签署该公约，中国全国人大常委会于1989年9月4日批准该公约。该公约不仅是联合国也是国际社会制定的第一个惩治跨国洗钱犯罪的国际性法律规范文件，其主要内容有：明确规定毒品洗钱犯罪的概念；明确规定打击毒品洗钱犯罪的刑法手段和缔约国承担的强制性义务；初步规范侦查、识别毒品洗钱犯罪案件的国际合作机制等。

(二)《巴勒莫公约》

2000年，联合国在意大利巴勒莫通过《联合国打击跨国有组织犯罪公约》（简称《巴勒莫公约》），2003年9月29日生效。中国于2000年12月12日签署该公约，中国全国人大常委会于2003年9月23日批准该公约。

《巴勒莫公约》分为八大部分，共41条。公约第6条"洗钱行为的刑事定罪"具体规定了洗钱罪的定义和类型，并要求各缔约国将洗钱罪适用于"范围最为广泛的上游犯罪"。公约第7条"打击洗钱活动的措施"，一是要求各缔约国在其能力所及的范围内，针对银行和非银行金融机构及在适当情况下对其他特别易被用于洗钱的机构，建立"综合性国内管理和监督制度"，以制止并查明各种形式的洗钱；二是指出反洗钱制度应强调验证客户身份、保持记录和报告可疑交易；三是提出建立金融情报机构，调查和监督现金和有关流通票据出入本国国境的情况等要求。第12条"没收和扣押"规定了对洗钱资金的辨认、追查、冻结或扣押的措施，以实现对犯罪资金的最终没收，并要求各缔约国不得以银行保密为由阻碍上述措施的施行，提出了要求犯罪人证明其财产合法来源的"举证责任倒置"原则。第13条"没收事宜的国际合作"要求各缔约国在追查、冻结和没收洗钱资金方面，进行国际合作。第14条"没收的犯罪所得或财产的处置"提出了缔约国之间请求没收财产返还及分享的原则。有关洗钱的规定还分散在其他多个条款中。

《巴勒莫公约》有关洗钱的条款，发展了国际法有关洗钱的规则，对推动国际反洗钱立法、执法及反洗钱国际合作产生着重大影响。

(三)《联合国反腐败公约》

2003年，联合国通过《联合国反腐败公约》，2005年12月14日生效。我国于2003年12月10日签署了公约，中国全国人大常委会于2005年10月27日批准该公约。这是联合国历史上通过的第一部指导国际反腐败斗争的法律文件。

公约分8章71条，对下列问题作了法律规范："腐败"的概念，"公职人员"的概念和其他相关的概念，挪用或转用犯罪、财产非法增加罪、贿赂外国官员和国际组织官员行为的定罪、"双重犯罪原则"的适用、在引渡合作中不将腐败犯罪视为"政治犯罪"、被非法转移国外资产的追回机制、被追缴资产的返还或处置、被追缴资产的"分享"等，从而为世界各国政府执行对各种腐败行为的定罪、惩处、责任追究、预防、国际法律合作、资产追回以及履约监督机制提供了法律依据。

作为首个全球性反腐败法律文书，《联合国反腐败公约》首次在国际一级建立了预防和打击腐败的五大法律机制，即预防机制、刑事定罪和执法机制、国际司法与执法合作机制、腐败资产的追回和返还机制、履约监督机制，对世界反腐败斗争具有里程碑式的意义。作为一部旨在预防和打击腐败、加强反腐败国际合作的全球性法律文件，《联合国反腐败公约》体现了国际社会治理腐败的共同意愿和决心，对促进各国国内的反腐败行动、推动缔约国之间开展反腐败国际合作奠定了坚实的法律基础。

《联合国反腐败公约》与反洗钱直接相关的规范主要包括第14、23、31、40、52及58条等条款。

第14条"预防洗钱的措施"明确要求各缔约国建立反洗钱制度：一是要求缔约国建立对银行和非银行金融机构（在适当情况下还包括易于涉及洗钱的非金融机构）的全面的国内反洗钱管理和监管制度，以遏止各种形式的洗钱；二是明确提出反洗钱制度的重点是验证客户身份（必须时验证实际受益人身份）、保存交易记录以及报告可疑交易；三是要求缔约国各行政、管理、执法及专门打击洗钱活动的机关，应该开展国家和国际一级的合作，应该建立金融情报机构；四是要求各缔约国监测和跟踪现金及有关流通票据的跨境转移情况，并从反洗钱需要出发对汇款业务实施必要的管理；五是要求各缔约国在适当的条件下，将区域、区域间以及多边组织的有关反洗钱措施作为国内反洗钱政策的指南，并要求各缔约国在司法、行政和金融监管等多层次上，开展全球、区域及双边的反洗钱合作。

第23条"对犯罪所得的洗钱行为"，对洗钱行为的定罪提出了明确要求。第31条"冻结、扣押和没收"具体提出了腐败及其他形式的犯罪洗钱资金和财产辨认、追查、冻结及扣押，直至最终没收的各方面的制度要求。第40条"银行保密"提出了在反洗钱工作中克服银行保密制度负面影响的原则要求。第52条"预防和监测犯罪所得的转移"，除规定了与第14条一致的反洗钱制度外，还提出了对重要公职人员账户实施强化审查的具体要求。第58条"金融情报机构"要求缔约国应当考虑设立金融情报机构，由其负责接收、分析和向主管机关转递可疑金融交易报告。

另外，公约的其他条款，如第37条"与执法机关的合作"、第38条"国家机关之间的合作"、第39条"国家机关与私营部门之间的合作"、第43条"国际合作"、第44条"引渡"、第50条"特殊侦查手段"以及第57条"资产的返还和处分"等条款的规定，也与反洗钱制度有着直接或者间接的联系。

（四）《制止向恐怖主义提供资助的国际公约》

1999年，联合国通过《制止向恐怖主义提供资助的国际公约》，2002年生效。中国于2001年11月14日签署该公约，中国全国人大常委会于2006年2月28日通过。

国际恐怖主义行为的发生及其严重程度，与恐怖主义分子可以获得多少资助密切相关，因此，遏制向恐怖主义提供资助是整个国际社会严重关注的问题。由于此前的多边法律文书中缺乏相关规定,所以迫切需要增强各国之间的国际合作,制定和采取有效的措施以防止向恐怖主义提供资助,通过起诉及惩罚实施恐怖主义行为者来加以制止。因此,联合国在1999年通过了《制止向恐怖主义提供资助的国际公约》。

该公约由28条正文和1个附件组成,规定了"资助恐怖主义罪"(资恐罪)的定义,要求缔约国采取相应的立法、司法、执法及金融监管措施,对资恐罪予以预防、打击;规定了缔约国对资恐罪行使管辖权的法律依据;规定了缔约国应当就惩治资恐罪开展引渡和刑事司法协助方面的国际合作;规定了缔约国发生争议时的解决途径;规定了公约的批准、生效和退约程序。其中第18条论及了在面临与反洗钱有关的可疑的交易情况时金融机构应采取的控制办法,同时通过缔约国加强进一步的国际合作来防止犯罪行为的发生。

二、司法协助

(一) 双边司法协助的原则

根据FATF第37条建议,在涉及洗钱、相关上游犯罪以及恐怖融资调查、起诉和有关诉讼过程中,各国应当迅速有效并建设性地提供尽可能多的双边司法协助。为实现有效的司法协助,各国应适时签订公约、协定或制定其他法律机制,以确保反洗钱双边司法协助的开展。各国不应仅以犯罪涉及财政问题为由拒绝执行双边司法协助请求,不应以法律要求金融机构或特定非金融行业和职业保密为由拒绝执行司法协助请求。各国在发起司法协助请求时,应尽最大可能提供真实、完整、合法的信息,以便于被请求国及时有效地处理协查请求。

(二) 冻结和没收

根据FATF第38条建议,各国应确保有权应外国请求采取迅速行动,包括识别、冻结、扣押和没收清洗的资产,来自洗钱、上游犯罪及恐怖融资的收益,犯罪工具或计划用于实施犯罪的工具,或相当价值的财产。各国还应建立有效机制,用于管理上述财产、工具或相当价值的财产,并就资产查封和没收,以及没收资产的共享作出安排。各国应考虑建立没收资产基金,将被没收资产全部或部分存入该基金,用于执法、卫生、教育等领域。各国应采取必要措施,与其他国家共享没收资产,尤其是在联合执法行动中直接或间接没收的资产。

(三) 引渡

根据FATF第39条建议,各国应积极有效、建设性地处理与洗钱和恐怖融资相关的引渡请求，无正当理由不得延迟。各国应尽可能采取措施，不为被控参与恐怖融资、恐怖活动或恐怖组织的个人提供庇护，尤其应将洗钱和恐怖融资定为可引渡的罪行，制定明确而有效的程序及时处理引渡请求，还应设立一套案件管理系统跟踪执行请求的进展情况。各国应允许引渡本国国民。

在实际运行中，以 2018 年为例，我国与德国、日本、巴拿马、捷克等国开展 11 轮双边引渡、司法协助条约谈判，完成与奥地利、塞浦路斯、巴拿马等 7 个国家共 9 项司法协助类条约签署，完成与巴巴多斯、格林纳达 3 项条约的批准，完成与印度尼西亚、巴巴多斯等国 4 项条约的生效，启动与加拿大、比利时、伊朗等国 9 项条约批准程序。全年共向外国提出 33 项引渡请求，引渡回 20 名外逃人员，处理外国向我国提出的引渡请求 9 起，处理外国通过外交途径提出的刑协请求 201 件，向外提出刑协请求 6 件，相关案件大多涉及洗钱或者有关上游犯罪。

三、其他形式的国际合作

（一）信息交换方面的国际合作

根据 FATF 第 40 条建议，各国应确保其主管部门能够迅速、有效和富有建设性地提供最广泛的国际合作。主管部门应通过明确的渠道或机制有效传递并执行有关信息或其他方面的协助请求。应当制定明确有效的程序，优先并及时处理协助请求，以及保护所接收的信息。

提出合作请求的国家的主管部门应尽可能提供完整的事实和适当的法律信息，并告之所请求信息可能预见的用途。收到合作请求的国家的主管部门不应以信息涉及财政问题、涉及特定行业的职业保密等理由拒绝协助，也不应以本国有相关调查或诉讼正在进行而拒绝协助。所交换的信息只能用于请求交换时提供的原始目的，若请求方主管部门要向其他部门移送信息，或将信息用于调查、检察或司法目的，都必须得到提供协助国家的主管部门的事先授权。各国应建立信息管理和保护机制，确保仅在授权范围内使用主管部门交换的信息，确保信息交换以安全的方式通过可靠渠道或机制进行。如果请求国不能对数据进行有效保护，被请求国家可适当拒绝提供信息。

（二）金融监管部门的合作

金融监管部门之间开展高效合作，旨在促进对金融机构反洗钱与反恐怖融资工作的有效监管。为此，金融监管部门应按照相关国际监管标准，建立完备的法律基础，开展合作，尤其是在交换反洗钱与反恐怖融资监管信息方面的合作。出于反洗钱与反恐怖融资目的，金融监管部门之间应当可以交换 3 类信息（尤其是共同承担对同一金融集团行使监管职责的相关部门之间），第一类信息为总体监管信息，如一国监管体系的状况和金融业的总体情况，第二类信息为审慎监管信息，即对单体金融机构开展审慎监管中获得的信息，如关于金融机构业务、受益所有权、管理层等信息，第三类信息是反洗钱与反恐怖融资信息，如金融机构内部的反洗钱与反恐怖融资程序和策略、客户尽职调查信息、客户档案、账户和交易信息等。提出请求的金融监管部门在获得来自他国的信息后，若要移送或对外使用信息，应获得被请求金融监管部门的事先授权。

为实施对金融集团的有效监管，金融监管部门可代表境外对口监管部门在母国开展对该金融集团的问询，应能适时授权境外东道国监管部门到金融集团的母国来开展跨境问询，并为其开展跨境问询提供便利。

（三）执法部门之间的信息交换

为获取洗钱、上游犯罪和恐怖融资相关情报或对洗钱、上游犯罪和恐怖融资进行调查，包括识别追踪犯罪所得和犯罪工具等，执法部门应当可以与境外对口部门交换国内获得的信息。执法部门也应当可以运用部门职权及符合本国法律的调查技术，代表境外对口部门开展问询、获取信息。

值得注意的是，根据我国《法人金融机构洗钱和恐怖融资风险管理指引》规定，对于法人金融机构而言，如果境外有关部门因反洗钱和反恐怖融资需要要求其提供客户、账户、交易信息及其他相关信息的，法人金融机构应当告知对方通过外交途径、司法协助途径或金融监管合作途径等提出请求，不得擅自提供。有关国内司法冻结、司法查询、可疑交易报告、行政机构反洗钱调查等信息不得自行对外提供。

第四节　反洗钱和反恐融资的国际评估

一、评估概况

反洗钱和反恐融资的国际评估主要以 FATF 互评的形式展开，即选派其他国家（地区）的反洗钱专家，深度评估被评估国（地区）遵守 FATF 建议的技术合规性，以及该国

（地区）反洗钱和反恐融资体系的有效性水平。互评报告包括对该国反洗钱体系的深度描述和分析，对该国反洗钱和反恐融资具体举措的评价，以及对该国强化反洗钱体系的具体建议。FATF 互评估结果是《联合国反腐败公约》履约审议的重要参考依据之一，也是国际货币基金组织金融部门评估规划的构成部分，是衡量一国金融稳定程度的主要指标之一。FATF 互评估结果将直接影响一国在国际经济金融体系的形象。

互评流程是一种同行评议，每个评估小组通常由 5 到 6 名具有 FATF 成员国政府工作经验的专业人士组成。如果是 FATF 与区域性反洗钱组织联合开展的评估，则评估小组中会包括至少一名来自该组织成员国的专家。由于 FATF 建议涵盖的专题范围较广，因此每个评估小组专家的经验领域必须包括法律、执法、金融情报机构事项、金融监管，以及国际合作等。

互评包括全球性的定期评估，以及为加入 FATF 而展开的个别评估。全球性的互评目前进行到了第四轮，第四轮互评估与前三轮有一个显著的不同：前三轮互评估只针对成员国反洗钱和反恐怖融资工作的技术合规性开展，第四轮互评估则旨在综合考察成员反洗钱和反恐怖融资工作的技术合规性，以及反洗钱体系的有效性。技术性合规曾经是 FATF 对各成员国的关注重点，但实际案例显示，仅仅建立了完善的法规体系而在技术上合规，尚不足以实现所有反洗钱目标，因此，法规、政策和举措的有效性成为目前国际评估的核心关注。

在每一轮的互评中，FATF 评估 40 多个国家（地区），其余的国家（地区）的评估则由区域性反洗钱组织、国际货币基金组织以及世界银行完成。每个评估项目历时 14 个月，FATF 每年 3 次全会一般共讨论通过 6 个互评估报告，即每一轮评估实际需要 7 到 8 年才能完全完成。

中国作为 FATF 成员，2018 年接受了国际评估组的第四轮互评估。2018 年 1 月至 4 月，根据国际标准和互评估方法，中国人民银行牵头各相关单位先后开展多次集中自评估，形成合规性问卷答复、有效性问卷答复、配套法律法规、数据和案例等 4000 多页的中英文书面材料，提交评估组。7 月 9 日至 27 日，国际货币基金组织作为牵头单位，联合金融行动特别工作组、欧亚反洗钱与反恐怖融资组织（EAG）以及亚太反洗钱组织（APG）等国际组织组成国际评估组，对中国反洗钱和反恐怖融资工作开展现场评估。在现场评估中，中国人民银行安排评估组先后访问北京、上海和深圳，举行了 66 场评估会议，邀请相关政府部门和私营部门共 113 家单位与评估组面谈，中方面谈人员达到 928 人次。2018 年 12 月 10 日至 14 日，中国人民银行牵头各相关单位组成中国代表团，赴华盛顿与国际评估组举行了关于中国互评估的最后一轮面对面磋商。2019 年 4 月，FATF 发布了《中国反洗钱和反恐怖融资互评估报告》。

互评估的完成和互评估报告（MER）的公布被认为是一个国家（地区）提升反洗钱和反恐融资能力的新起点。已完成评估的国家（地区）定期向FATF上报整改进展，FATF的监管期待是在3年后，MER指出的大部分技术性合规问题能得到解决。5年后，FATF会开展跟进评估，关注MER提出需优先解决的问题是否得到解决，以及该国（地区）在提高反洗钱体系有效性上的进展。

目前，反洗钱/反恐融资的国际评估主要遵循以下3个FATF文件进行：一是《FATF建议技术合规性和AML/CFT体系有效性评估方法论》（Methodology For Assessing Technical Compliance with the FATF Recommendations and the Effectiveness of AML/CFT Systems），二是《FATF第四轮AML/CFT互评估程序》（Procedures for the FATF Fourth Round of AML/CFT Mutual Evaluations），三是《互评估及后续进程的强化流程的"通用程序"》（Consolidated Processes and Procedures for Mutual Evaluations and Follow–Up "Universal Procedures"）。

二、评估内容

评估主要包括两大核心部分，即反洗钱和反恐融资体系的有效性（Effectiveness）评估，以及法规层面在多大程度上符合FATF建议的"技术合规性"（Technical Compliance）评估。

（一）技术合规性评估

技术合规性评估主要反映了一国（地区）在技术上，即法规上，遵循并执行FATF各项建议的程度，既包括法律法规框架和执行，也包括主管机关的设立、职权和流程。虽然FATF建议是各国均需要遵循的国家标准，但各国的法律体系和执法状况各有差异，因此FATF根据每条建议列出了具体的要求，即每条建议在完全合规的情况下包括哪些要素。

例如，针对建议36"国际公约"，FATF列出了两项具体标准，一是应加入《维也纳公约》《巴勒莫公约》《联合国反腐败公约》，以及《反恐融资公约》。二是完全实施前述4项条约。

针对每一条FATF建议的技术合规性的评估包括5个等级，从高到低分别为合规（C），无缺失；大体合规（LC），仅有轻微缺失；部分合规（PC），存在中度缺失；不合规（NC），存在重大缺陷；以及不适用（NA），即由于结构、法律或制度等因素，无法适用该项要求。

(二) 有效性评估

有效性评估主要评价一国（地区）反洗钱和反恐融资体系的有效性，是互评的主体部分，也是国际评估组赴被评估国家或地区进行现场评估时的主要关注部分。根据 FATF 制定的有效性目标，评估组逐一评估这些目标的实现程度，并给出评级。在现场评估过程中，被评估国家或地区必须向评估组提供证据，证明本国（地区）的举措是有效的。

1. 体系有效性的目标体系。针对反洗钱和反恐融资体系的有效性，FATF 建立了 3 个层次的目标体系。

最高层次的目标为有效的反洗钱和反恐融资体系的高阶目标（High – Level Objective），即有效的反洗钱和反恐融资体系能使金融体系和国民经济不受洗钱、恐怖融资或大规模杀伤性武器扩散融资的威胁，从而维护金融业的秩序、安全与稳定。

在高阶目标下，FATF 设定了 3 个中间成果（Intermediate Outcomes）。一是以政策、协调和合作缓释洗钱和恐怖融资风险；二是犯罪所得和支持恐怖主义的资金或不得进入金融和其他行业，或在进入这些行业时被识别并上报；三是识别并打击洗钱威胁，罪犯得到制裁并剥夺非法所得，识别并打击恐怖主义威胁，恐怖主义者不能获得资源，为恐怖主义提供资金者得到制裁，从而协助防范恐怖主义行为。

在高阶目标和中间成果下，FATF 列出了有效的反洗钱和反恐融资体系应该达到的 11 个直接成果（Immediate Outcomes），并在每个直接成果下明确了该领域有效性的特征，以及在评估有效性时应考虑的核心问题。FATF 列出的 11 个直接成果包括：（1）受评估国家或地区理解洗钱/恐怖融资风险，并采取协调措施打击洗钱/恐怖融资和扩散融资；（2）通过国际合作，传递有用信息，推动对犯罪及犯罪资产的打击行动；（3）监管机构对金融机构和非银行金融机构采取风险为本的反洗钱/反恐融资监管措施；（4）金融机构和非银行金融机构采取预防性措施，报告可疑交易；（5）防止滥用法人进行洗钱/恐怖融资，主管部门无障碍地获取其受益所有权信息；（6）主管部门利用金融情报信息开展洗钱或恐怖融资调查；（7）洗钱犯罪活动得到调查、刑事起诉和制裁；（8）没收；（9）恐怖融资犯罪活动得到调查、刑事起诉和制裁；（10）恐怖分子和恐怖组织的募集、转移和使用资金活动得到遏制，且其无法滥用非营利组织；（11）涉及大规模杀伤武器扩散的个人和组织的募集、转移和使用资金活动得到制裁。

每个直接目标下的核心问题是评估组必须考察并分析的具体问题，以第二个直接目标"通过国际合作，传递有用信息，推动对犯罪及犯罪资产的打击行动"为例，核心问题包括 5 个：该国在多大程度上及时提供了建设性的双边法律协助和引渡，协助的质量如何？对跨境的洗钱及恐怖融资案，该国在多大程度上寻求了境外法律协助和国际合作？不同的主管部门如金融情报机构、监管机构、执法机构等部门,在多大程度上恰当并及时寻求了反洗钱和反恐融资领域的国际合作?不同的主管部门在多大程度上向他国的金融情报机构、监管机构、执法机构等部门及时提供了建设性的协助?各主管部门在收到他国要求确认并交换相关法人的基本信息和受益所有权信息的请求时,在回应请求和提供信息方面做得如何?评估组会根据受评国提交的材料,以及现场评估的情况,针对这些核心问题,分析该国在这一直接目标中的完成情况。

2. 对目标进行逐一评估。针对每一个直接成果,评估组都会结合该成果所对应的核心问题,评估两分析两大内容,一是该国(地区)在多大程度上实现了这一成果,二是为提升有效性该国(地区)可以采取哪些行动,即评估组会分析该国之所以不能有效实现某一目标的原因,包括技术性合规与否对有效性的影响。

3. 就目标逐一评定等级。评估组根据每一个直接成果给出评定等级。有效性评估等级包括高、较高、中等和低水平4个等级。高水平(HE)是指直接成果绝大部分内容得以实现,仅需作轻微改善。较高水平(SE)是指直接成果内容在很大程度上得以实现,仅需作适度改善。中等水平(ME)是指在一定程度上实现了直接成果内容,但仍需作重大改善。低水平(LE)是指直接成果内容都未达到,或达成的部分几乎可以忽略,因此需从基本作改善。

三、评估流程

一个完整的互评估流程需要历经一年到18个月。前4个月一般为现场评估前的阶段,包括启动、技术回顾以及现场评估准备等工作。接下来两个月为现场评估和互评估初稿撰写阶段。再接下来的5个月是报告初稿的审阅与讨论阶段,报告需由被评国审阅,也需要经过独立评审人的审阅。随后是FATF全会讨论评估的评级、发现的问题、提出的建议,并接受拟发布的最终版本。之后的两个月是FATF全球网络(FATF Global Network)的成员审查报告的技术质量和一致性。在完成这些流程之后,互评估报告才会正式发布。

(一)现场评估前

1. 评估人员培训、受评国培训,以及人员选定。评估人员来自FATF成员国、FATF全球网络国家的成员、区域性反洗钱组织的成员或FATF观察员组织,因此FATF会就评估方法向评估人员举行培训。FATF还为受评估国家举行培训,以使其了解在评估过程中需要提供哪些文件及资料来配合评估。在受过培训的评估人员中选定每个评估小组成员,受评国不参与评估人员选择。

2. 初步完成技术性合规评估。受评估国提供法律法规的书面信息。评估小组分析这些信息，核对 FATF 建议所要求的法规，是否都包括在其中。这一分析大约需要 4 个月，如果需要补充材料，或者翻译材料，则会耗费更长时间。经过分析，评估小组拟定针对《40 条建议》的技术性合规评级。

3. 确定现场评估重点。评估组根据受评国的风险类型、经济类型、金融业规模、政治稳定度、法治水平，以及反洗钱反恐融资体系的成熟度，综合决定在下一步的现场评估中应重点关注的领域。期间，评估组还会请 FATF 成员和区域性反洗钱组织提供其与被评估国家开展国际合作的情况介绍。

评估组拟定评估范围说明，在与受评国商议后，最终确定现场评估范围，并在现场评估前正式书面告知受评国。

（二）现场评估

在现场评估前，受评国应已将系统有效性的相关资料发评估组。评估组现场访问受评国，审查与系统有效性的 11 个直接结果的完成情况，并就技术性合规审查中发现问题做进一步了解。对每一个国家的现场评估一般至少需要 7 至 8 天的会议，通常在 10 个工作日结束，会议对象包括政府部门、企业以及非营利组织等。评估组一般在现场评估阶段即已完成有效性评估初稿。

（三）互评估报告的审议与发布

报告初稿。现场评估后，评估组形成包含系统有效性和技术合规性评级的互评估报告初稿，并可应受评国要求与受评国就初稿内容中的分歧举行会议讨论。报告也会提交 3 名独立评审人评审。但评估组有权决定受评国最终的有效性和技术合规性评级，以及报告的其他内容。

全会讨论。评估组向 FATF 全会提交报告，全会讨论报告发现的问题和评级，讨论重点在于系统有效性中的重要问题。全会讨论一般持续 3 到 4 个小时。如要推翻报告所指出的问题和评级，需要全体成员（受评国除外）的同意。

报告形式。互评估报告包括执行摘要和正文。在执行摘要中包括两张重要表格，即分别对系统有效性和技术性合规的逐项评级，如表 10-1、表 10-2 所示。

表 10-1   有效性评级表

IO.1	IO.2	IO.3	IO.4	IO.5	IO.6	IO.7	IO.8	IO.9	IO.10	IO.11

注：填入 HE、SE、ME、LE，分别代表高、较高、中和低有效性水平。

表 10 – 2　　　　　　　　　　　技术性合规评级表

R.1	R.2	R.3	R.4	R.5	R.6	R.7	R.8	R.9	R.10
R.11	R.12	R.13	R.14	R.15	R.16	R.17	R.18	R.19	R.20
R.21	R.22	R.23	R.24	R.25	R.26	R.27	R.28	R.29	R.30
R.31	R.32	R.33	R.34	R.35	R.36	R.37	R.38	R.39	R.40

注：填入 C、LC、PC、NC，分别代表合规、大体合规、部分合规和不合规。特殊情况下可填 NA 不适用。

终稿审阅。在全会批准同意后，FATF 全球网络的成员将审查互评估报告的技术质量和一致性，随后，通常在全会通过的 2 个月后，报告将在 FATF 网站上公布。

四、评估后续行动

在报告公布后，受评国必须根据报告指出的问题进行整改。FATF 会对受评国进行评估后跟进与再评估。

（一）后续跟进

后续跟进包括两种类型，常规后续跟进（Regular Follow – Up）和强化版的后续跟进（Enhanced Follow – Up）。如果被评估国家有下列任何一种情况，该国立即适用强化后续流程：在技术合规性评估中有 8 个或 8 个以上的 NC（不合规）/PC（部分合规）；建议 3、建议 5、建议 10、建议 11 和建议 20 中有任何一项或多项被评为 NC（不合规）/PC（部分合规）；11 个直接成果中出现 7 个或 7 个以上 LE（低水平）或 ME（中等水平）；11 个直接成果出现 4 个或 4 个以上 LE（低水平）。其余情况下默认实施常规后续跟进，但 FATF 也会根据受评国对报告指出的优先级整改要求的整改情况，以及该国的技术性合规水平是否下降等因素，随时将某一受评国从常规后续跟进变更为适用强化版的后续跟进。当然，适用强化版后续跟进的国家，FATF 也可视情将其调整至适用常规后续跟进。

在常规后续跟进下，受评国必须在互评估报告通过后的 3 年后向全会做整改报告，5 年后将接受后续再评估。

在强化版的后续跟进下，受评国必须更频繁地向全会做整改报告，通常需至少报告 3 次，5 年后同样将接受后续再评估。同时，FATF 会视情致函或派团至受评国，提请其关注未能遵守 FATF 建议的状况；会就建议 19 的不达标公开正式声明，建议采取整改行动；会视情暂停该国的 FATF 成员资格，直至优先级的整改要求完成；会视情终止该国的会员资格。

(二) 5年后的再评估

无论是适用常规后续跟进，还是强化版的后续跟进，受评国都必须在5年后接受 FATF 的再评估。再评估旨在对受评国的反洗钱和反恐融资体制进行更全面的更新，主要关注互评估中被评为中低等级的直接成果。评估组一般由不超过3名评估人员组成，FATF 倾向于指定原评估组成员参加。与互评估中的现场评估类似，受评国在事前将体系有效性整改的相关资料发至再评估小组，如有必要，再评估小组将走访该国进行现场评估，并形成整改进展评估报告供 FATF 全会讨论，报告可能会对技术合规性和系统有效性都进行重新评级。全会在讨论后将决定该国继续适用常规后续跟进或强化版后续跟进，以及相应的跟进措施。

【延伸阅读】

金融行动特别工作组公布中国反洗钱和反恐怖融资互评估报告

2019年4月17日，金融行动特别工作组（FATF）公布了《中国反洗钱和反恐怖融资互评估报告》。

金融行动特别工作组是国际上最具影响力的政府间反洗钱和反恐怖融资（以下统称反洗钱）组织，是全球反洗钱标准的制定机构。2007年，中国成为该组织正式成员。2012年，金融行动特别工作组修订发布新的国际标准——《打击洗钱、恐怖融资和扩散融资的国际标准：FATF 建议》，并以此为依据，从2014年至2022年对所有成员开展互评估，旨在综合考察成员反洗钱工作的合规性和有效性。2018年，金融行动特别工作组委托国际货币基金组织牵头组成国际评估组，对中国开展为期一年的互评估。评估组现场访问了北京、上海和深圳三地，与100多家单位900多名代表进行了面谈。中国人民银行会同反洗钱工作部际联席会议各相关成员单位为此精心准备，配合评估组顺利完成了互评估工作。2019年2月，金融行动特别工作组第三十届第二次全会审议通过了《中国反洗钱和反恐怖融资互评估报告》。

《中国反洗钱和反恐怖融资互评估报告》认可近年来中国在反洗钱工作方面取得的积极进展，认为中国的反洗钱体系具备良好基础。报告认为，中国建立了多层次的国家洗钱风险评估体系，制定和实施了国家反洗钱战略政策。反洗钱工作部际联席会议机制运行有效。金融业反洗钱监管工作取得积极进展，金融机构和非银行支付机构对反洗钱义务有充分认识。执法部门能够广泛获取金融情报，打击腐败、非法集资、贩毒等洗钱上游犯罪取得了显著成效，追缴和没收犯罪收益达到了较高水平。中国高度重视反恐怖融资工作,对恐怖融资案件开展了有效的调查、起诉和宣判。在国际合作方面具有较为完备的法律框架,开展了"天网行动"和"猎狐行动",从境外追回了大量犯罪资产。

同时,报告指出,中国反洗钱工作也存在一些问题需要改进。例如,相对中国金融行业资产的规模,反洗钱处罚力度有待提高;对特定非金融行业反洗钱监管缺失,特定非金融机构普遍缺乏对洗钱风险及反洗钱义务的认识;法人和法律安排的受益所有权信息透明度不足;执法部门查处案件、使用金融情报、开展国际合作工作时侧重上游犯罪,而相对忽视洗钱犯罪;中国在执行联合国安理会定向金融制裁决议方面存在机制缺陷,包括义务主体、资产范围和义务内容不全面,国内转发决议机制存在时滞等。

报告建议,中国应拓展国家洗钱和恐怖融资评估信息来源;健全特定非金融机构反洗钱和反恐怖融资法律制度,加强对金融机构和特定非金融机构风险评估,加大监管力度,提高金融机构和特定非金融机构合规和风险管理水平;完善金融情报中心工作流程,加大对洗钱和恐怖融资犯罪打击力度;考虑建立集中统一的受益所有权信息登记系统,提高法人和法律安排的透明度;加强司法协助和其他国际合作时效性,完善执行联合国定向金融制裁的法律规定,提高国内转发决议机制效率等。

总体来看,评估报告代表了国际组织对中国反洗钱和反恐融资工作的整体评价,对中国国家风险评估和政策协调、特定非金融行业监管、执法以及国际合作等工作的评价是中肯的,所提建议对中国提升反洗钱工作合规性和有效性水平具有很好的借鉴意义。但由于中外法律制度、文化等方面的差异以及评估程序、时间的限制,报告某些内容也难免存在偏颇之处。下一步,中国相关部门将以此次互评估为契机,结合国情,吸收报告中的合理建议,继续推动中国反洗钱工作向纵深发展,为防控重大风险、维护金融安全作出贡献。

【职业素养与道德】

跨境洗钱受严惩

2013年1月8日,22岁的内地人罗俊城在两名香港狱警的监控下,到达香港高等法院法庭,接受审判。罗俊城是深圳一名计算机店店主,因涉嫌替人在香港洗钱被香港律政司起诉,指控他曾在短短8个月时间里,涉嫌洗钱131亿港元。

据香港律政司表示,2009年7月,年仅18岁的罗俊城在香港成立了一家名为"一创发展有限公司"的公司,公司没有业务,也无缴税记录,是一家"壳公司",被告人是公司唯一的董事和股东。当年8月,他还在香港集友银行分别开设了公司账户和个人账户,他本人为这两个账户的唯一签署人。此后的8个月,被告人账户金额不断递增,并不时有支票、现金及互联网转账交易。从2009年9月到2010年4月间,其存款次数多达4800次,转账达3500次,且曾经将4项大笔款额从公司户口转至个人户口,用于买卖股票。

法官表示:"被告虽然并非主脑,但有权调配两个户口的钱,曾由个人户口转账260万元到公司户口,可见被告在案中担当重要角色。"2013年1月23日,罗俊城被香港高等法院判处10年零6个月监禁。

启示:国际社会已采取一系列预防和惩治跨境洗钱的法律措施。即使不是跨境洗钱的主谋,只是"马仔",也将受到境内或境外当局的严惩。

本章小结

1. 全球反洗钱和反恐融资领域已经形成了以全球性组织多边合作为主,区域性组织多边合作为辅的国际合作格局。

2. 金融行动特别工作组通过制定并监督执行《40条建议》等国际标准,公布反洗钱"不合作国家和地区""高风险国家和地区"和"加强监控国家和地区"名单等举措,成为最核心的全球性反洗钱国际组织。

3. 反洗钱国际合作包括国际公约、司法协助以及信息交换等其他形式的国际合作,是控制跨国洗钱,提高全球反洗钱能效的必要手段。

4. 反洗钱和反恐融资国际评估是反洗钱国际合作的重要组成部分,遵循既定的程序和方法,是评估一国反洗钱合规程度的重要方式。

 复习思考题

1. 反洗钱国际合作有哪些形式?
2. 反洗钱行动特别工作组(FATF)的职责是什么?FATF对全球反洗钱作出了哪些贡献?
3. 反洗钱国际评估的内容是什么,遵循怎样的程序?
4. 在第四轮国际反洗钱评估后,我国应在哪些领域加强反洗钱工作?
5. 我国是否应该加入艾格蒙特集团,为什么?

参考文献

[1] FATF. 打击洗钱、恐怖融资与扩散融资的国际标准：FATF 建议，https://www.fatf-gafi.org/about/，2019.

[2] FATF. 中国反洗钱和反恐怖融资互评估报告，2019.

[3] 曹作义. 反洗钱最新案例精选 [M]. 光明日报出版社，2016.

[4] 车迎新. 商业银行现场检查手册 [M]. 中国金融出版社，2004.

[5] 陈浩然. 反洗钱法律文献比较与解析 [M]. 复旦大学出版社，2013.

[6] 反洗钱法释义编写组.《中华人民共和国反洗钱法释义》[M]. 中国法制出版社，2015.

[7] 反洗钱工作部际联席会议. 中国反洗钱战略：2008—2012 [M]. 中国金融出版社，2010.

[8] 金赛波等. 中国法院审理洗钱罪实务和案例判决书精选 [M]. 法律出版社，2016.

[9] 侯合心. 国际国内洗钱刑事定罪立法与监管比较研究 [M]. 中国金融出版社，2015.

[10] 李强. 国际金融行业反洗钱规定及操作实践研究 [M]. 上海社会科学院出版社，2018.

[11] 李睿. 自由贸易视域下反洗钱问题研究 [M]. 上海人民出版社，2018.

[12] 刘乃晗等. 合规反洗钱实务指南 [M]. 法律出版社，2020.

[13] 梅德祥. 洗钱规模及洗钱影响与我国反洗钱对策研究 [M]. 经济科学出版社，2017.

[14] 沙塔内等. 防止洗钱及恐怖融资 银行监管实用指南 [M]. 严旭，译. 中国金融出版社，2009.

[15] 孙陵霞. 基于国际视角的反洗钱政策研究 [M]. 中国财政经济出版社，2019.

[16] 孙旭. 深度合规管理 [M]. 上海人民出版社，2020.

[17] 严立新. 银行业反洗钱机制研究 [M]. 复旦大学出版社, 2010.

[18] 严立新. 反洗钱理论与实务 [M]. 复旦大学出版社, 2019.

[19] 岳留昌. 美国反洗钱合规监管 [M]. 中国金融出版社, 2019.

[20] 周世愚等译. 银行保密法/反洗钱检查手册 (2015 版) [M]. 中国金融出版社, 2018.

[21] 中国人民银行. 中国反洗钱报告 [R]. http://www.pbc.gov.cn/fanxiqianju/resource/cms/2020/12/2020122918425737536.pdf.

[22] 鲍庆雪. 中小金融机构落实《金融机构大额交易和可疑交易报告管理办法》中亟待解决的问题 [J]. 金融会计, 2017 (11): 52 – 54.

[23] 成娜, 袁静文, 卢俊峰. 我国银行业反洗钱困境: "规则为本"抑或"风险为本"——基于混合策略模型的分析 [J]. 上海金融, 2017 (6): 42 – 48.

[24] 董龙训. 提升可疑交易报告有效性 [J]. 中国金融, 2017 (4): 90 – 91.

[25] 郭磊, 祁利文. 县域新增金融机构大额交易和可疑交易中存在的问题及建议 [J]. 内蒙古科技与经济, 2014 (4): 150 – 151.

[26] 何萍. 简评欧盟预防洗钱犯罪新指令 [J]. 法学评论, 2003 (6): 85 – 91.

[27] 侯延昶. 国际恐怖主义背景下我国恐怖活动犯罪新特点探析 [J]. 江西警察学院学报, 2020 (1): 46 – 53.

[28] 江春, 许立成. 金融监管与金融发展: 理论框架与实证检验 [J]. 金融研究, 2005 (4): 79 – 88.

[29] 孔繁琦. 金融机构可疑交易报告存在的问题及建议 [J]. 时代金融, 2012 (7): 22 – 27.

[30] 潘金生. 构建与完善中国金融机构反洗钱的监管机制 [J]. 中央财经大学学报, 2005 (1): 19 – 23.

[31] 屈文洲, 许文彬. 反洗钱监管: 模式比较及对我国的启示 [J]. 国际金融研究, 2007 (7): 72 – 79.

[32] 蓝林, 陈荣鹏. 黑社会性质组织犯罪与洗钱罪的数罪并罚 [J]. 中国检察官, 2010 (11): 66 – 68.

[33] 李建新, 吴剑. 商业银行客户信息治理探索与实践 [J]. 科技与金融, 2020 (3): 73 – 76.

[34] 李晓欧. 美国 FinCEN 反洗钱机制及其启示 [J]. 亚太经济, 2014 (1): 35 – 39.

[35] 李云飞. 客户身份信息的识别范围和方法. 微信公众号: 道琼斯风险合规, 2020 (2).

[36] 刘宏华. 全力推动反洗钱工作向纵深发展 [J]. 中国金融, 2020 (11): 20-22.

[37] 刘丽洪. 反洗钱行政处罚重灾区: 金融机构与身份不明的客户进行交易. 微信公众号: 道琼斯风险合规, 2020 (3).

[38] 刘丽洪, 朱彤. 大数据技术在反洗钱可疑交易分析监测领域应用探析 [J]. 北京金融评论, 2019 (3): 39-44.

[39] 刘闽浙. 《金融机构大额交易和可疑交易报告管理办法》实施后存在的问题、监管挑战及建议 [J]. 金融监管, 2017 (9): 50-55.

[40] 刘闽浙. 我国反洗钱, 反恐怖融资刑事立法和司法实践问题研究 [J]. 上海金融, 2017 (12): 78-83.

[41] 刘燕, 陈良东, 金融蓉. 非自然人客户身份识别策略探讨 [J]. 农业发展与金融, 2019 (9): 74-76.

[42] 刘沁予. 全球化背景下我国参与反洗钱国际合作机制研究 [D]. 华东政法大学, 2018.

[43] 龙洁, 邵新力. 我国现行反洗钱大额与可疑交易报告制度研究 [J]. 湘潭师范学院学报 (社会科学版), 2007 (4): 75-77.

[44] 罗瑶. 对武汉市金融机构可疑交易监测工作的思考 [J]. 武汉金融, 2019 (1): 84-85.

[45] 梦觉清影. 探究如何完善客户身份识别制度. 微信公众号: 徽悠咨询 Accoliance, 2020 (2).

[46] 单红菊. 金融机构反洗钱内控制度研究 [D]. 首都经济贸易大学, 2009.

[47] 唐旭, 师永彦, 曹作义. 中国反洗钱工作有效性研究 [J]. 金融研究, 2009 (8): 1-16.

[48] 田局新, 唐波涛. 对大额和可疑支付交易报告制度执行情况的调查 [J]. 金融会计, 2003 (10): 50-51.

[49] 汪灵罡. 简化的客户尽职调查, 你敢吗?. 微信公众号: 徽悠咨询 Accoliance, 2020 (4).

[50] 汪加才, 王申科. 提升反洗钱可疑交易报告质量的路径选择 [J]. 金融焦点, 2012 (8): 55-57.

[51] 王晓刚. 金融情报数据分享的国际经验对我国反洗钱可疑交易分析的启示 [J]. 金融改革, 2018 (9): 55-60.

[52] 王彦强. 业务侵占: 贪污罪的解释方向 [J]. 法学研究, 2018 (5): 136-152.

[53] 徐岱, 杨猛. 论我国金融机构反洗钱对恐怖主义犯罪的预控与规制 [J]. 社会

科学战线,2018(6):197-205.

[54] 辛玉凤.基于金融机构可疑交易报告有效性的策略研究[J].金融广角,2013(8):40-42.

[55] 杨丹妮.监管升级背景下的证券公司反洗钱可疑交易认定新探——基于证券交易所"异常交易"认定规则之启示[J].区域金融研究,2019(4):24-29.

[56] 杨冬梅,冯芸,吴冲锋.国家反洗钱政策组合效果分析——国家监管机构、金融机构和洗钱者的博弈分析[J].系统管理学报,2008(2):181-188.

[57] 杨胜刚,何靖,曾翼.反洗钱中监管机构和商业银行的博弈与委托代理问题研究[J].金融研究,2007(1):71-83.

[58] 岳改枝.反洗钱立法的国际比较及对我国的启示[J].金融理论与实践,2007(2):62-65.

[59] 张彬.境外证券经纪商客户管理责任的制度与实践——以美国制度为代表,2017,http://www.sse.com.cn/aboutus/publication/actofcourt/law/word/c/4572253.pdf.

[60] 中国人民银行吉安市中心支行课题.反洗钱大额可疑交易报告制度执行中存在的问题及政策建议[J].金融会计,2007(12):43-47.

[61] 周锦依.洗钱罪立法进程中的矛盾解析[J].国家检察官学院学报,2016(3):118-128.

[62] 周小川.中国反洗钱现状与未来[J].科学决策,2004(10):2-6.

[63] 邹伟康,于海纯.美国金融监管框架的重构:路径与趋势[J].金融论坛,2019(12):5-15.